DRAWING PERSPECTIVE
DESSINER EN PERSPECTIVE
PERSPEKTIVISCH ZEICHNEN
PERSPECTIEF TEKENEN

Godefriduskaai 22
2000 Antwerp
Belgium
Tel.: +32 3 226 66 73
Fax: +32 3 226 53 65
www.booqs.be
info@booqs.be

ISBN: 978-94-60650-49-9
WD: D/2011/11978/01
(Q061)

Illustrations and texts: Héctor Barros
Art direction: Emma Termes
Layout: Maira Purman
Translation: Cillero & de Motta

Editorial project:
maomao publications
Via Laietana, 32, 4.º, of. 104
08003 Barcelona, Spain
Tel.: +34 932 688 088
Fax: +34 933 174 208
maomao@maomaopublications.com
www.maomaopublications.com

Printed in China

DRAWING PERSPECTIVE
DESSINER EN PERSPECTIVE
PERSPEKTIVISCH ZEICHNEN
PERSPECTIEF TEKENEN

booQs

Introduction

Drawing perspective has always been considered the bête noire of the artist. Feared and hated, it has often been left pending, frequently avoided and ignored because of its presumed complexity. The art student tends to approach it with fear and respect, on tiptoe; the amateur, simply with dread, and that's if they decide to even try it.

The importance of perspective – the drawing of the third dimension of depth – is huge. Almost everything is perspective. It is not necessary to think of thousands of lines converging on infinity or complicated networks of lines that intersect one another: a figure that greets another, smaller one in the distance, is perspective. A chair in a room, a street on the corner, a half-open door – it's all perspective. Studying it greatly expands the possibilities not only with respect to creating ambience, but also enhances the realism, credibility and strength of virtually any graphic work involving volume.

In proposing an approach to drawing perspective, it is inevitable to draw on theory, an introduction to the most elementary rules and principles, without doubt the least attractive part of drawing depth, but just as useful as practice and experimentation.

In this manual this theory is looked at in a simple, schematic and direct fashion, making it easy to understand. Designed to be a starting point from which the amateur can expand and experiment on their own, over the following pages of this book, we explain the basic shapes for drawing objects (and figures) in space, reflections, shadows, forced perspectives, and how to use these to create convincing scenes in a simple but effective way, by offering exercises that are easy to follow and explained in detail.

In short, the aim of this book is to enable the amateur artist to bury their fear and dare to keep pushing the envelope.

Introduction

Le dessin en perspective a depuis toujours été considéré comme la bête noire du dessinateur. Redoutée et détestée, cette technique est souvent le point faible des dessinateurs, qui l'évitent et l'ignorent en raison de son apparente complexité. L'étudiant d'art l'aborde généralement avec méfiance et respect, très prudemment. Les amateurs qui tentent l'expérience abordent cette technique avec crainte...

La perspective, le dessin en trois dimensions, la profondeur s'avèrent extrêmement importants. Presque tout est en perspective, il n'est pas nécessaire de penser à des milliers de lignes allant vers l'infini ou des réseaux compliqués de lignes qui s'entrecroisent : un personnage qui en salue un autre, plus petit et éloigné, est un dessin en perspective. Une chaise dans une pièce, le coin d'une rue, une porte entrouverte... tout cela apparaît en perspective. L'application de cette technique offre de nombreuses possibilités, non seulement au niveau du décor, mais également en termes de réalisme, vraisemblance et solidité de toute œuvre graphique avec du volume.

En proposant une approche du dessin en perspective, il est inévitable d'aborder la théorie, une introduction aux bases et aux règles les plus élémentaires ; sans doute, la partie la moins intéressante du dessin en profondeur, mais tout aussi utile que la pratique.

Ce manuel a développé cette théorie de la manière la plus simple, schématique et directe possible, afin de faciliter sa compréhension. Conçu comme un point de départ à partir duquel l'amateur de dessin peut lui-même élargir ses connaissances et expérimenter, les pages qui suivent cherchent à expliquer les principales méthodes pour représenter des objets (et des personnages) dans l'espace, des reflets, des ombres, des trompe-l'œil, et les utiliser pour créer des décors réalistes de manière simple et efficace, grâce à des exercices faciles à réaliser et expliqués en détails.

En définitive, ce livre a pour objectif de permettre à l'amateur de dessin de surmonter ces barrières pour s'aventurer toujours un peu plus loin dans son travail.

Einleitung

Das perspektivische Zeichnen ist seit jeher ein von den meisten Lernenden gefürchtetes und gehasstes Thema, das viele nicht in Angriff nehmen wollen und das oftmals aufgrund seines vermeintlichen großen Schwierigkeitsgrades vermieden oder einfach ignoriert wird. Auch Kunststudenten gehen das perspektivische Zeichnen im Allgemeinen mit Furcht und Respekt, ja beinahe auf Zehenspitzen an. Hobbyzeichner haben einfach Angst, falls sie sich diesem Aspekt der künstlerischen Darstellung überhaupt jemals widmen...

Die Perspektive, die dreidimensionale Abbildung, die einer Zeichnung verliehene Tiefe ist von großer Bedeutung. Fast alles, was wir abbilden, wird in einer bestimmten Perspektive betrachtet – man muss gar nicht erst an unzählige Linien denken, die ins Unendliche führen, oder vielleicht an riesige Netz aus miteinander verbundenen Strichen... Schon eine Person, die eine kleinere, weiter entfernt befindliche Figur begrüßt, sieht man aus einer bestimmten Perspektive, genau wie einen Stuhl in einem Zimmer, eine Straßenecke, eine halb geöffnete Tür... Das Erlernen des perspektivischen Zeichnens erweitert die Möglichkeiten um ein Vielfaches, nicht nur was die Gestaltung der Bildumgebung anbelangt, sondern auch was die wirklichkeitsgetreue Darstellung betrifft, die fast jedes zeichnerische Werk mit Volumen aufweisen sollte.

Im Rahmen der Annäherung an das hier behandelte Thema müssen zwangsläufig einige theoretische Grundlagen und wichtige Regeln behandelt werden. Dies ist ohne Zweifel der weniger vergnügliche Teil des perspektivischen Zeichnens, der jedoch genauso wichtig und nützlich ist wie das Üben und Experimentieren.

Das vorliegende Handbuch behandelt die notwendige Theorie auf einfache, schematische und leicht verständliche Art und Weise. Diese bildet eine solide Grundlage, damit der Hobbyzeichner seine Fertigkeiten anhand des Gelernten ausbaut und auf eigene Faust mit perspektivischen Ansichten experimentiert. Auf den Seiten dieses Bands wird anhand von einfachen, im Detail beschriebenen Übungen erläutert, wie man Gegenstände (und Figuren) im Raum, Spiegelungen, Schatten und übertriebene Blickwinkel darstellen und nutzen kann, um auf einfache, aber äußerst wirkungsvolle Weise überzeugende Zeichnungen zu kreieren.

Das Ziel dieses Handbuchs besteht darin, dem Hobbyzeichner die Angst vor dem perspektivischen Zeichnen zu nehmen und ihn zu ermutigen, sich intensiver mit diesem höchst interessanten Thema zu beschäftigen.

Inleiding

De perspectieftekening wordt al jarenlang beschouwd als de gebeten hond van de tekenaar. Zij wordt gevreesd en gehaat en is doorgaans een hangende taak, die vaak wordt vermeden of veronachtzaamd vanwege de zogenaamde complexiteit ervan. De kunststudent kijkt er veelal met vrees en respect naar, net als de tekenliefhebber, en dat als deze het sowieso al probeert...

Het belang van de perspectief, de tekening van de derde dimensie, de diepte, is enorm groot. Bijna alles is perspectief, je hoeft niet te denken aan duizenden lijnen in de verte of gecompliceerde netwerken van lijnen die elkaar kruisen: een figuur die een andere, kleinere persoon op afstand groet, is perspectief. Een stoel in een vertrek, een hoek van de straat, een halfgeopende deur... dit alles is perspectief. De bestudering van de perspectief verruimt enorm de mogelijkheden, niet alleen wat betreft de setting, maar ook het realisme, de geloofwaardigheid en betrouwbaarheid van bijna elk grafisch werk met volume.

Bij het voorstellen van een toenadering tot de perspectieftekening is het onvermijdelijk om een beroep te doen op de theorie, een inleiding op de grondbeginselen en de basisregels; zonder twijfel het minst aantrekkelijke deel van het tekenen met diepte, maar net zo nuttig als het oefenen en experimenteren.

In dit boek wordt deze theorie op eenvoudige, schematische en directe wijze en op een gemakkelijk te begrijpen manier uitgelegd. Het gaat hier om een uitgangspunt van waaruit de tekenliefhebber op eigen gelegenheid zijn kennis kan uitbreiden en kan experimenteren. Op de navolgende bladzijden wordt uitgelegd wat de voornaamste manieren zijn om voorwerpen (en figuren) in de ruimte, reflexen, schaduwen en geforceerde perspectieven weer te geven en hoe deze moeten worden gebruikt om op eenvoudige maar effectieve wijze overtuigende taferelen te creëren. Dit alles aan de hand van gemakkelijk te volgen en gedetailleerd uitgelegde oefeningen.

Kortom, het doel van dit boek is dat de tekenliefhebber zijn angst verliest en het avontuur aangaat om zo steeds verder te komen.

Familiarizing yourself with the terms to talk about perspective is fundamental for taking your first steps in portraying depth. From tracing planes to simple shapes, it lays the foundations that are referred to throughout the whole manual.

- Fundamentals
- Planes. Cube
- Intersection of planes. Prism

Il s'avère essentiel de se familiariser avec les termes propres à la perspective pour faire ses premiers pas dans le dessin en profondeur. Du traçage de plans aux figures simples, il convient d'acquérir les bases qui seront utilisées dans tout le manuel.

- Fondements
- Plans. Cube
- Intersection de plans. Prisme

Um die ersten Schritte für das Zeichnen dreidimensionaler Objekte zu erlernen, muss man sich zunächst mit den Grundbegriffen der Perspektive vertraut machen. In diesem Kapitel geht es um das Skizzieren von Ebenen und einfachen Formen, das die Grundlage für die Arbeit mit dem gesamten Handbuch bildet.

- Grundlagen
- Ebenen, Würfel
- Sich kreuzende Ebenen. Quaders

Vertrouwd raken met de bij de perspectief horende termen is essentieel voor de eerste stappen van de tekening met diepte. Van het tekenen van vlakken tot simpele vormen, hier worden de grondslagen gelegd waarop in de loop van het gehele handboek wordt teruggevallen.

- Grondslagen
- Vlakken. Kubus
- Snijpunt van vlakken. Prisma

Introduction and fundamentals. Basic shapes
Introduction et fondements. Figures de base
Einleitung und Grundlagen, grundlegende Formen
Inleiding en beginselen. Basisvormen

Fundamentals
Fondements
Grundlagen
Grondslagen

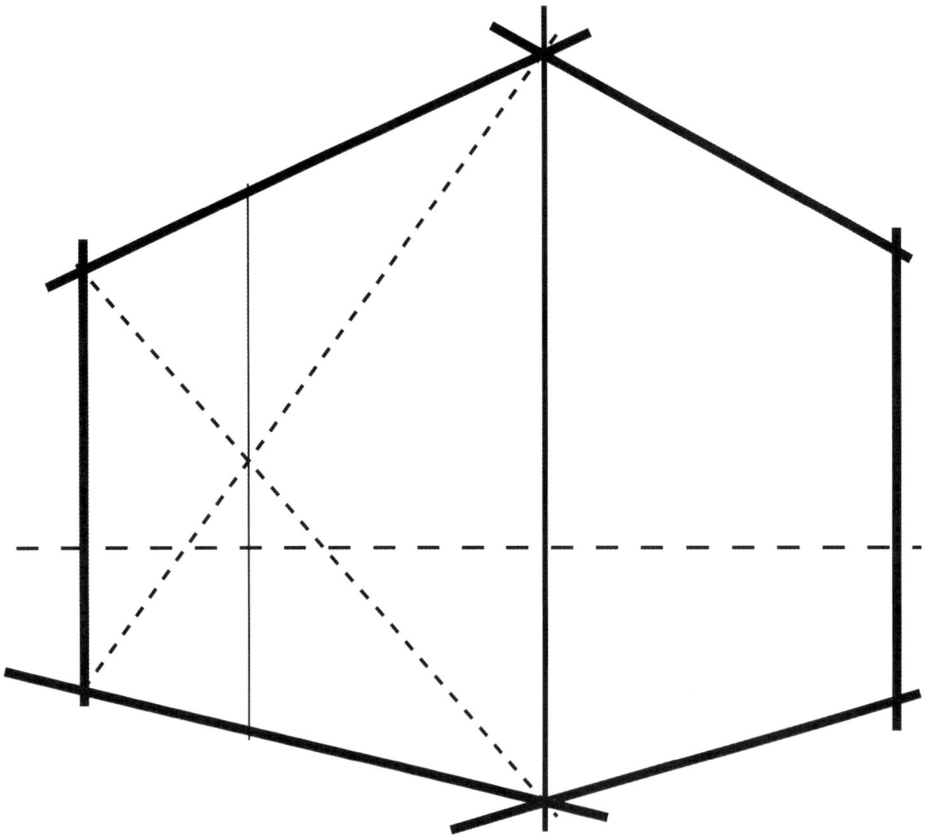

We use the word 'perspective' to refer to a set of rules designed to make it possible to render three-dimensional spaces and objects on a two-dimensional surface, simulating depth.

Le mot perspective désigne l'ensemble des règles qui permettent de représenter des espaces et des objets tridimensionnels sur un support bidimensionnel, en simulant la profondeur.

Der Begriff Perspektive bezeichnet die Grundregeln, die zu befolgen sind, wenn es darum geht, dreidimensionale Räume und Objekte auf einem zweidimensionalen Medium darzustellen und beim Betrachter den Eindruck von Tiefe zu erwecken.

Onder het woord perspectief wordt het geheel van regels verstaan die bedoeld zijn om de weergave van driedimensionale ruimten en voorwerpen op een tweedimensionale drager mogelijk te maken en diepte te simuleren.

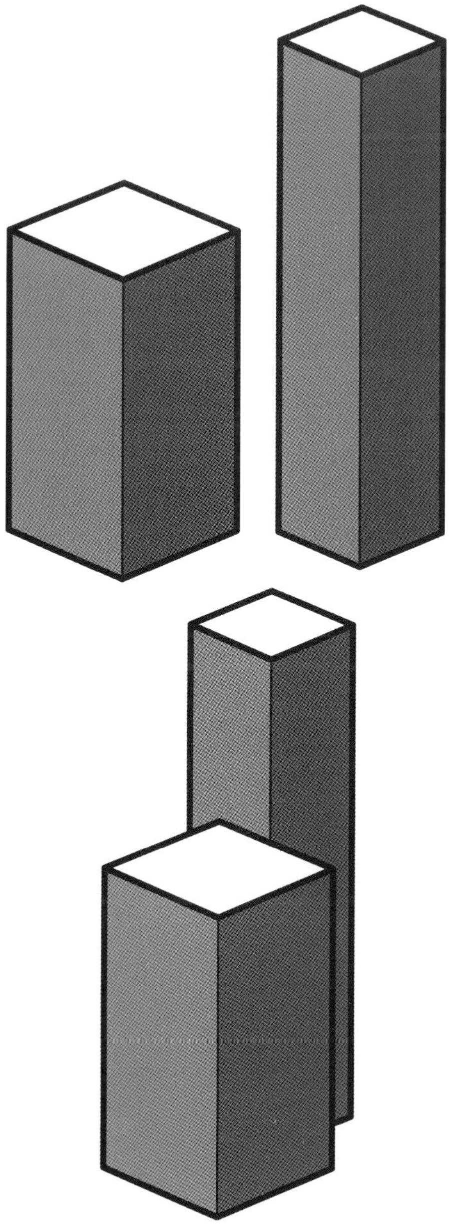

1 2 3 4 5

One of the most basic and simple ways of simulating depth is the use of overlap. Notice that merely by leaving one object partly covered up by the other, we can imagine what is behind it.

La superposition d'éléments est l'une des techniques de base les plus simples pour simuler la profondeur. Vous remarquerez qu'en cachant simplement un objet derrière un autre, nous imaginons que celui-ci est derrière.

Eine der einfachsten Vorgehensweisen, um den Eindruck von Tiefe zu erzielen, ist die Überlagerung von Elementen. Allein dadurch, dass ein Objekt das andere teilweise verdeckt, entsteht der Eindruck, dass sich ein Element hinter dem anderen befindet.

Een van de fundamenteelste en eenvoudigste manieren om diepte te simuleren is aan de hand van het boven elkaar plaatsen van elementen. Merk op dat alleen door een element gedeeltelijk verborgen achter een ander element te plaatsen, we ons kunnen voorstellen dat deze zich erachter bevindt.

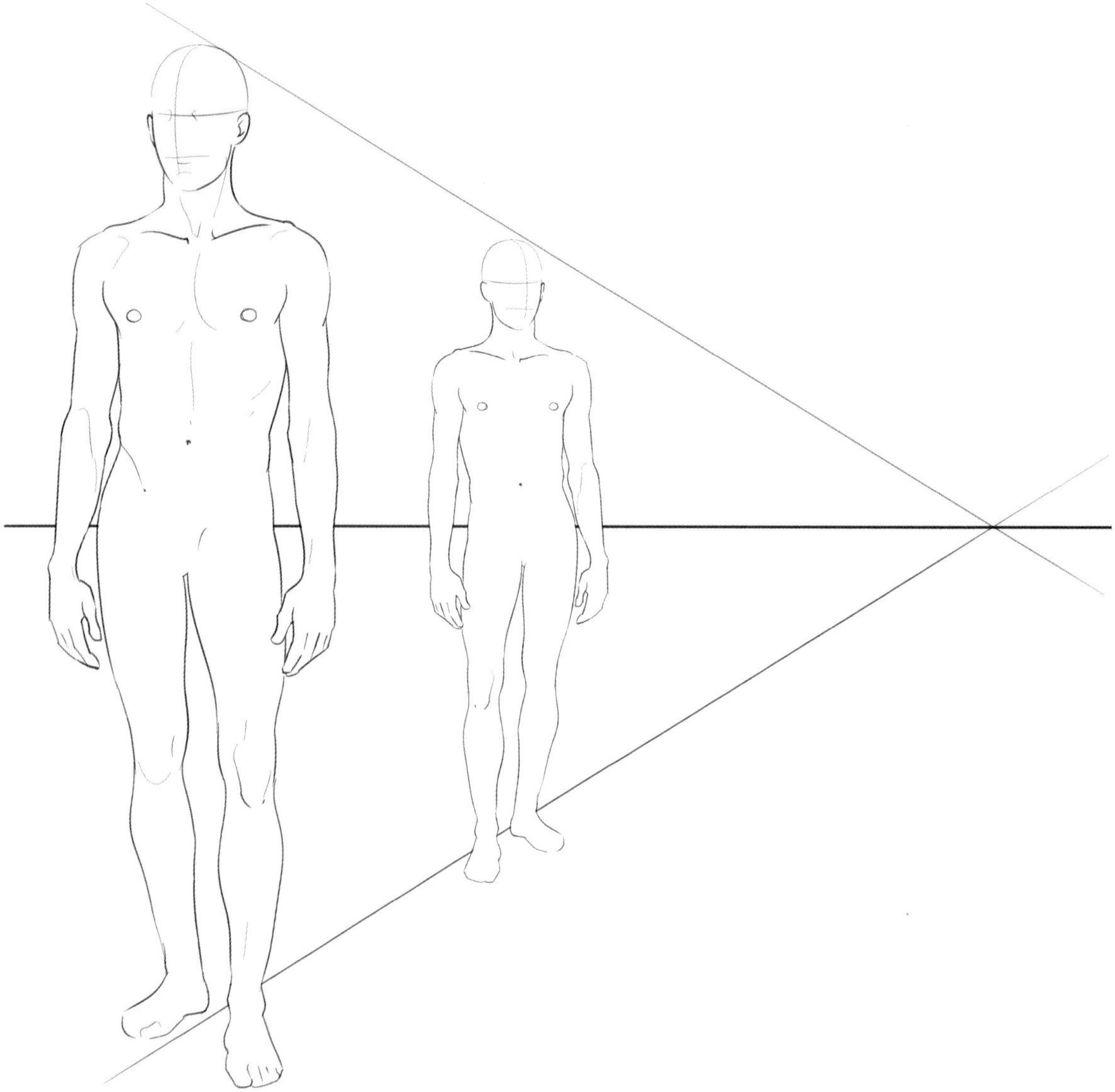

1 **2** 3 4 5

Reducing the relative size of the elements can also simulate the third dimension. Here, simply by reducing the scale of the figure, it appears to move away from the viewer.

La réduction de la taille relative des éléments permet aussi de simuler la troisième dimension. Dans ce cas, en réduisant simplement l'échelle d'une figure, celle-ci semble s'éloigner du spectateur.

Auch die Verringerung der relativen Größe der Elemente simuliert die dritte Dimension. Durch den verkleinerten Maßstab der Figur scheint sich diese weiter entfernt vom Betrachter zu befinden.

De verkleining van de relatieve grootte van de elementen simuleert eveneens de derde dimensie. Hier lijkt de figuur zich, door de schaalverdeling ervan te reduceren, verder van de toeschouwer te bevinden.

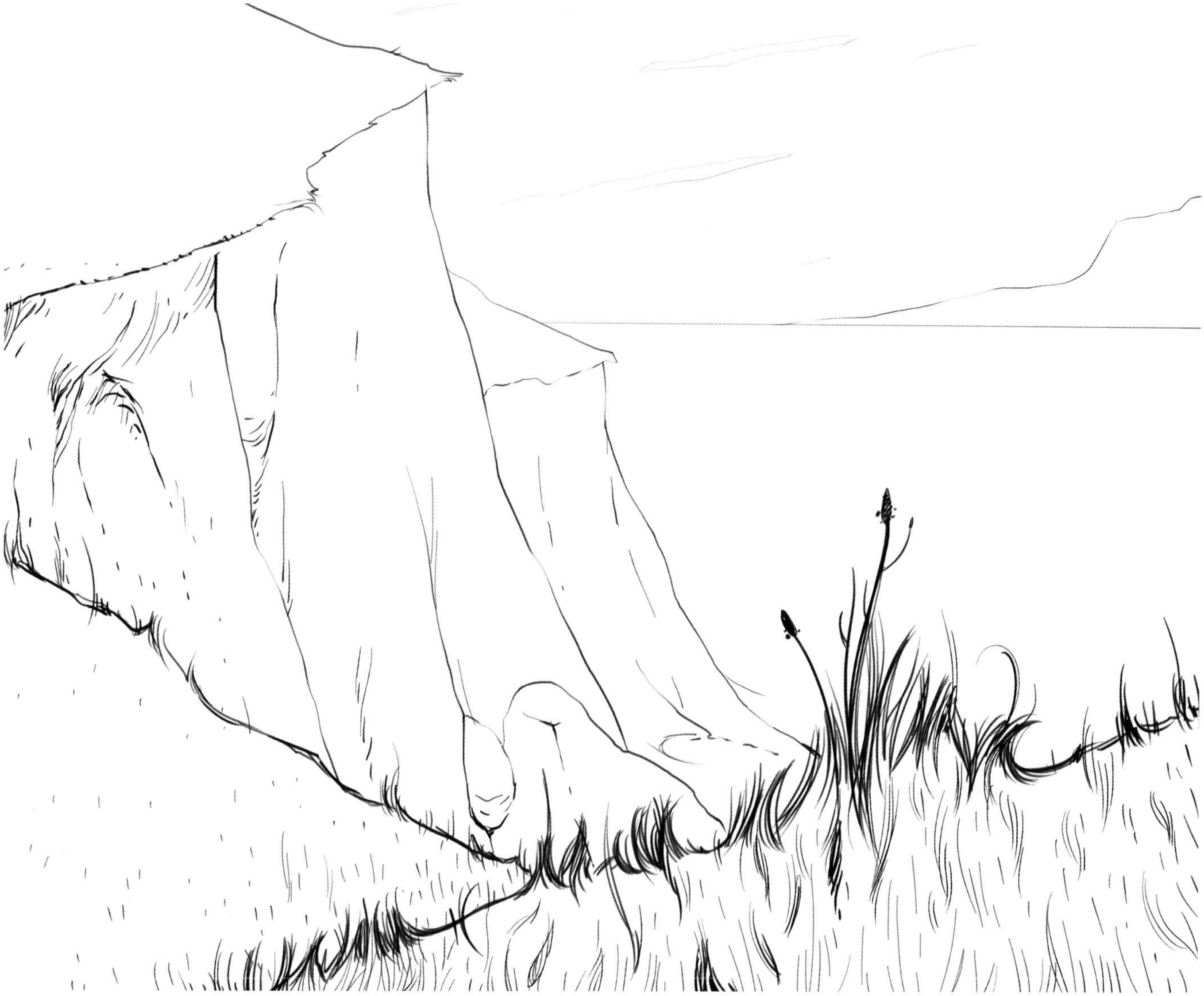

1 2 **3** 4 5

The closer the viewer is to the element in the drawing, the greater the level of detail. The greater the distance, the fewer the details we can make out.

Plus les éléments du dessin sont proches du spectateur, plus ils apparaissent détaillés. Plus ils seront éloignés, moins ils seront détaillés.

Der Detailgrad ist umso höher, je näher am Betrachter sich ein gezeichnetes Element befindet. Je weiter entfernt das Element ist, umso weniger Einzelheiten sind zu erkennen.

Het detailniveau is groter naarmate een element van de tekening dichterbij de kijker wordt geplaatst. Hoe verder het zich bevindt, hoe minder details we kunnen waarnemen.

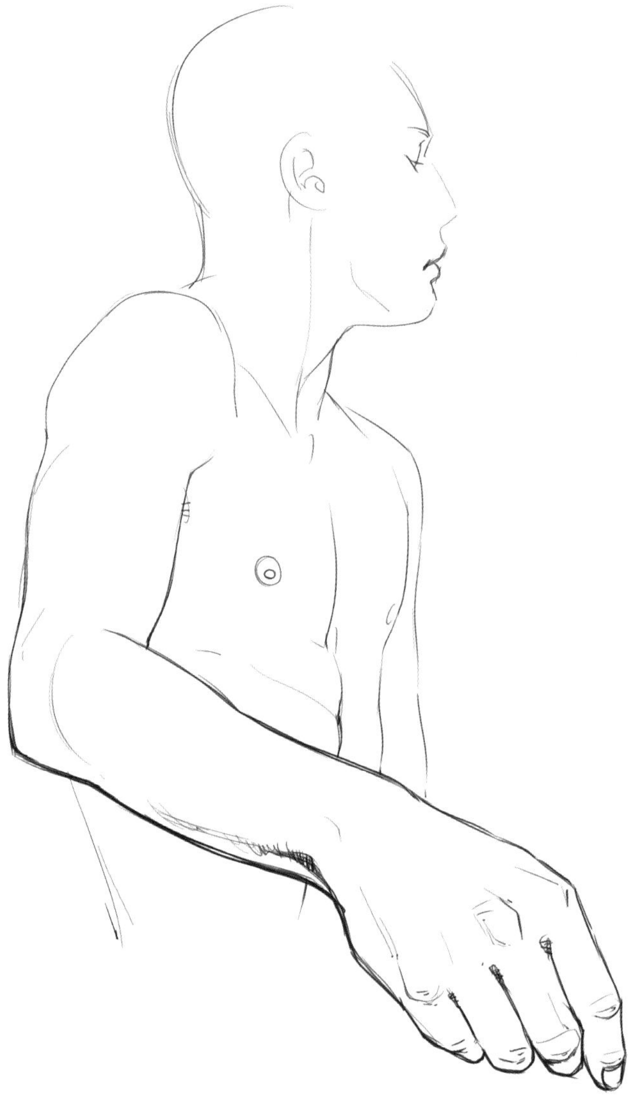

1 2 3 **4** 5

In this picture overlap has been combined with the reduction and level of detail in the human figure, giving it greater depth.

Sur cette image, nous avons combiné à la fois la superposition, la réduction et le détail pour représenter une figure humaine, en la dotant ainsi de plus de profondeur.

In dieser Abbildung wurden Überlagerung, Verringerung der relativen Größe und unterschiedlicher Detailgrad kombiniert, um der Figur mehr Tiefe zu verleihen.

In deze afbeelding zijn zowel de superpositie als de reductie van het detailniveau op de menselijke figuur toegepast, waardoor hij meer diepte heeft.

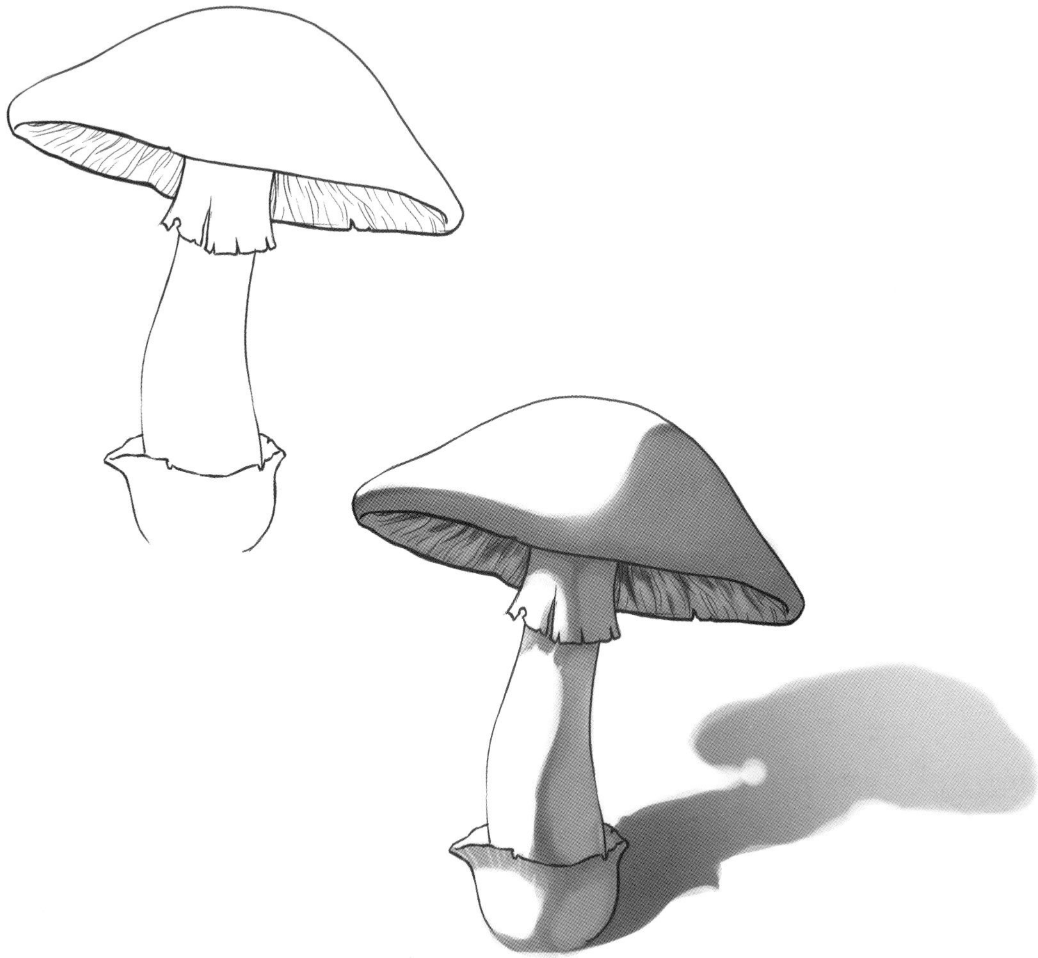

1 2 3 4 **5**

When light and shade are correctly applied, they turn a simple line drawing into an image that is more of a true likeness of the object's reality.

Un éclairage et des ombres correctement appliqués transforment un simple dessin au trait en une représentation plus proche de la réalité de l'objet.

Korrekt eingezeichnete Licht- und Schattenbereiche machen aus einer einfachen Zeichnung eine wirklichkeitsgetreuere Darstellung.

Juist toegepast licht en schaduw maakt van een eenvoudige lijntekening een weergave van het voorwerp dat meer op de werkelijkheid lijkt.

Planes. Cube
Plans. Cube
Ebenen, Würfel
Vlakken. Kubus

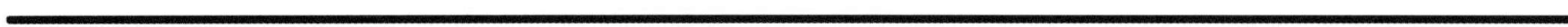

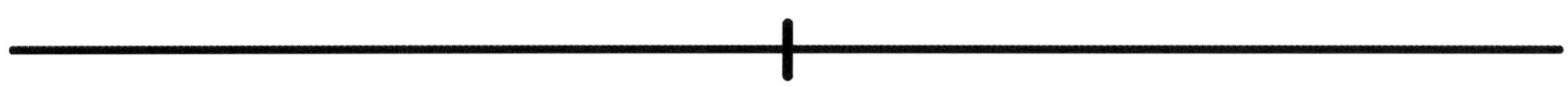

The basis of perspective are the vanishing points. Draw a horizontal line from one side of the paper to the other. This is the horizon line, which is always located level with the viewer's eyes.

Mark a specific point on the line: this will be the vanishing point for this exercise. Here the point occupies the center of the line, but it can be anywhere on the horizon.

La perspective est basée sur les points de fuite. Dessinez une ligne horizontale d'un bout à l'autre d'une feuille de papier. C'est la ligne d'horizon, toujours située à hauteur des yeux du spectateur.

Ajoutez un point précis sur la ligne : Ce sera le point de fuite de cet exercice. Ici, le point est au milieu de la ligne mais il peut être placé n'importe où sur l'horizon.

Die Fluchtpunkte bilden die Grundlage für eine perspektivische Darstellung. Zeichnen Sie eine horizontale Linie, die über die gesamte Blattbreite verläuft. Dies ist der Horizont, der stets auf Augenhöhe des Betrachters liegt.

Markieren Sie einen bestimmten Punkt auf dieser Linie: dies ist der Fluchtpunkt für die Zeichenübung. Im vorliegenden Beispiel befindet sich der Fluchtpunkt in der Mitte der Linie, doch er kann auf jedem beliebigen Punkt des Horizonts angesiedelt werden.

De basis van het perspectief zijn twee verdwijnpunten. Teken een horizontale lijn, van de ene naar de andere kant van het papier. Dit is de horizonlijn die zich altijd op ooghoogte van de kijker bevindt.

Geef een concreet punt op de lijn aan: dit zal het verdwijnpunt van deze oefening zijn. Hier bezet het punt het midden van de lijn, maar het kan op elke plek langs de horizon zijn.

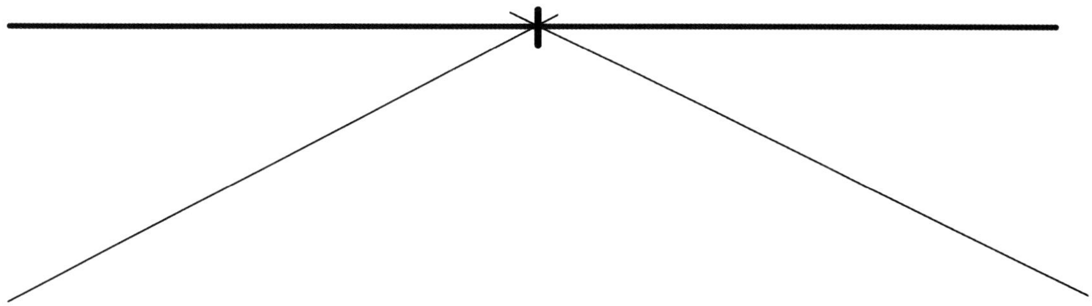

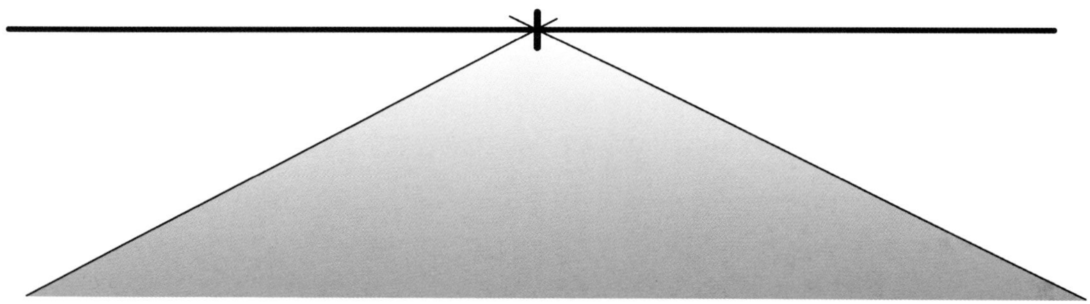

1 2 3 4 5 6 7 8 9

Trace two lines going down from this point. The beginning of the vanishing points tells us that these two apparently converging lines are in fact parallel.

The plane between the two is horizontal and parallel with the ground plane, located beneath the height of the viewer's eyes.

Tracez deux lignes vers le bas à partir de ce point. Le principe des points de fuite nous montre que ces deux lignes, en apparence divergentes, sont en réalité parallèles entre elles.

Celles-ci délimitent un plan horizontal et parallèle au plan du sol, situé en dessous du niveau des yeux du spectateur.

Zeichnen Sie zwei Linien, die von diesem Punkt aus nach unten verlaufen. Diese Linien scheinen in der Abbildung in entgegengesetzte Richtungen zu verlaufen, doch in Wirklichkeit sind sie parallel.

Der Raum zwischen diesen beiden Linien ist eine horizontale Ebene, die sich parallel zur Bodenebene befindet und unterhalb der Augenhöhe des Betrachters liegt.

Trek twee strepen die, vanuit dit punt, omlaag lopen. Het begin van de verdwijnpunten zegt ons dat deze twee schijnbaar uiteenlopende lijnen in werkelijkheid evenwijdig zijn.

Tussen de twee lijnen bakenen ze een vlak af, dat horizontaal en evenwijdig is ten opzichte van het grondvlak, gelegen onder de ooghoogte van de toeschouwer.

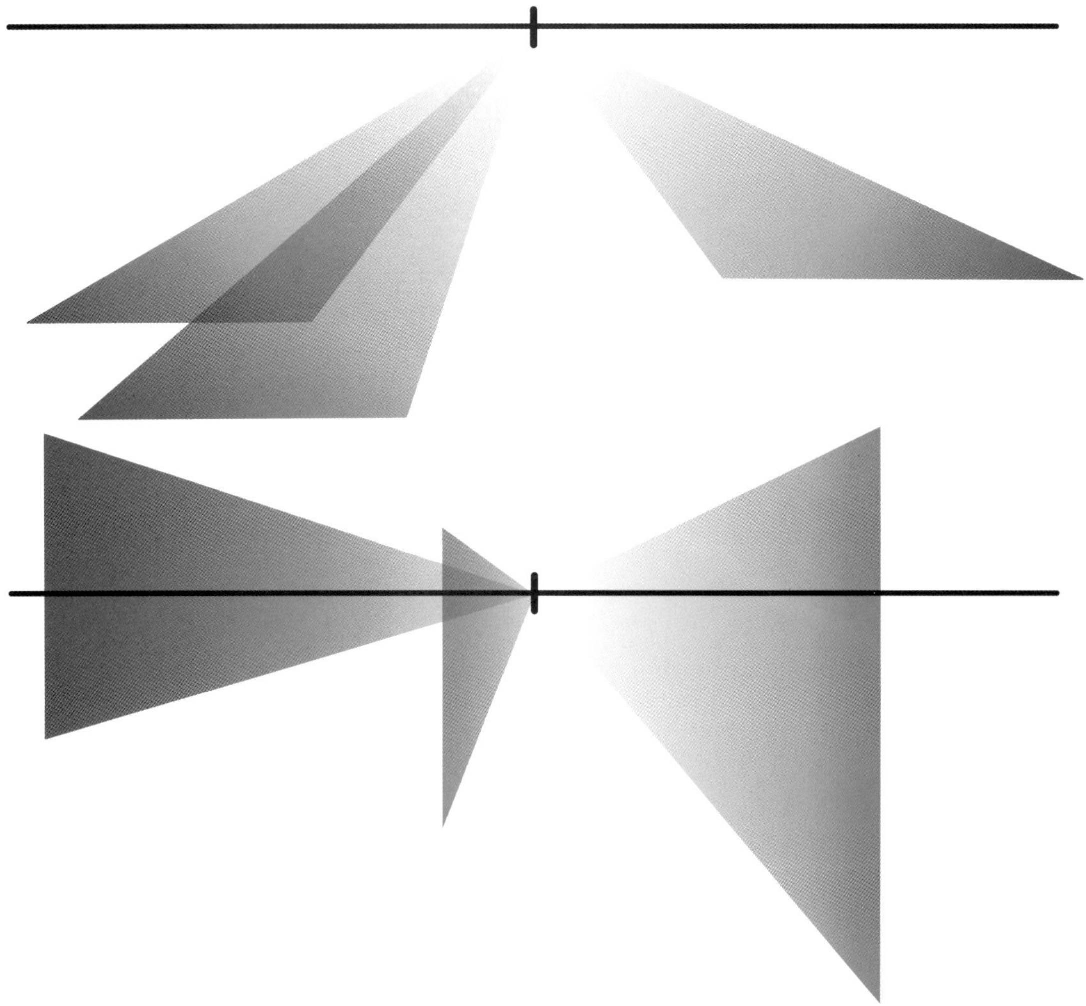

There are an infinite number of planes, both horizontal and vertical, that can be created.

Le nombre de plans que nous pouvons créer, tant horizontaux que verticaux, est infini.

Es kann eine unbegrenzte Anzahl an horizontalen und vertikalen Ebenen erstellt werden.

Het aantal vlakken dat we kunnen creëren, zowel horizontale als verticale vlakken, is oneindig.

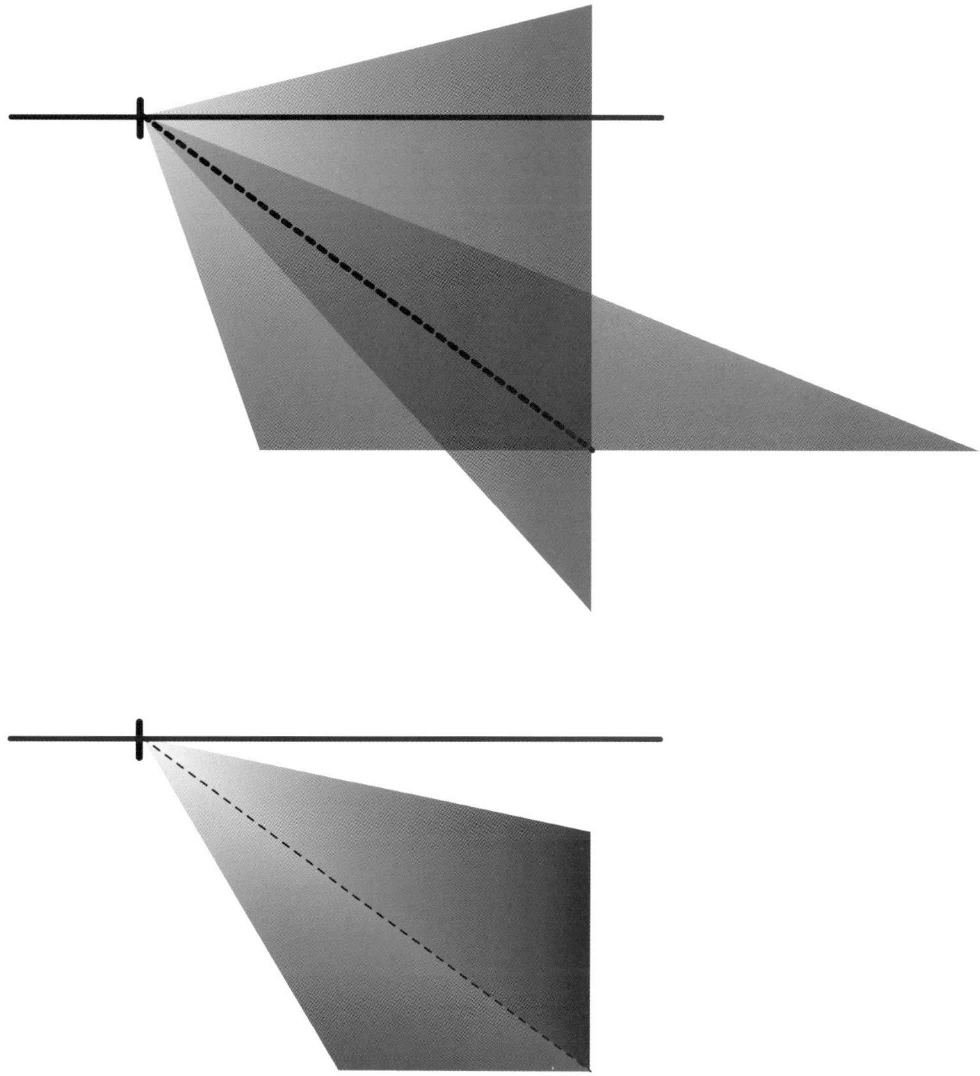

1 2 3 4 5 6 7 8 9

The vertical and horizontal planes can interact, forming an intersection or an arris (marked by the dotted lines).

Les plans verticaux et horizontaux peuvent se couper en formant une intersection ou une arête (indiquées par les lignes en pointillés).

Die horizontalen und vertikalen Ebenen können miteinander in Beziehung stehen und sich schneiden oder eine Kante bilden (gepunktete Linie).

De verticale en horizontale vlakken kunnen op elkaar inwerken en een snijpunt of een kantlijn vormen (aangegeven door de stippellijnen).

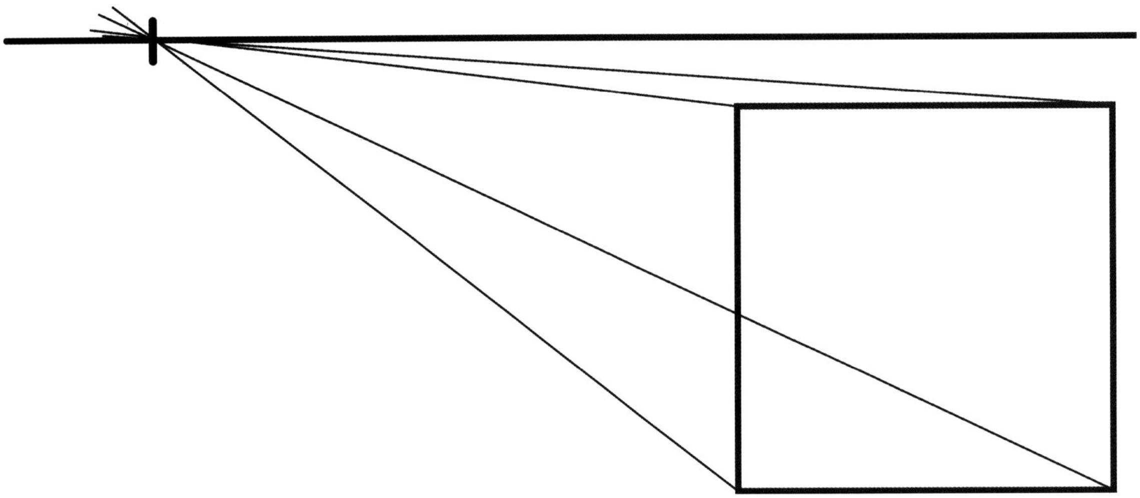

1 2 3 **4** 5 6 7 8 9

Draw a horizon line with a vanishing point, and a square. Join up the corners of the square with the vanishing point.

Dessinez une ligne d'horizon, un point de fuite sur celle-ci et un carré. Tracez les lignes reliant les sommets du carré au point de fuite.

Zeichnen Sie eine Horizontlinie, darauf einen Fluchtpunkt und außerdem ein Quadrat. Verbinden Sie die Ecken des Quadrats mit dem Fluchtpunkt.

Teken een horizonlijn, hierop een verdwijnpunt en een vierkant. Verbind de hoeken van het vierkant met het verdwijnpunt.

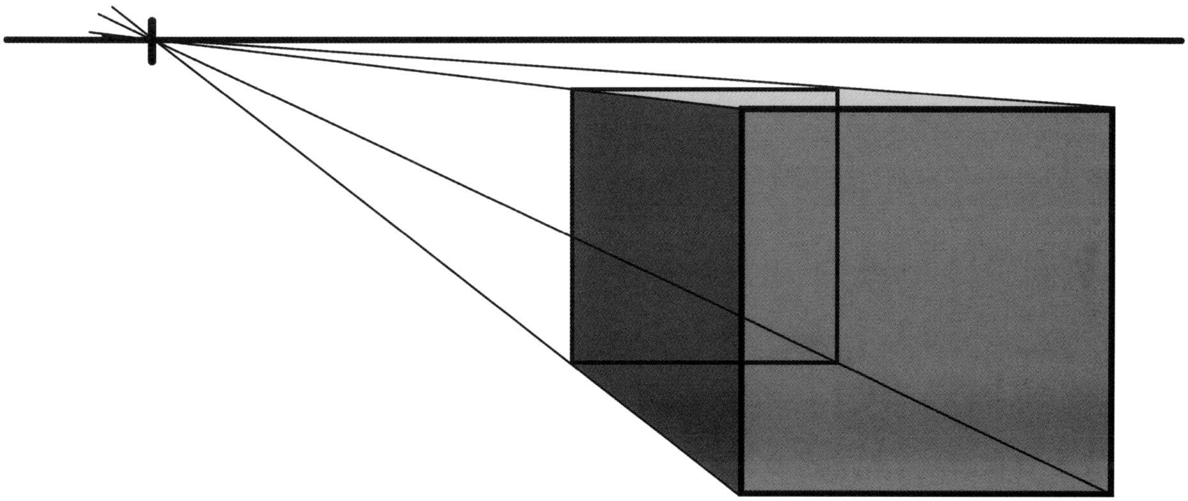

1 2 3 4 **5** 6 7 8 9

Draw a new square with its corners coinciding with the lines that you have drawn to the vanishing point to obtain a cube.

Dessinez un nouveau carré dont les sommets sont placés sur les lignes déjà tracées allant vers le point de fuite afin d'obtenir un cube.

Zeichnen Sie ein weiteres Quadrat ein, dessen Ecken mit den zuvor eingezeichneten Linien zum Fluchtpunkt übereinstimmen. Dadurch entsteht ein Würfel.

Teken een nieuwe vierkant waarvan de hoekpunten overeenkomen met de lijnen die je hebt getekend naar het verdwijnpunt om een kubus te krijgen.

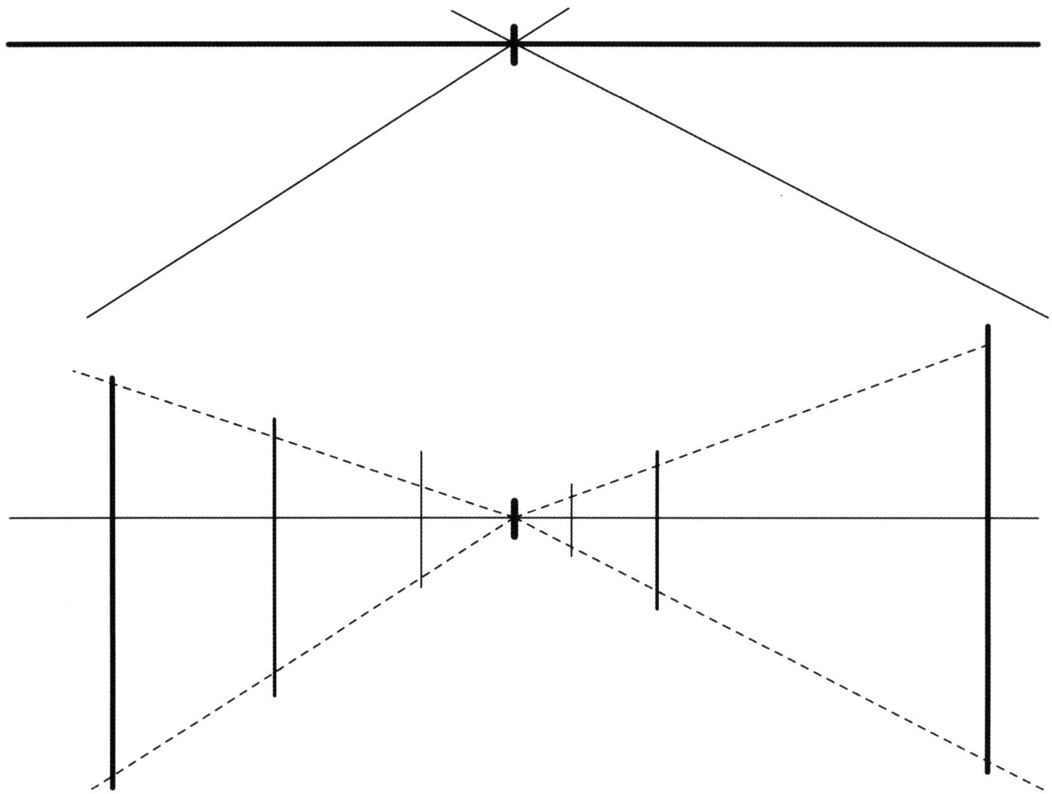

1 2 3 4 5 **6** 7 8 9

Trace two lines from the vanishing point. Then trace another two similar lines above the horizon line. Taking these lines as a reference, draw several vertical lines.

À partir du point de fuite, tracez deux lignes. Puis, tracez deux lignes semblables au-dessus de la ligne d'horizon. En prenant comme référence ces traits, dessinez plusieurs lignes verticales.

Zeichnen Sie zwei Linien, die vom Fluchtpunkt ausgehen. Zeichnen Sie anschließend zwei ähnliche Linien oberhalb der Horizontlinie ein. Zeichnen Sie nun mehrere Linien ein, die senkrechte zwischen diesen Strichen verlaufen.

Trek twee strepen vanuit het verdwijnpunt.Trek daarna nog twee vergelijkbare strepen boven de horizonlijn. Neem deze strepen als referentie en teken diverse verticale lijnen.

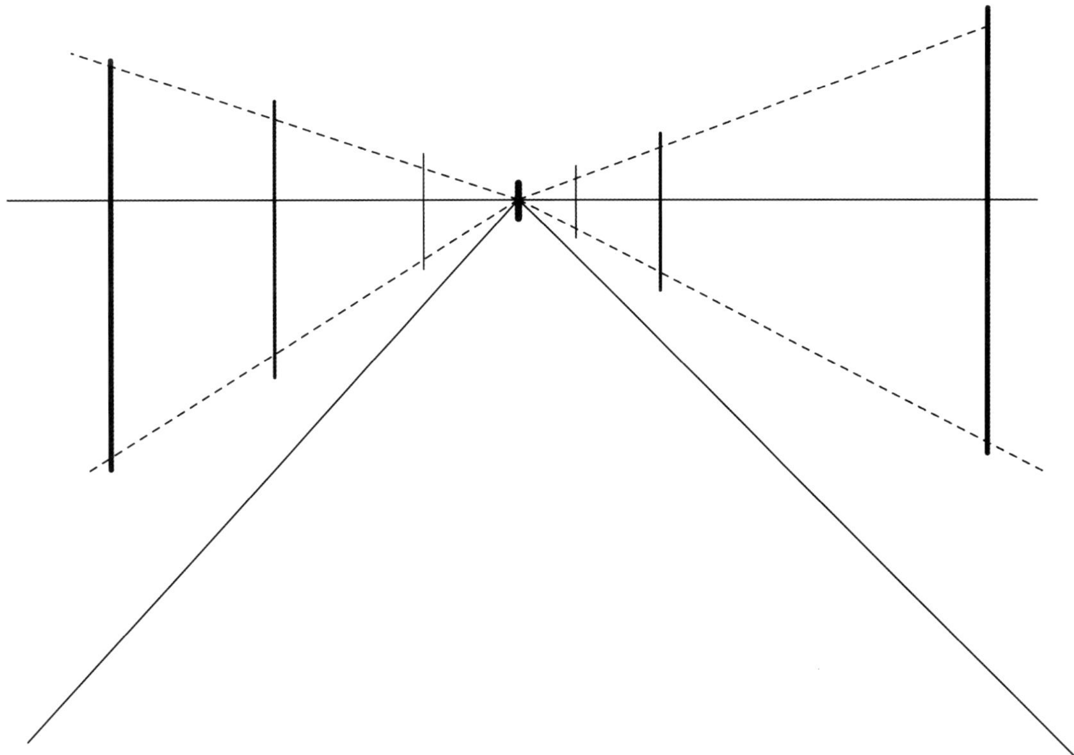

1 2 3 4 5 6 **7** 8 9

Now trace two new lines below the horizon converging on the vanishing point.
This forms our base for creating a simple landscape.

Tracez deux nouvelles lignes sous l'horizon se recoupant sur le point de fuite.
Nous obtenons ainsi la base pour créer un paysage simple.

Zeichnen Sie zwei weitere Linien unterhalb der Horizontlinie ein, die zum Fluchtpunkt hin verlaufen.
Dies ist das Grundgerüst für die Darstellung einer einfachen Landschaft.

Trek nu twee nieuwe strepen onder de horizon die naar het verdwijnpunt lopen.
Dit is de basis waarop we een eenvoudig landschap creeren.

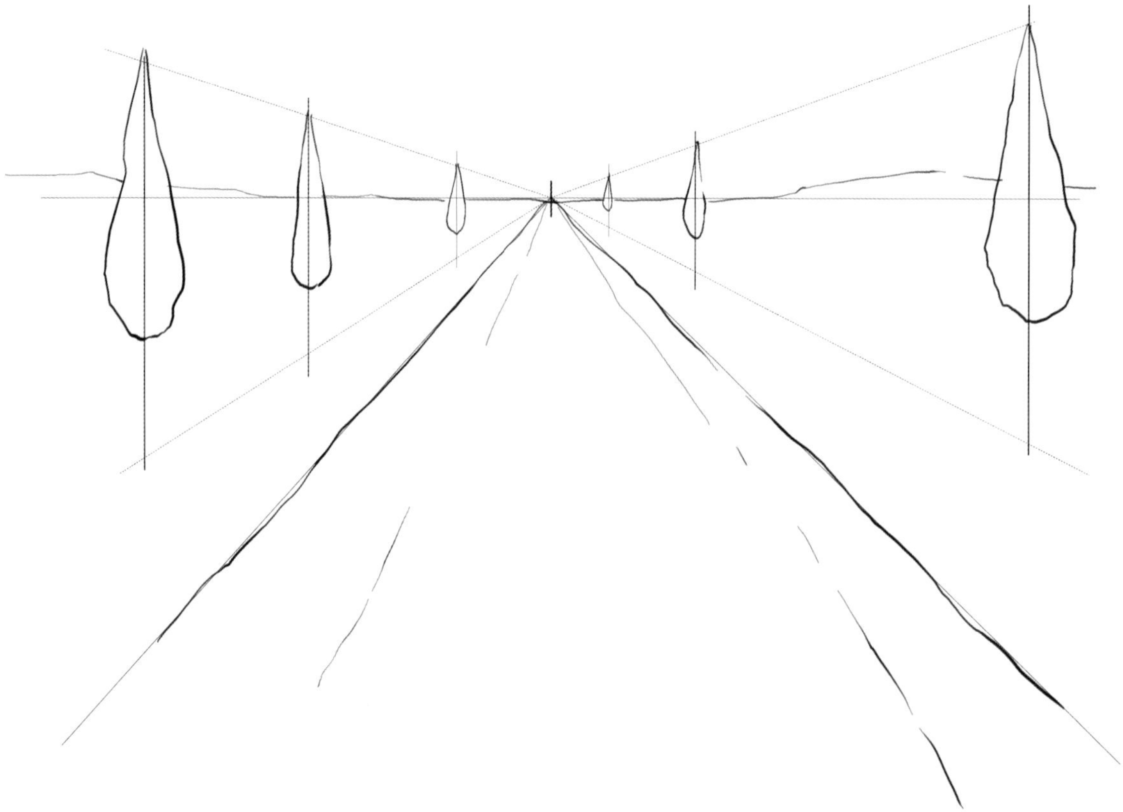

1 2 3 4 5 6 7 **8** 9

Using the straight lines as a reference, draw simple shapes following the guidelines.

En prenant ces droites comme référence, dessinez des formes simples en suivant les consignes.

Belassen Sie die Geraden als Bezugspunkte und zeichnen Sie einfache Formen wie im Beispiel.

Laat de rechte lijnen als referentie en teken eenvoudige vormen volgens de richtsnoeren.

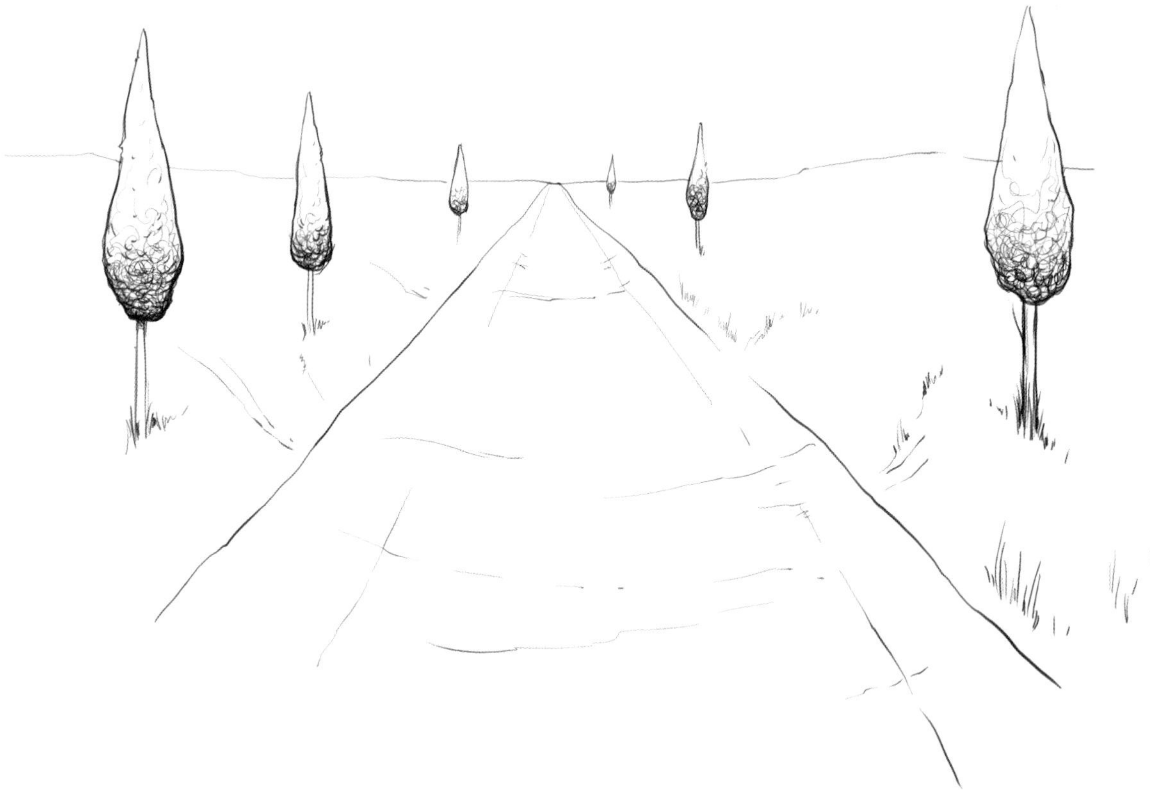

1 2 3 4 5 6 7 8 **9**

Shape the elements, using individual lines and textures to make them different. This will give us a road going towards the horizon, lined by trees of the same size.

Façonner les éléments en les différenciant chacun avec des traits et des textures. Nous obtenons un chemin allant vers l'horizon, bordé d'arbres de la même taille.

Gestalten Sie die einzelnen Elementen und verleihen Sie ihnen mit unterschiedlicher Strichführung Textur. Das Ergebnis ist ein Weg in Richtung Horizont, der von Bäumen gleicher Größe gesäumt wird.

Geef de elementen vorm en onderscheid ze van elkaar met strepen en eigen texturen. Het resultaat is een weg naar de horizon omzoomd met bomen van dezelfde grootte.

Intersection of planes. Prism
Intersection de plans. Prisme
Sich kreuzende Ebenen. Quaders
Snijpunt van vlakken. Prisma

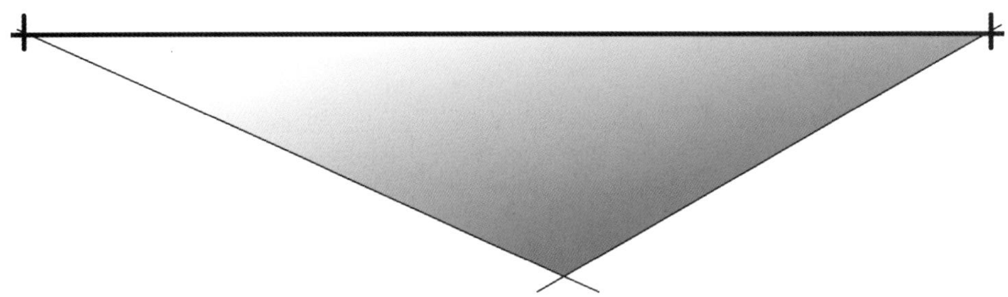

Two-point perspective is closer to the real shape of the objects we draw. Draw the horizon line and mark two vanishing points on it, as far away from each other as possible. Draw two lines that intersect at one point. Each line should start at one of the vanishing points.

La perspective avec deux points de fuite se rapproche davantage de la forme réelle des objets que nous dessinons. Tracez la ligne d'horizon en y ajoutant deux points de fuite, de préférence le plus éloignés possible l'un de l'autre. Dessinez deux lignes qui se recoupent en un point. Chaque ligne est tracée à partir de l'un des points de fuite.

Die Perspektive mit zwei Fluchtpunkten gibt das tatsächliche Aussehen der gezeichneten Objekte wirklichkeitsgetreuer wieder. Zeichnen Sie die Horizontlinie und markieren Sie auf ihr zwei – möglichst weit voneinander entfernte – Fluchtpunkte. Zeichnen Sie zwei Linien, die sich in einem Punkt schneiden. Jede dieser Linien muss von einem der Fluchtpunkte ausgehen.

Het perspectief met twee verdwijnpunten benadert de ware vorm van de voorwerpen die we tekenen. Trek een horizonlijn en geef twee verdwijnpunten aan, hoe verder de een van de ander hoe beter. Teken twee strepen die elkaar op een punt snijden. Elke streep moet beginnen bij een van de verdwijnpunten.

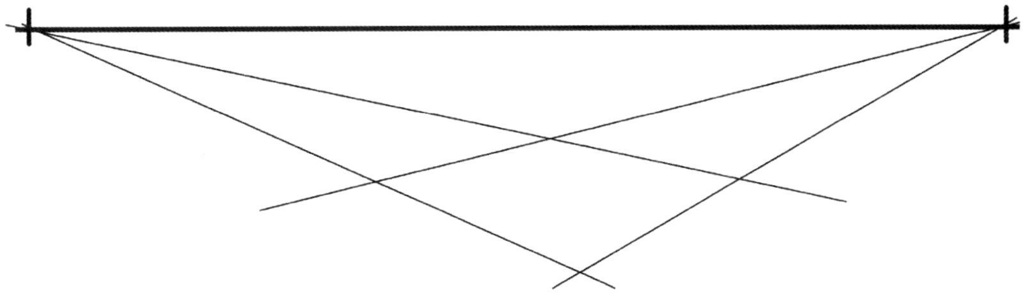

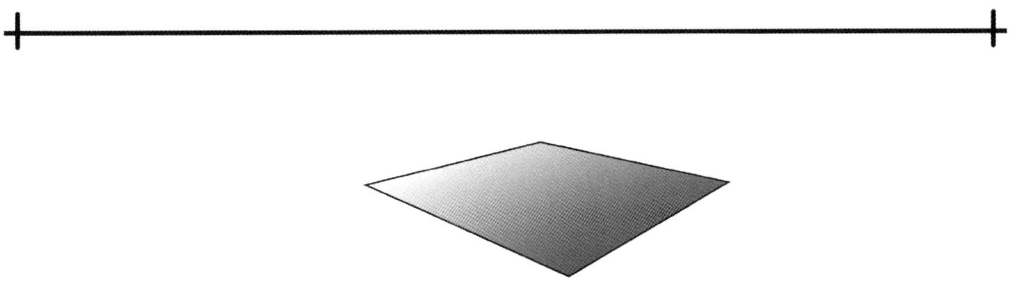

1 2 3 4 5 6 7 8 9

Trace another line from each of the two vanishing points. All lines "vanishing" at the same point run parallel to one another. We have drawn a square in two-point perspective.

Tracez deux lignes supplémentaires, chacune à partir d'un point de fuite. Toutes les lignes provenant d'un même point sont parallèles entre elles. Nous obtenons un carré en perspective avec deux points de fuite.

Zeichnen Sie zwei weitere Linien ein, von denen wiederum eine von jedem Fluchtpunkt ausgeht. Alle Linien, die zum gleichen Fluchtpunkt hin verlaufen, sind in Wirklichkeit parallel zueinander. Das Ergebnis ist ein Quadrat in einer perspektivischen Ansicht mit zwei Fluchtpunkten.

Trek nog twee strepen, een vanaf elk verdwijnpunt. Alle lijnen die in hetzelfde punt "verdwijnen" lopen evenwijdig van elkaar. We hebben een vierkant in perspectief getekend met twee verdwijnpunten.

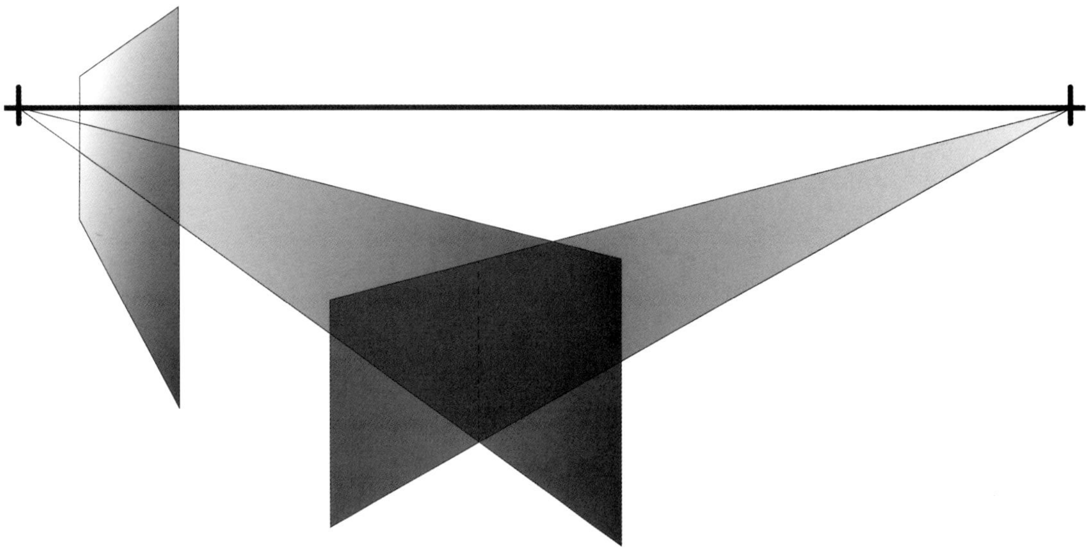

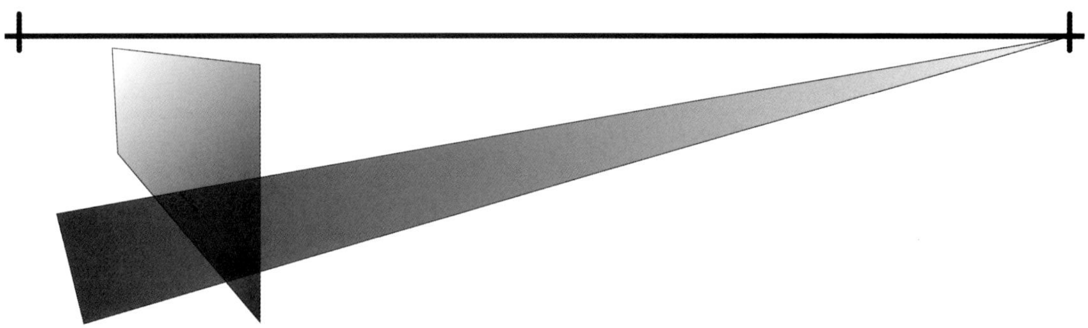

1 2 3 4 5 6 7 8 9

As in the case of one-point perspective, the number of planes and lines we can draw is infinite.

Le nombre de plans et de lignes que nous pouvons tracer est infini, comme dans l'exemple avec un point de fuite.

Genau wie im Falle der Perspektive mit einem Fluchtpunkt kann auch hier eine unbegrenzte Anzahl an horizontalen und vertikalen Ebenen erstellt werden.

De hoeveelheid vlakken en lijnen die getekend kunnen worden is, zoals bij een verdwijnpunt, oneindig.

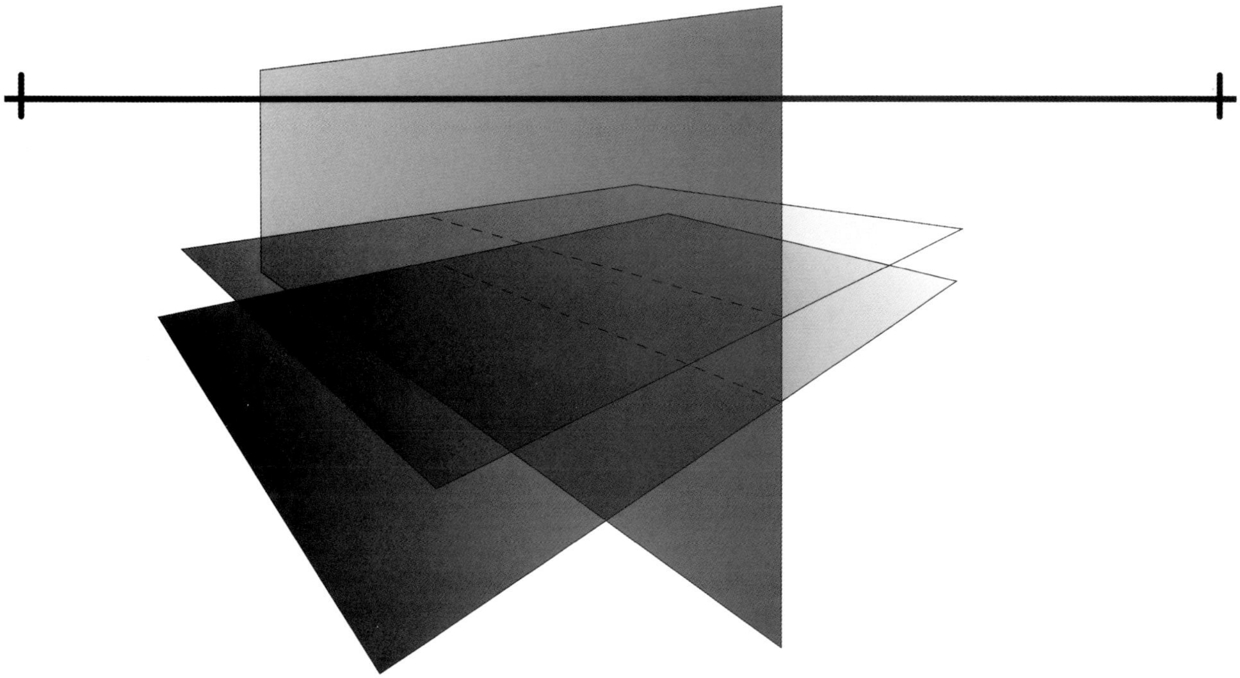

1 2 3 4 5 6 7 8 9

The planes can intersect one another (dotted lines).

Les plans peuvent s'entrecouper (lignes en pointillés).

Die Ebenen können sich untereinander schneiden (gepunktete Linien).

De vlakken kunnen elkaar snijden (stippellijnen).

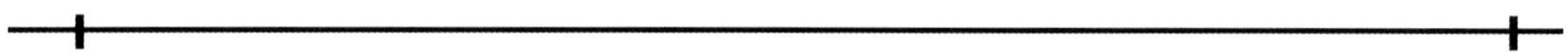

1 2 3 **4** 5 6 7 8 9

With what you have learned so far, draw a horizon line and place two vanishing points on it.

Avec ce que vous savez déjà, dessinez une ligne d'horizon et placez-y deux points de fuite.

Zeichnen Sie ausgehend von dem bisher Gelernten eine Horizontlinie und markieren Sie auf ihr zwei Fluchtpunkte.

Teken met wat we tot nu toe hebben geleerd de horizonlijn en breng er twee verdwijnpunten op aan.

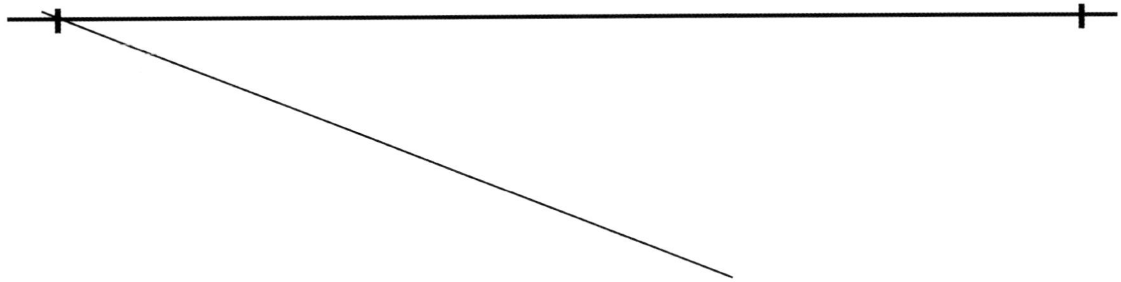

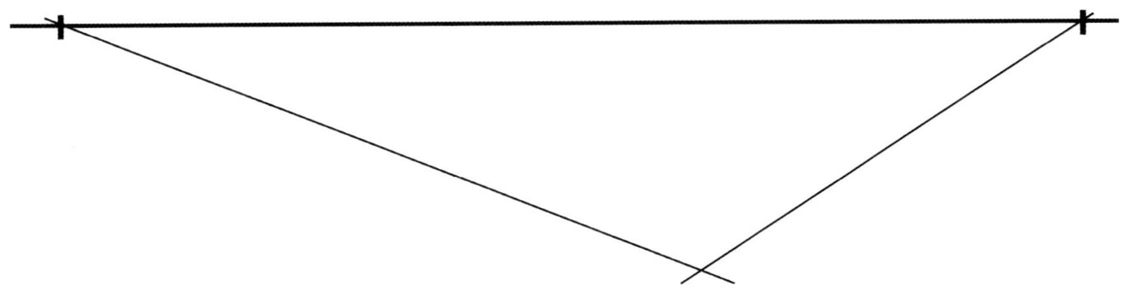

1 2 3 4 **5** 6 7 8 9

Mark the base of the prism with two lines.

En traçant deux lignes, créez la base d'un prisme.

Markieren Sie den Boden des Quaders mithilfe von zwei Linien.

Geef met twee lijnen de basis van het prisma aan.

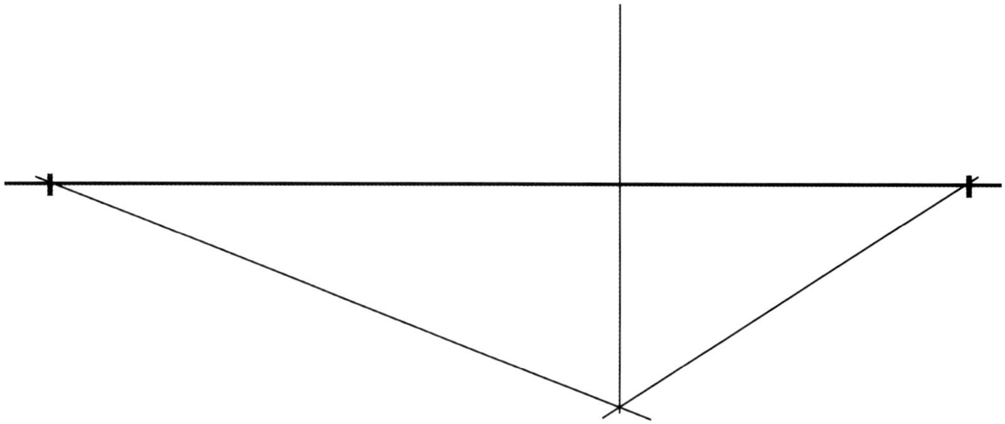

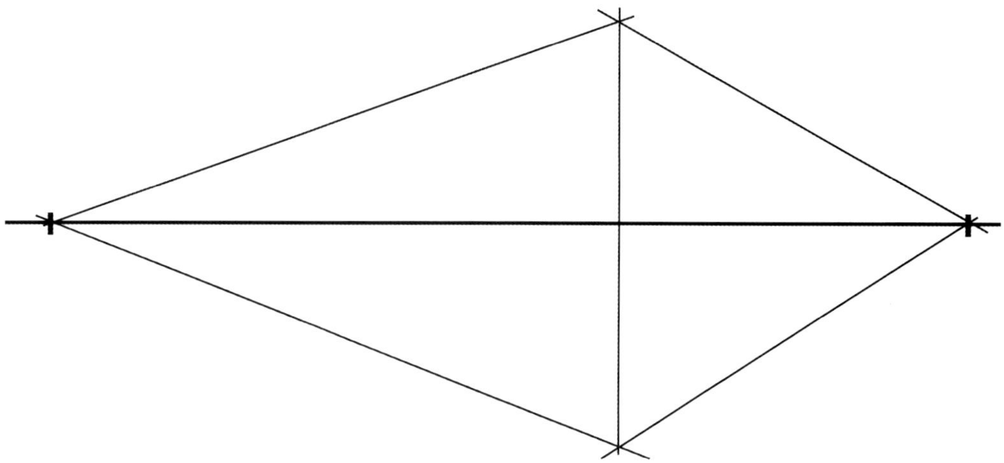

At the point where both lines intersect, draw a vertical. Now draw two new lines that intersect at a point above the vertical line.

Tracez une ligne verticale au point d’intersection de ces deux lignes. Tracez maintenant deux nouvelles lignes qui se coupent en un point de la ligne verticale situé au-dessus de la ligne d’horizon.

Zeichnen Sie am Schnittpunkt beider Linien eine senkrechte Linie ein. Zeichnen Sie nun zwei weitere Linien, die sich an einem Punkt im oberen Abschnitt der senkrechten Linie schneiden.

Teken op het punt waar beide lijnen elkaar snijden een verticale strep. Teken nu twee nieuwe lijnen die elkaar snijden op een hoger punt van de verticale lijn.

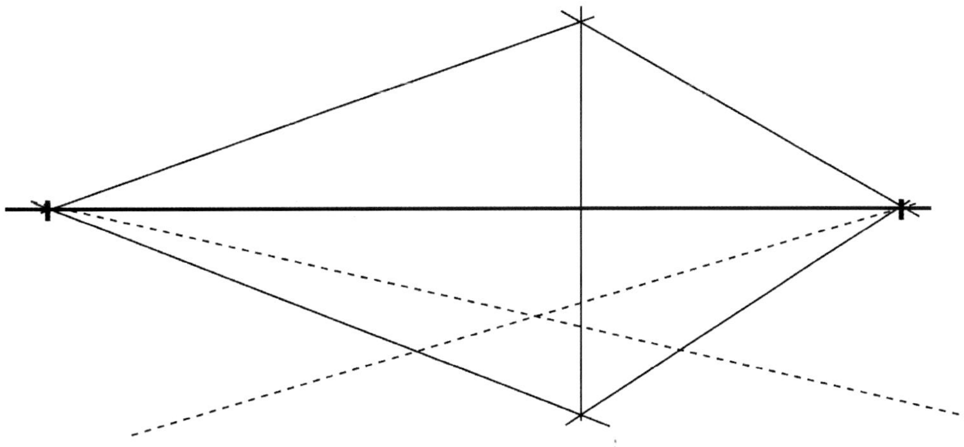

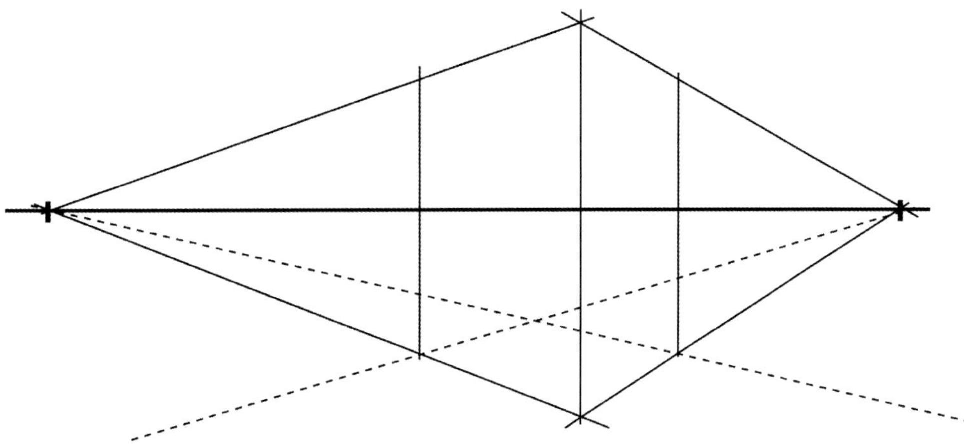

1 2 3 4 5 6 **7** 8 9

Draw two more lines to mark out the planes for the back of the object. Where those new lines intersect the front planes, draw vertical lines to the upper limit.

Tracez deux lignes supplémentaires pour délimiter les plans de la partie arrière. Ces nouvelles lignes coupent les plans avant. Tracez des lignes verticales passant par ces points jusqu'à atteindre la limite supérieure.

Zeichnen Sie zwei weitere Linien ein, die die untere Ebene begrenzen. Zeichnen Sie an den Stellen, wo diese neuen Linien die zuerst eingezeichneten unteren Linien schneiden, zwei senkrechte Linien ein, die bis zur oberen Begrenzung reichen.

Trek nog twee strepen om de vlakken van het achterdeel af te bakenen. Teken op de plek waar deze nieuwe lijnen de vorige vlakken snijden verticale lijnen totdat de bovenste grens wordt bereikt.

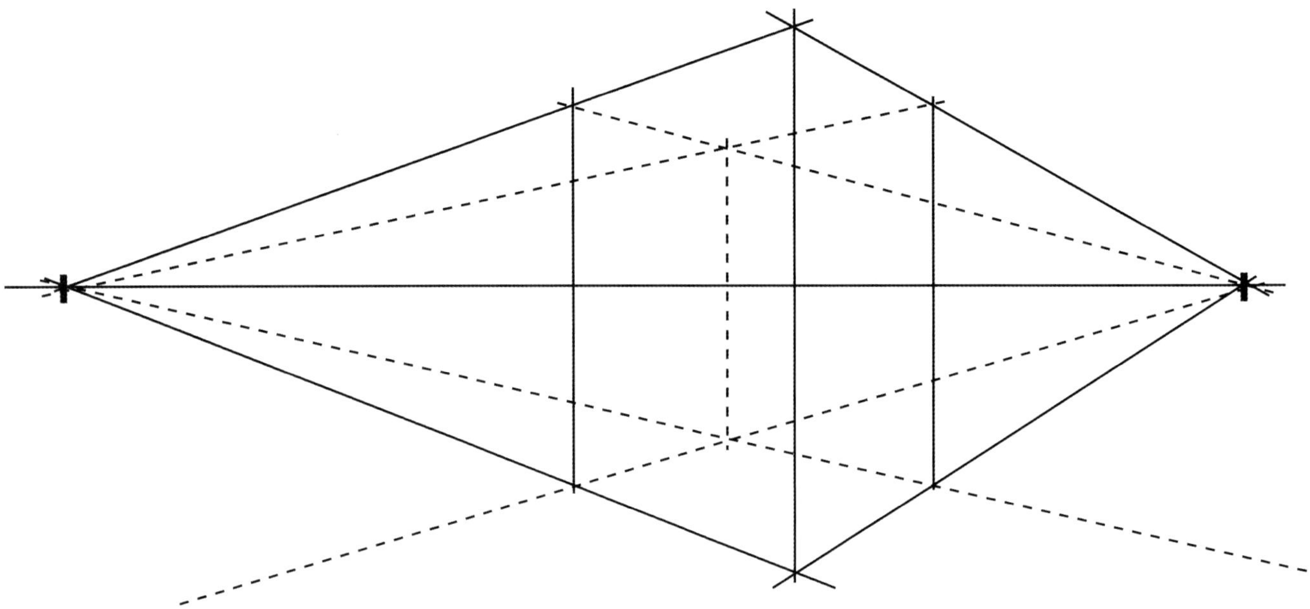

1 2 3 4 5 6 7 8 9

Draw the vertical line that is missing at the intersection of the two back lines.

Dessinez la ligne verticale manquante au niveau de l'intersection des deux lignes arrière.

Zeichnen Sie am Schnittpunkt der beiden hinteren Linien die fehlende senkrechte Kantenlinie ein.

Teken de verticale lijn die ontbreekt op het snijpunt van de twee achterste lijnen.

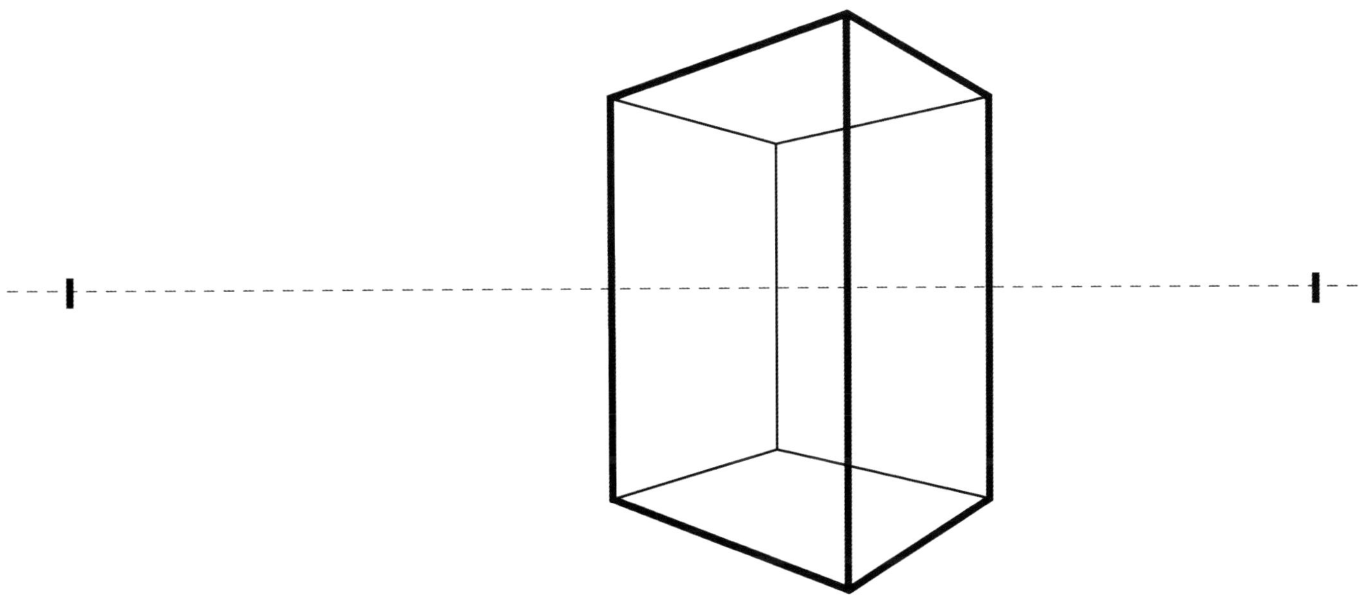

1 2 3 4 5 6 7 8 **9**

Erase the excess lines and outline the contours of the prism.

Effacez les lignes en trop et soulignez les contours du prisme.

Entfernen Sie die überzähligen Striche und ziehen Sie die Umrisse des Quaders nach.

Wis de overbodige lijnen en geef de omtrek van het prisma aan.

We continue learning about curved shapes and more complex figures. The objects drawn in perspective do not reflect their true dimensions. How do we find the center of a figure when it is distorted by depth?

- How to draw circles, ellipses, cones and cylinders
- How to use diagonals and divide vertical lines

Nous progressons dans notre apprentissage avec des formes courbes et des figures plus complexes. Les objets représentés en perspective ne reflètent pas leurs véritables dimensions. Comment trouver le centre d'une figure lorsque celle-ci est déformée par la profondeur ?

- Comment dessiner des cercles, des ellipses, des cônes et des cylindres
- Comment utiliser les diagonales et diviser des lignes verticales

In diesem Abschnitt wird das Zeichnen runder Objekte und komplexerer Figuren erläutert. Die in perspektivischer Ansicht abgebildeten Objekte spiegeln nicht ihre tatsächlichen Abmessungen wider... Wie kann man also den Mittelpunkt einer Figur bestimmen, die in der Zeichnung verzerrt erscheint?

- Zeichnen von Kreisen, Ellipsen, Kegeln und Zylindern
- Nutzung der Diagonalen und Einteilung senkrechter Linien

We gaan een stapje verder en leren gebogen vormen en complexere figuren te tekenen. De in perspectief weergegeven voorwerpen geven niet hun ware afmetingen weer. Hoe vinden we het centrum van een figuur wanneer deze door de diepte is vertekend?

- Hoe cirkels, ellipsen, kegels en cilinders worden getekend
- Hoe diagonalen worden gebruikt en verticale lijnen gedeeld

Complex shapes and measurements
Figures complexes et mesures
Komplexere Formen und Dimensionen
Complexe vormen en maten

How to draw circles, ellipses, cones and cylinders
Comment dessiner des cercles, des ellipses, des cônes et des cylindres
Zeichnen von Kreisen, Ellipsen, Kegeln und Zylindern
Hoe cirkels, ellipsen, kegels en cilinders worden getekend

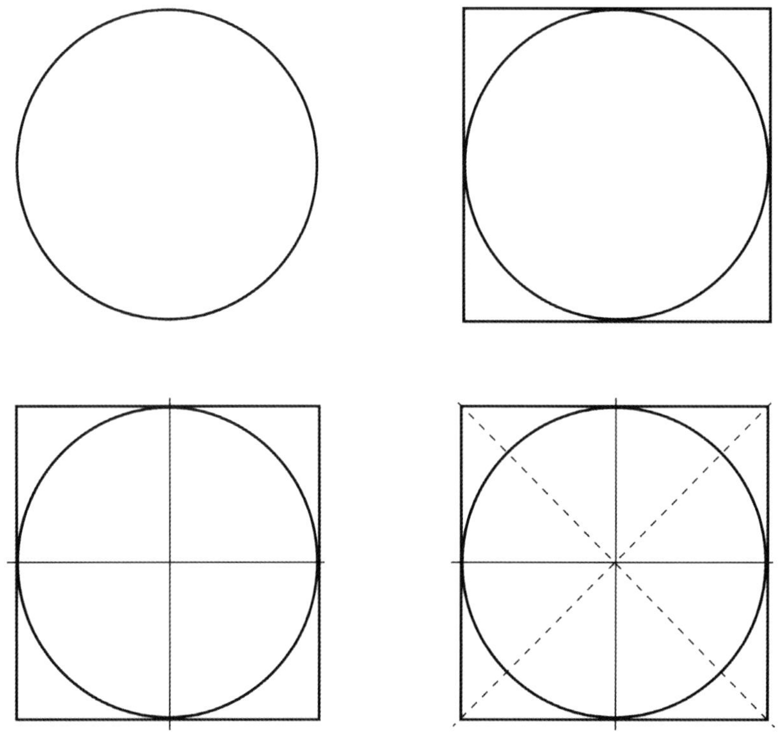

Learning how to draw circles in perspective is another basic notion. To do so, we use the relationship between a circle and the square in which it is inserted. Draw a circle inside a square, trace lines from the mid points on each side of the square and its diagonals.

Le dessin de cercles en perspective est l'une des autres notions de base à apprendre. Nous utilisons pour cela la figure d'un carré en inscrivant un cercle à l'intérieur. Dessinez un cercle inscrit dans un carré, puis tracez les lignes passant par les milieux de chaque côté du carré ainsi que ses diagonales.

Das Zeichnen von Kreisen in perspektivischer Ansicht gehört ebenfalls zu den grundlegenden Fertigkeiten. Hierfür nutzt man die Beziehung zwischen einem Kreis und dem Quadrat, in das der Kreis eingezeichnet wird. Zeichnen Sie einen Kreis in ein Quadrat sowie die Linien zwischen den Mittelpunkten der Quadratseiten und die zwei Diagonalen des Quadrats ein.

Een andere basisoefening is het leren tekenen van een cirkel in perspectief. Hiervoor wordt de verhouding tussen een cirkel en het vierkant waarbinnen hij wordt getekend gebruikt. Teken een cirkel in een vierkant, trek lijnen vanaf de middelpunten van elke zijde van het vierkant en hun diagonalen.

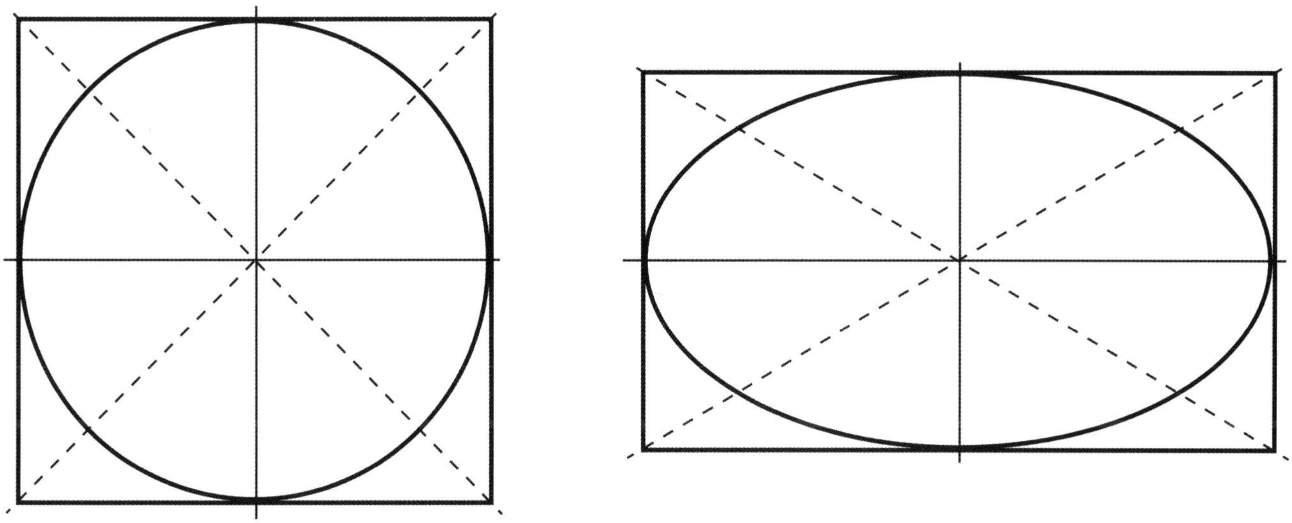

1 2 3 4 5 6 7 8 9 10 11 12 13

A circle projected in the space becomes an ellipse, and the square it is inside becomes a rectangle, which will help us to position and draw it correctly.

Un cercle projeté dans l'espace se transforme en une ellipse, et le carré dans lequel il s'inscrit devient un rectangle, qui nous aide à l'ajuster et à le dessiner.

Ein Kreis wird in perspektivischer Ansicht zu einer Ellipse. Das Quadrat wird zu einem Rechteck, in das die entstehende Ellipse leicht eingezeichnet werden kann.

Een cirkel in de ruimte getekend verandert in een ellips, en het vierkant waarin deze wordt getekend wordt een rechthoek die ons helpt om de ellips erin te passen en te tekenen.

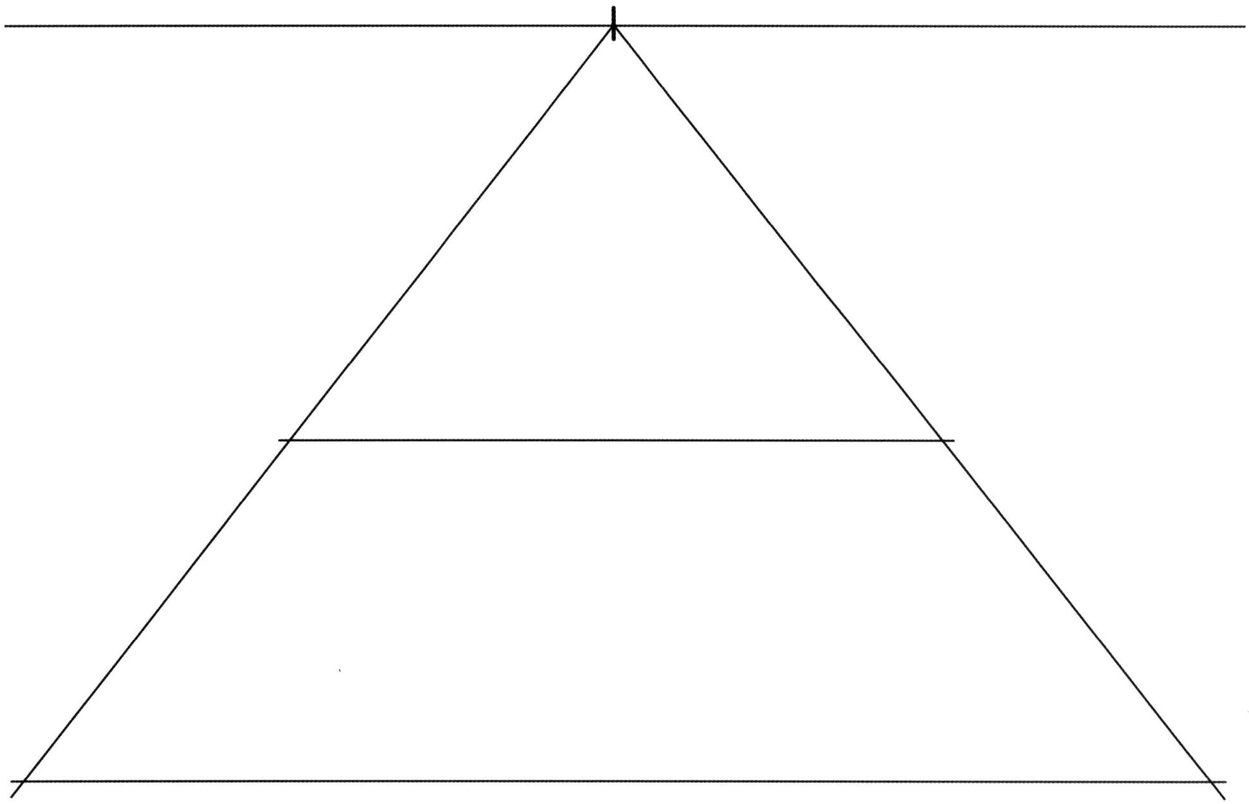

1 **2** 3 4 5 6 7 8 9 10 11 12 13

Place another vanishing point on the horizon and draw a square in perspective.

Placez de nouveau un point de fuite sur la ligne d'horizon et tracez un carré en perspective.

Markieren Sie erneut einen Fluchtpunkt am Horizont und zeichnen Sie ein Quadrat in der Zentralperspektive.

Breng opnieuw een verdwijnpunt op de horizon aan en teken een vierkant in perspectief.

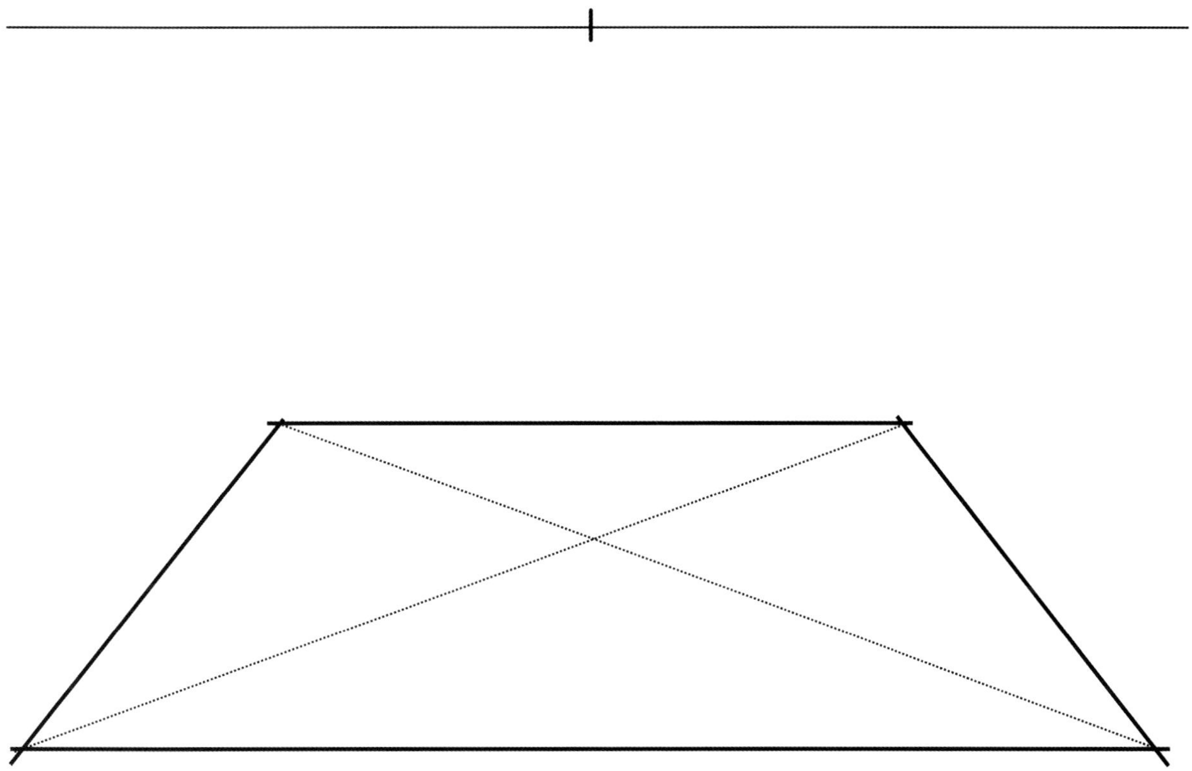

1 2 **3** 4 5 6 7 8 9 10 11 12 13

Draw its diagonals by tracing lines to join up the corners. This will give us the mid point of this square.

Dessinez ses diagonales, en traçant des lignes qui relient ses sommets. Nous obtenons ainsi le centre de ce carré.

Zeichnen Sie die Diagonalen des Quadrats ein, indem Sie dessen Ecken miteinander verbinden. Auf diese Weise wird der Mittelpunkt des Quadrats bestimmt.

Teken de diagonalen en trek lijnen die de hoekpunten verbinden. Zo krijgen we het middelpunt van dit vierkant.

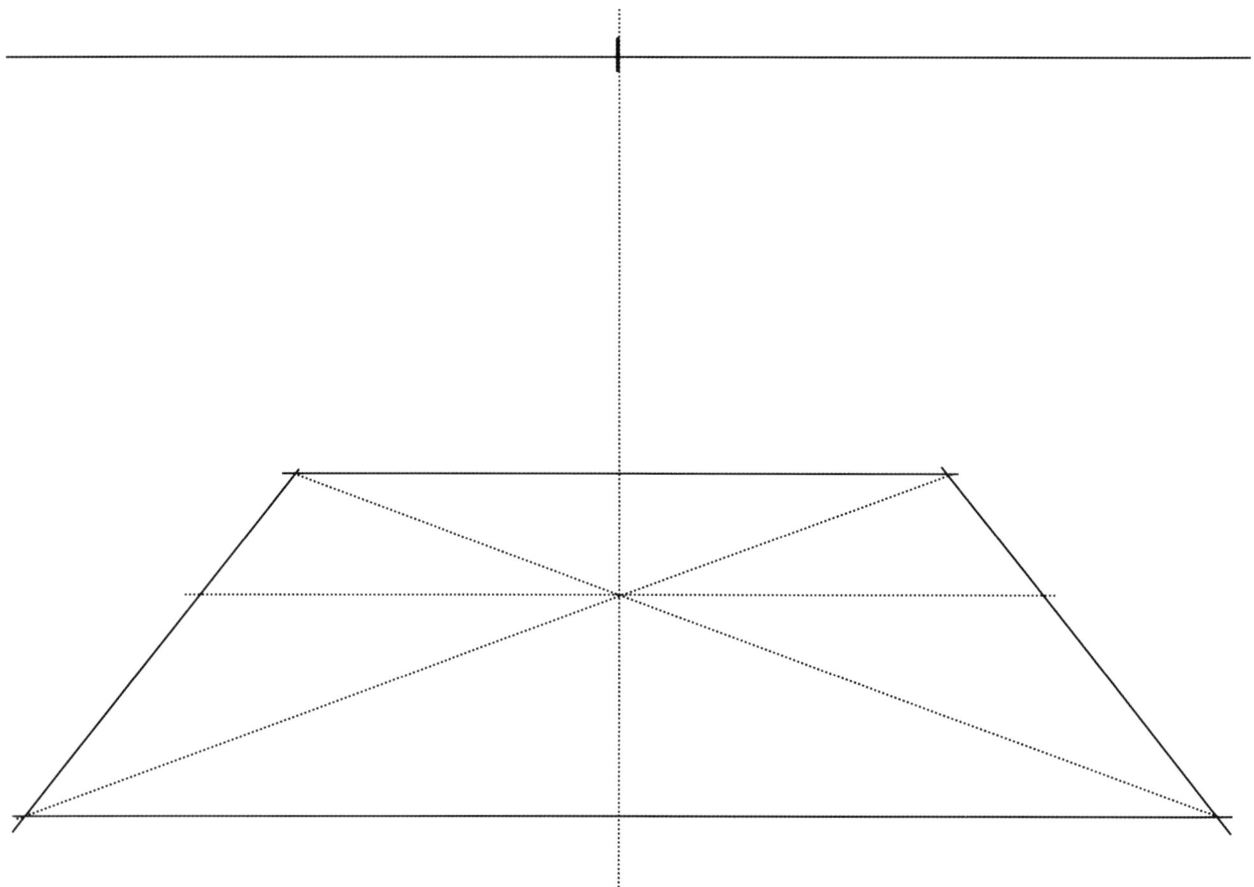

1 2 3 **4** 5 6 7 8 9 10 11 12 13

With the help of this mid point, trace the lines passing through the mid points on each side of the square.

À l'aide de ce centre, tracez les lignes qui passent par les milieux de chaque côté du carré.

Zeichnen Sie unter Zuhilfenahme des Mittelpunkts die beiden Linien ein, die den Mittelpunkte der Quadratseiten schneiden.

Trek met behulp van dit middelpunt de lijnen die door de middelpunten van elke zijde van het vierkant lopen.

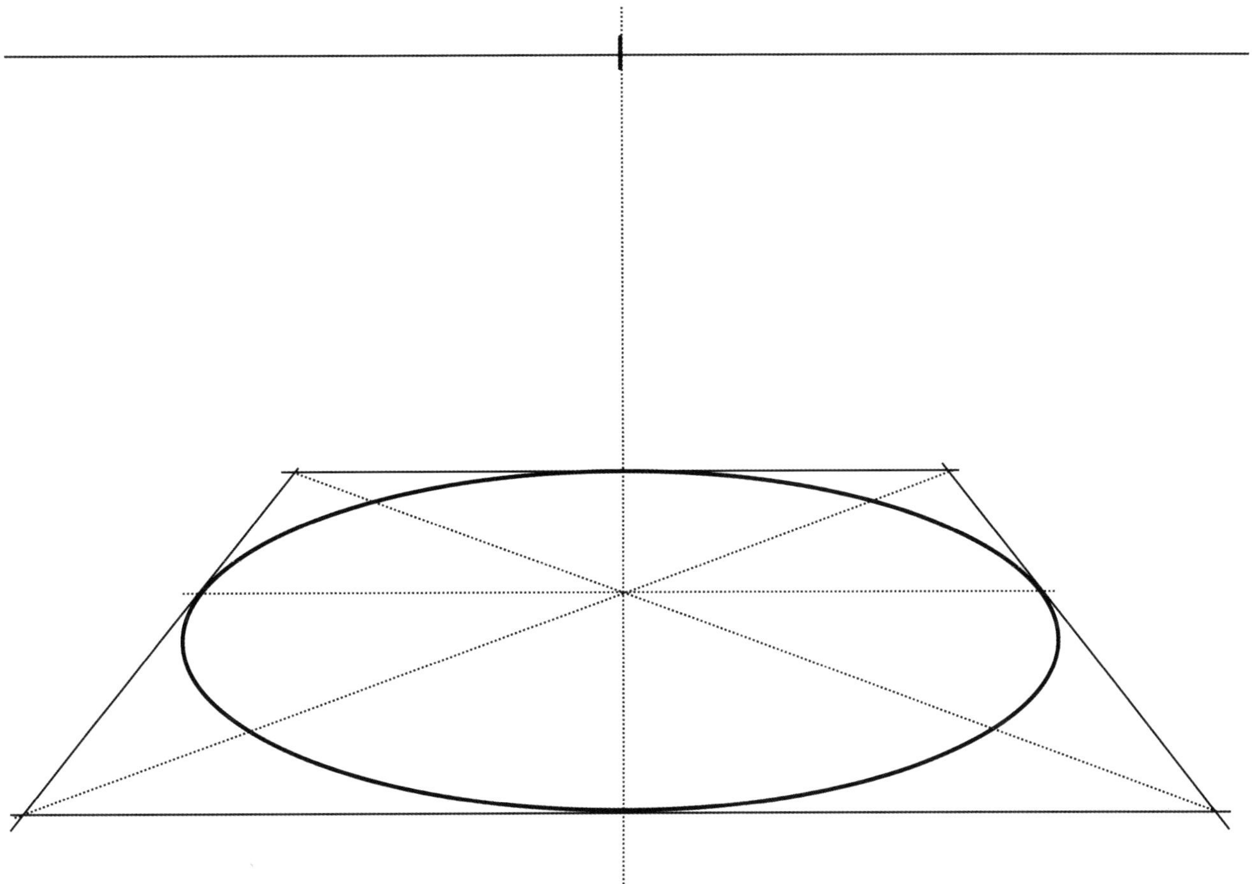

1 2 3 4 **5** 6 7 8 9 10 11 12 13

With these guidelines, draw the circle (the ellipse representing it).

À partir de cette figure, dessinez le cercle (l'ellipse qui le représente).

Zeichnen Sie anhand dieser Hilfslinien den Kreis (d. h. die Ellipse, die den Kreis in perspektivischer Ansicht zeigt) ein.

Teken aan de hand van deze richtlijnen de cirkel (de ellips die deze uitbeeldt).

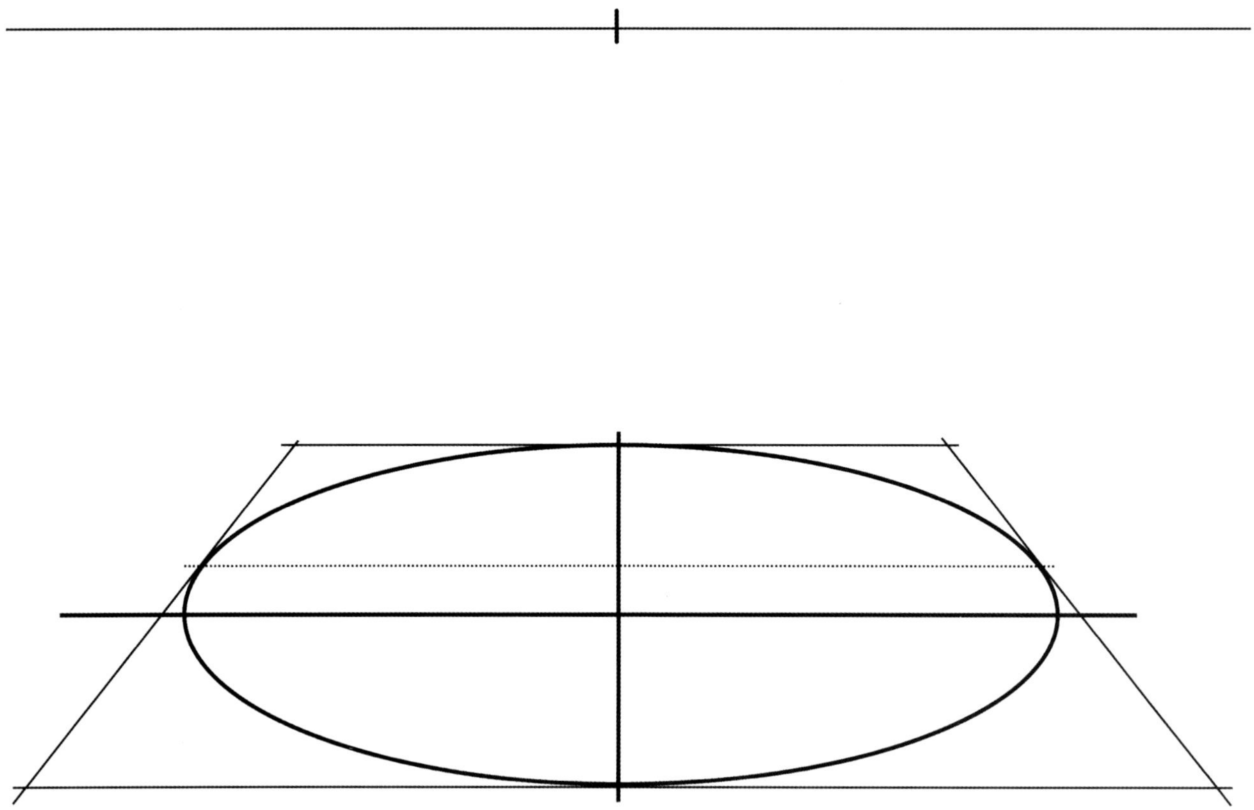

1 2 3 4 5 **6** 7 8 9 10 11 12 13

It is important to point out that the center found with the diagonals is the center of the circle (intersection of the dotted line and the line in bold) in perspective and not the center of the ellipse (intersection of the lines in bold).

Il est important de signaler que le centre que nous obtenons en traçant les diagonales correspond au centre du cercle (intersection de la ligne en pointillés avec la ligne soulignée en noir) en perspective et non le centre de l'ellipse (intersection des lignes soulignées en noir).

Beachten Sie Folgendes: Der Mittelpunkt des Quadrats, der dank der Diagonalen bestimmt werden kann, ist gleichzeitig der Mittelpunkt des Kreises in perspektivischer Ansicht (Schnittpunkt der gepunkteten Linie mit der durchgezogenen Linie) – NICHT der Mittelpunkt der Ellipse (Schnittpunkt der durchgezogenen Linien).

Het is belangrijk erop te wijzen dat het midden dat we met de diagonalen vinden het midden is van de cirkel (snijpunt van de stippellijn met de zwarte streep) in perspectief en niet het midden van de ellips (snijpunt van de zwarte strepen).

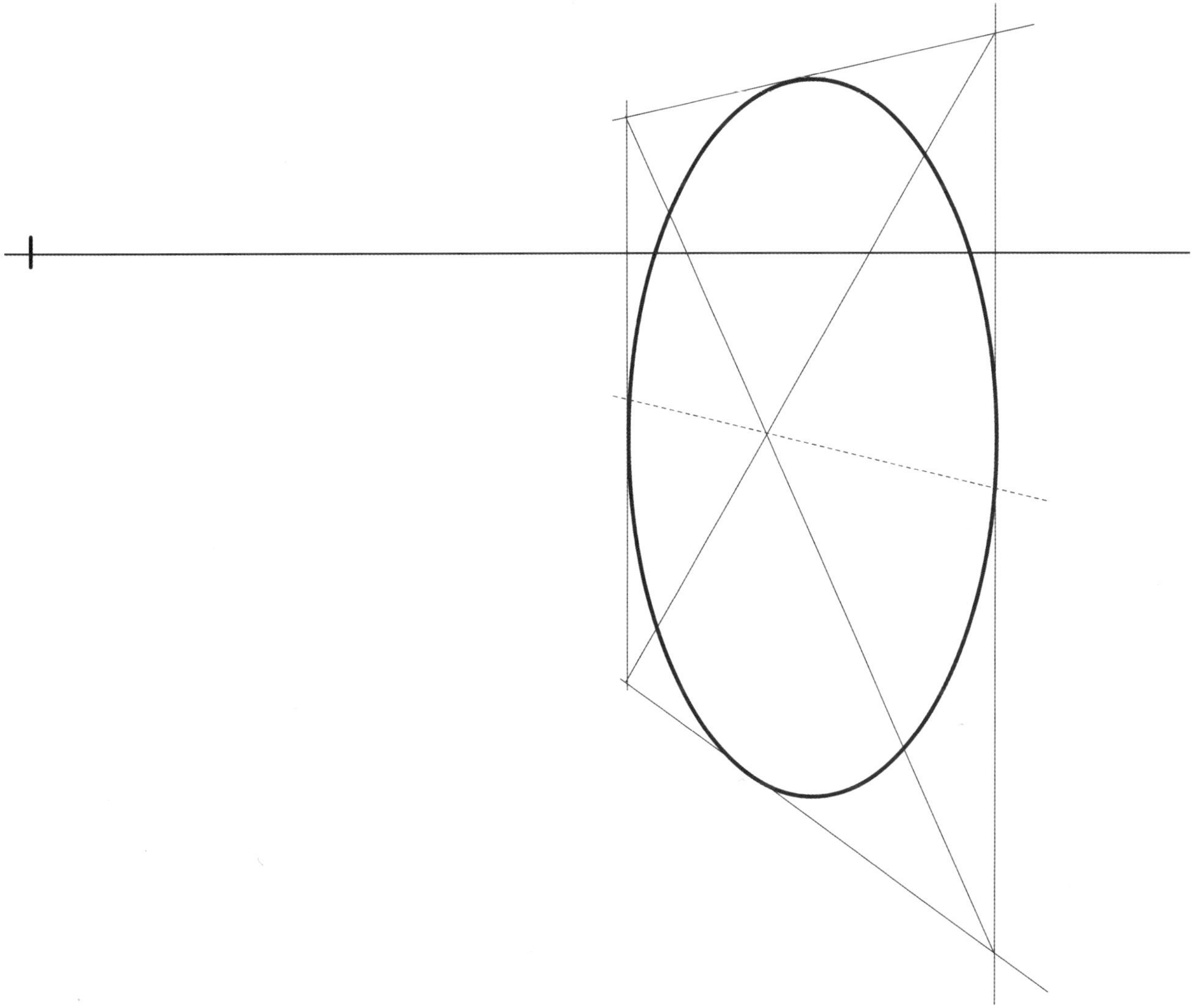

1 2 3 4 5 6 **7** 8 9 10 11 12 13

Drawing circles in perspective is important when building more complex items. Practice drawing circles on both vertical and horizontal planes.

Le dessin de cercles en perspective s'avère important pour pouvoir représenter des figures plus complexes. Entraînez-vous en dessinant des cercles aussi bien dans des plans verticaux qu'horizontaux.

Das Zeichnen von Kreisen in perspektivischer Ansicht spielt eine wichtige Rolle bei der Anfertigung komplexerer Abbildungen. Üben Sie das Zeichnen von Kreisen sowohl in vertikalen als auch in horizontalen Ebenen.

Het tekenen van cirkels in perspectief is belangrijk bij het creëren van complexere voorwerpen. Oefen met het tekenen van cirkels zowel op verticale als horizontale vlakken.

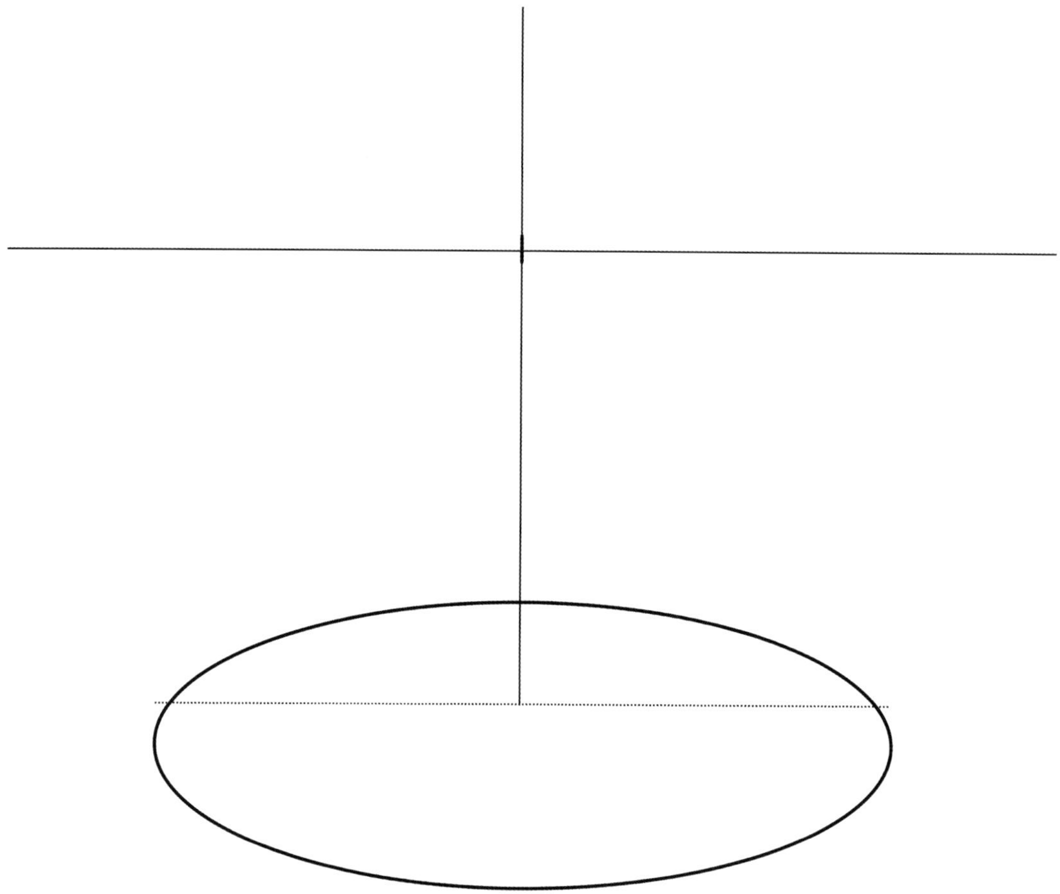

1 2 3 4 5 6 7 **8** 9 10 11 12 13

The next step is to draw items that are derived from the circle, such as a cone or a cylinder. Taking a circle drawn in perspective as your starting point, draw a vertical from the center.

L’étape suivante consiste à dessiner des figures dérivées du cercle comme le cône ou le cylindre. À partir d’un cercle en perspective, tracez une verticale partant de son centre.

Der nächste Schritt besteht darin, vom Kreis abgeleitete Objekte wie z. B. Kegel oder Zylinder abzubilden. Zeichnen Sie ausgehend von einem Kreis in perspektivischer Ansicht eine senkrechte Linie, die vom Kreismittelpunkt ausgeht.

De volgende stap is het tekenen van figuren die zijn afgeleid van de cirkel, zoals de kegel of de cilinder. Teken vanaf een cirkel in perspectief een verticale lijn vanaf het midden van de cirkel.

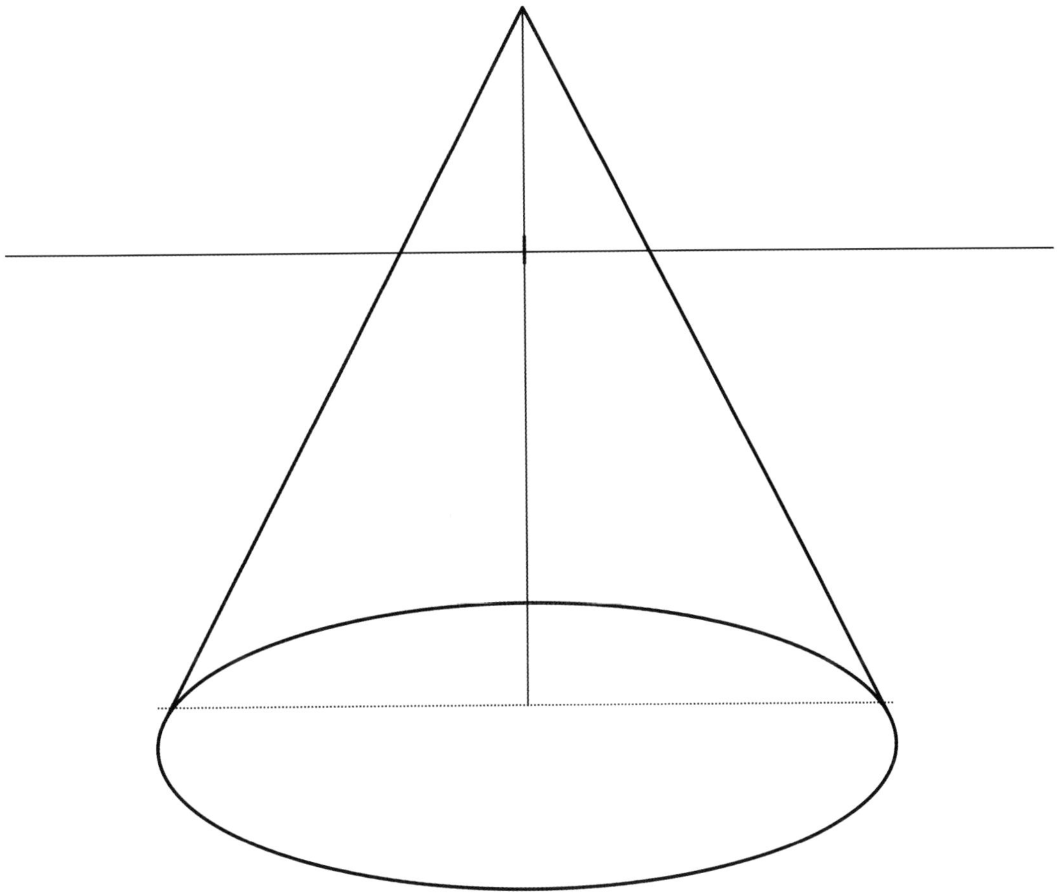

1 2 3 4 5 6 7 8 **9** 10 11 12 13

The last step is to draw two lines tangent to the circle at the desired height.

Enfin, tracez à la hauteur souhaitée deux lignes tangentes au cercle.

Zeichnen Sie anschließend von der Mittellinie aus zwei Kreistangenten ein, die sich in beliebiger Höhe schneiden.

De laatste stap is het op de gewenste hoogte trekken van twee raaklijnen van de cirkel.

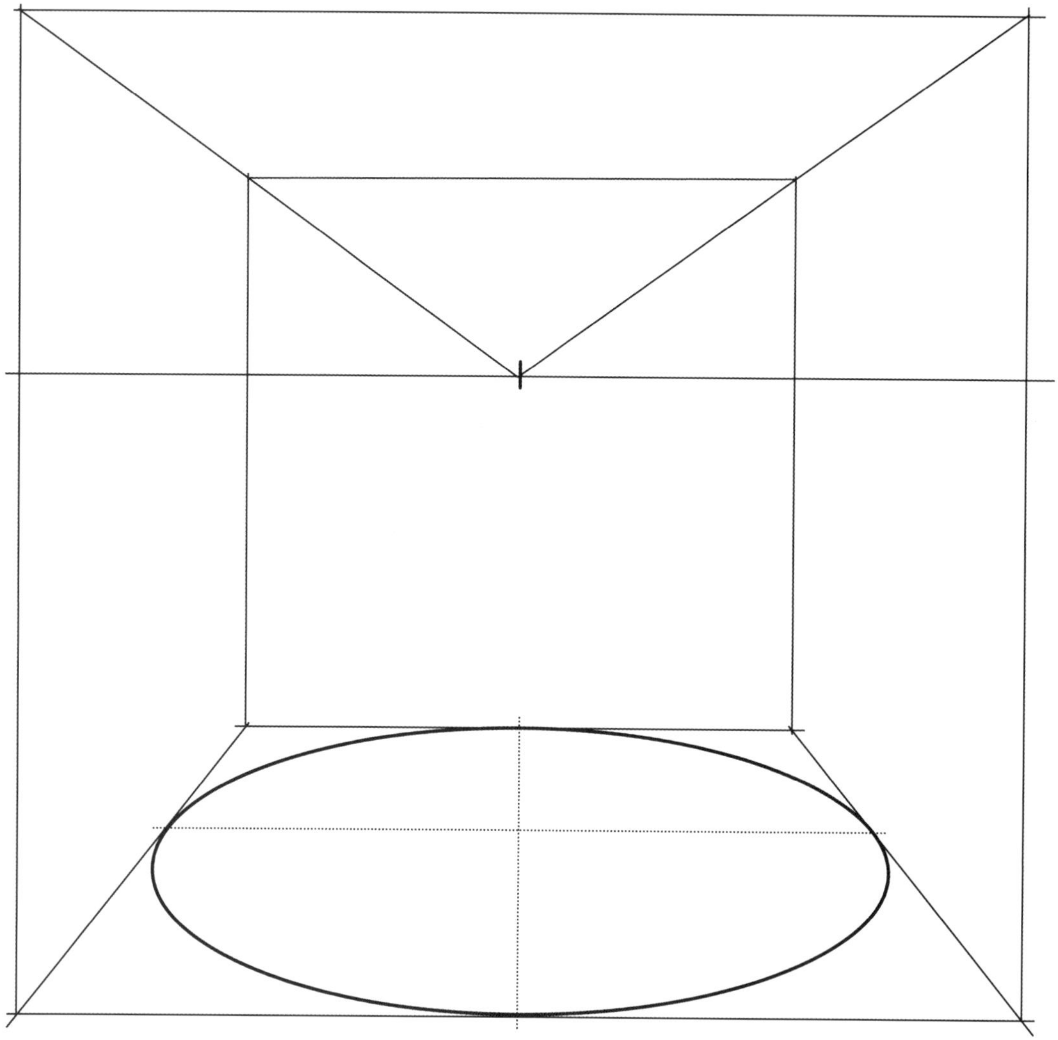

1 2 3 4 5 6 7 8 9 **10** 11 12 13

To draw a cylinder, first the base is drawn and then, using the square in which the circle is inserted, we draw verticals to form a "box" with the dimensions required.

Pour représenter un cylindre, il faut commencer par dessiner la base et, à partir du carré dans lequel elle s'inscrit, nous traçons des verticales jusqu'à former une « boîte » avec les mesures souhaitées.

Um einen Zylinder zu zeichnen, erstellt man zunächst die untere Kreisfläche, die in ein Quadrat eingezeichnet ist. Anschließend werden senkrechte Linien hinzugefügt, die einen Quader in der gewünschten Größe bilden.

Om een cilinder te creëren, wordt de basis getekend en vanaf het vierkant waarin de cilinder wordt getekend, trekken we verticalen tot een "doos" van de gewenste afmetingen wordt gevormd.

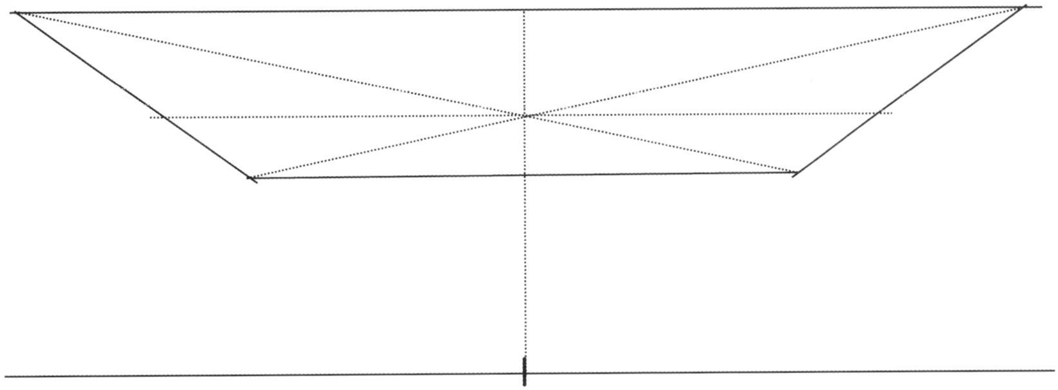

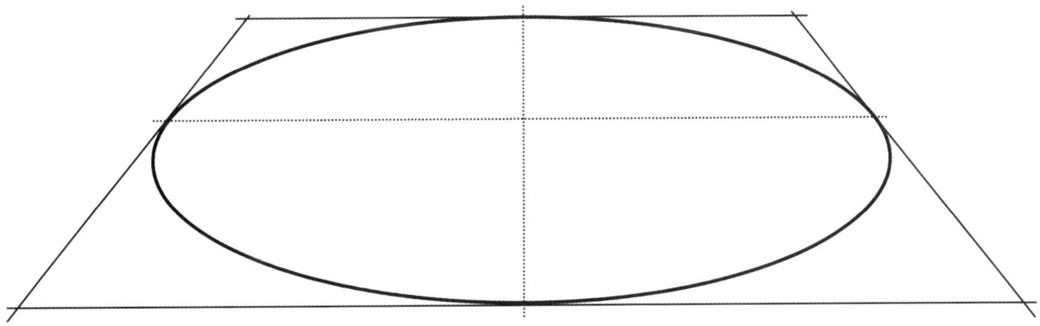

1 2 3 4 5 6 7 8 9 10 **11** 12 13

We erase any unnecessary lines and draw the diagonals in the upper square.

Nous éliminons les lignes en trop et traçons les diagonales du carré supérieur obtenu.

Entfernen Sie überzählige Striche und zeichnen Sie die Diagonalen des oberen Quadrats ein.

Wis de onnodige lijnen en trek de diagonalen in het bovenste vierkant.

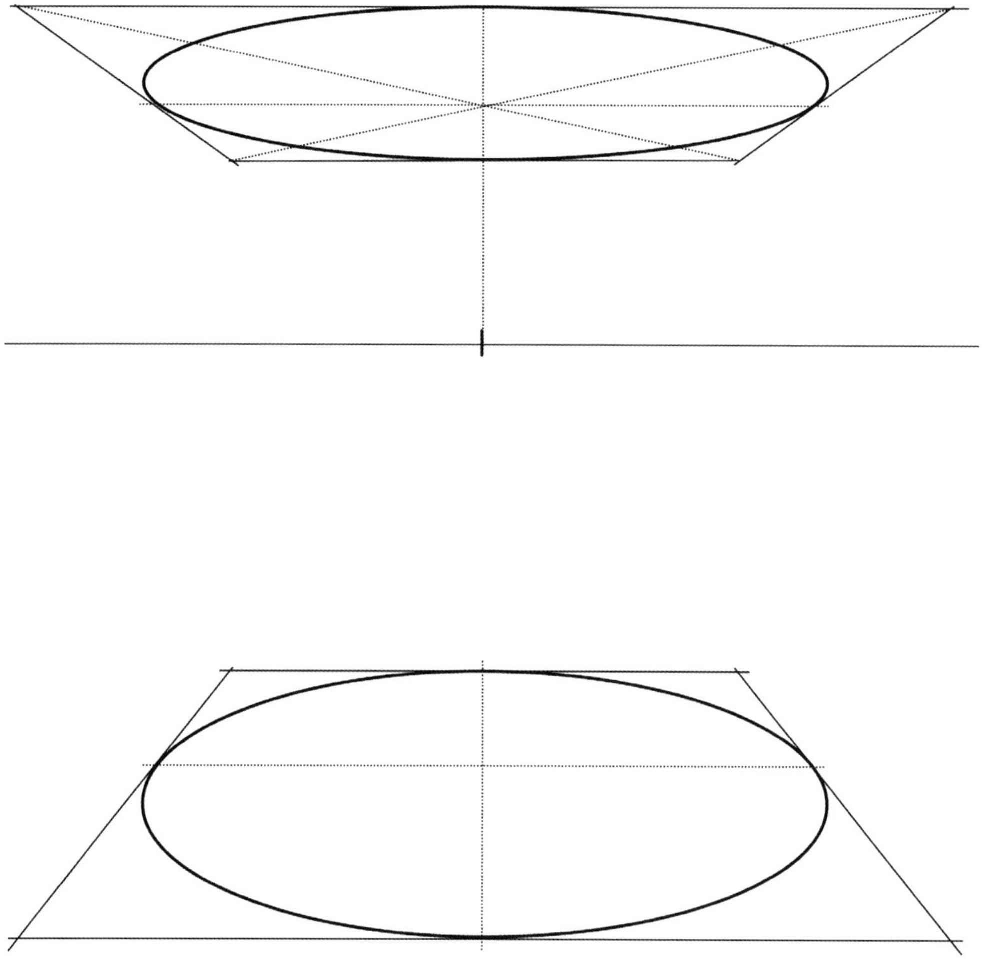

1 2 3 4 5 6 7 8 9 10 11 **12** 13

Using these guidelines, draw a new circle with the same dimensions as the one at the bottom and the same vanishing points.

À partir de celles-ci, nous dessinons un nouveau cercle de mêmes dimensions que le cercle inférieur et avec les mêmes points de fuite.

Zeichnen Sie anhand dieser Hilfslinien einen zweiten Kreis mit der gleichen Größe und den gleichen Fluchtlinien wie der untere.

Hiermee wordt een nieuwe cirkel van dezelfde afmetingen als de onderste en met dezelfde verdwijnpunten getekend.

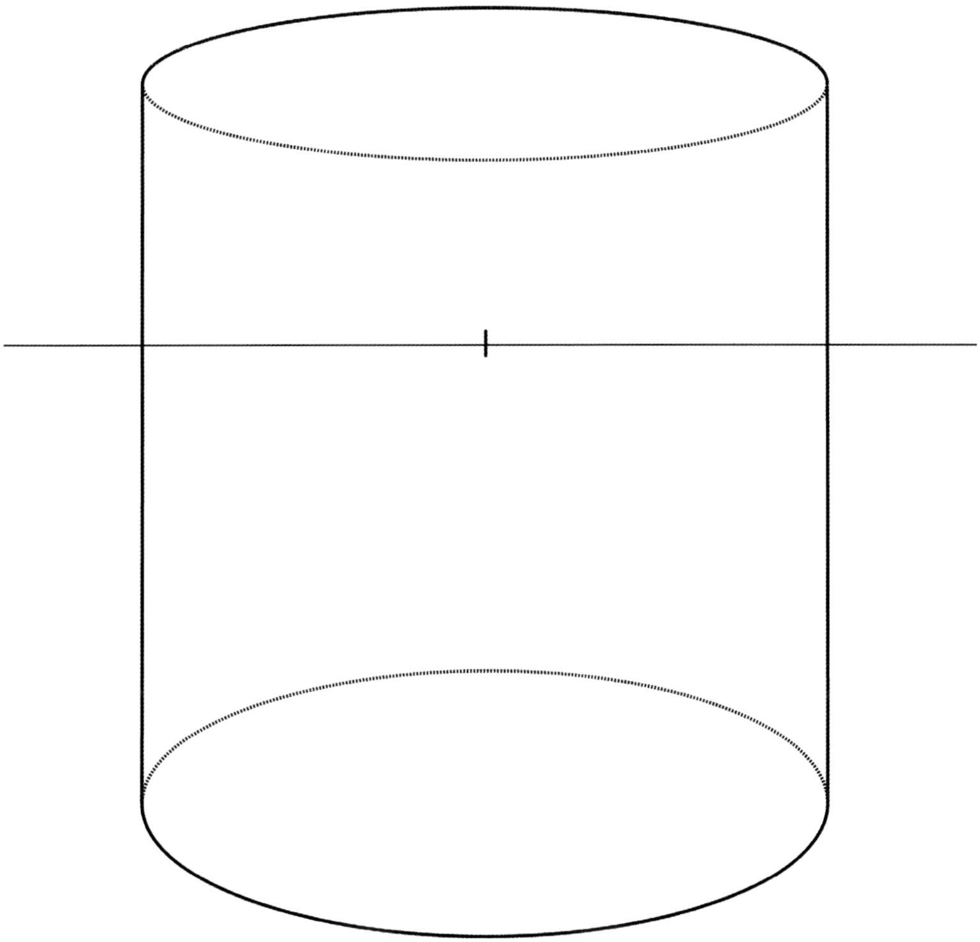

The circle is then joined up at the top and bottom to complete the cylinder.

Nous relions le cercle supérieur avec le cercle inférieur pour terminer le cylindre.

Durch Verbinden des oberen und unteren Kreises ergibt sich ein Zylinder.

Verbind de bovenste en de onderste cirkel met elkaar om de cilinder af te ronden.

How to use diagonals and divide vertical lines
Comment utiliser les diagonales et diviser des lignes verticales
Nutzung der Diagonalen und Einteilung senkrechter Linien
Hoe diagonalen worden gebruikt en verticale lijnen gedeeld

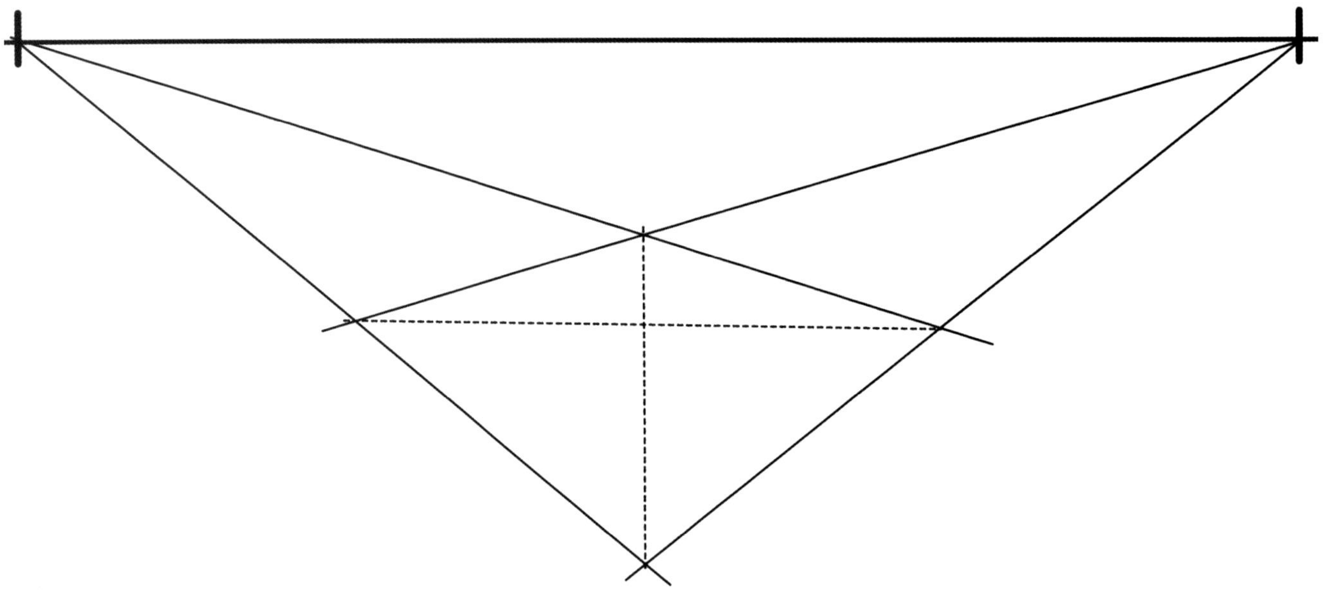

Using the method with the diagonals, we can find the center of any square or rectangle in perspective.

Grâce à la méthode des diagonales, nous pouvons obtenir le centre de n'importe quel carré ou rectangle en perspective.

Durch das Einzeichnen der Diagonalen kann der Mittelpunkt jedes beliebigen Quadrats oder Rechtecks in perspektivischer Ansicht bestimmt werden.

Met de diagonalenmethode kan het midden van elk vierkant of rechthoek in perspectief worden gevonden.

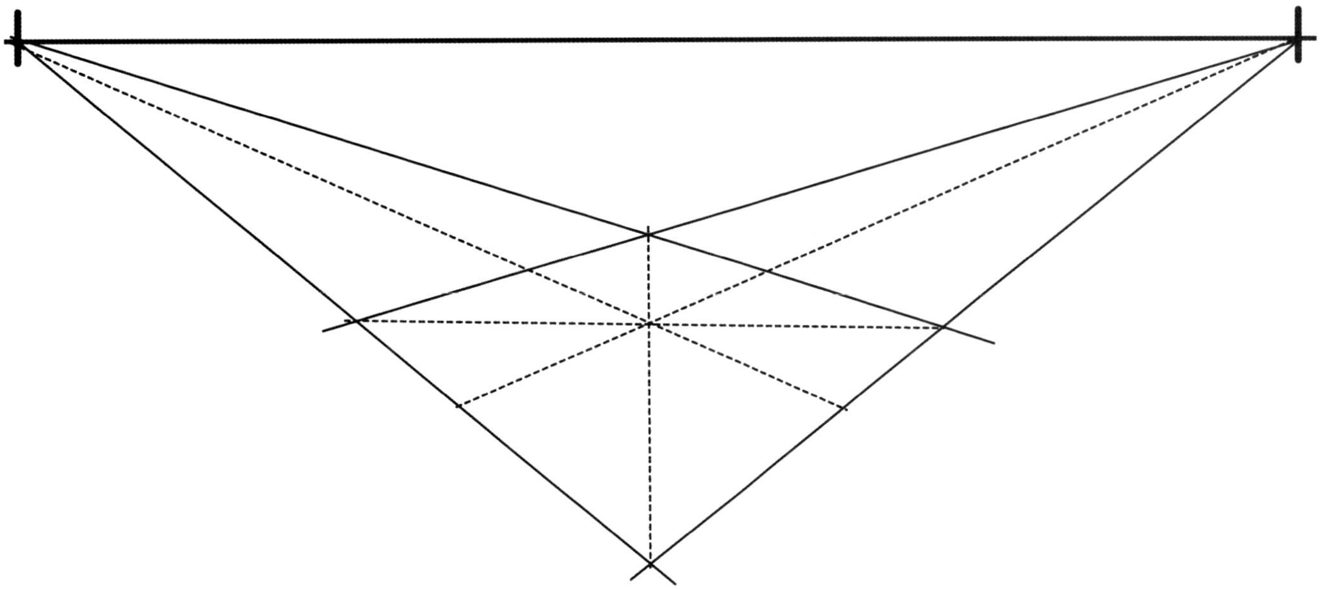

1 2 3 4 5 6 7

Thanks to this method we can also divide the figure into equal parts, by drawing lines that pass through the center on their way to the vanishing points.

Par conséquent, nous pouvons également diviser la figure en parties égales, en traçant des lignes qui passent par le centre en allant vers les points de fuite.

Durch das Einzeichnen von Linien, die durch die Kantenmittelpunkte zu den Fluchtpunkten führen, kann die abgebildete Figur in gleiche Abschnitte eingeteilt werden.

Daardoor kan bovendien de figuur in gelijke delen worden verdeeld door lijnen te trekken die door het centrum naar de verdwijnpunten toe lopen.

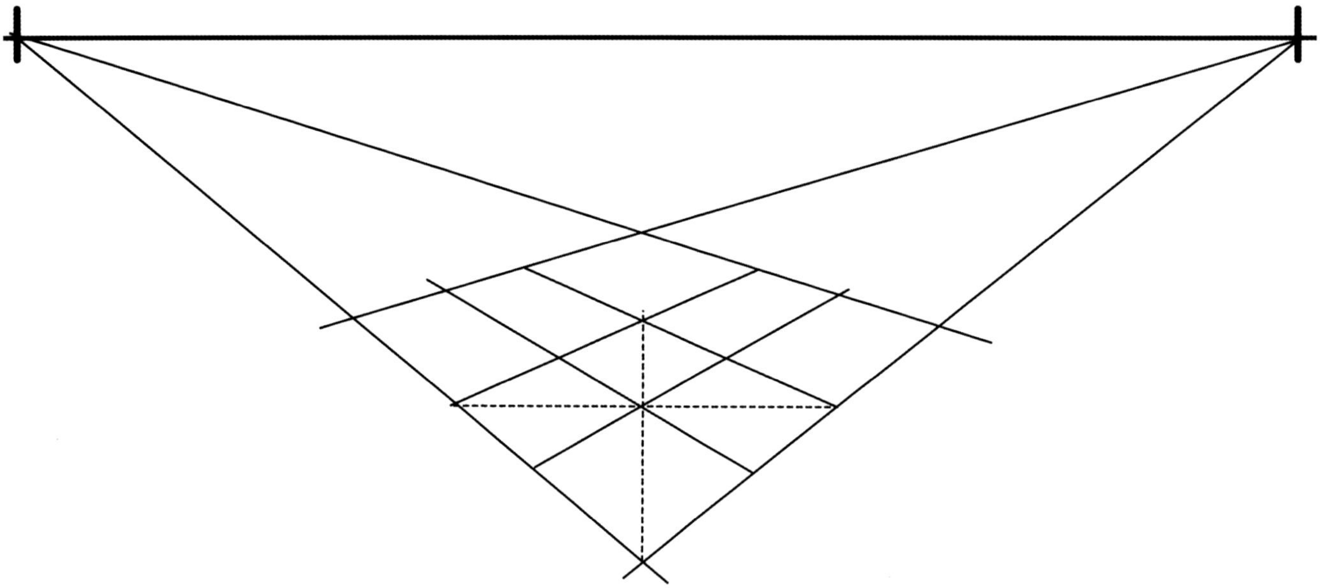

1 2 3 4 5 6 7

We can repeat this process as many times as we want to find smaller and smaller sections.

Nous pouvons répéter ce procédé autant de fois que souhaité pour obtenir des sections de plus en plus petites.

Dieser Schritt kann beliebig oft wiederholt werden, um immer kleinere Abschnitte zu erstellen.

We kunnen dit proces zo vaak als we willen herhalen om steeds kleinere secties te krijgen.

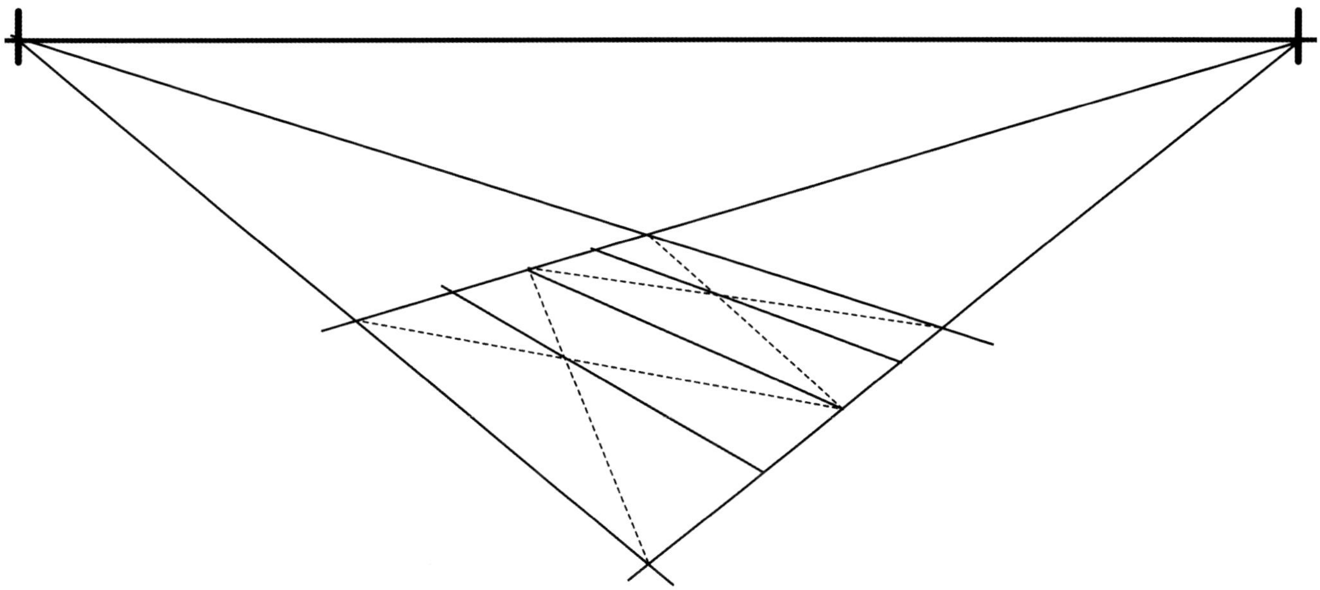

1 2 **3** 4 5 6 7

It is also possible to use the center to divide the square up into equal bands.

Il est aussi possible d'utiliser le centre pour diviser le carré en bandes égales.

Außerdem kann der Mittelpunkt genutzt werden, um das Quadrat in gleich große Streifen zu unterteilen.

Ook is het mogelijk om het midden te gebruiken om het vierkant in gelijke stroken te verdelen.

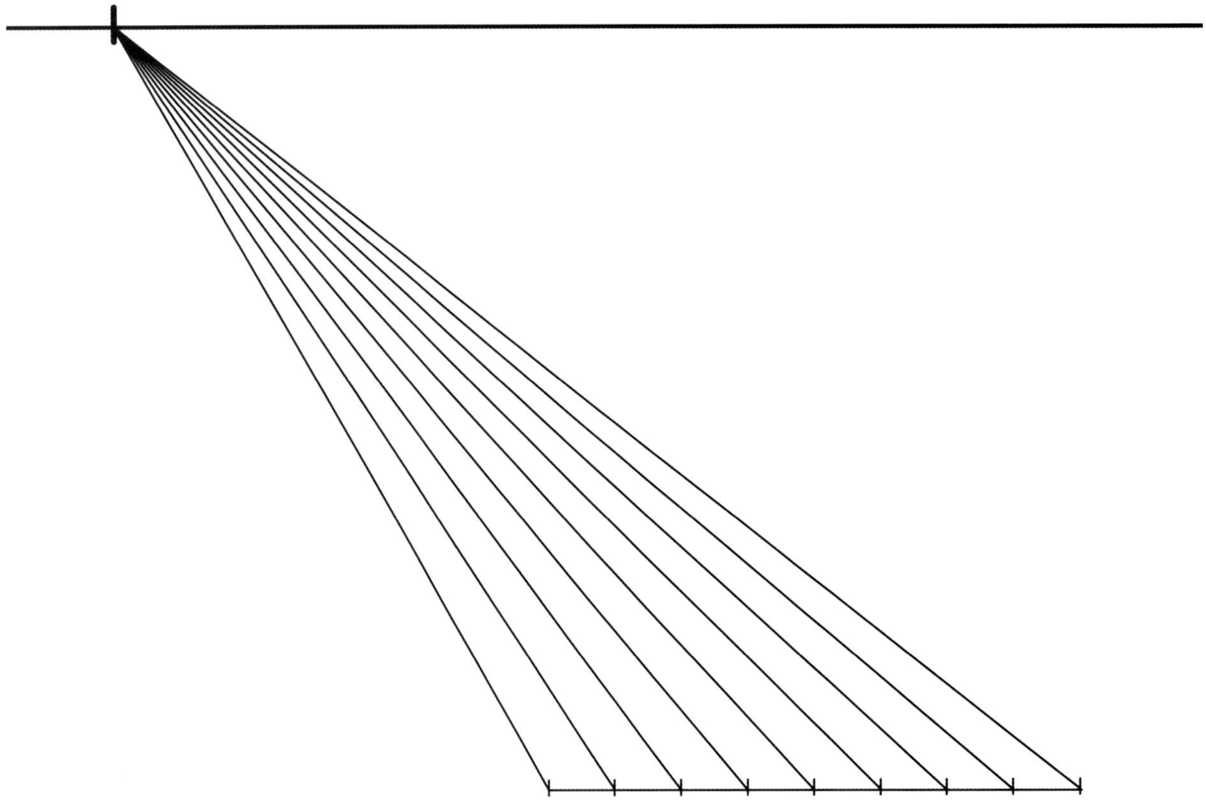

1 2 3 4 5 6 7

If we start with a horizontal line (without any distortions) that is divided into equal parts, we can draw sections with the same dimensions.

À partir d'une ligne horizontale (sans déformation) divisée en parties égales, nous pouvons tracer des sections de mêmes dimensions.

Ausgehend von einer horizontalen Linie (ohne Verzerrung), die in gleiche Abschnitte unterteilt ist, kann man beliebig viele Bereiche gleicher Größe abbilden.

Als we uitgaan van een horizontale lijn (zonder vervorming) verdeeld in gelijke delen, dan kunnen secties van dezelfde afmetingen worden getekend.

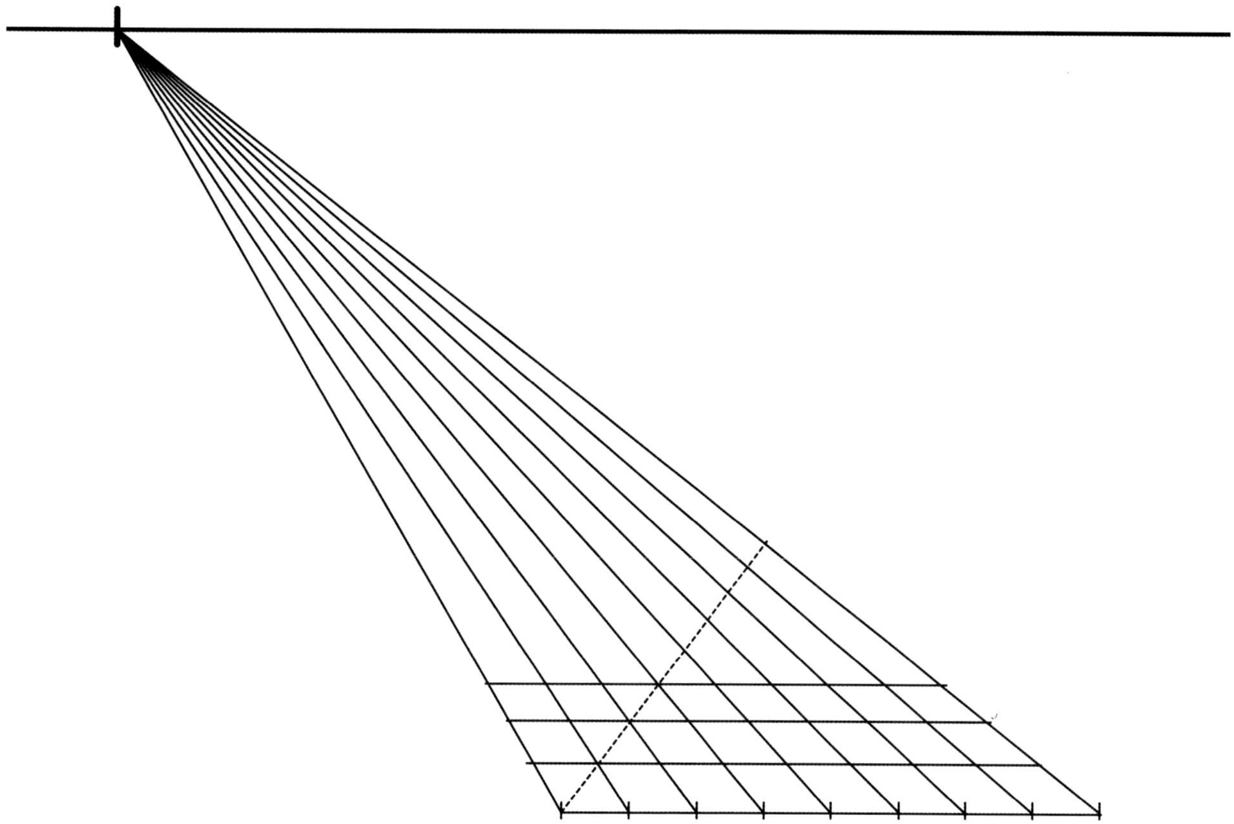

With a new horizontal, we have a number of smaller squares with the same dimensions, and if we draw the diagonal in one of them, this will give us a set of points on the other lines. The horizontals drawn using these points will give us further squares of the same size.

En ajoutant une nouvelle horizontale, nous obtenons une série de carrés plus petits de mêmes dimensions. Si nous traçons la diagonale de l'un d'entre eux, celle-ci recoupe les autres lignes en donnant plusieurs points. Les horizontales que nous tracerons à partir de ces points donneront lieu à de nouveaux carrés de la même taille.

Durch Hinzufügen einer weiteren horizontalen Linie erhält man eine Reihe von gleich großen Quadraten. Zeichnet man die Diagonale durch eines der Quadrate ein, welche die übrigen Linien zum Fluchtpunkt schneidet, geben diese Schnittpunkte die Lage zusätzlicher horizontaler Linien an, um weitere Quadrate in der gleichen Größe zu erhalten.

Met een nieuwe horizontale lijn krijgen we een serie kleinere vierkanten van gelijke afmetingen en, als we de diagonaal van een van deze vierkanten tekenen, dan krijgen we een serie punten in de rest van de lijnen. De horizontale lijnen die we vanaf deze punten trekken zijn aanleiding voor nieuwe vierkanten van dezelfde grootte.

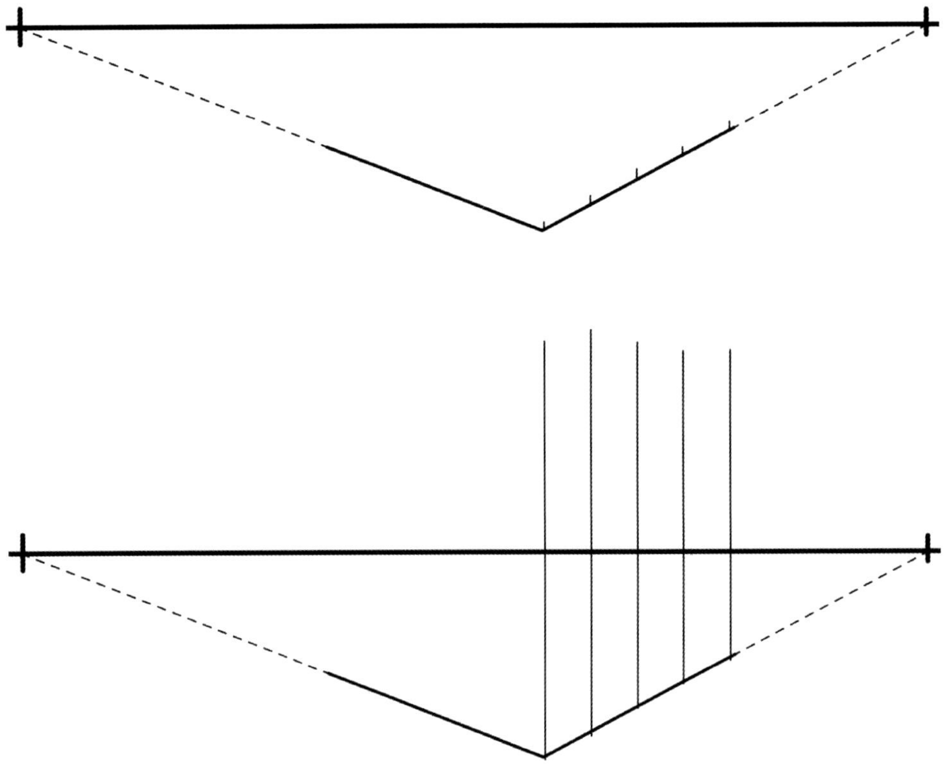

1 2 3 4 5 **6** 7

It is important to realize that the lines converging on the vanishing point do not reflect real but “distorted” dimensions. Dividing them into equal parts is of no use when the line is not a horizontal or a vertical.

Il est important de savoir que les lignes de fuite ne représentent pas des dimensions réelles mais « déformées ». Il est donc inutile de les diviser en parties égales lorsque la ligne n’est pas une horizontale ou une verticale.

Es ist stets zu berücksichtigen, dass die Fluchtlinien keine realen Größenverhältnisse abbilden, sondern ein „verzerrtes“ Bild liefern. Das Aufteilen einer Linie in gleich große Abschnitte funktioniert nur, wenn es sich um eine waagerechte oder senkrechte Linie handelt.

Het is belangrijk om te weten dat de lijnen die verdwijnen geen ware maar “vertekende” dimensies weergeven. Ze in gelijke stukken verdelen heeft geen nut als de lijn niet horizontaal of verticaal is.

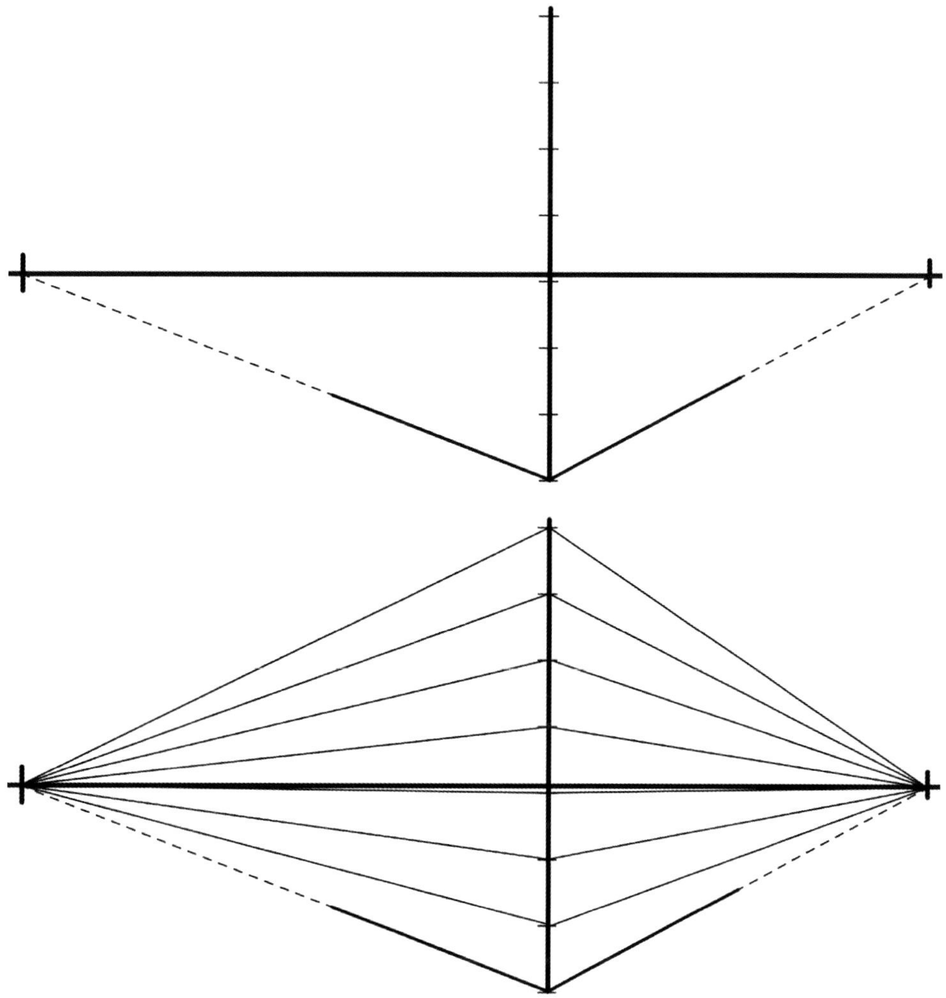

1 2 3 4 5 6 **7**

In this example, the vertical is not distorted and therefore dividing it into equal parts means that sections can be made with the same area.

Dans cet exemple, la verticale ne présente aucune déformation et peut donc être divisée en parties égales pour obtenir des sections de même surface.

Im vorliegenden Beispiel ist die Senkrechte nicht verzerrt und kann daher in gleich große Abschnitte aufgeteilt werden, um Streifen der gleichen Fläche zu erhalten.

In dit voorbeeld is de verticale lijn niet vertekend en daarom dient het in gelijke stukken te worden verdeeld om secties met een gelijk vlak te maken.

In this chapter we offer the key for dividing lines and planes in perspective in as many sections measuring the same length as we want, as well as in sections that are proportionate to one another [twice the size, half the size...].

– How to take measurements despite the distortion

Ce chapitre nous donne les clés pour diviser des lignes et des plans en perspective en autant de sections de même longueur que souhaité, ainsi qu'en sections ayant un rapport de proportion entre elles [le double, la moitié...].

– Comment prendre des mesures malgré la déformation

In diesem Kapitel wird gezeigt, wie man Linien und Ebenen in perspektivischer Ansicht in beliebig viele gleich große oder auch zueinander proportional [d. h. doppelt, dreifach usw.] große Abschnitte einteilen kann.

– Korrekte Größenverhältnisse trotz Verzerrung

In dit hoofdstuk worden de beginselen uitgelegd om lijnen en vlakken in perspectief in net zoveel delen van dezelfde lengte als men wil op te delen, of in secties die tot elkaar in verhouding staan [het dubbele, de helft...].

– Hoe ondanks de vervorming de maat wordt genomen

Divisions
Divisions
Unterteilungen
Delingen

How to take measurements despite the distortion
Comment prendre des mesures malgré la déformation
Korrekte Größenverhältnisse trotz Verzerrung
Hoe ondanks de vervorming de maat wordt genomen

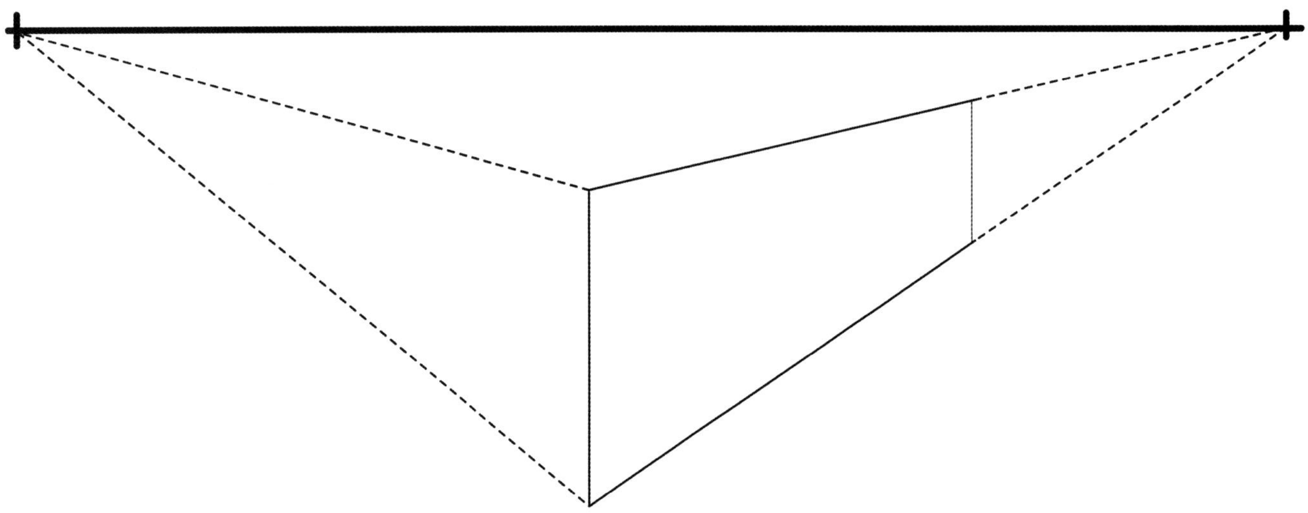

There is a simple method for dividing a vanishing line correctly into any number of equal parts.

Il existe une méthode simple qui permet de diviser correctement une ligne de fuite dans le nombre souhaité de parties égales.

Eine Fluchtlinie kann auf einfache Weise in beliebig viele gleich große Abschnitte eingeteilt werden.

Er bestaat een eenvoudige methode om een vluchtlijn op juiste wijze te kunnen verdelen in wat voor aantal gelijke delen dan ook.

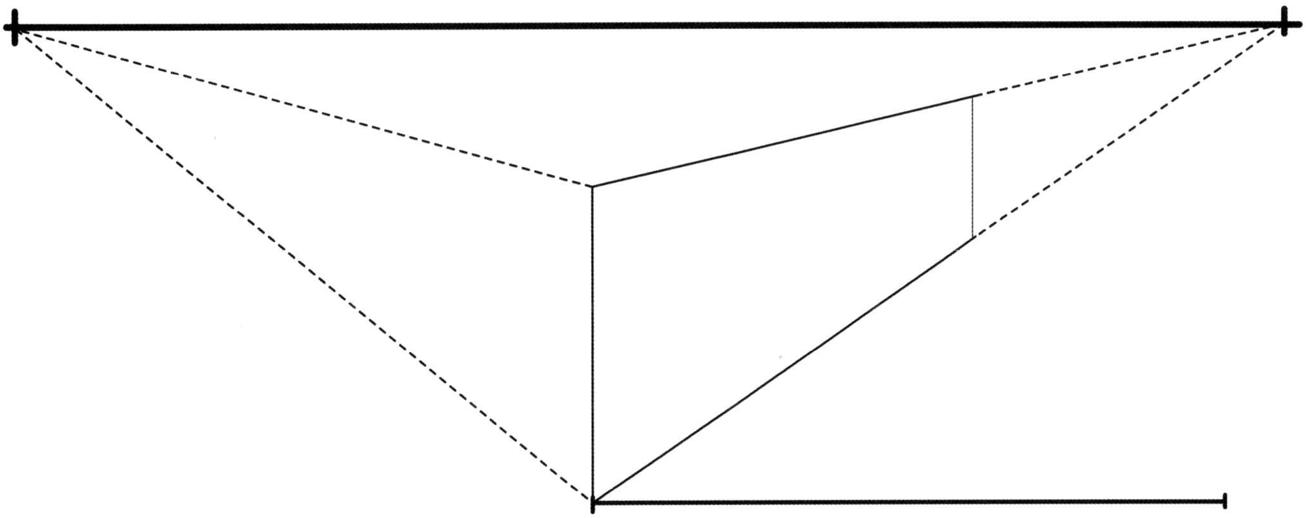

1 2 3 4 5 6 7

Starting from the point closest to this line, we draw a horizontal line of any length.

À partir du point le plus proche de cette ligne, nous dessinons une horizontale de n'importe quelle longueur.

Ausgehend von dem Punkt auf dieser Linie, der dem Betrachter am nächsten liegt, wird eine horizontale Linie beliebiger Länge eingezeichnet.

Teken vanaf het punt dat het dichtst bij die lijn zit een horizontale lijn, het maakt niet uit hoe lang deze is.

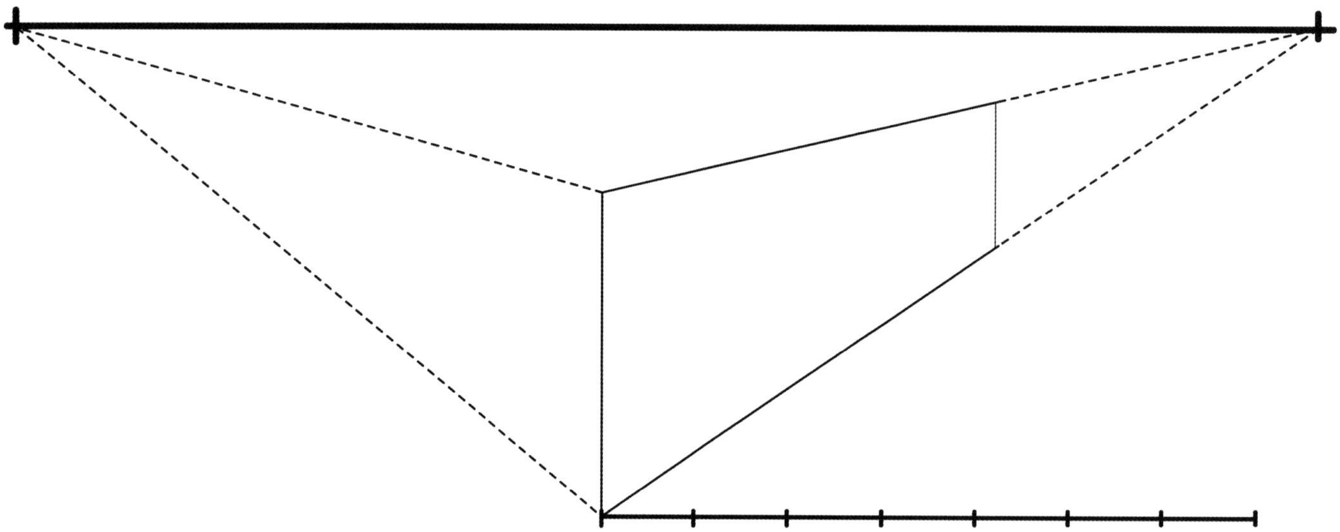

1 **2** 3 4 5 6 7

We divide this line into the number of equal parts required.

Nous divisons cette ligne dans le nombre souhaité de parties égales.

Diese horizontale Linie wird nun in die gewünschte Anzahl gleich großer Abschnitte aufgeteilt.

Deel deze lijn in het gewenste aantal gelijke stukken.

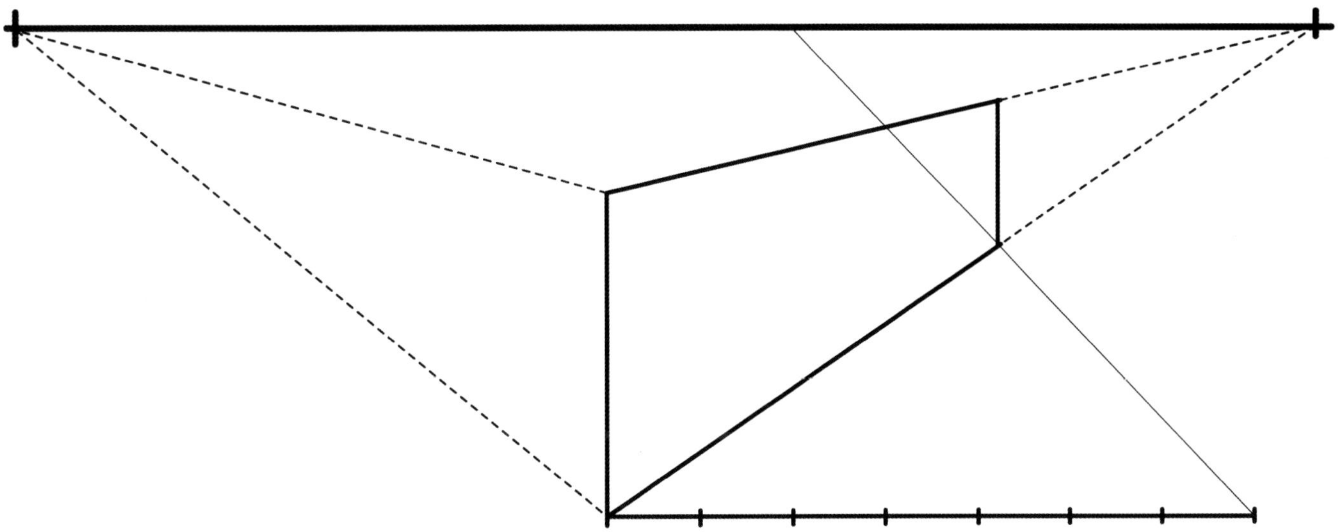

1 2 3 4 5 6 7

We join up the end of this line with the horizontal, by passing through the end of the vanishing line.

Nous relions le bout de cette ligne avec la ligne d'horizon, en passant par l'extrémité de la ligne de fuite.

Verbinden Sie das Ende dieser Linie, die durch die Ecke der einzuteilenden Fläche führt, mit dem Horizont.

Verbind het eind van deze lijn met de horizon, door het uiteinde van de vluchtlijn.

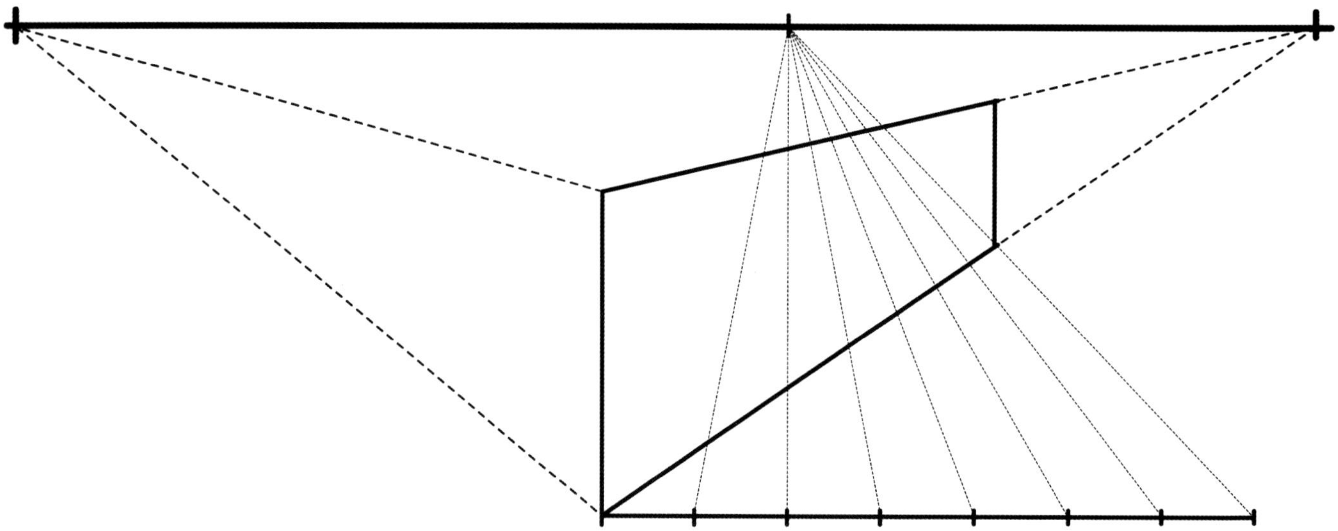

1 2 3 **4** 5 6 7

From this point we draw lines connecting up with the marks on the horizontal line.

Nous traçons des lignes allant de ce point aux divisions indiquées sur la ligne horizontale.

Zeichnen Sie von diesem Schnittpunkt mit dem Horizont Linien ein, die zu den Markierungen auf der horizontalen Hilfslinie führen.

Teken vanaf dit punt lijnen die in verbinding staan met de merktekens van de horizontale lijn.

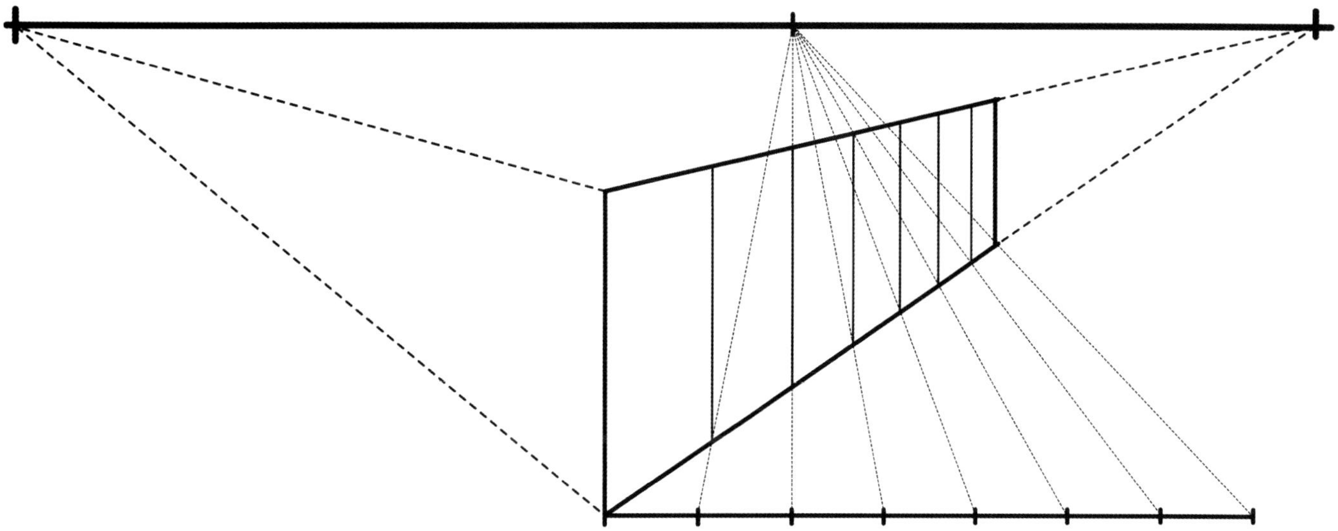

1 2 3 4 **5** 6 7

At the points where these lines intersect the vanishing line, we draw new verticals, which will mark off the sections with the same area on the vanishing line.

Ces lignes coupent la ligne de fuite en une série de points, à partir desquels nous traçons de nouvelles verticales, qui délimiteront des sections de même surface entre les lignes de fuite.

An den Punkten, an denen diese Linien die Fluchtlinie schneiden, sind weitere senkrechte Linien einzuzeichnen. Diese Senkrechten legen gleich große Bereiche auf der Fluchtlinie fest.

Trek op de punten waar deze lijnen de vluchtlijn snijden nieuwe verticalen die secties van gelijke grootte in het verdwijnpunt afbakenen.

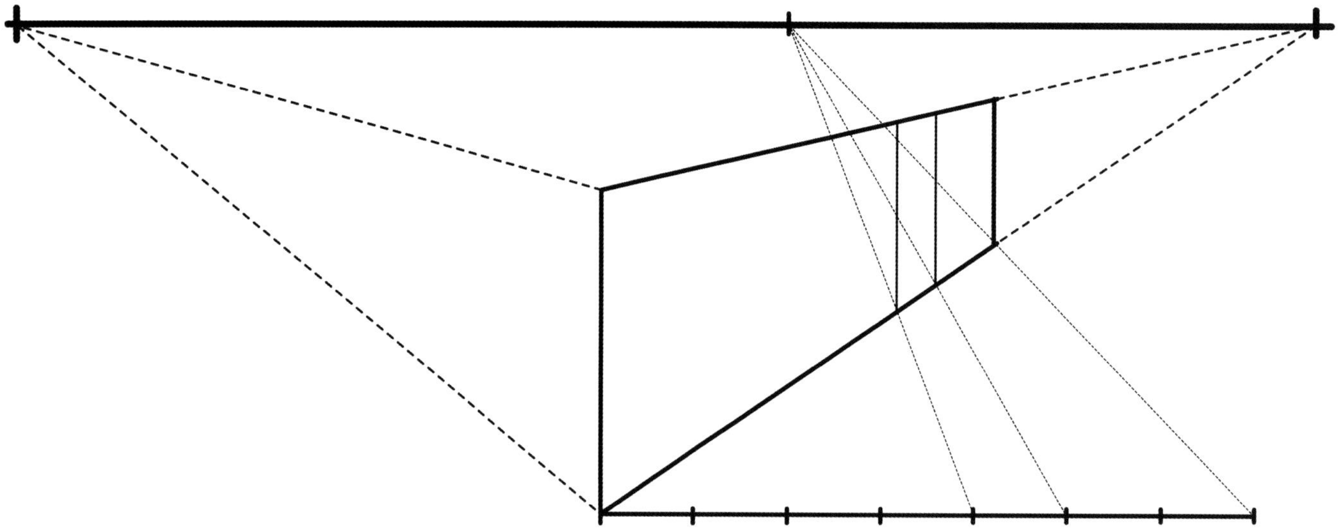

1 2 3 4 5 **6** 7

This system can also be applied to sections that are of different sizes as long as they are all in proportion: We can make one twice as wide as the other, or three times the size.

Cette méthode peut également être appliquée à des sections de différente taille, qui conservent cependant les mêmes proportions entre elles : nous pouvons dessiner une section deux fois ou trois fois plus large que l'autre.

Dieses Verfahren kann auch angewandt werden, um unterschiedlich große Flächen zu zeichnen, die zueinander proportional sind, d. h. die die doppelte oder dreifache Breite aufweisen.

Dit systeem kan ook worden toegepast op secties die verschillend van grootte maar wel in verhouding tot elkaar staan: we kunnen er een maken die dubbel zo breed is als de andere, of het drievoudige.

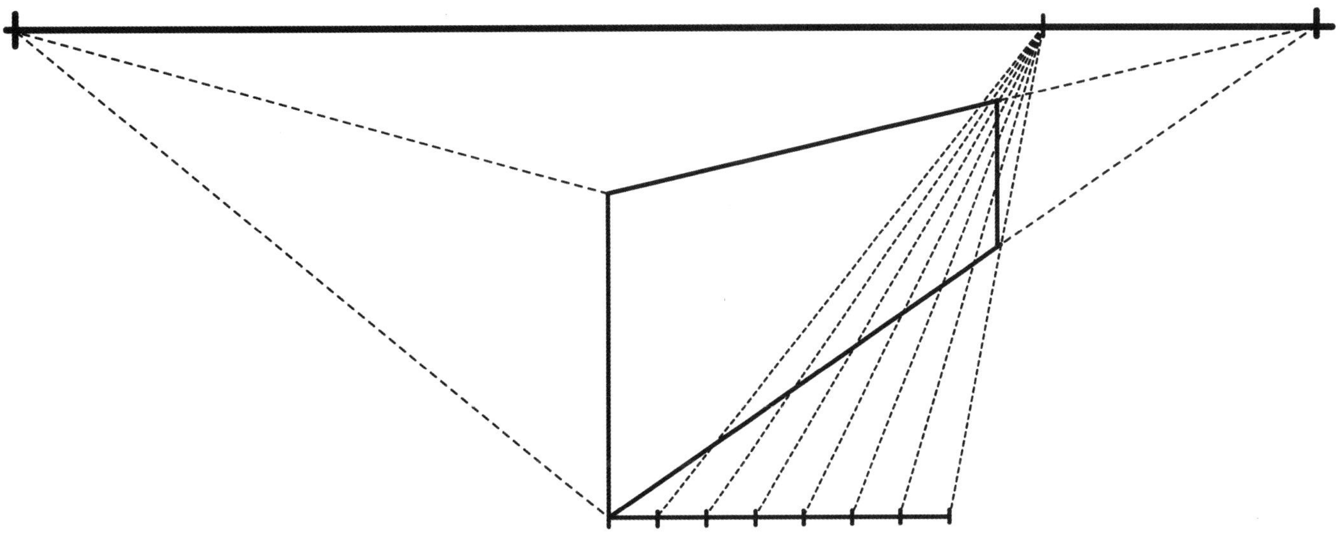

1 2 3 4 5 6 7

The size of the horizontal line used as a guide does not matter as any measurement will do.

La longueur de la ligne horizontale que nous utilisons comme référence n'a pas d'importance, n'importe quelle mesure peut être utilisée.

Die Länge der horizontalen Hilfslinie spielt keinerlei Rolle und kann beliebig gewählt werden.

De afmeting van de horizontale lijn die we als richtlijn gebruiken is niet relevant. Elke maat is geschikt.

So far we have learned how to draw basic vertical or horizontal planes but what happens with planes that form angles with the ground plane or the horizon? We begin to develop the subject of shadows, starting with the most basic, in which the beams of light run parallel.

– How to draw inclined planes
– Parallel shadows

Jusqu'à présent, nous avons appris à dessiner des plans verticaux ou horizontaux simples, mais qu'en est-il des plans qui forment des angles avec le plan de sol ou la ligne d'horizon ? Nous commencerons à développer la partie consacrée aux ombres en abordant les plus simples, où les faisceaux lumineux sont parallèles entre eux.

– Comment dessiner des plans inclinés
– Ombres parallèles

Bislang wurde erläutert, wie man einfache vertikale und horizontale Ebenen zeichnet. Doch wie sieht es mit Ebenen aus, die in einem Winkel zur Bodenebene oder zur Horizontlinie stehen? Außerdem wird das Thema Schatten angesprochen, zunächst anhand von einfachen Schatten, die durch parallelen Lichteinfall entstehen.

– Zeichnen von schiefen Ebenen
– Parallele Schatten

Tot nu toe hebben we geleerd om simpele verticale of horizontale vlakken te tekenen, maar wat gebeurt er met de vlakken die hoeken vormen met het grondvlak of de horizonlijn? We beginnen het onderwerp schaduw uit te werken en vangen aan bij de eenvoudigste schaduwen, waarbij de lichtbundels onderling parallel zijn.

– Hoe schuine vlakken worden getekend
– Parallelle schaduwen

Inclined planes. Shadows I

Plans inclinés. Ombres I

Schiefe Ebenen, Schatten I

Schuine vlakken. Schaduwen I

How to draw inclined planes
Comment dessiner des plans inclinés
Zeichnen von schiefen Ebenen
Hoe schuine vlakken worden getekend

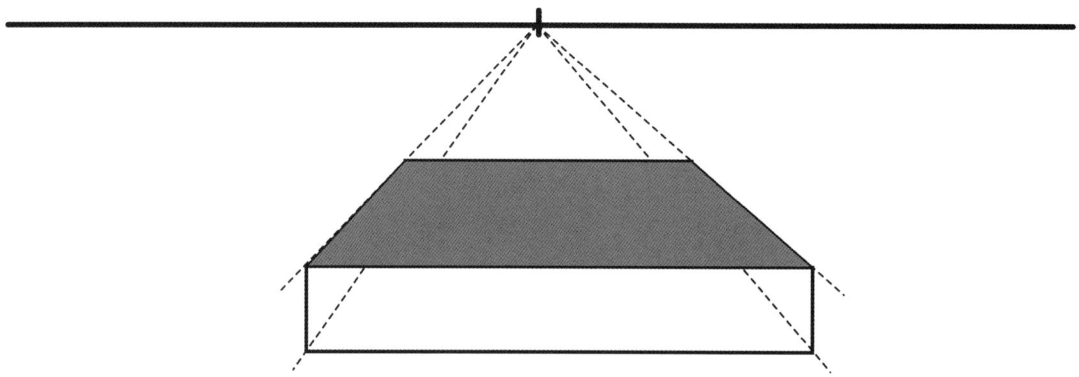

So far we have seen how to create lines and planes that are parallel or perpendicular to the ground line.

Jusqu'à présent, nous avons appris à créer des lignes et des plans parallèles ou perpendiculaires au plan de sol.

Bislang haben Sie gelernt, wie man Linien und Ebenen zeichnet, die parallel bzw. senkrecht zur Bodenebene verlaufen.

Tot un toe hebben we gezien hoe lijnen en vlakken die parallel aan of loodrecht op het grondvlak zijn aangebracht worden gecreëerd.

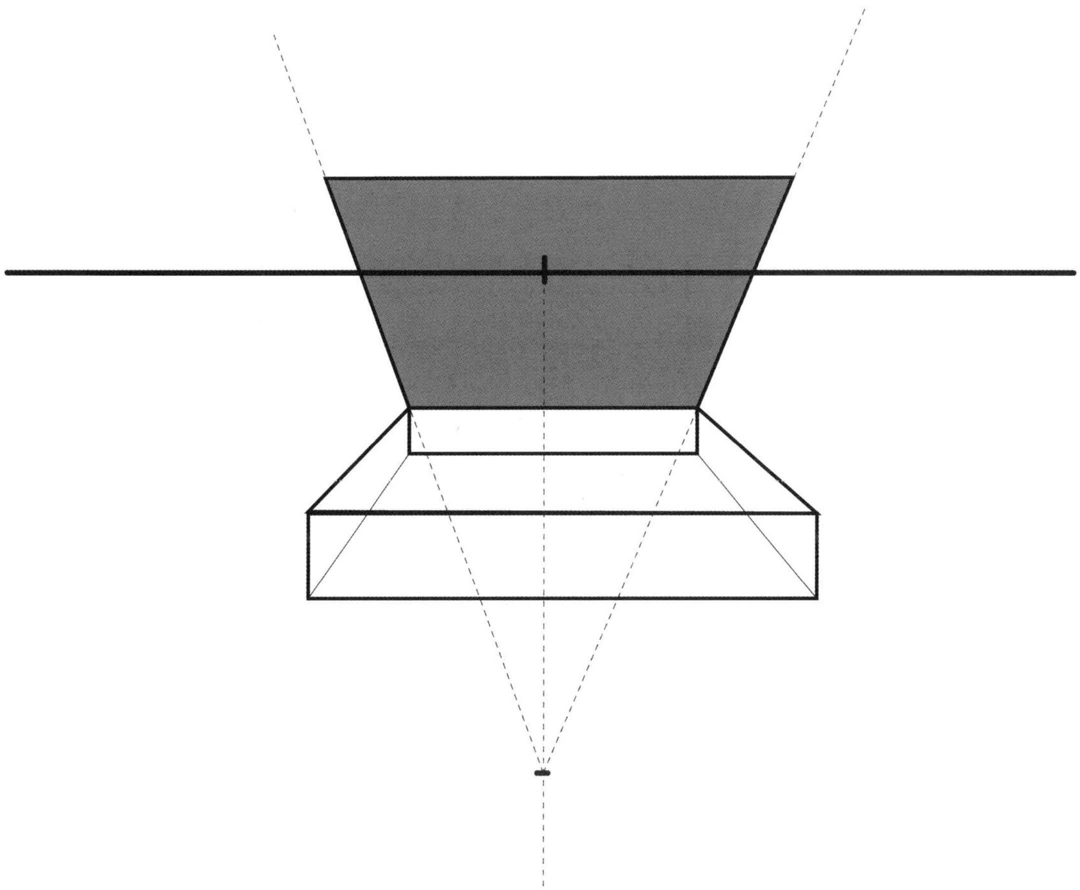

Creating oblique planes is simple with another vanishing point outside the horizon line.

Il est assez facile de créer des plans obliques en ajoutant un point de fuite en dehors de la ligne d'horizon.

Für die Abbildung einer schiefen Ebene muss lediglich ein weiterer Fluchtpunkt hinzugefügt werden, der nicht auf der Horizontlinie liegt.

Het creëren van scheefhoekige vlakken is eenvoudig, met een extra verdwijnpunt, buiten de horizonlijn.

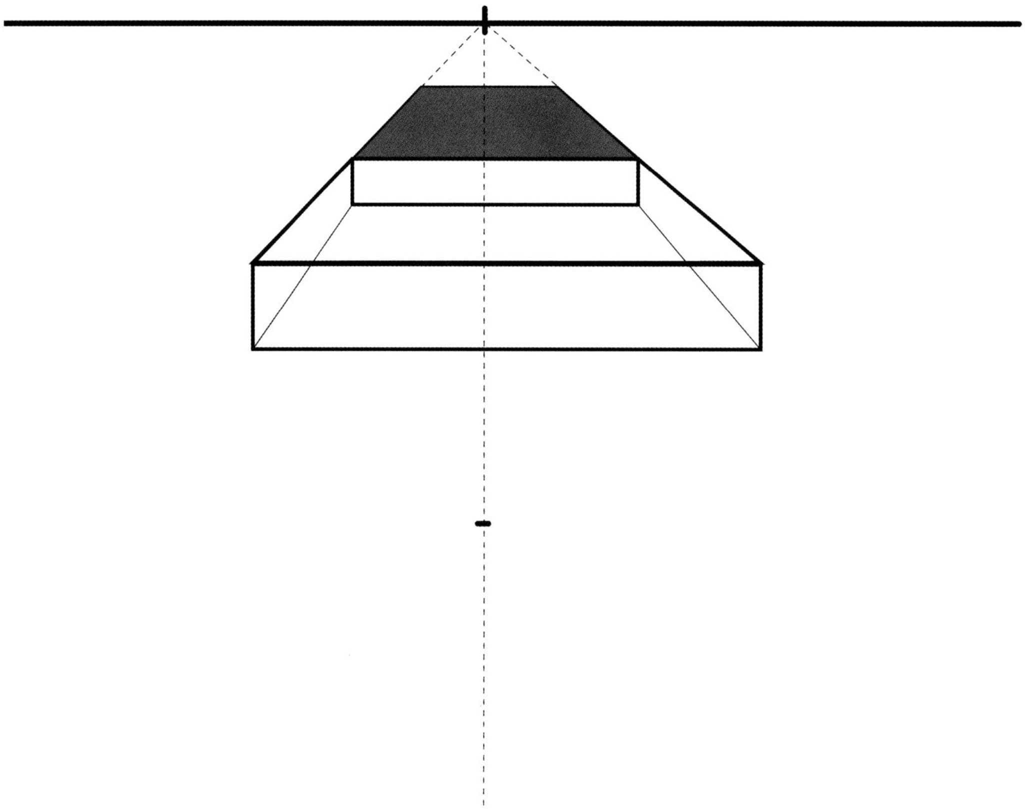

1 2 3 4 5 6 7 8 9

If we use the same vanishing point, this plane will have the same inclination as the rest.

Si nous utilisons la même fuite, le plan aura la même inclinaison que le reste.

Wird der gleiche Fluchtpunkt verwendet, hat die Ebene die gleiche Neigung wie die andere Ebene.

Als we hetzelfde verdwijnpunt gebruiken heeft het vlak dezelfde buiging als de rest.

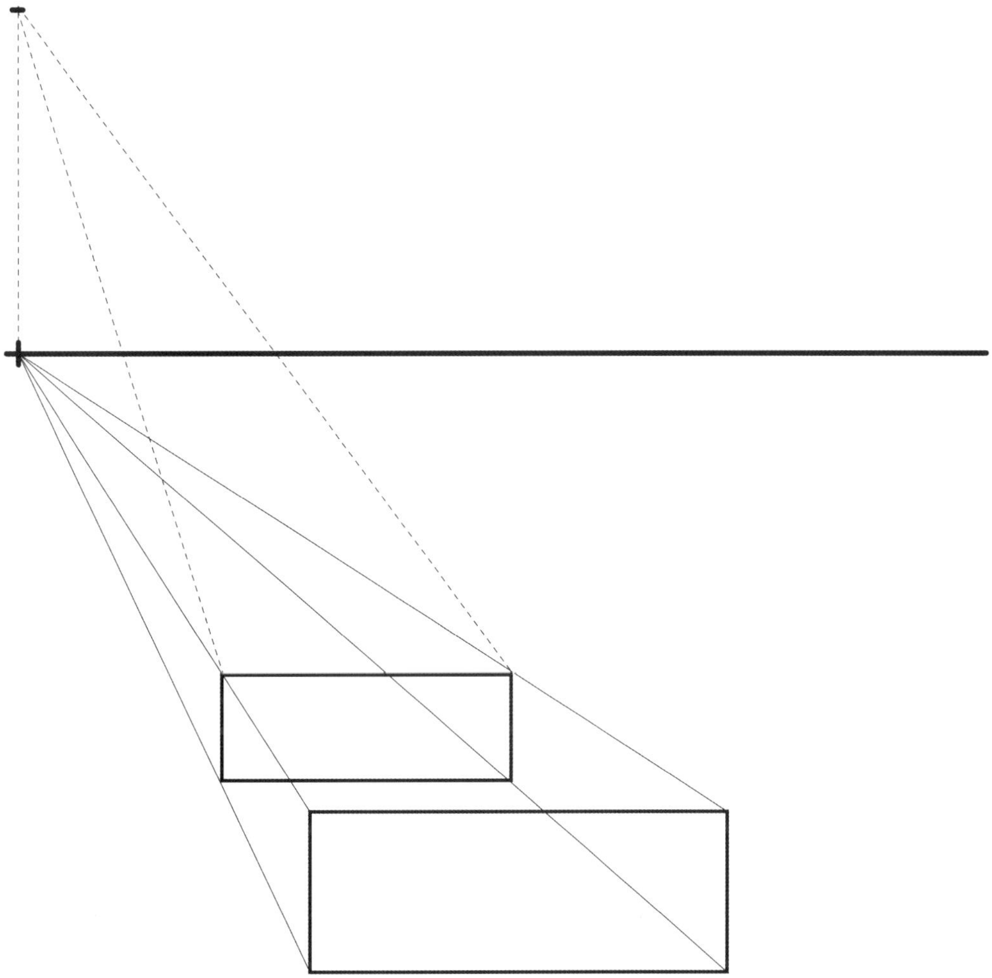

1 2 **3** 4 5 6 7 8 9

To make it "connect" like a hinge with the horizontal planes, the new vanishing point should be located on a vertical line leaving the main vanishing point.

Afin que ce point de fuite supplémentaire soit « relié », à la manière d'une charnière, aux plans horizontaux, celui-ci doit être situé sur une ligne verticale partant du point de fuite principal.

Damit die schiefe Ebene wie mit einem Scharnier an den horizontalen Ebenen befestigt scheint, muss der zusätzliche Fluchtpunkt auf einer senkrechten Linie liegen, die auf dem Hauptfluchtpunkt ausgeht.

Opdat het extra verdwijnpunt als scharnier met de horizontale vlakken "in contact komt", moet het zijn gelegen in een verticale lijn die vanaf het voornaamste verdwijnpunt uitgaat.

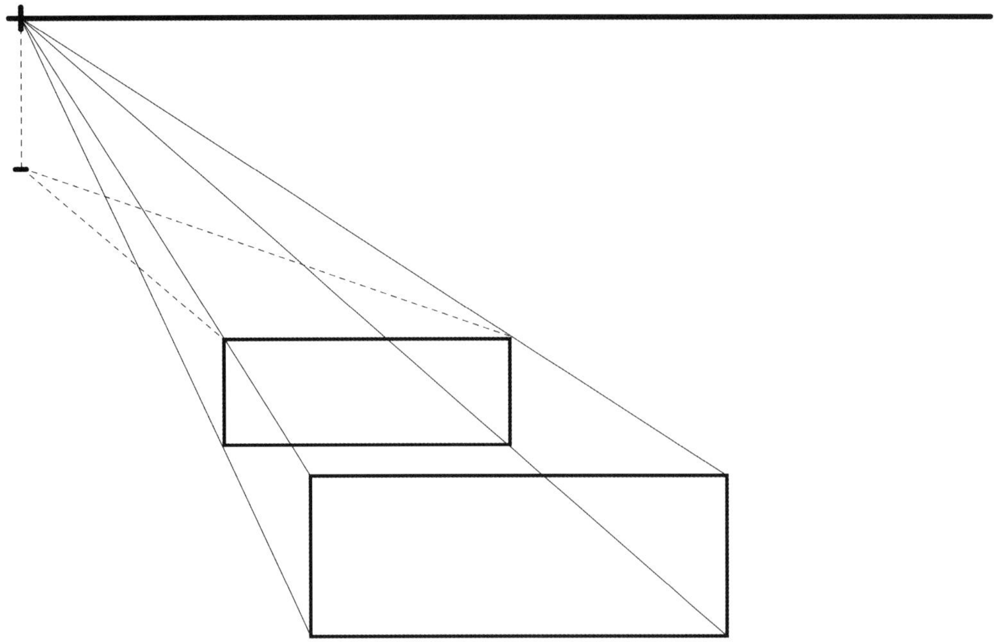

Its orientation will depend on whether it is on the horizon line or below it.

Son emplacement au-dessus ou en dessous de la ligne d'horizon déterminera l'orientation des plans.

Je nachdem, ob der zusätzliche Fluchtpunkt über oder unter dem Horizont liegt, weist die Ebene unterschiedliche Neigungen auf.

Afhankelijk van het feit of het zich boven of onder de horizon bevindt, heeft het de ene of de andere oriëntatie.

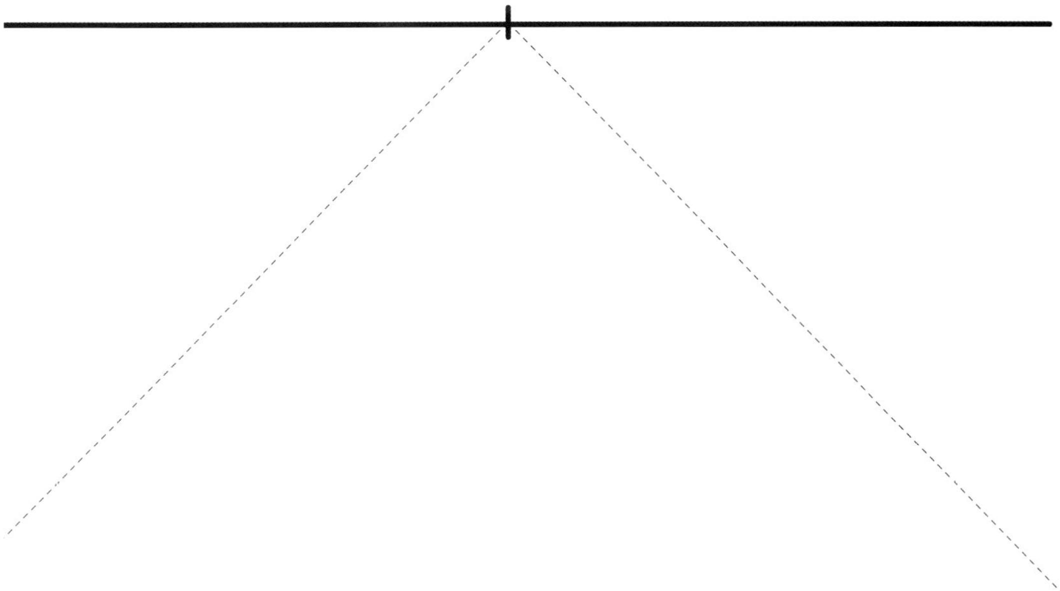

1 2 3 4 **5** 6 7 8 9

Likewise, we can also make a horizontal plane change its inclination...

De même, nous pouvons passer d'un plan horizontal incliné...

Auf die gleiche Weise kann die Neigung einer horizontalen Ebene verändert werden.

Op dezelfde manier kunnen we ervoor zorgen dat een horizontaal vlak van buiging verandert...

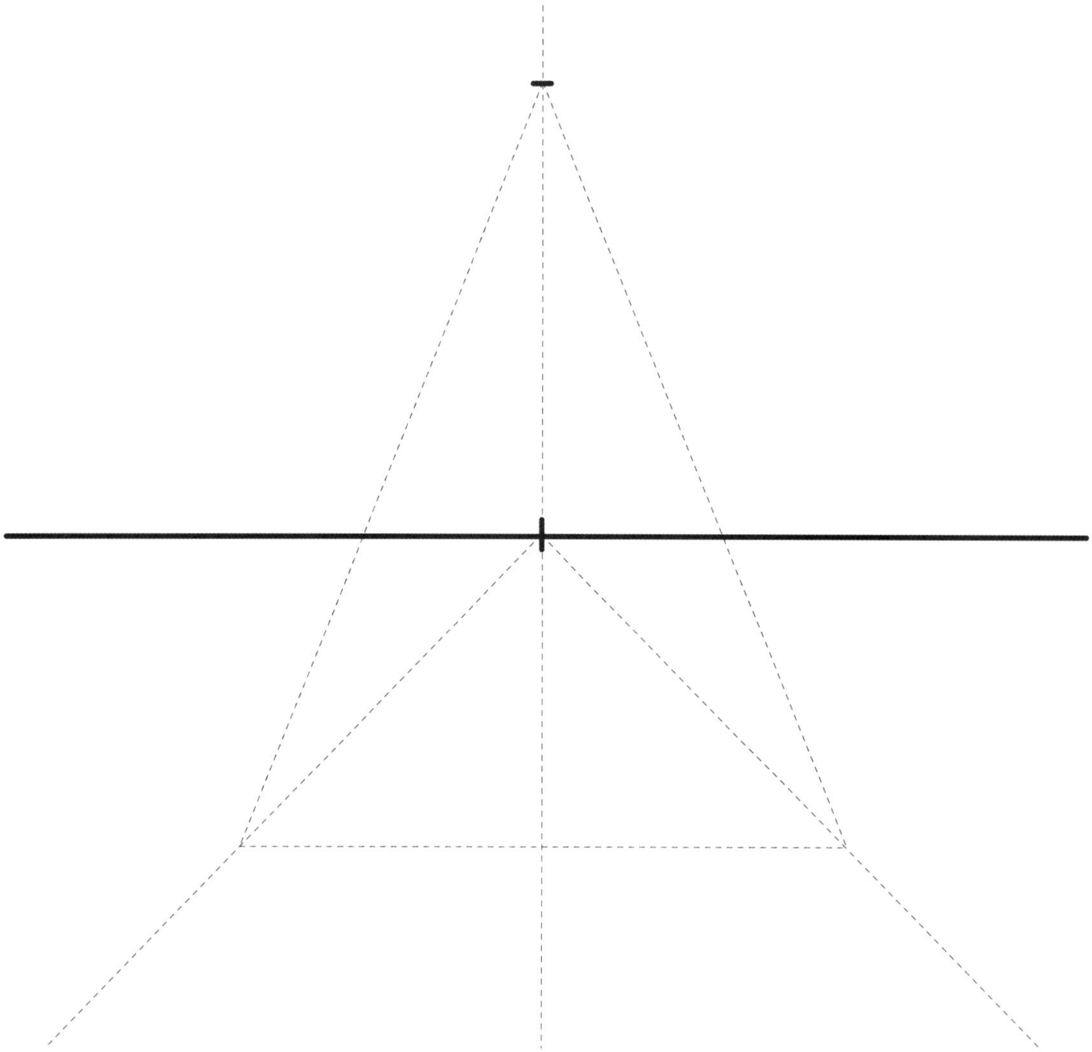

1 2 3 4 5 6 7 8 9

... to a more pronounced inclination by connecting them up...

...à un autre plus incliné encore, en les reliant...

Es entsteht eine Ebene mit stärkerer Neigung...

...in een andere schuinere, door ze met elkaar in contact te brengen...

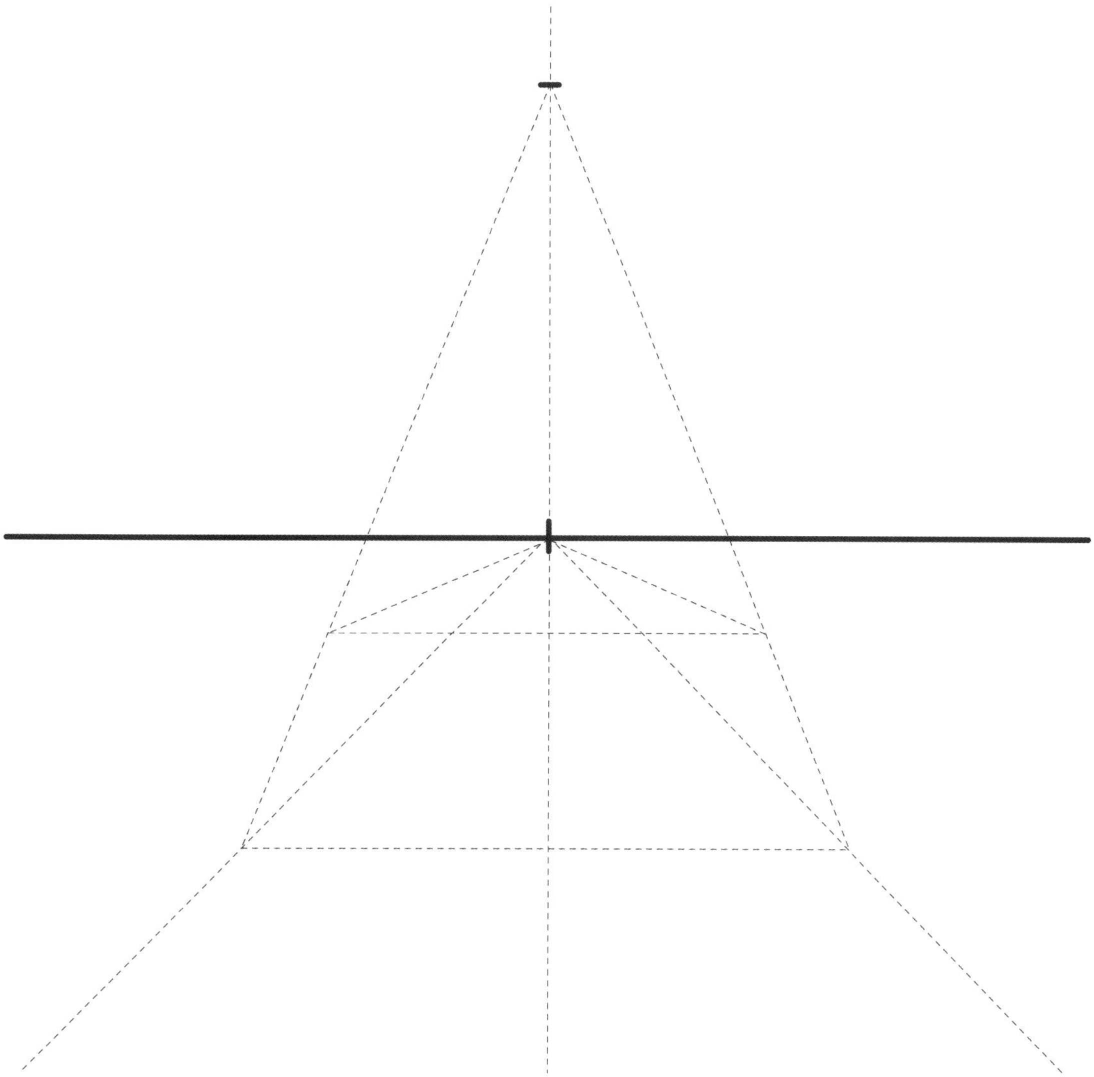

... and then once again joining the original inclination...

...puis en revenant à l'inclinaison de départ...

...und anschließend wird eine weitere Fläche mit der ursprünglichen Neigung hinzugefügt.

...en opnieuw in de oorspronkelijke buiging...

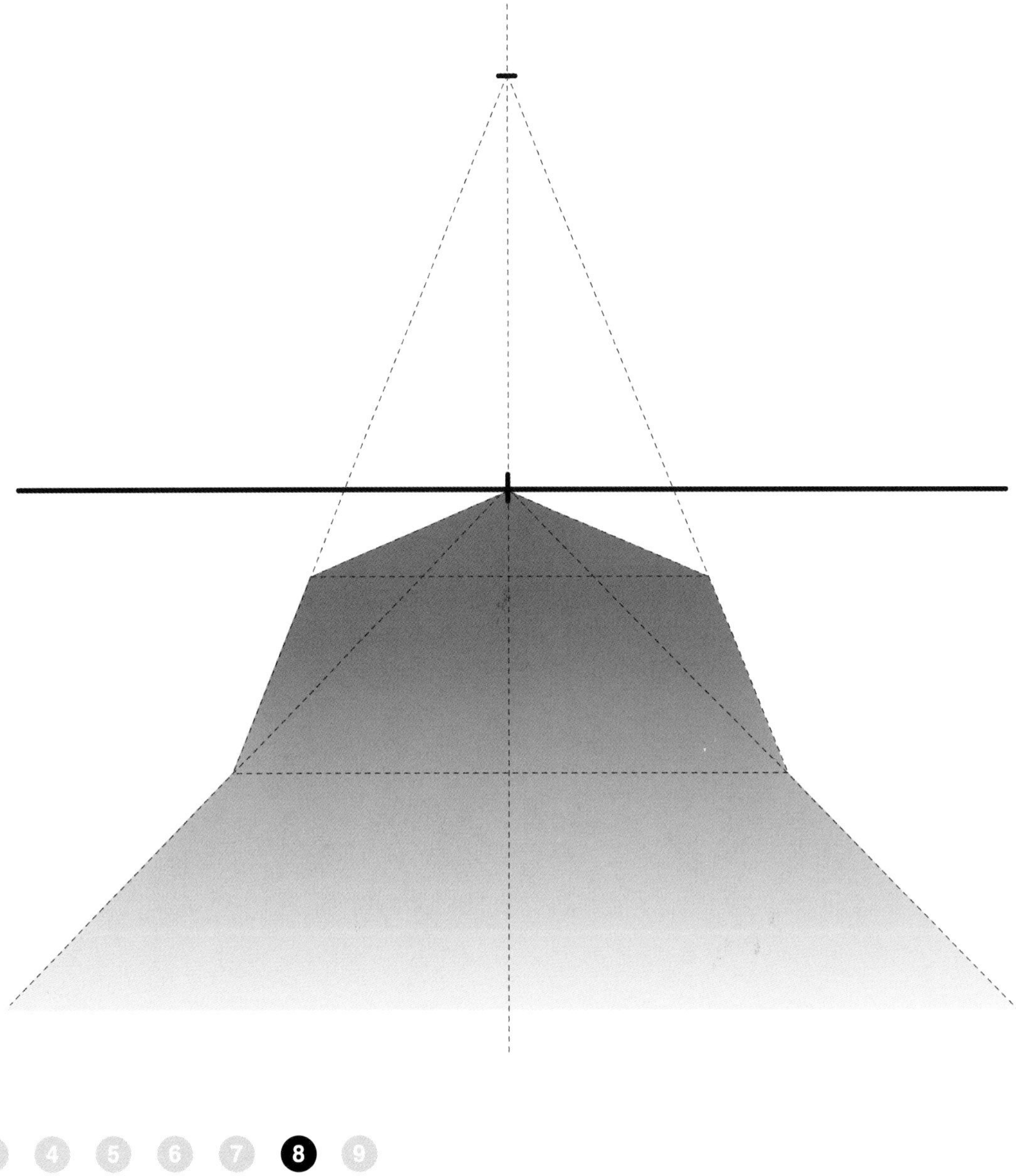

... giving a slope followed by a horizontal plane...

...en obtenant une inclinaison continue d'un plan horizontal...

Dadurch entsteht eine Steigung, an die sich eine horizontale Ebene anschließt.

...met als resultaat een helling gevolgd door een horizontaal vlak...

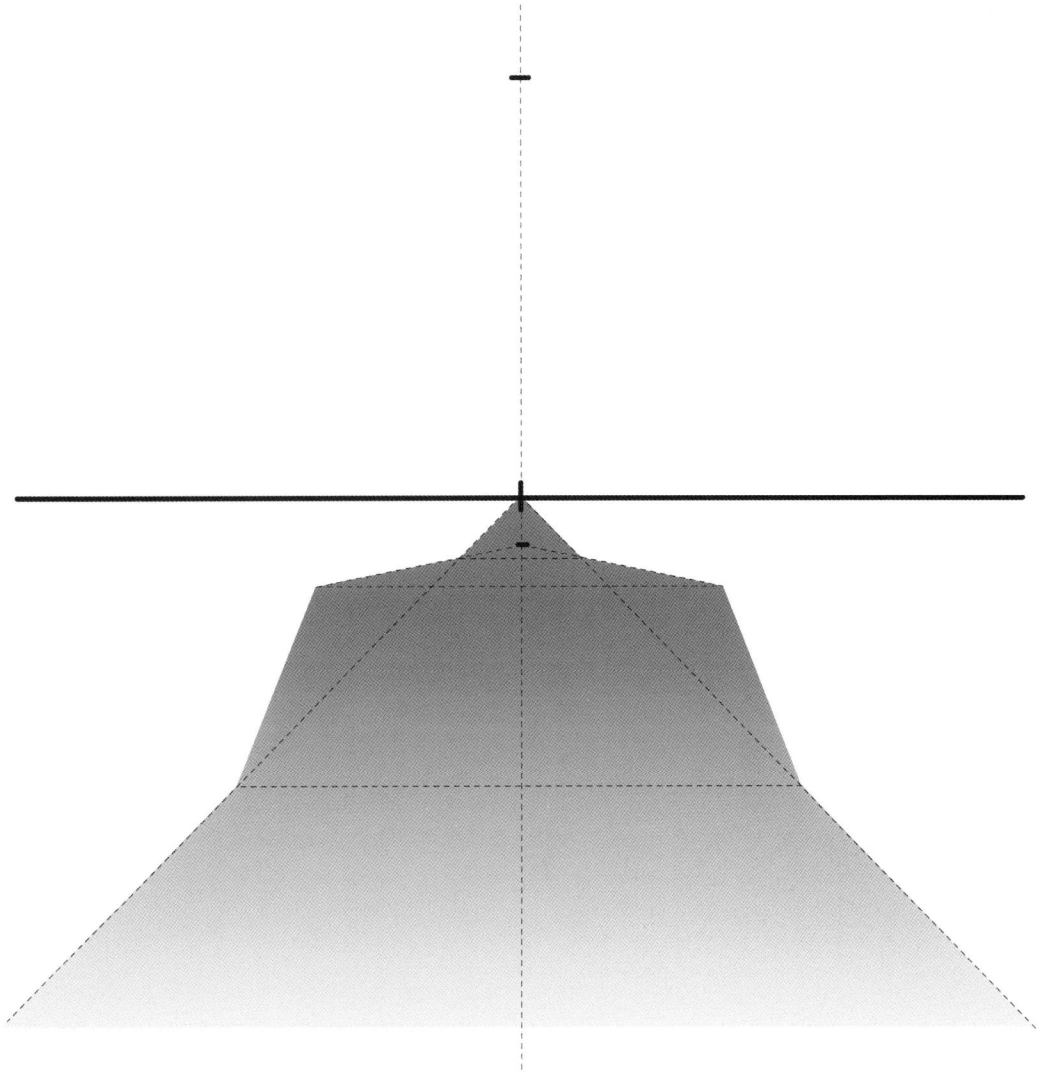

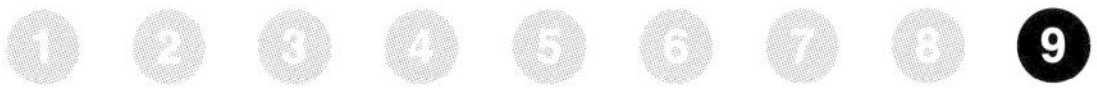

... and then another slope. This will be useful for drawing more realistic, complex shapes.

...et une nouvelle inclinaison. Cette méthode s'avère utile pour dessiner des formes plus réelles et complexes.

Damit kann erneut eine weitere Steigung verbunden werden, wodurch wirklichkeitsgetreuere Formen und komplexe Abbildungen entstehen.

...en een nieuwe helling. Dit is nuttig om realistischere en complexere vormen te tekenen.

Parallel shadows
Ombres parallèles
Parallele Schatten
Parallelle schaduwen

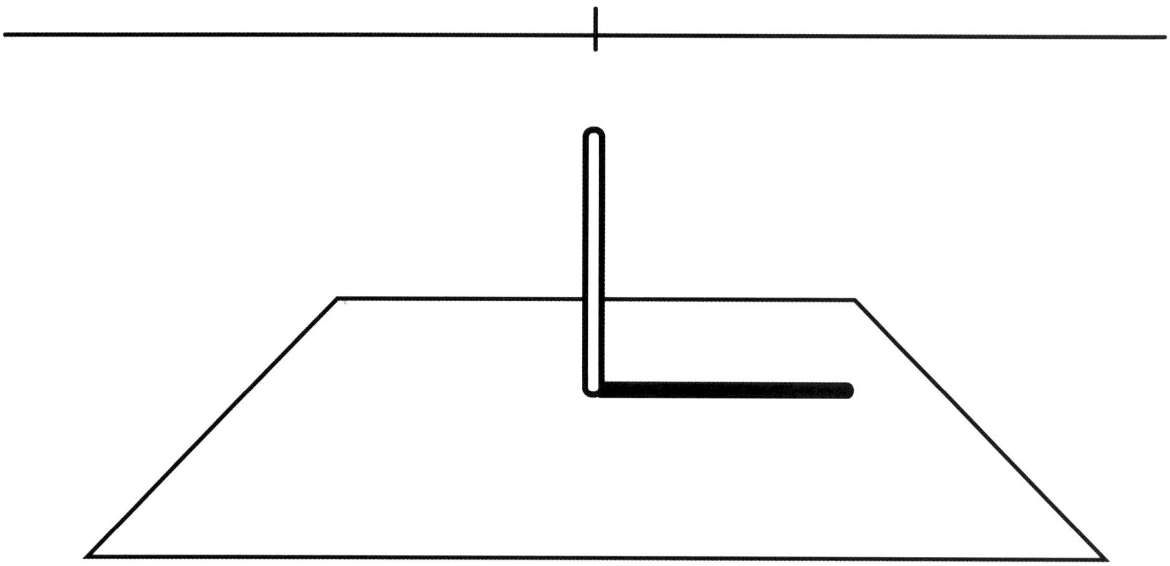

Creating realistic shadows seems to be a long, drawn-out process.

La représentation d'ombres réalistes demande un processus long et complexe.

Das Zeichnen realistisch wirkender Schatten scheint aufwändig und komplex.

Het creëren van realistische schaduwen lijkt een lang en complex proces.

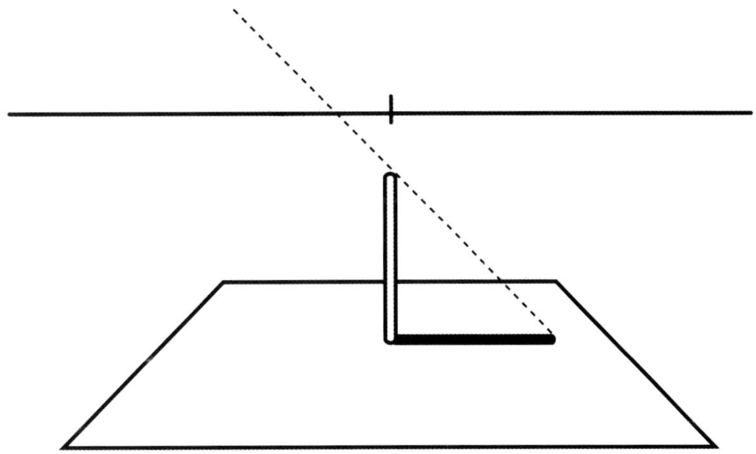

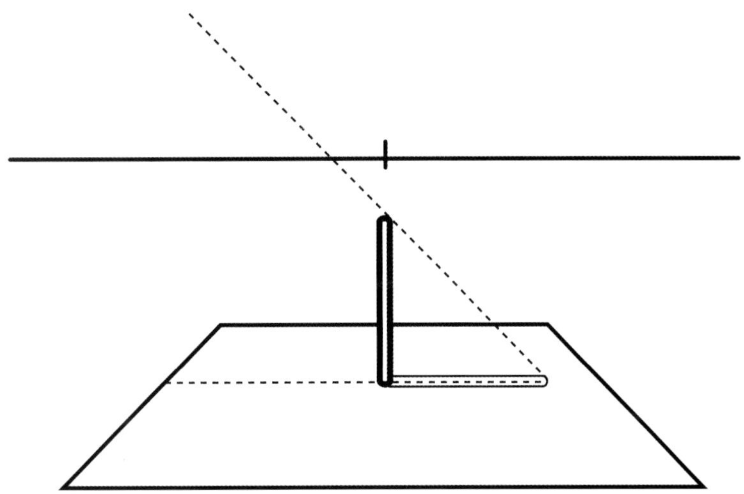

1 2 3 4 5 6 7

In practice, sunlight is represented as parallel lines (that do not vanish) due to the fact that the distance separating us from the sun is huge.

Dans la pratique, la lumière solaire est représentée par des lignes parallèles (sans fuite), du fait que la distance qui nous sépare du soleil est énorme.

In der Praxis wird das einfallende Sonnenlicht in Form von parallelen Linien interpretiert, die aufgrund des riesigen Abstands zwischen Erde und Sonne nicht zu einem Fluchtpunkt hin führen.

In de praktijk wordt het zonlicht als evenwijdige lijnen (geen vluchtlijnen) geïnterpreteerd, omdat de afstand met de zon enorm groot is.

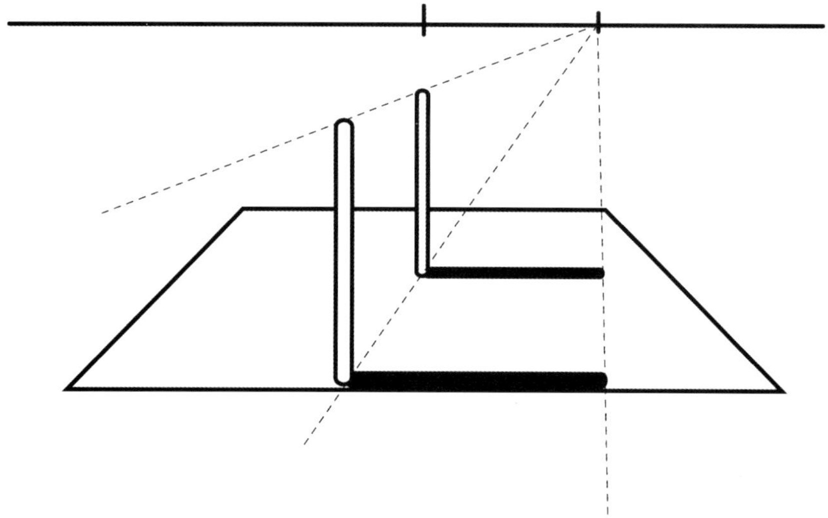

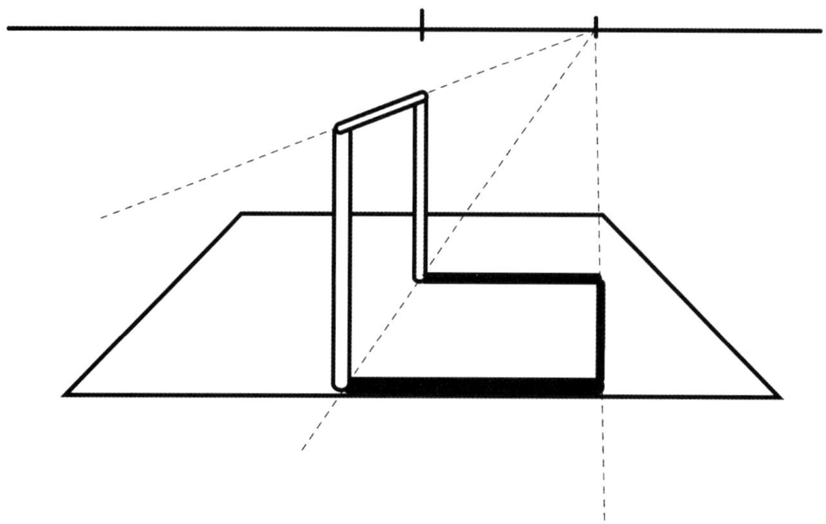

1 2 3 4 5 6 7

Starting with a shadow that has already been calculated, we can easily create shadows corresponding to figures located in the same plane.

À partir d'une ombre déjà calculée, nous pouvons facilement créer les ombres correspondantes à des figures situées dans le même plan.

Ausgehend von einem bereits festgelegten Schatten können auch die Schatten weiterer Figuren in der gleichen Ebene gezeichnet werden.

Vanaf een reeds berekende schaduw kunnen we gemakkelijk schaduwen die bij figuren die in hetzelfde vlak zijn gesitueerd horen creëren.

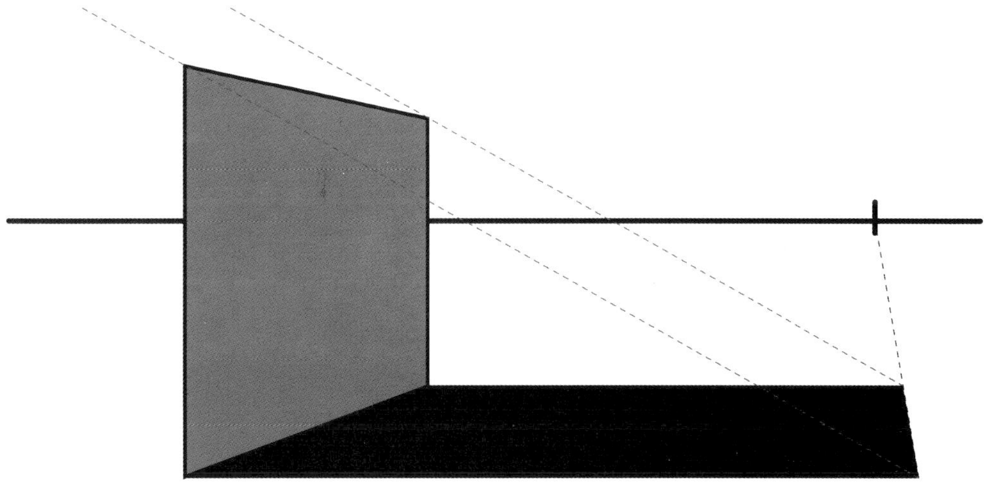

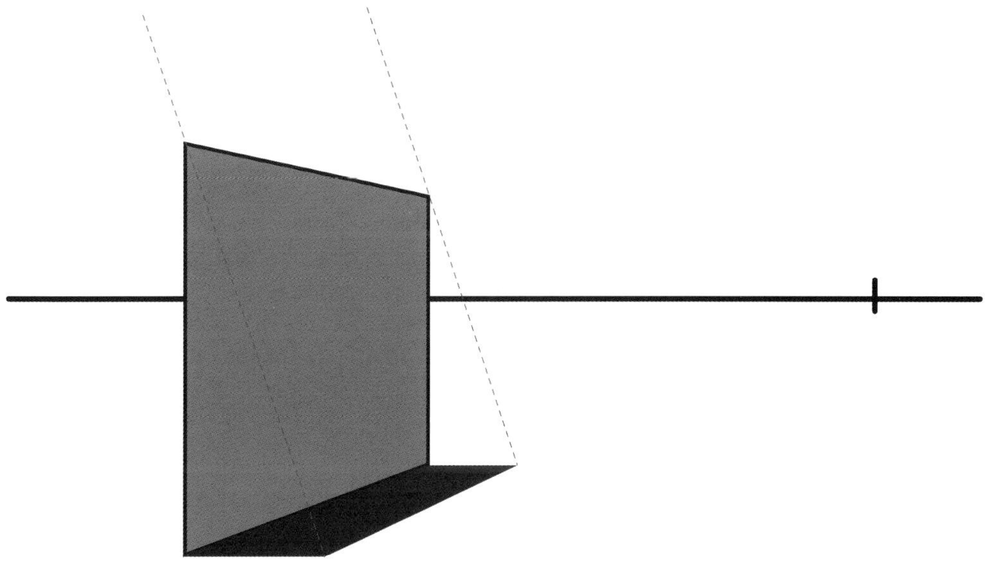

The process for creating shadows for planes is the same as above, except that the shadows of the lines delimiting the plane have to be joined up.

Le processus pour créer des ombres de plans est le même que le précédent, il suffit de relier les ombres des lignes qui les délimitent.

Das Zeichnen der Schatten von Ebenen erfolgt auf die gleiche Weise wie zuvor beschrieben: es müssen lediglich die Schatten der Linien, welche die Ebene beschreiben, verbunden werden.

Het proces om schaduwen van vlakken te creëren is hetzelfde als het vorige, maar de schaduwen van de lijnen die het afbakenen moeten met elkaar worden verbonden.

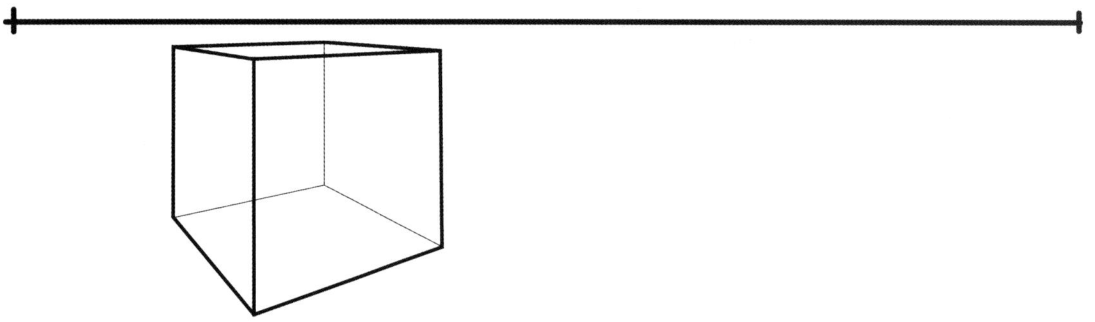

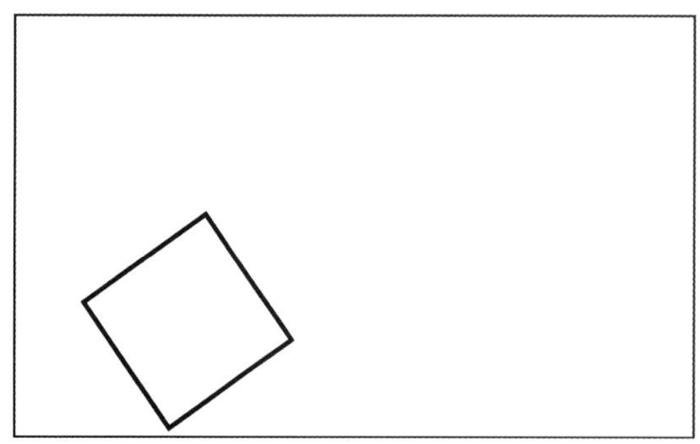

1 2 3 **4** 5 6 7

For simplicity, we are going to create the shadows of a cube, seen in perspective and from a bird's eyeview.

Pour nous faciliter la tâche, nous allons créer les ombres d'un cube observé en perspective et à vol d'oiseau.

Damit das Prinzip leichter verstanden werden kann, zeichnen wir nun den Schatten eines Würfels in perspektivischer Ansicht und von oben.

Opdat het gemakkelijker is worden de schaduwen van een kubus gecreëerd, gezien in perspectief en in vogelvlucht.

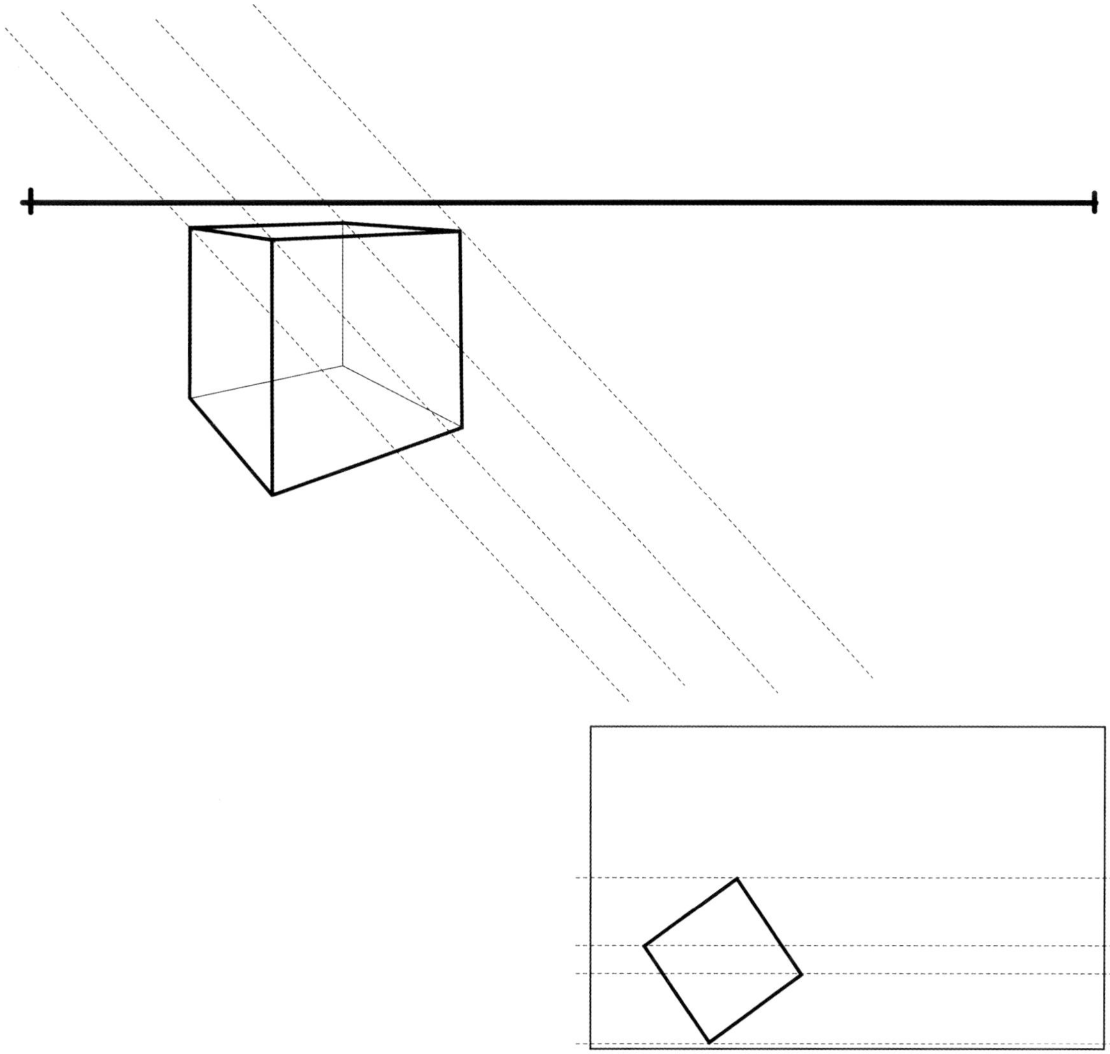

1 2 3 4 **5** 6 7

We draw in the lines indicating the direction of the light at the top corners of the figure.

Nous traçons les lignes qui indiquent la direction de la lumière et passent par les sommets supérieurs de la figure.

Zeichnen Sie die Linien ein, die die Richtung des Lichteinfalls an den oberen Ecken der Figur angeben.

Trek de strepen die de richting van het licht aangeven door de bovenste hoekpunten van de figuur.

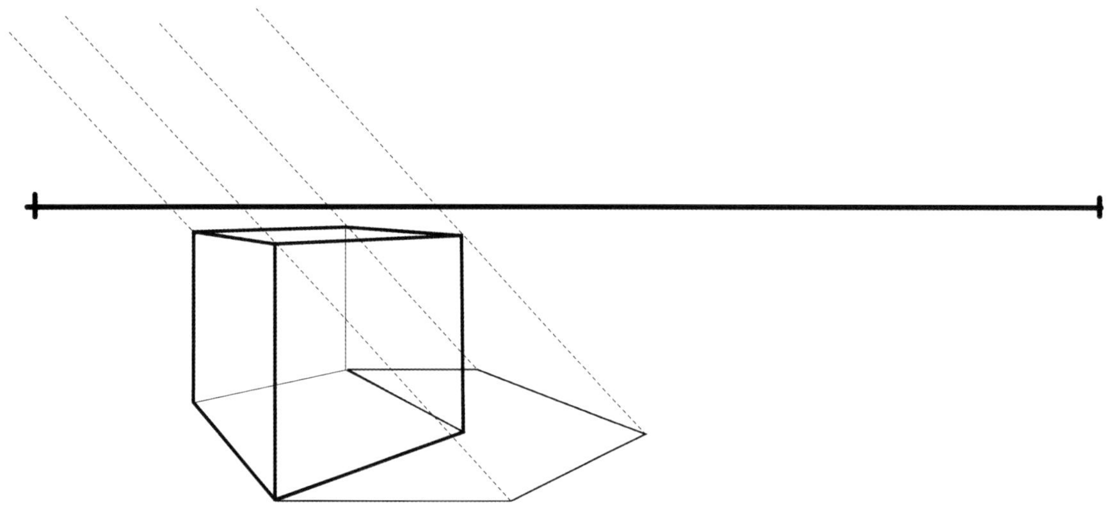

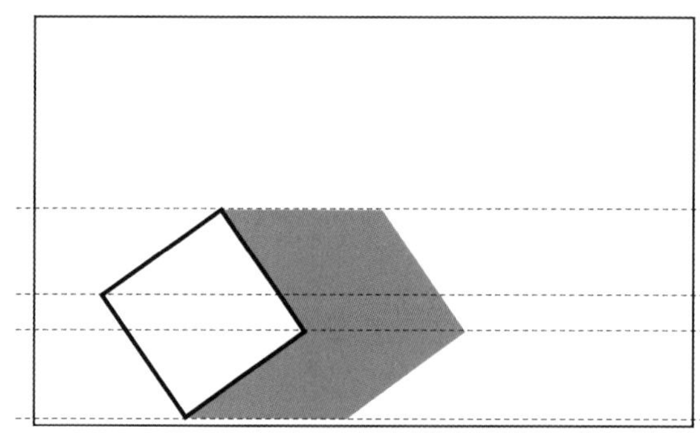

1 2 3 4 5 **6** 7

Now we draw the horizontal lines from the bottom corners until they intersect the projection of the corresponding corners at the top.

Puis, nous traçons des lignes horizontales partant des sommets inférieurs jusqu'à ce qu'elles coupent la projection des sommets supérieurs correspondants.

Zeichnen Sie nun von den unteren Ecken aus horizontale Linien, die bis zur entsprechenden Projektion der oberen Ecke führen.

Trek nu, vanaf de onderste hoekpunten, horizontale lijnen totdat ze de projectie van het bijbehorende bovenste hoekpunt snijden.

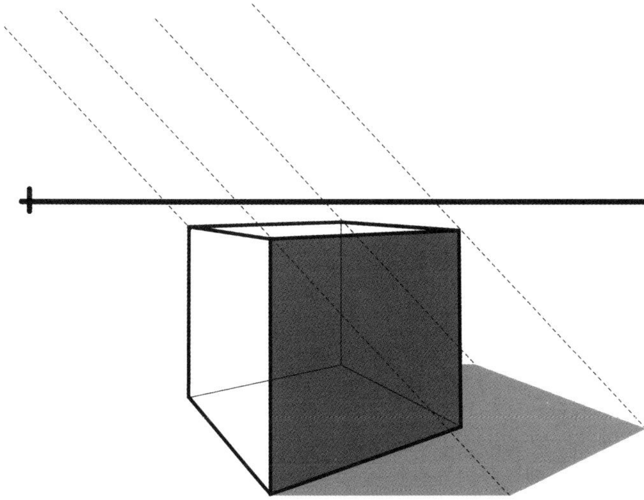

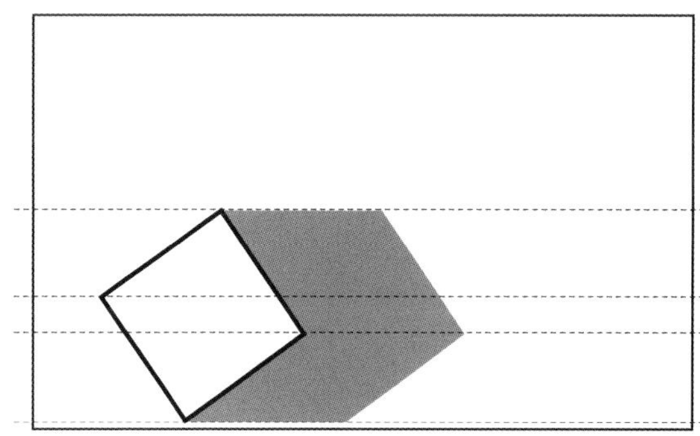

1 2 3 4 5 6 7

Joining up these intersecting points will give us the figure's area of shadow.

En reliant ces points d'intersection, nous obtenons la surface d'ombre de la figure.

Durch Verbinden dieser Schnittpunkte erhält man den Schatten, den die Figur wirft.

Door deze snijpunten met elkaar te verbinden, krijgen we het schaduwvlak van de figuur.

Here we learn how to create shadows from light sources directed along the ground plane, as well as shadows projected onto other objects. Reflections of shapes in perspective are easy to do if we follow the rules concerning vanishing points.

- How to draw shadows from a single source of light
- Reflections

Nous apprendrons ici à dessiner des ombres à partir de sources lumineuses disposées tout le long du plan de sol, ainsi que des ombres projetées sur d'autres objets. Les reflets de formes en perspective sont assez simples à réaliser si nous suivons les règles des points de fuite.

- Comment dessiner des ombres à partir d'une source lumineuse
- Reflets

In diesem Kapitel geht es um das Zeichnen von Schatten, die durch auf der Erde befindliche Lichtquellen entstehen, sowie von Schatten, die auf andere Objekte geworfen werden. Spiegelungen von Figuren in perspektivischer Ansicht lassen sich unter Zuhilfenahme der Regeln über die Fluchtpunkte sehr einfach zeichnen.

- Schattenwurf durch eine Lichtquelle
- Spiegelungen

Hier leren we om schaduwen op basis van lichtbronnen langs het grondvlak te creëren, alsmede schaduwen die op andere voorwerpen worden geprojecteerd. De weerspiegelingen van vormen in perspectief zijn eenvoudig uit te voeren als we ons aan de regels van de verdwijnpunten houden.

- Hoe schaduwen vanaf een lichtbron worden getekend
- Weerspiegelingen

Shadows II. Reflections

Ombres II. Reflets

Schatten II, Spiegelungen

Schaduwen II. Weerspiegelingen

How to draw shadows from a single source of light
Comment dessiner des ombres à partir d'une source lumineuse
Schattenwurf durch eine Lichtquelle
Hoe schaduwen vanaf een lichtbron worden getekend

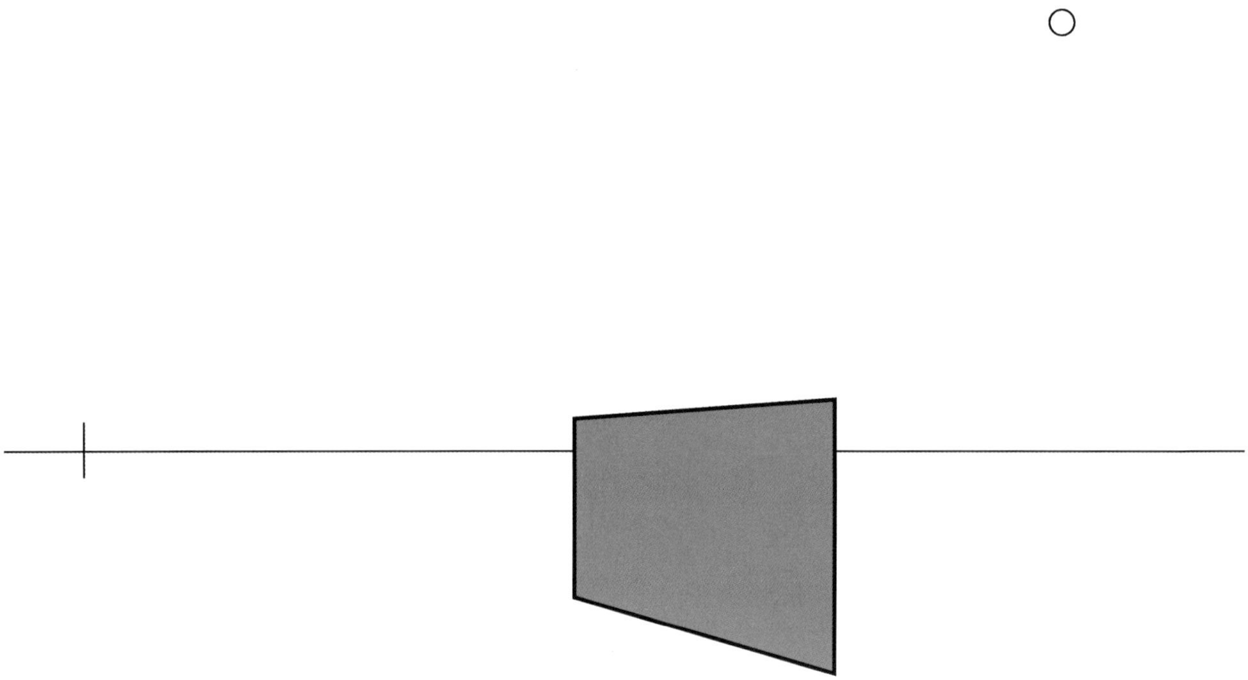

So far we have looked at sunlight with parallel rays of light. We shall now use a radial source of light.

Jusqu'à présent, nous avons considéré les rayons de la lumière solaire parallèles. Nous allons maintenant utiliser une source de lumière radiale.

Nach der Betrachtung des Sonnenlichts als parallele Strahlen werden Sie nun den Schattenwurf bei einer Lichtquelle mit strahlenförmigen Lichtstrahlen kennen lernen.

Tot hier hebben we het zonlicht als evenwijdige stralen ingebeeld. Nu gaan we gebruik maken van een radiale lichtbron.

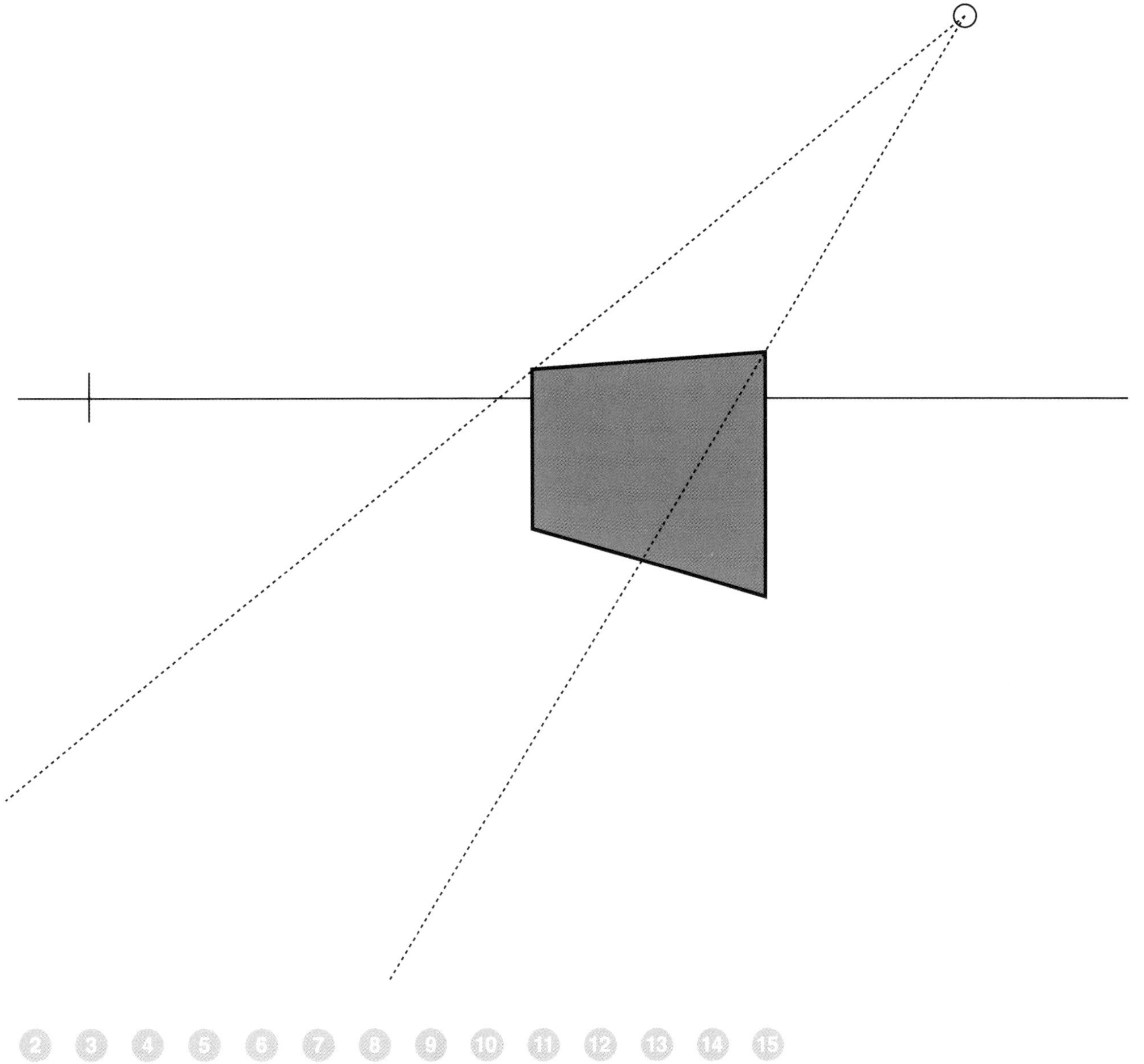

We draw lines joining up the light source with the top corners of the plane.

Nous traçons des lignes qui relient la source de lumière aux sommets supérieurs du plan.

Zeichnen Sie Linien ein, die von der Lichtquelle aus durch die oberen Ecken der Ebene führen.

Trek strepen die het lichtpunt met de bovenste hoekpunten van het vlak verbindt.

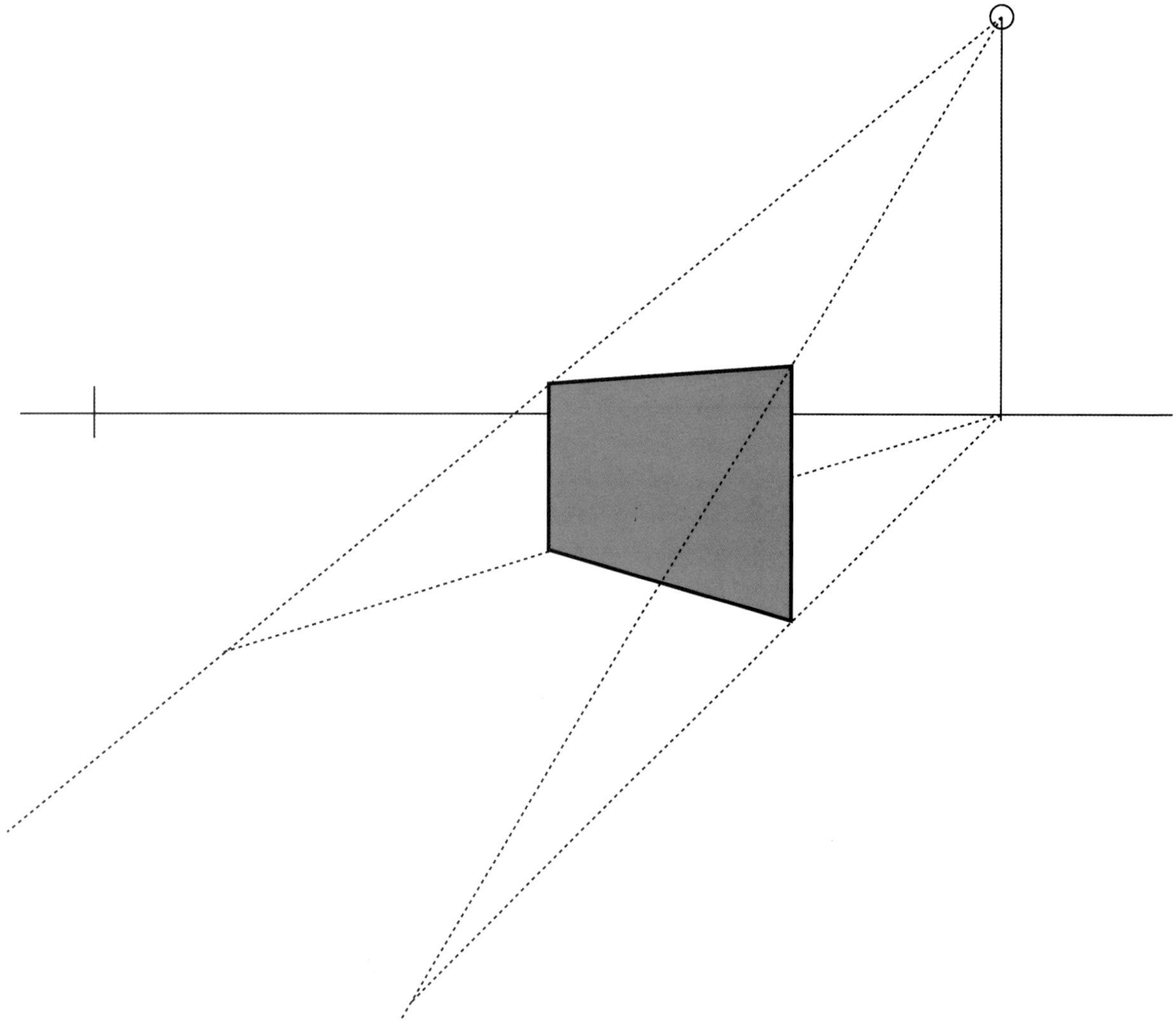

1 **2** 3 4 5 6 7 8 9 10 11 12 13 14 15

For the projections of the bottom corners, we draw a vertical through the light source until it intersects with the horizon line. From this additional vanishing point, we draw the corresponding lines.

Pour les projections des sommets inférieurs, nous traçons une verticale partant de la source de lumière jusqu'à couper la ligne d'horizon. À partir de ce point de fuite supplémentaire, nous traçons les lignes correspondantes.

Zeichnen Sie für die Projektionen der unteren Ecken der Ebene eine senkrechte Linie von der Lichtquelle aus nach unten bis zum Horizont. Von diesem Schnittpunkt aus werden die Linien durch die unteren Ecken gezogen.

Teken voor de projecties van de onderste hoekpunten een verticale lijn door de lichtbron totdat deze de horizonlijn snijdt. Trek vanaf dit extra verdwijnpunt de desbetreffende strepen.

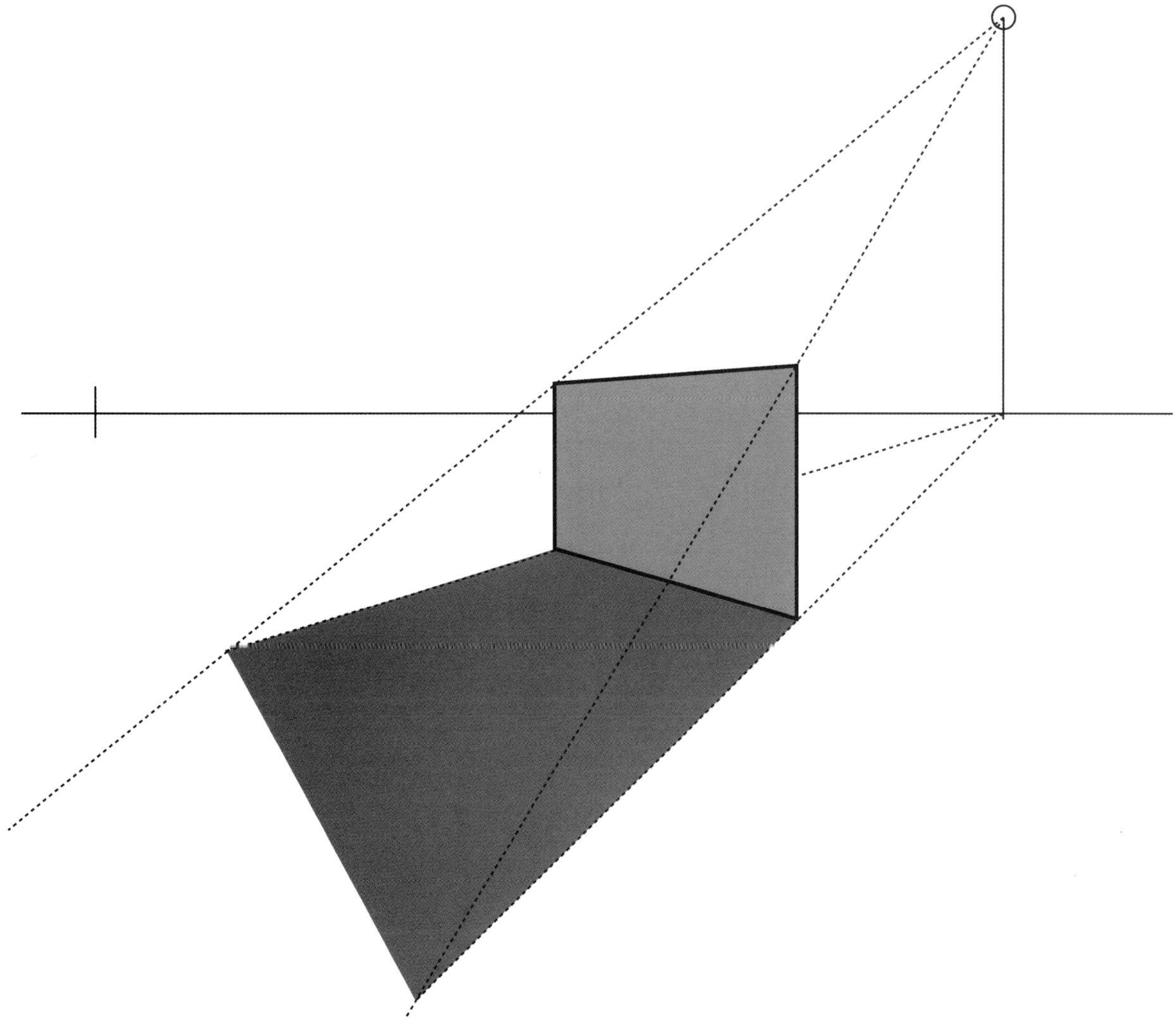

1 2 **3** 4 5 6 7 8 9 10 11 12 13 14 15

We draw a line joining up the intersecting points for the projections with the main vanishing point, thereby defining the shadow plane.

Nous traçons une ligne qui relie les points d'intersection des projections et le point de fuite principal, en définissant ainsi le plan d'ombre.

Ziehen Sie eine Verbindungslinie zwischen den beiden Schnittpunkten der unteren mit den oberen Projektionen, um den Schattenbereich zu definieren.

Trek een lijn die de snijpunten van de projecties met het voornaamste verdwijnpunt verbindt en definieer het schaduwvlak.

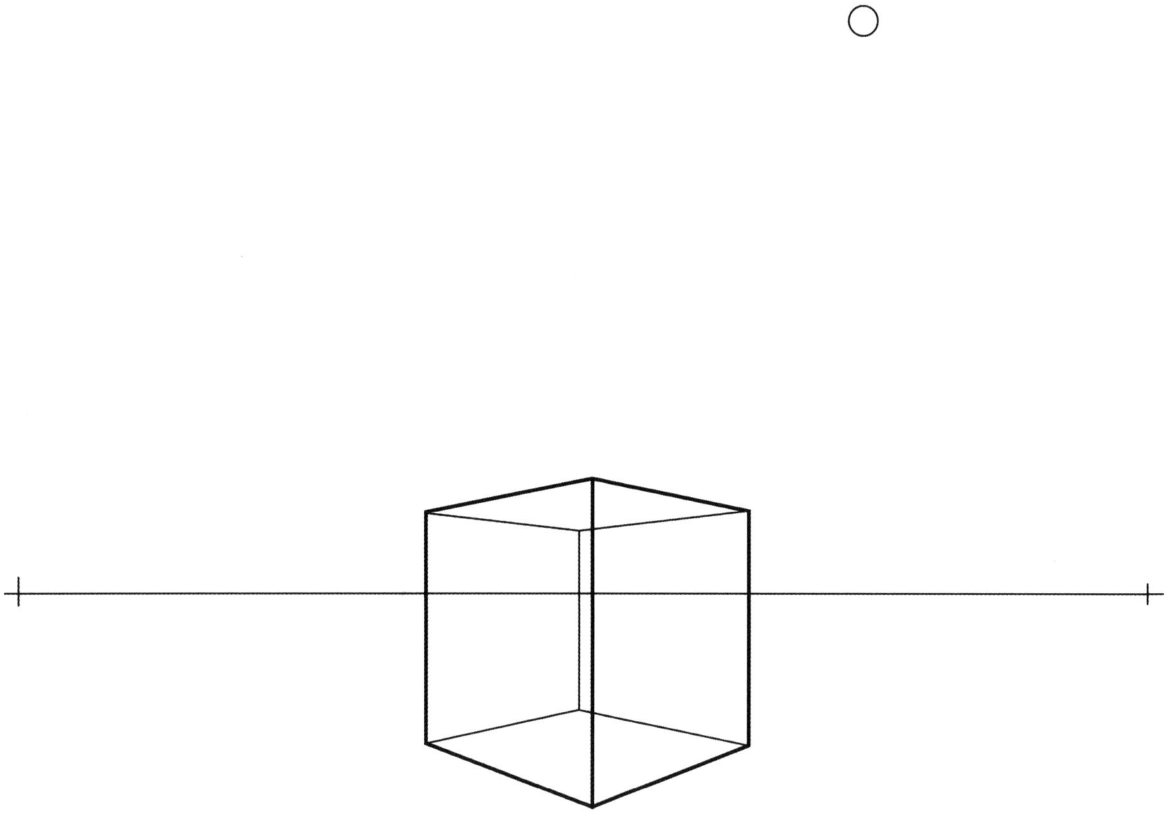

1 2 3 **4** 5 6 7 8 9 10 11 12 13 14 15

With two vanishing points and a more complex figure, the process is still the same.

En utilisant deux points de fuite et une figure plus complexe, le processus reste le même.

Bei Verwendung von zwei Fluchtpunkten und einer komplexeren Figur ist die gleiche Vorgehensweise anzuwenden.

Met behulp van twee verdwijnpunten en een complexer figuur blijft het proces hetzelfde.

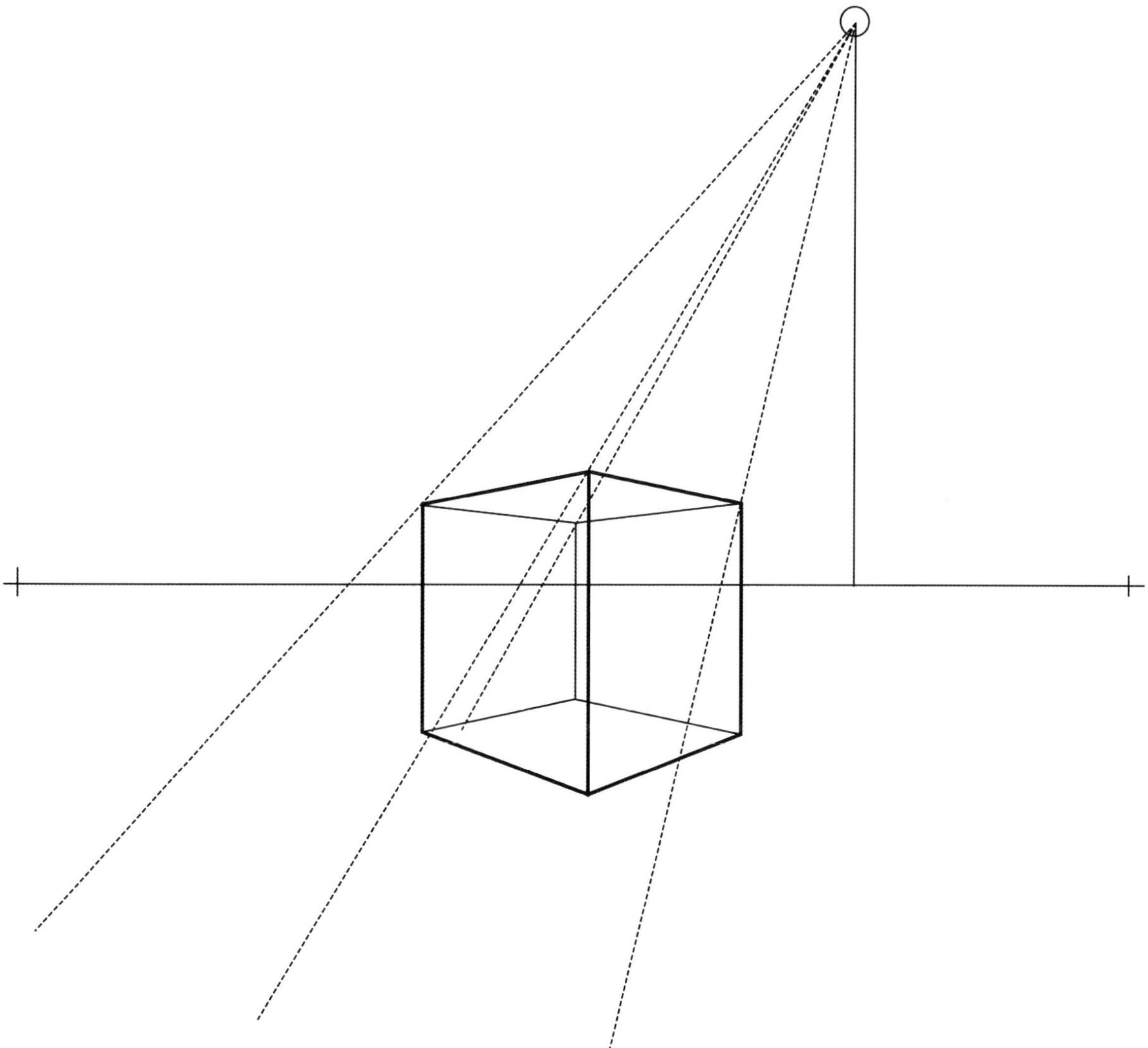

1 2 3 4 **5** 6 7 8 9 10 11 12 13 14 15

First we project the top corners.

Nous projetons d'abord les sommets supérieurs.

Zeichnen Sie zunächst die Projektionen an den oberen Ecken des Würfels.

Eerst worden de bovenste hoekpunten getekend.

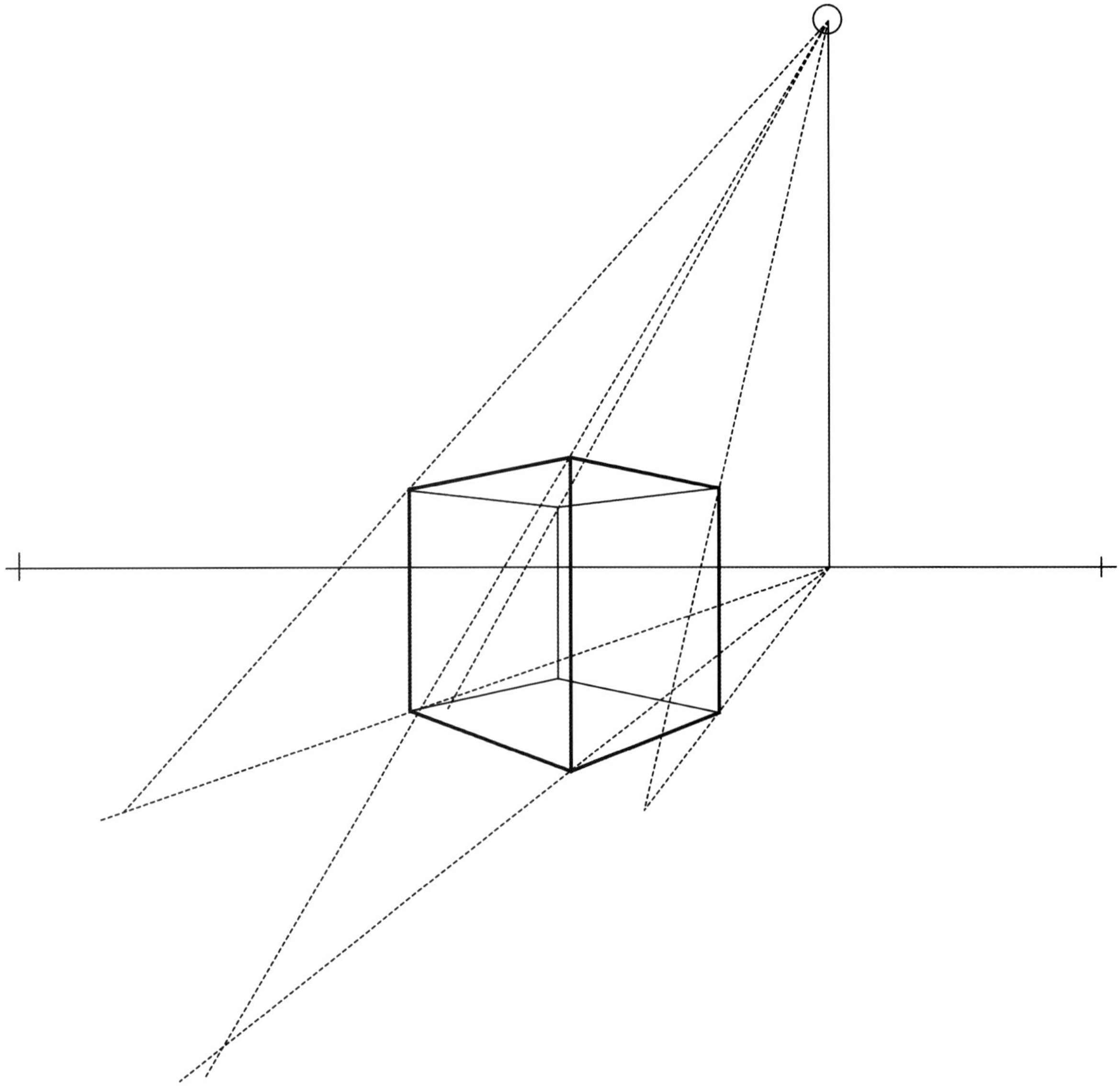

1 2 3 4 5 6 7 8 9 10 11 12 13 14 15

With the aid of another vanishing point, we project the bottom corners.

À l'aide du point de fuite supplémentaire, nous projetons les sommets inférieurs.

Mithilfe des zusätzlichen Fluchtpunkts auf der Horizontlinie werden die Projektionen der unteren Ecken eingezeichnet.

Met behulp van het extra verdwijnpunt worden de onderste hoekpunten getekend.

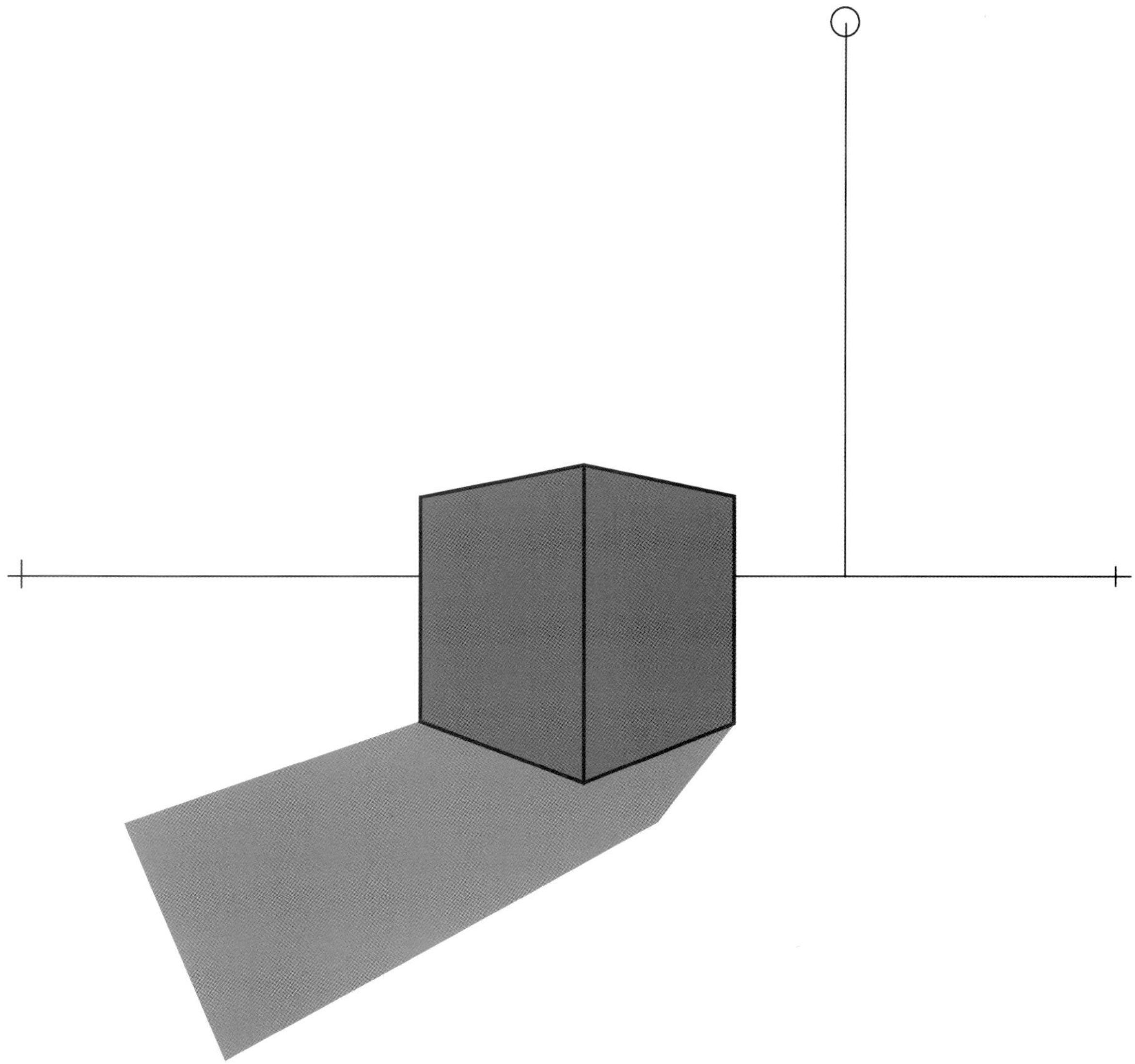

Joining up the corresponding points of intersection will give us the shadow plane.

En reliant les points d'intersection correspondants, nous obtenons le plan d'ombre.

Indem man die entsprechenden Schnittpunkte miteinander verbindet, erhält man den Schattenbereich.

Door de twee desbetreffende snijpunten te verbinden krijgen we het schaduwvlak.

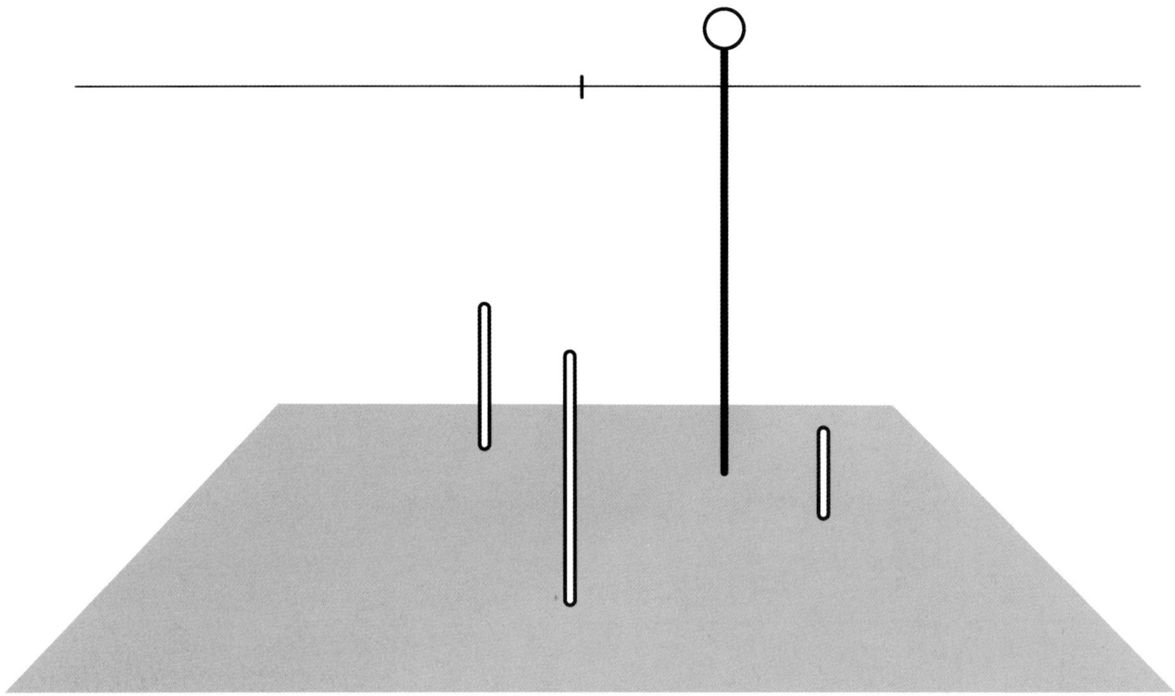

1 2 3 4 5 6 7 **8** 9 10 11 12 13 14 15

With this system it is easy to find the shadows of any figure, of any size, or at any distance from a light source.

Grâce à cette méthode, nous pouvons facilement représenter les ombres de n'importe quelle figure, de n'importe quelle taille et à n'importe quelle distance de la source de lumière.

Mithilfe dieses Verfahrens können die Schatten jeder Figur – in beliebiger Größe und in beliebigem Abstand zur Lichtquelle – ganz einfach gezeichnet werden.

Met dit systeem kunnen we gemakkelijk de schaduwen van welk figuur dan ook vinden, van elke grootte, of op welke afstand van de lichtbron dan ook.

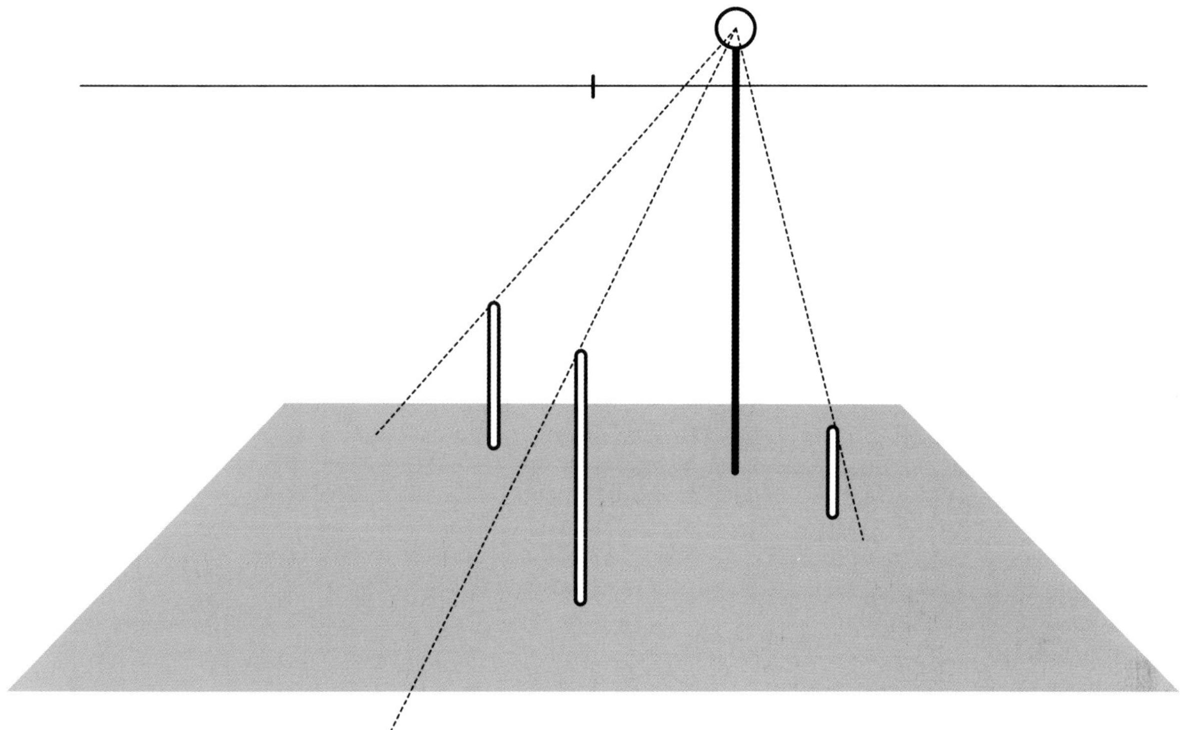

1 2 3 4 5 6 7 8 **9** 10 11 12 13 14 15

As always, the upper points are projected from the light source.

Comme toujours, nous projetons les points supérieurs à partir de la source de lumière.

Wie immer sind zunächst die Linien von der Lichtquelle aus durch die oberen Ecken der Figuren zu ziehen.

Zoals altijd wordt van de lichtbron naar de bovenste punten toe getekend.

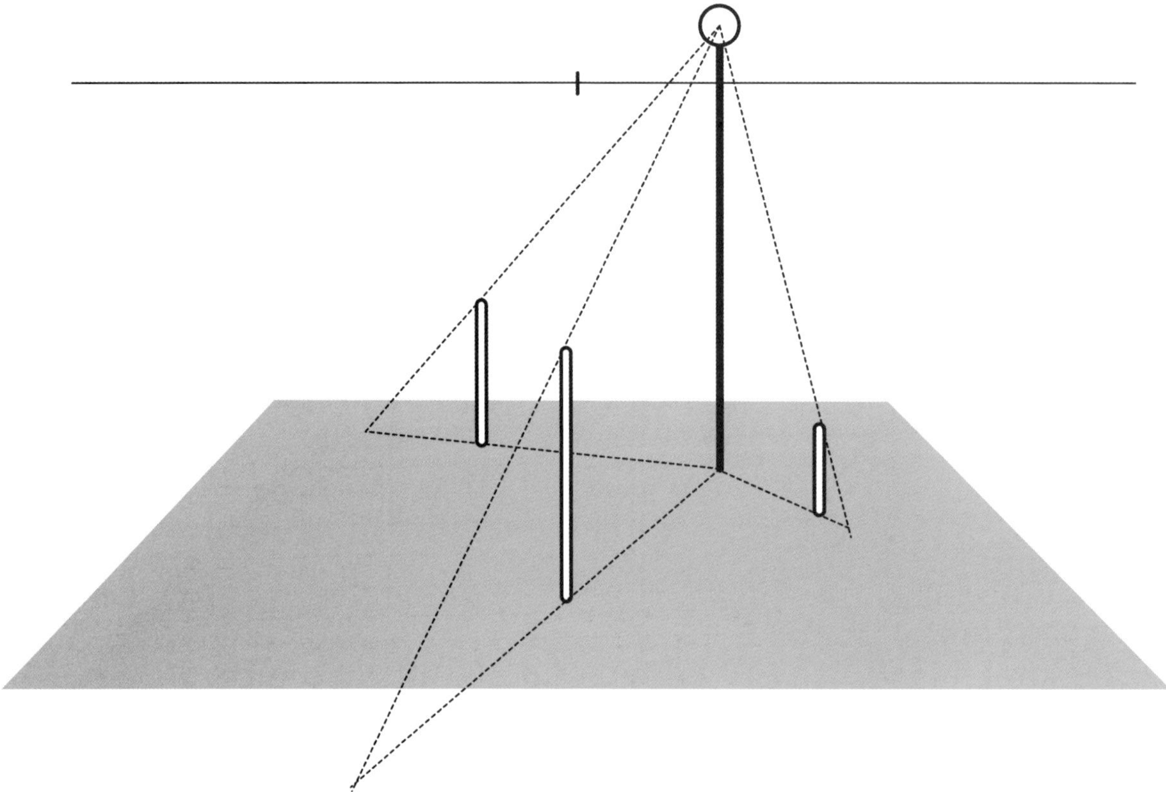

1 2 3 4 5 6 7 8 9 **10** 11 12 13 14 15

The points at the bottom are projected from the point in which the vertical drawn from the vanishing point intersects the corresponding plane.

À partir du point d'intersection entre la verticale tracée de la source lumineuse et le plan correspondant, nous projetons les points inférieurs.

Anschließend zeichnet man vom Schnittpunkt der senkrechten Hilfslinie mit der entsprechenden Ebene die Linien durch die unteren Ecken der Figuren.

Vanaf het punt waarop de getekende verticale lijn vanaf het brandpunt het desbetreffende vlak snijdt, worden de onderste punten getekend.

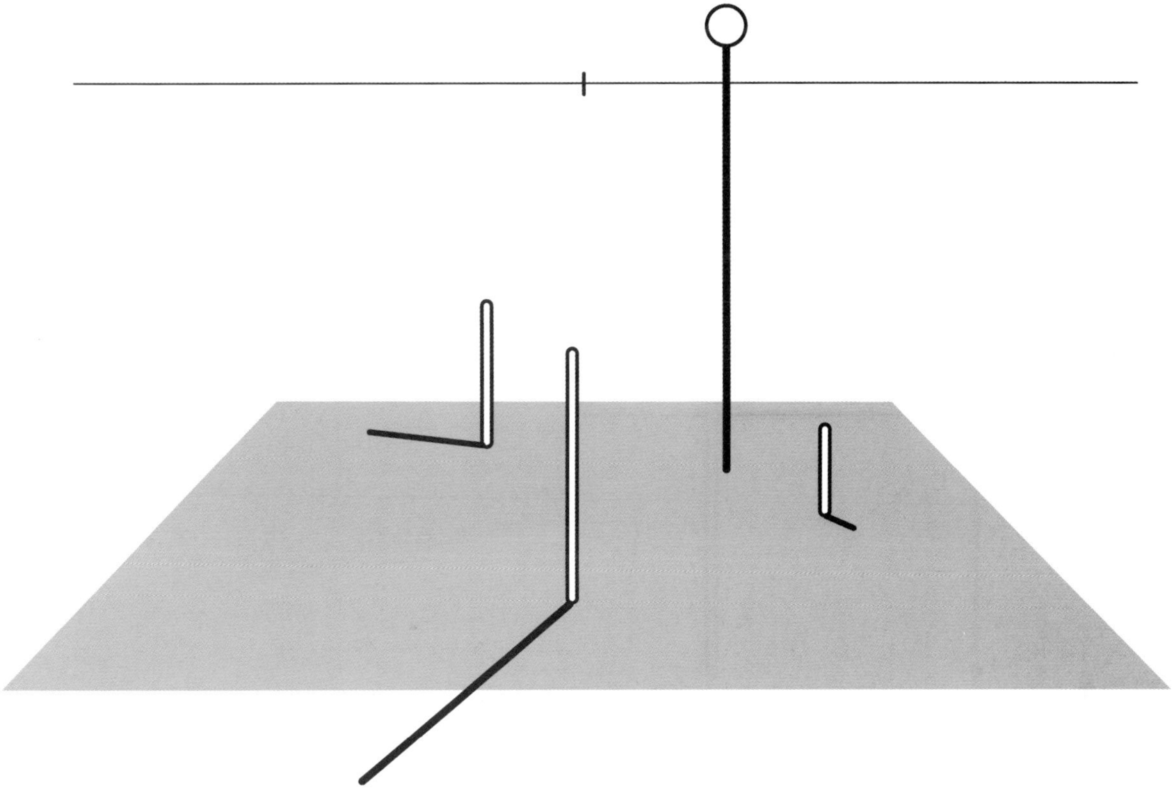

1 2 3 4 5 6 7 8 9 10 **11** 12 13 14 15

The shadows are defined realistically and in proportion with the size of the object and its distance from the light source.

Les ombres sont ainsi représentées de manière réaliste et proportionnelle à la taille et à la distance entre l'objet et la source de lumière.

Die Schatten erscheinen wirklichkeitsgetreu und sind proportional zur Größe der Figuren sowie zu deren Abstand zur Lichtquelle.

De schaduwen worden op realistische wijze en naar verhouding van de grootte en de afstand tussen het voorwerp en het lichtpunt getekend.

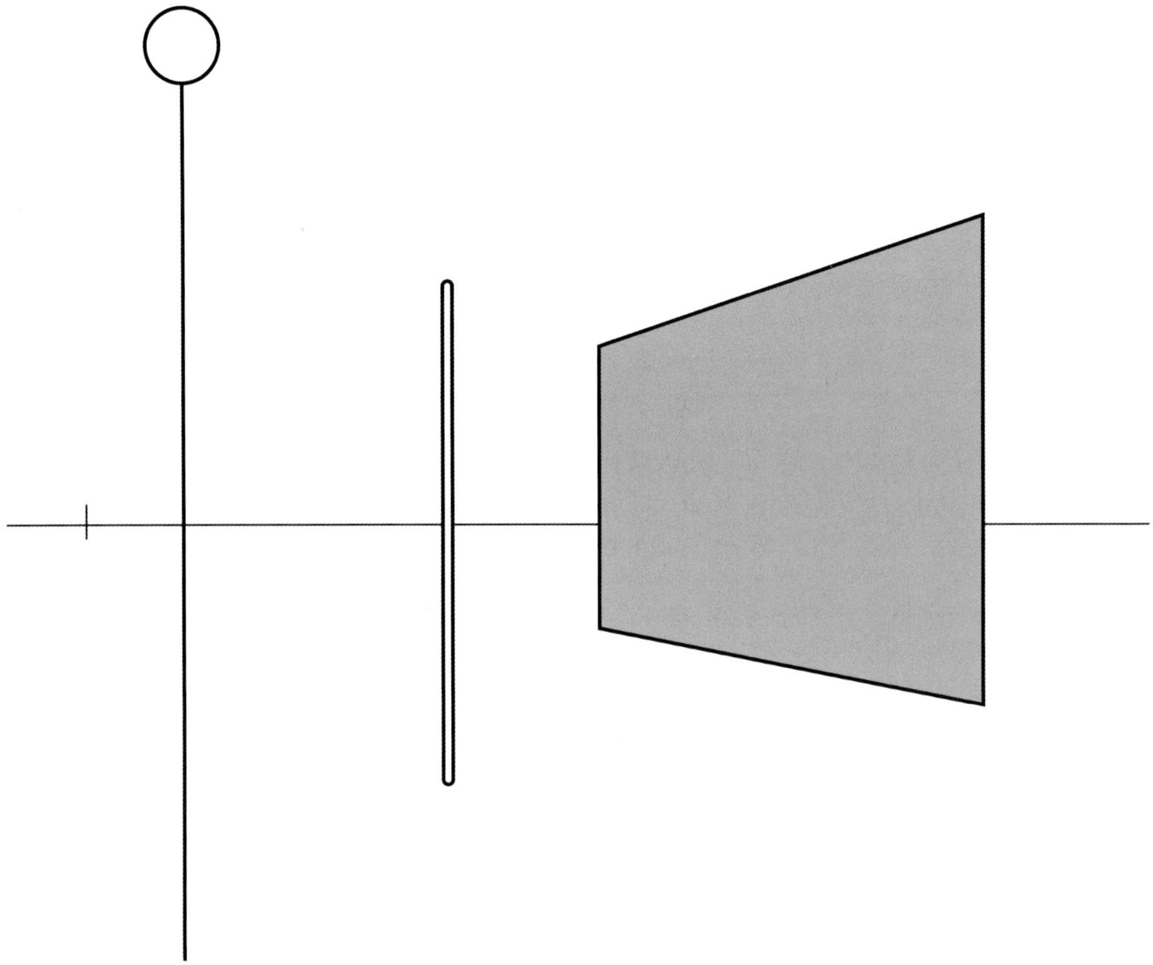

If an object overlaps the plane of the shadow, the shadow is projected over the object...

Si un objet se met en travers du t racé de l'ombre, celle-ci se projette sur l'objet...

Kreuzt ein Objekt den Verlauf des Schattens, wird der Schatten auch auf dieses Objekt geworfen.

Als een voorwerp in de schaduwstreep snijdt, dan wordt deze schaduw op het voorwerp getekend...

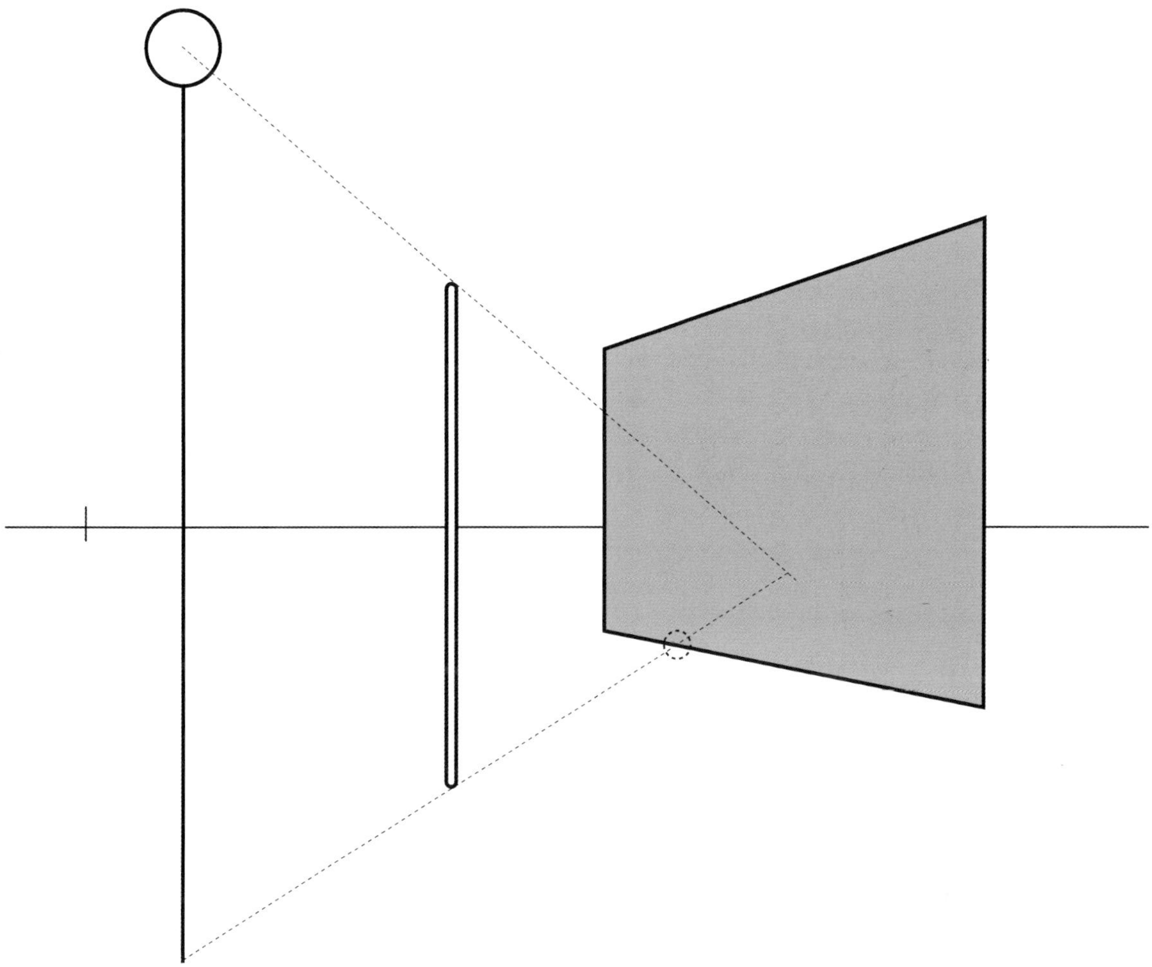

1 2 3 4 5 6 7 8 9 10 11 12 **13** 14 15

... changing its direction from the point of overlap between plane and projection.

...en changeant sa direction à partir du point d'intersection entre le tracé et le plan.

An der Stelle, an der dieses Objekt und die Bodenebene aufeinander treffen, wechselt der Schatten seine Richtung.

...en de richting ervan gewijzigd vanaf het punt waarop de streep en het vlak elkaar ontmoeten.

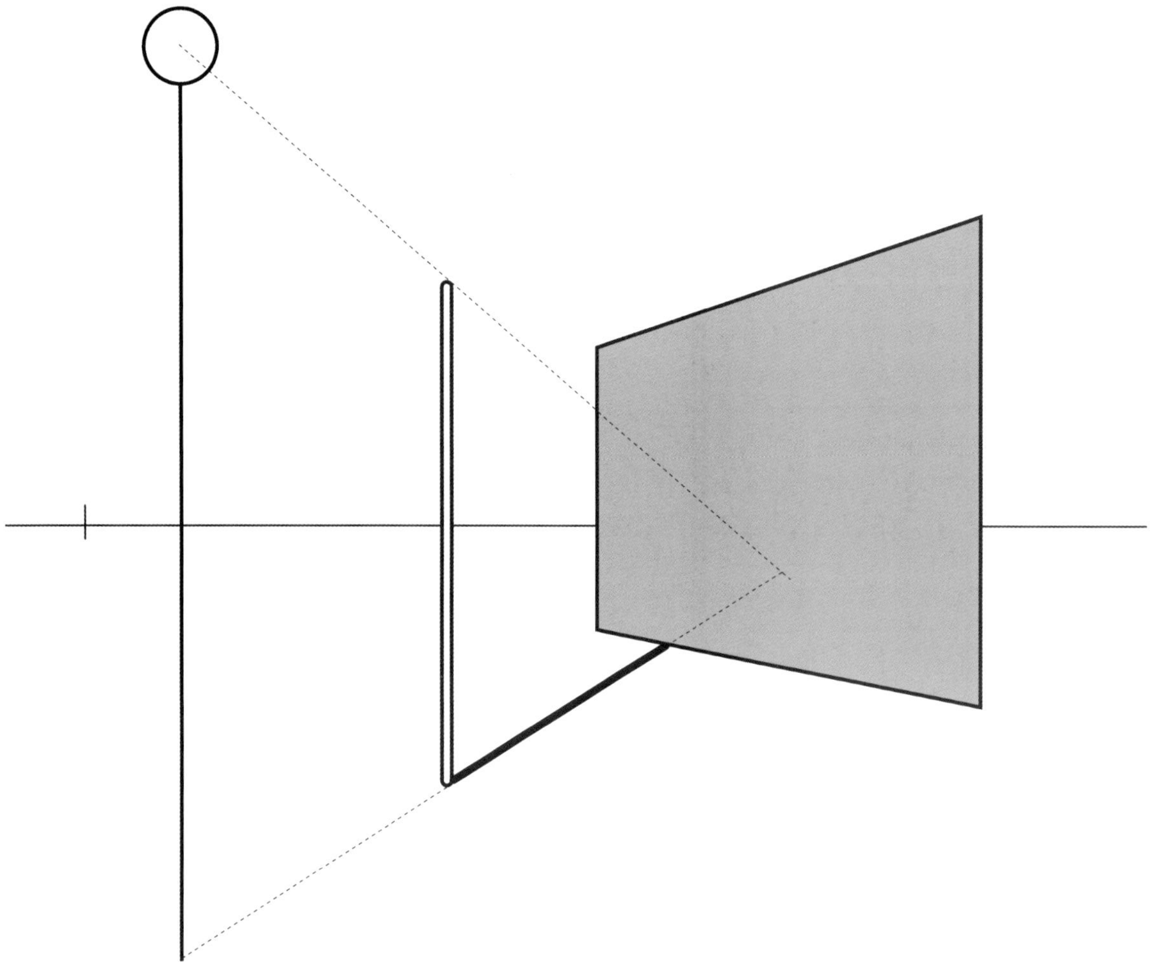

1 2 3 4 5 6 7 8 9 10 11 12 13 **14** 15

We draw the shadow over the horizontal plane to this point of overlap...

Nous traçons l'ombre sur le plan horizontal jusqu'à ce point d'intersection...

Zeichnen Sie den Schatten auf der horizontalen Ebene bis zu diesem Schnittpunkt.

Teken de schaduw op het horizontale vlak tot dit ontmoetingspunt...

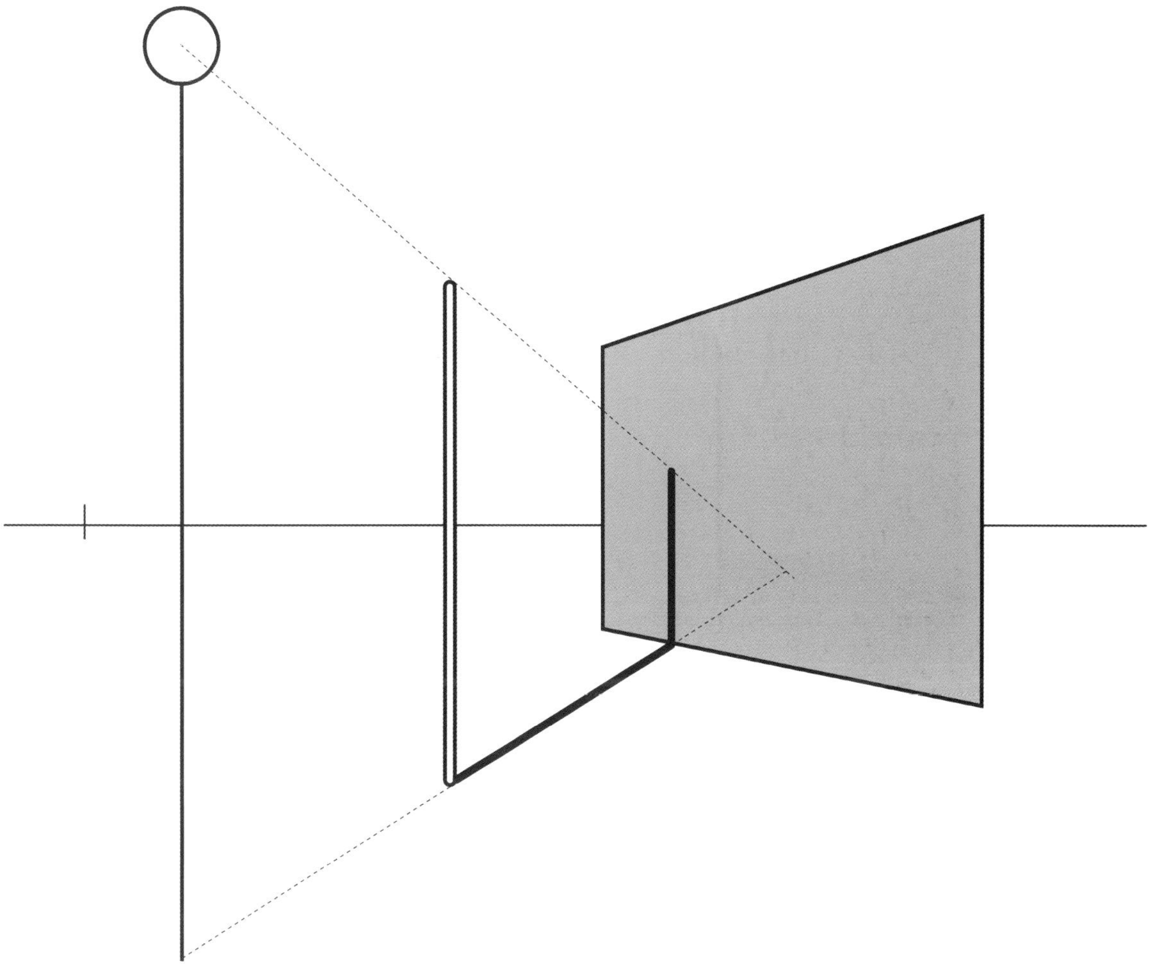

... and from this point we draw a vertical to the point of overlap with the projection of the upper end of the figure.

...et à partir de ce point, nous traçons une verticale jusqu'à ce que celle-ci vienne couper la projection de l'extrémité supérieure de la figure.

Ziehen Sie von diesem Punkt aus eine senkrechte Linie nach oben bis zu der Stelle, an der sie sich mit der Projektion der oberen Kante der Figur schneidet.

...en teken vanaf dit punt een verticale lijn totdat deze de projectie van het bovenste uiteinde van de figuur treft.

Reflections
Reflets
Spiegelungen
Weerspiegelingen

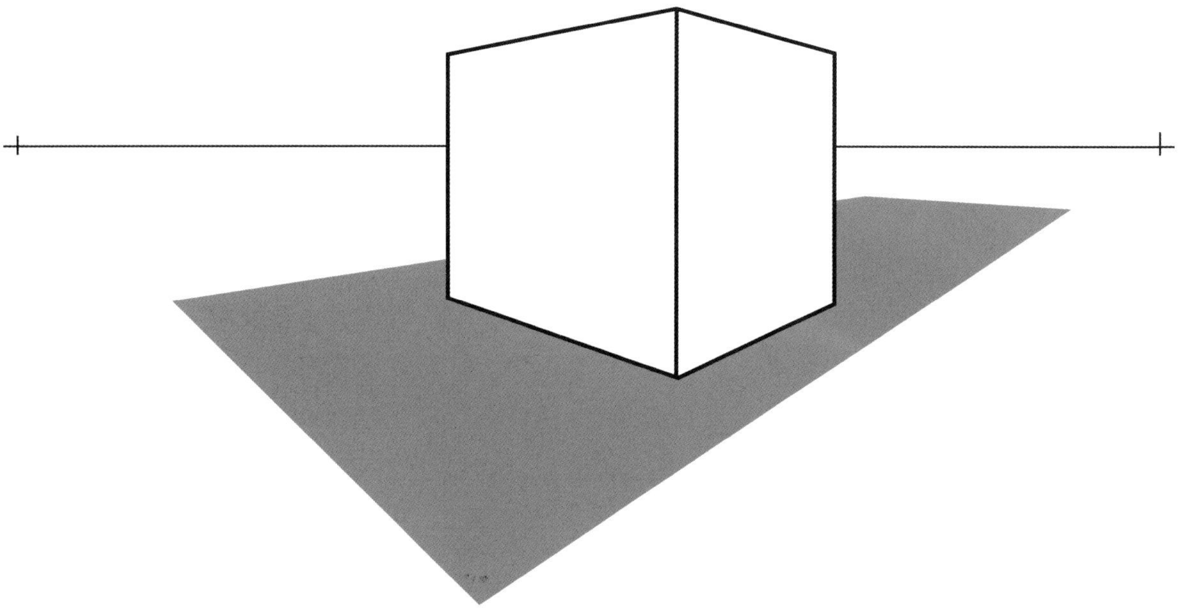

Let us now suppose that the surface an object is on is reflective (water, a mirror...).

Supposons maintenant que la surface sur laquelle se trouve un objet est réfléchissante (eau, miroir).

Nehmen wir nun einmal an, dass sich ein Objekt auf einer reflektierenden Oberfläche (z. B. über Wasser oder auf einem Spiegel) befindet.

We gaan er nu vanuit dat het oppervlak waarop zich een voorwerp bevindt weerspiegelend is (water, een spiegel).

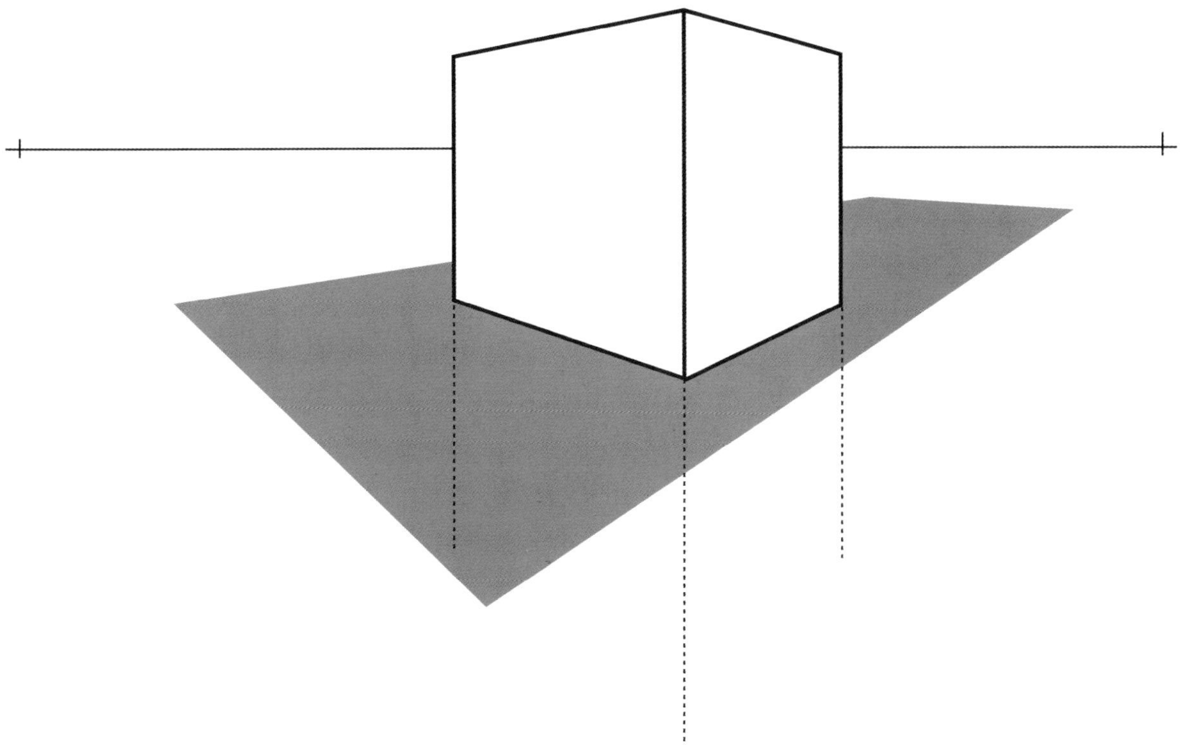

To make a reflection realistic, we can use the rule that verticals are true measurements, and not distorted, and therefore from the base of each vertical we draw a "reflected" vertical of the same size.

Afin d'obtenir un reflet réaliste, nous pouvons appliquer le principe selon lequel les verticales présentent une dimension réelle, non déformée ; et par conséquent, nous représentons, à partir de la base de chaque verticale, une autre verticale « reflétée » de la même taille.

Um eine realistische Darstellung der Spiegelung zu erzielen, nutzt man die Regel, dass die Senkrechten tatsächliche Größenverhältnisse wiedergeben. Daher wird am unteren Ende jeder senkrechten Linie eine weitere „gespiegelte" Senkrechte der gleichen Länge angefügt.

Om een realistische weerspiegeling te maken kunnen we gebruik maken van de regel dat de verticale lijnen op ware grootte, niet vertekend, zijn. Vandaar dat we, op basis van elke verticaal, een "weerspiegelde" verticale lijn van dezelfde grootte tekenen.

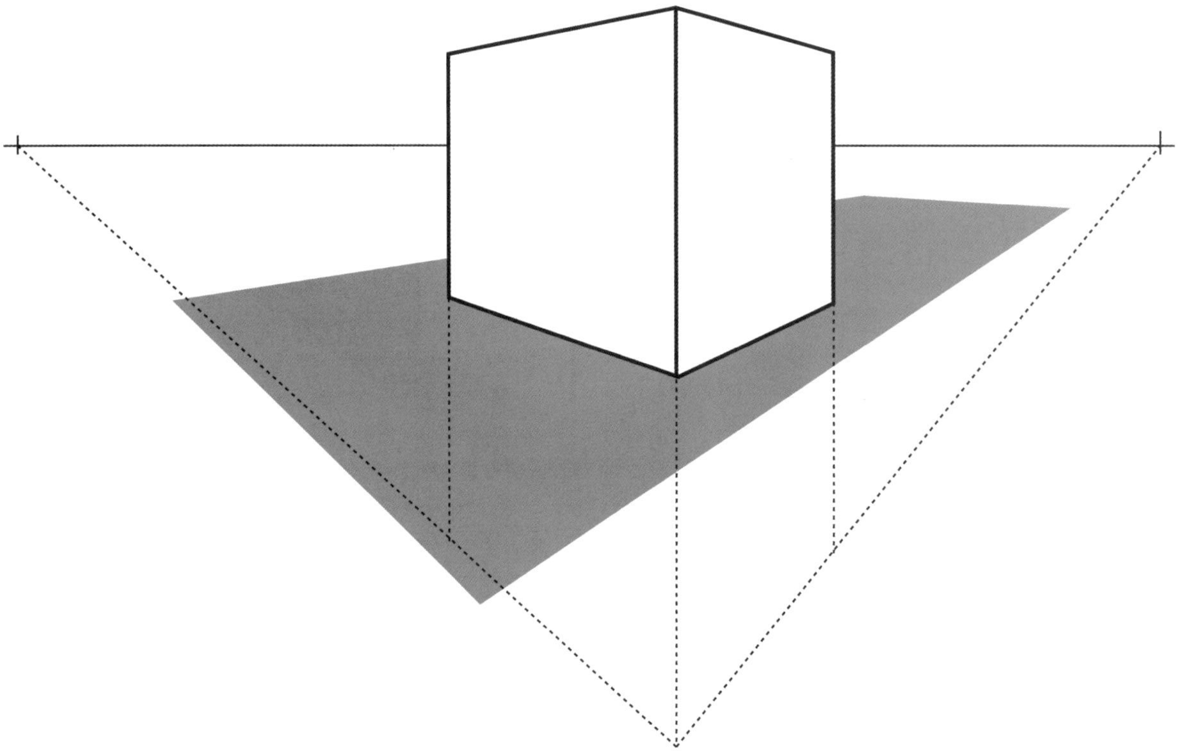

We project the lines from these points to the vanishing points of the figure to find the corresponding reflected planes. Now we have a ghost figure which is the reflection of the main figure.

Nous relions les points obtenus avec les points de fuite de la figure pour définir les plans reflétés correspondants. Nous obtenons ainsi une figure fantôme qui est le reflet de la figure principale.

Ziehen Sie Linien von den Endpunkten der gespiegelten Senkrechten zu den Fluchtpunkten der Figur, um die gespiegelten Flächen zu bestimmen. Auf diese Weise erhält man eine Spiegelung der zentralen Figur der Zeichnung.

Vanaf deze punt verdwijnen de lijnen in de verdwijnpunten van de figuur om de desbetreffende weerspiegelde vlakken te vinden. We hebben nu een waanvoorstelling getekend die de weerspiegeling van het hoofdfiguur is.

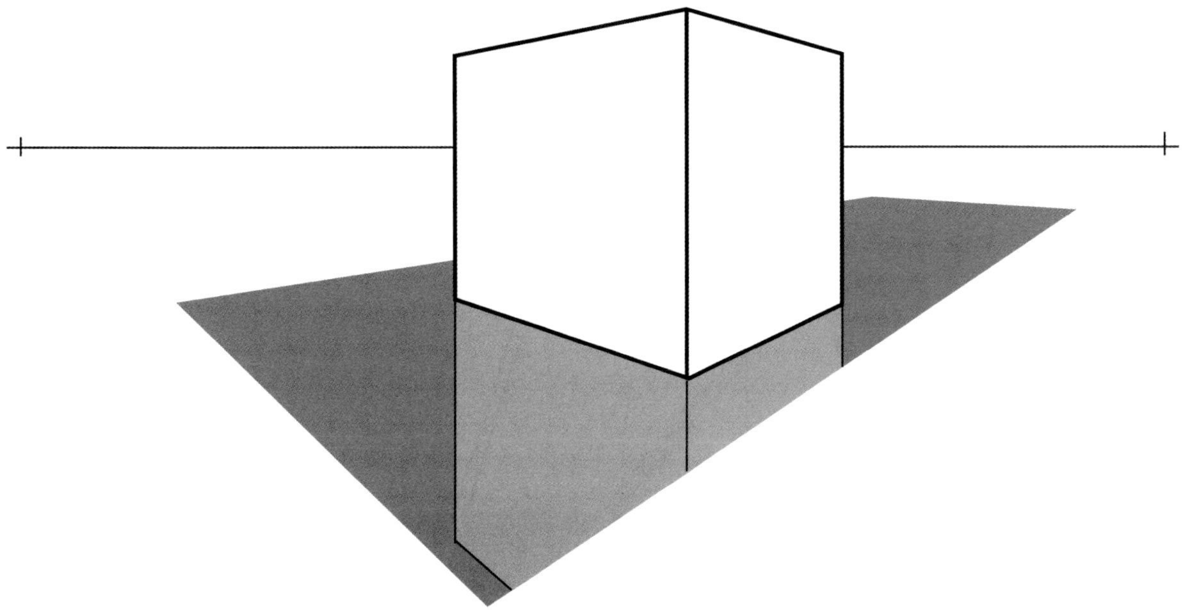

1 2 **3** 4 5

All that remains is to map the figure to the reflective plane and we will have an accurate reflection.

Il ne reste plus qu'à délimiter la figure suivant le plan réfléchissant et nous obtiendrons ainsi un reflet correct.

Zuletzt wird die entstandene Figur auf die reflektierende Fläche begrenzt, um eine wirklichkeitsgetreue Spiegelung abzubilden.

Nu hoeft alleen de figuur nog maar op het weerspiegelende vlak te worden begrensd en we hebben een juiste weerspiegeling.

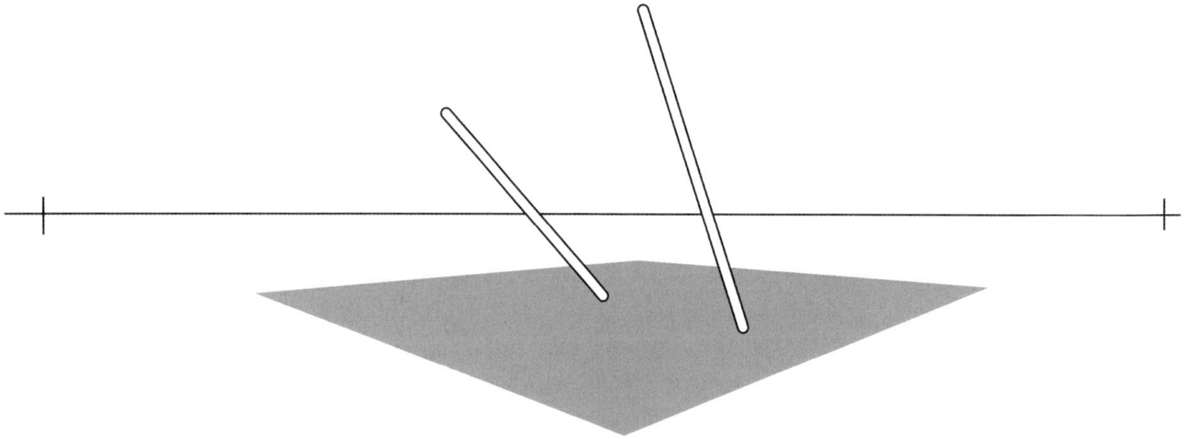

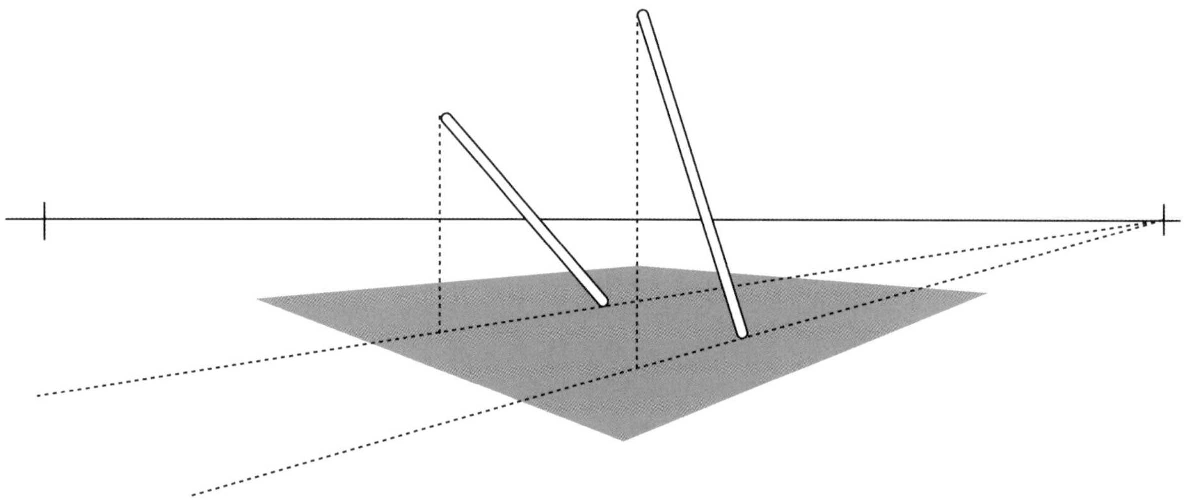

1 2 3 **4** 5

If the figure has no verticals, we can create some vertical guidelines with the true measurements, projecting the lines from the upper part until they intersect with the vanishing point at the bottom.

Si la figure ne présente aucune verticale, nous pouvons créer des lignes verticales à taille réelle, en les projetant de la partie supérieure de la figure jusqu'à ce qu'elles coupent la ligne de fuite de la partie inférieure.

Falls die gezeichnete Figur keine Senkrechten aufweist, zeichnet man vertikale Hilfslinien ein, die vom oberen Ende des Elements bis zu dem Punkt verläuft, an dem sie sich mit der Fluchtlinie des unteren Endes schneidet.

Als de figuur geen verticale lijnen heeft, kunnen we verticale vluchtlijnen op ware grootte creëren en deze vanaf het hoogste deel projecteren totdat deze het verdwijnpunt van de onderkant snijdt.

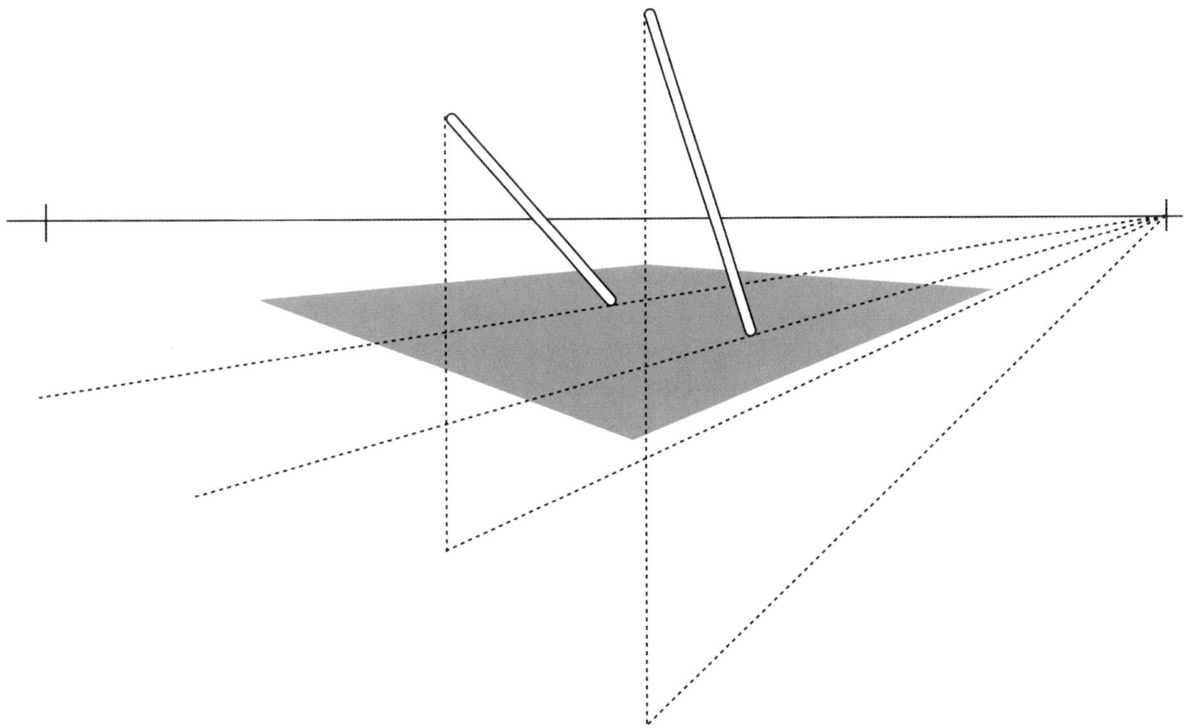

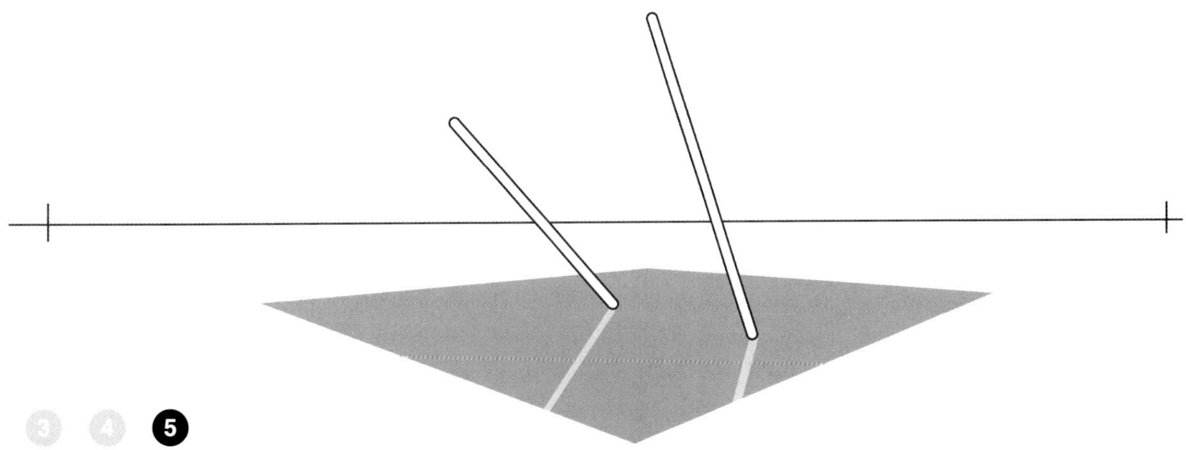

With these verticals for support, we can now calculate the reflections, without worrying about the angle of inclination of the figure.

Ces verticales nous permettent de définir les reflets, sans tenir compte du degré d'inclinaison de la figure.

Anhand dieser vertikalen Hilfslinien können unabhängig von der Neigung der abgebildeten Figur die Spiegelungen bestimmt werden.

Met deze ondersteunende verticale lijnen kunnen de weerspiegelingen worden berekend, zonder dat de hellingscoëfficiënt van de figuur van belang is.

The third vanishing point brings us closer to the way the human eye really sees things, but that distortion is almost always overlooked and is only used in specific circumstances. In this chapter we will learn how to deal with the distortion of vertical lines.

– The third vanishing point and its use

Le troisième point de fuite nous rapproche de la vue réelle de l'œil humain, mais cette déformation n'est presque jamais prise en compte et ne s'utilise que dans des cas concrets. Dans ce chapitre, nous apprendrons à représenter cette déformation des verticales.

– Le troisième point de fuite et son utilité

Die Perspektive mit einem dritten Fluchtpunkt kommt der tatsächlichen Sichtweise des menschlichen Auges zwar näher, wird jedoch meist vernachlässigt und nur in bestimmten Fällen eingesetzt. In diesem Kapitel wird gezeigt, wie man mit dieser vertikale Verzerrung umgeht.

– Der dritte Fluchtpunkt und seine Verwendung

Het derde verdwijnpunt brengt ons bij de ware zienswijze van het menselijk oog, maar deze vertekening wordt bijna altijd omzeild en wordt alleen in concrete gevallen gebruikt. In dit hoofdstuk leren we hoe deze vertekening van de verticale lijnen moeten worden gehanteerd.

– Het derde verdwijnpunt en het nut ervan

The third vanishing point
Le troisième point de fuite
Der dritte Fluchtpunkt
Het derde verdwijnpunt

The third vanishing point and its use
Le troisième point de fuite et son utilité
Der dritte Fluchtpunkt und seine Verwendung
Het derde verdwijnpunt en het nut ervan

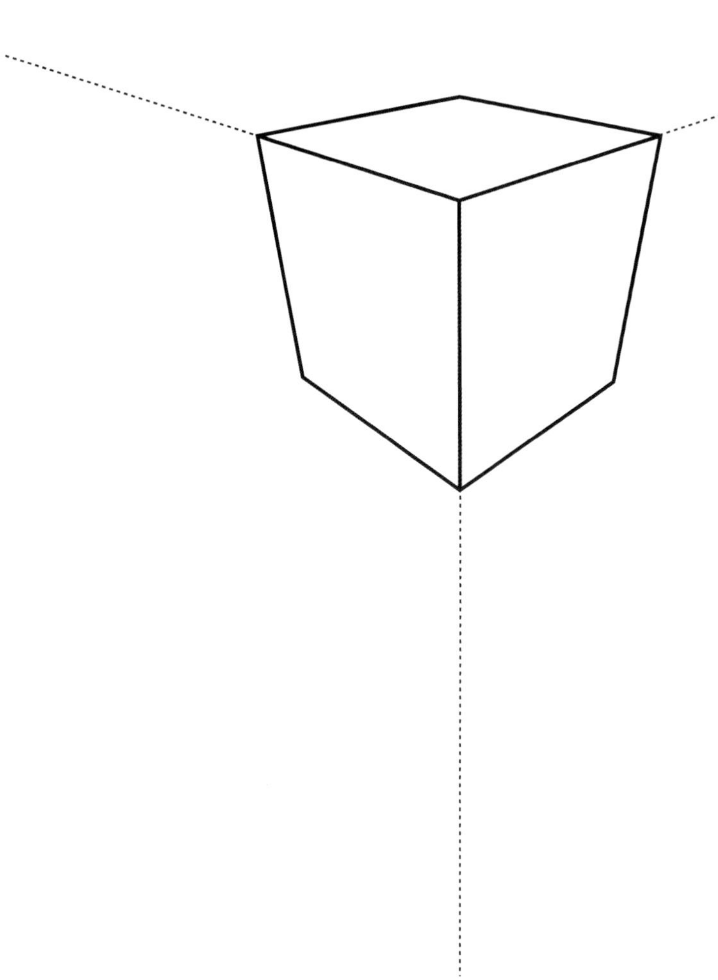

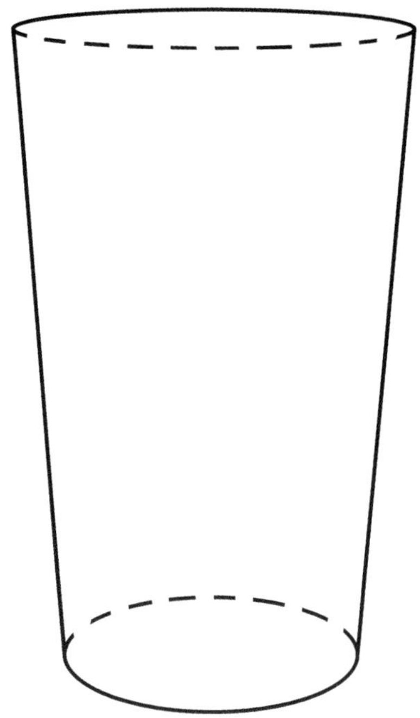

So far we have worked with one or two vanishing points, but it is possible to use a third one outside the horizon line, to make vertical lines vanish.

Jusqu'à présent, nous avons travaillé avec un ou deux points de fuite, mais nous pouvons en utiliser un troisième, en dehors de la ligne d'horizon, afin de représenter les lignes de fuite des lignes verticales.

Bisher haben wir Zeichnungen mit einem bzw. zwei Fluchtpunkten betrachtet. Nun wollen wir Abbildungen mit einem dritten, nicht auf dem Horizont liegenden Fluchtpunkt untersuchen, zu dem die vertikalen Linien hin verlaufen.

Tot nu toe hebben we met een of twee verdwijnpunten gewerkt, maar er kan ook een derde vluchtpunt, buiten de horizonlijn, gebruikt worden om de verticale lijnen te laten verdwijnen.

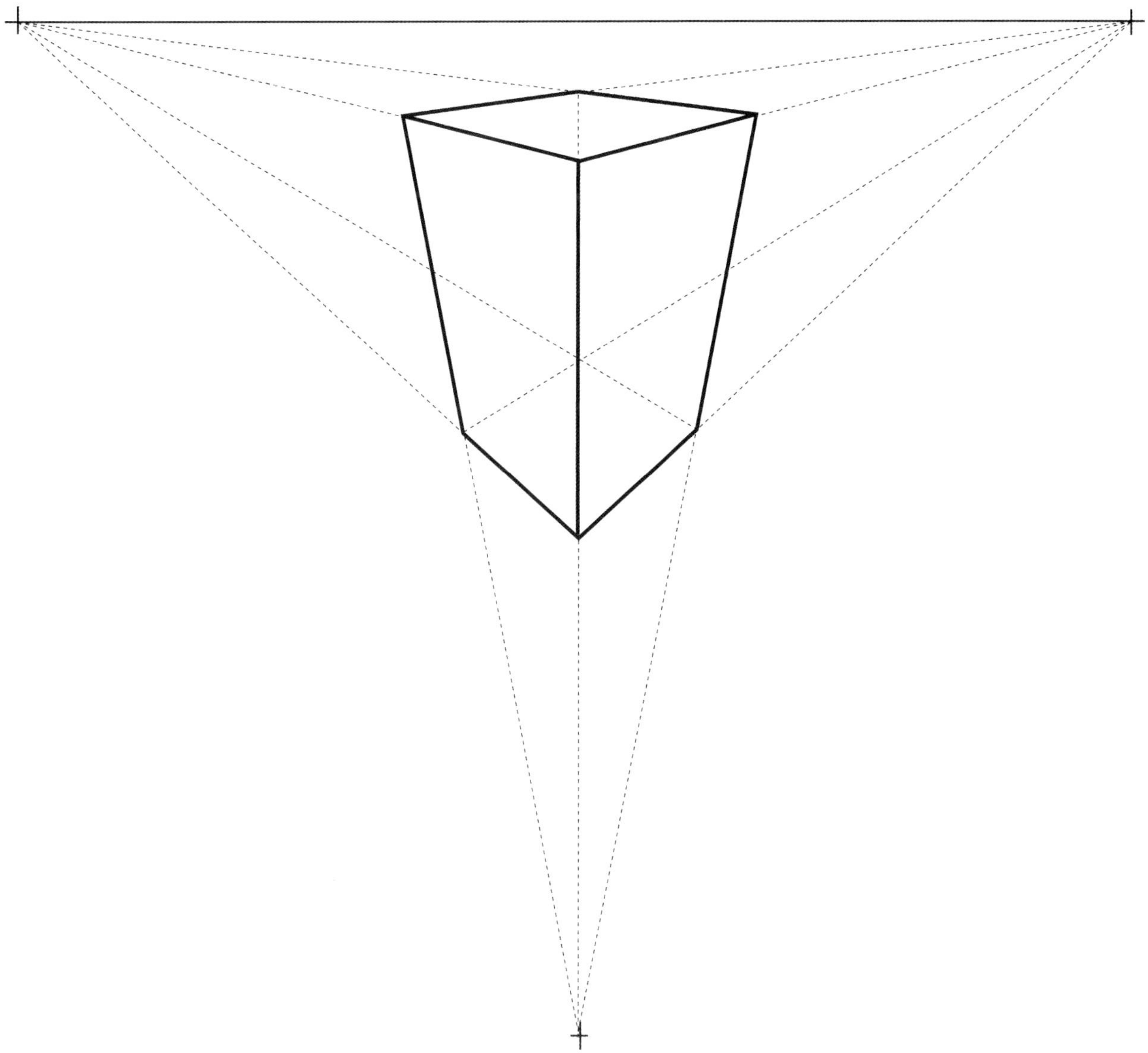

1 2 3 4 5

This method is closer to what we see in the real world, but the vertical distortion is hardly perceptible, and for this reason two vanishing points are normally used.

Ce type de représentation est plus proche de ce que nous observons dans la réalité, bien que la déformation verticale soit à peine perceptible, d'où l'utilisation en général de deux points de fuite.

Diese Form der Darstellung kommt unserer tatsächlichen Sichtweise der Welt näher, doch da die vertikale Verzerrung kaum wahrnehmbar ist, wird meist mit zwei Fluchtpunkten gearbeitet.

Deze weergavewijze lijkt meer op hoe wij in de werkelijkheid zien. Echter, de verticale vertekening is nauwelijks waarneembaar en daarom worden over het algemeen twee verdwijnpunten gebruikt.

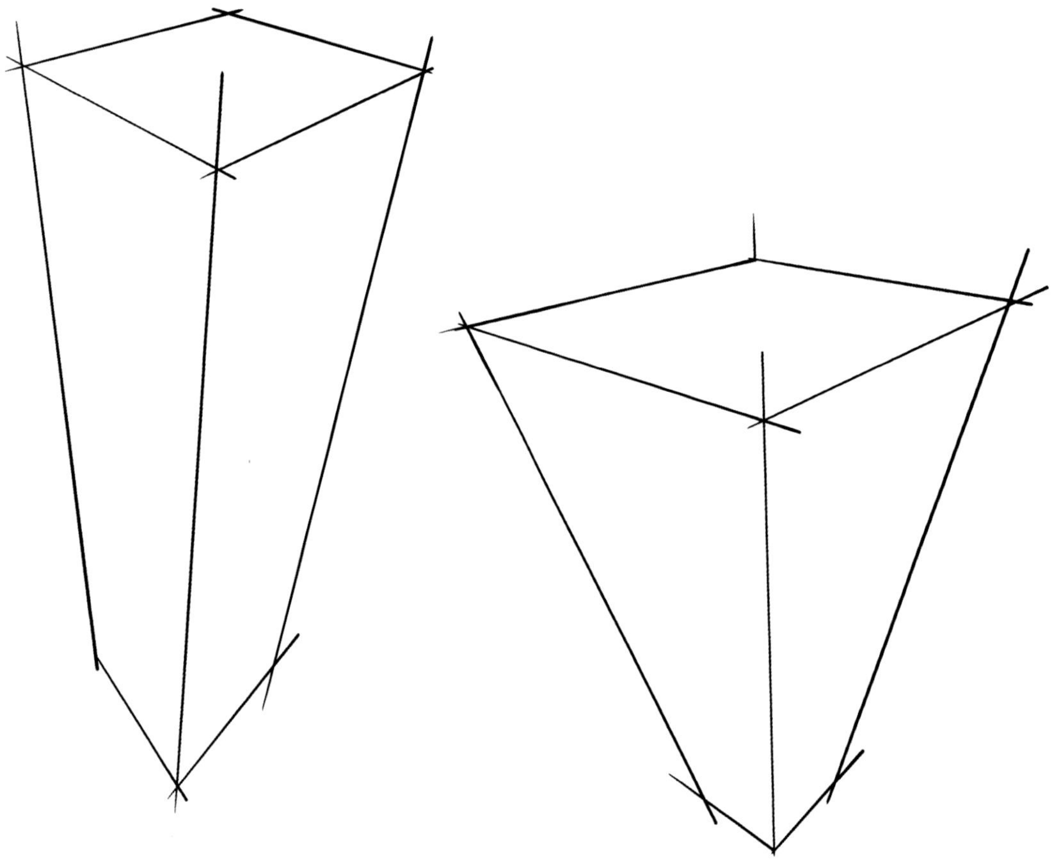

1 **2** 3 4 5

The closer the third vanishing point is to the horizon line, the greater the distortion and the less "realistic" the result will be.

Plus ce troisième point sera proche de la ligne d'horizon, plus la déformation sera importante et plus nous nous éloignerons de la réalité.

Je näher sich der dritte Fluchtpunkt am Horizont befindet, desto größer ist die Verzerrung und desto weniger wirklichkeitsgetreu ist das Ergebnis.

Hoe dichterbij het derde vluchtpunt zich bij de horizonlijn bevindt, hoe groter de vertekening is en hoe minder "reëel" het resultaat zal zijn.

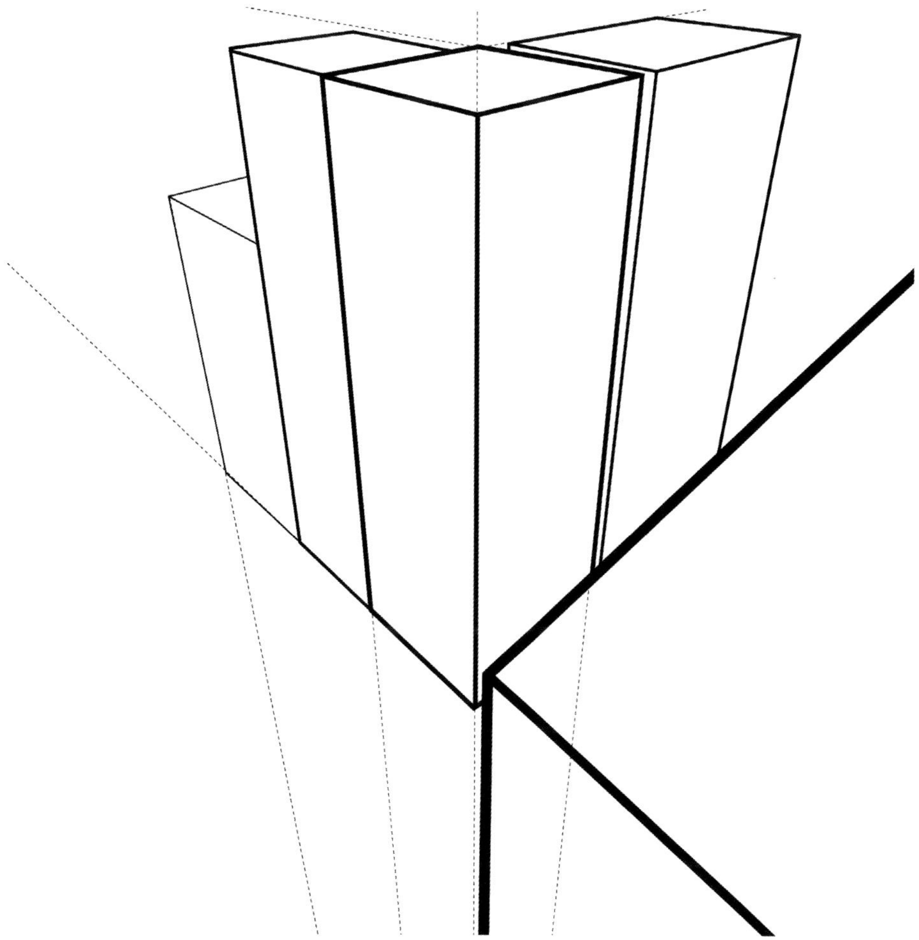

1 2 3 4 5

If the third vanishing point is below the horizon, we have a high angle view.

Si le troisième point de fuite se trouve sous la ligne d'horizon, nous obtenons un dessin en plongée.

Liegt der dritte Fluchtpunkt unterhalb der Horizontlinie, erhält man eine Ansicht aus der Vogelperspektive.

Als het derde verdwijnpunt zich onder de horizon bevindt, dan hebben we een vogelperspectief.

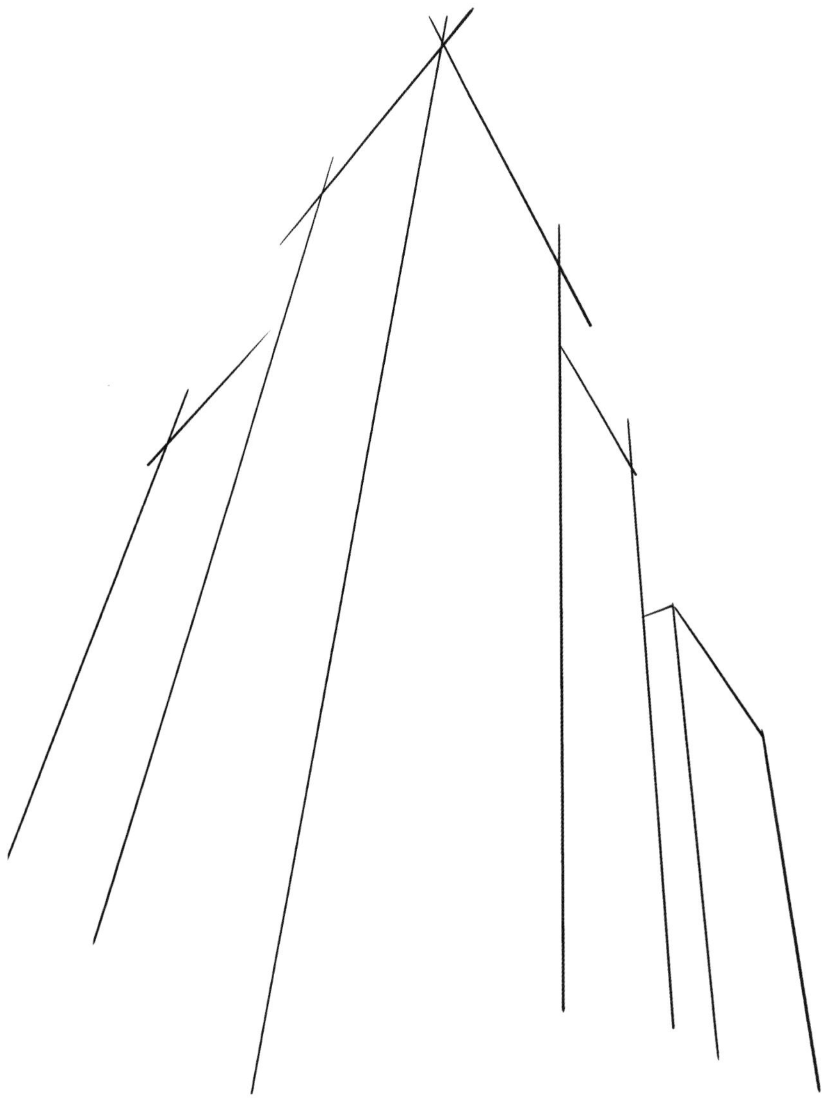

1 2 3 **4** 5

If the third vanishing point is above the horizon, we will have a low angle.

Si le troisième point de fuite se trouve au-dessus de la ligne d'horizon, nous obtenons un dessin en contre-plongée.

Liegt der dritte Fluchtpunkt über der Horizontlinie, erhält man eine Ansicht aus der Froschperspektive.

Als het derde verdwijnpunt zich boven de horizon bevindt, krijgen we een kikvorsperspectief.

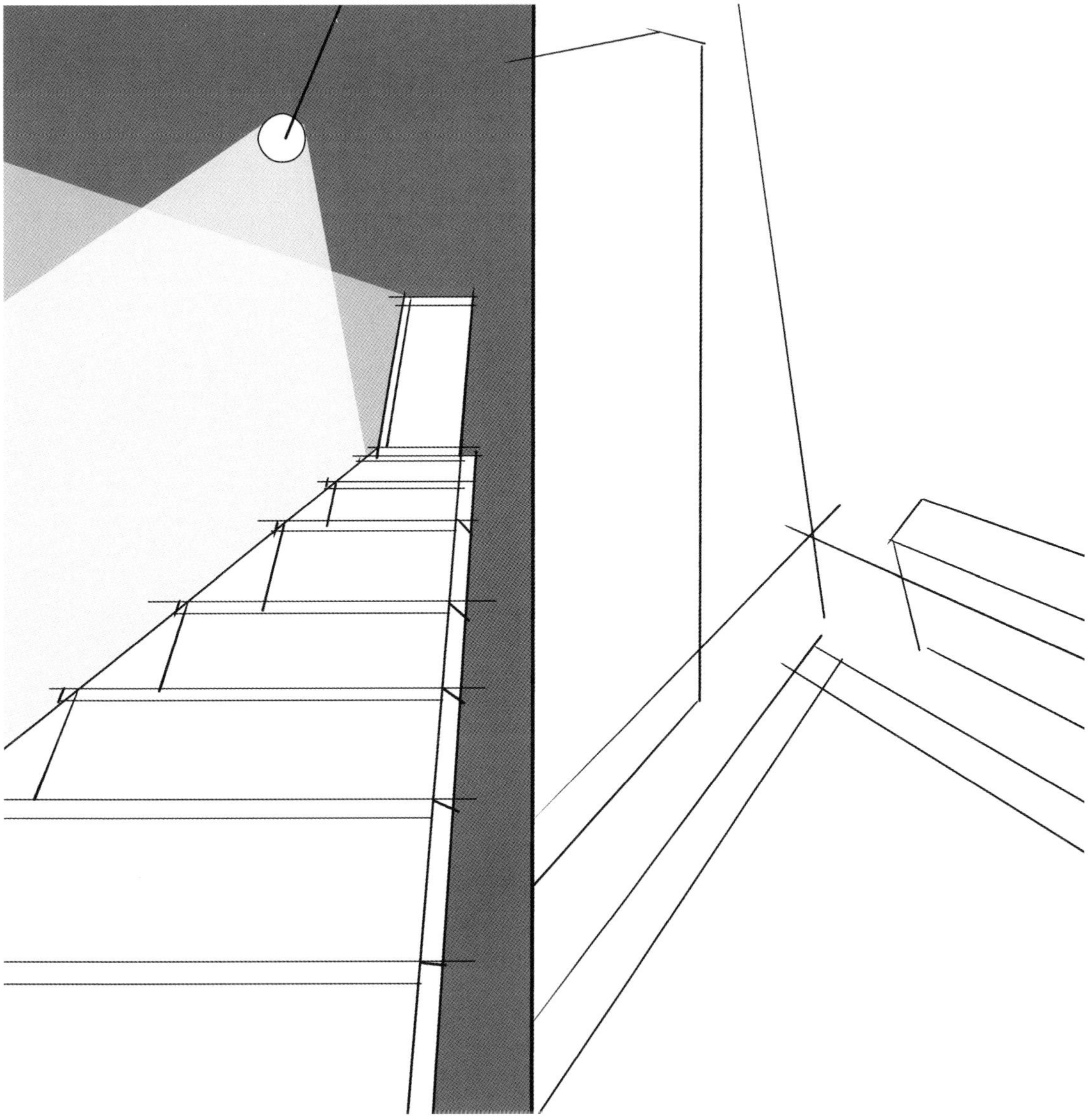

These vanishing points with greater distortion are normally used for unusual views and to provide a greater sense of drama.

Ces lignes de fuite sont davantage déformées et s'utilisent généralement pour des points de vue peu habituels afin d'obtenir une plus grande théâtralité.

Sehr verzerrte Fluchtlinien werden verwendet, um übertrieben wirkende Blickwinkel zu erzielen und um einer Abbildung mehr Dramatik zu verleihen.

Deze verdwijnpunten met een grotere vertekening worden meestal gebruikt voor weinig gebruikelijke gezichtspunten en om een theatraler karakter aan de tekening te geven.

– Table and chair
– Urban view at street level
– Aerial urban view

– Table et chaise
– Vue urbaine au niveau de la rue
– Vue urbaine aérienne

– Tisch und Stuhl
– Stadtansicht auf Höhe der Straße
– Stadtansicht aus der Luft

– Tafel en stoel
– Stadszicht vanaf de straat
– Stadszicht vanuit de lucht

Exercises with one-point perspective

Exercices avec un point de fuite

Übungen mit einem Fluchtpunkt

Oefeningen met een verdwijnpunt

Table and chair
Table et chaise
Tisch und Stuhl
Tafel en stoel

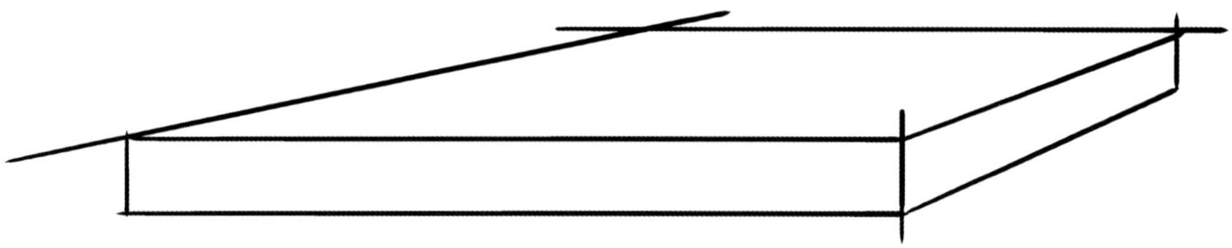

We begin our practical applications of vanishing points by using a single point to create a table from a "box."

Nous allons maintenant aborder les applications pratiques sur les fuites en utilisant un seul point pour dessiner une table à partir d'une « boîte ».

Wir beginnen die praktischen Übungen zum Thema Perspektiven mit einem Fluchtpunkt mit der Abbildung eines Tischs, der ausgehend von einem Quader gezeichnet wird.

We beginnen de praktische toepassingen van de verdwijnpunten door één punt te gebruiken voor het creëren van een tafel. Daarbij gaan we uit van een "doos".

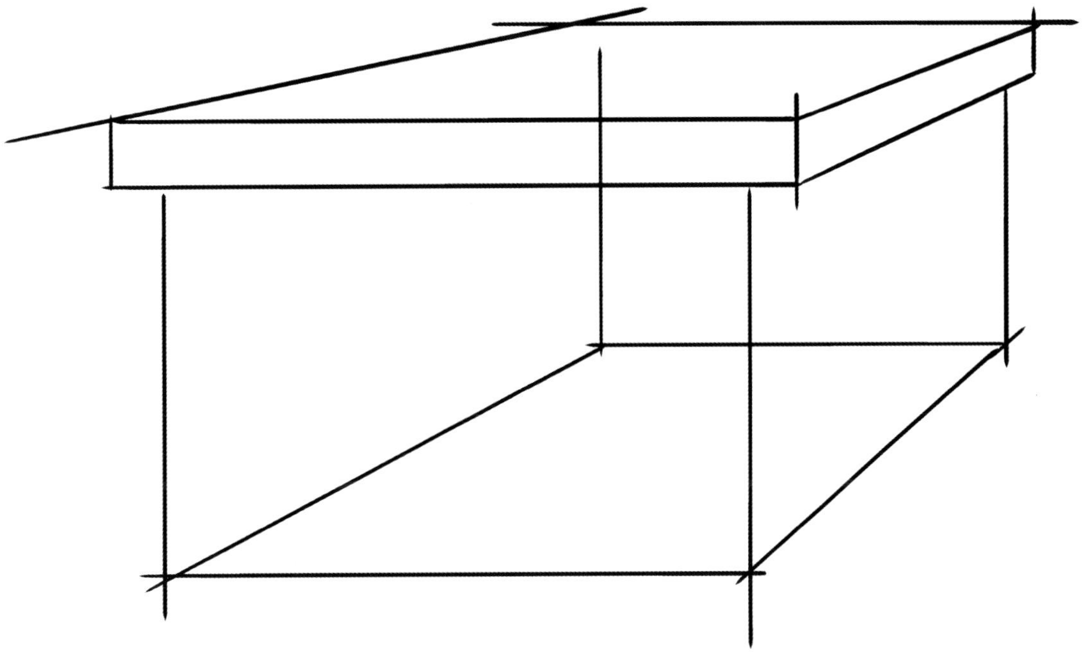

1 2 3 4 5 6 7 8 9

Beneath we draw another larger box.

Nous dessinons une nouvelle boîte plus grande sous la première.

Fügen Sie unter dem ersten, flachen Quader einen weiteren, höheren Quader hinzu.

Hieronder wordt een andere, grotere doos getekend.

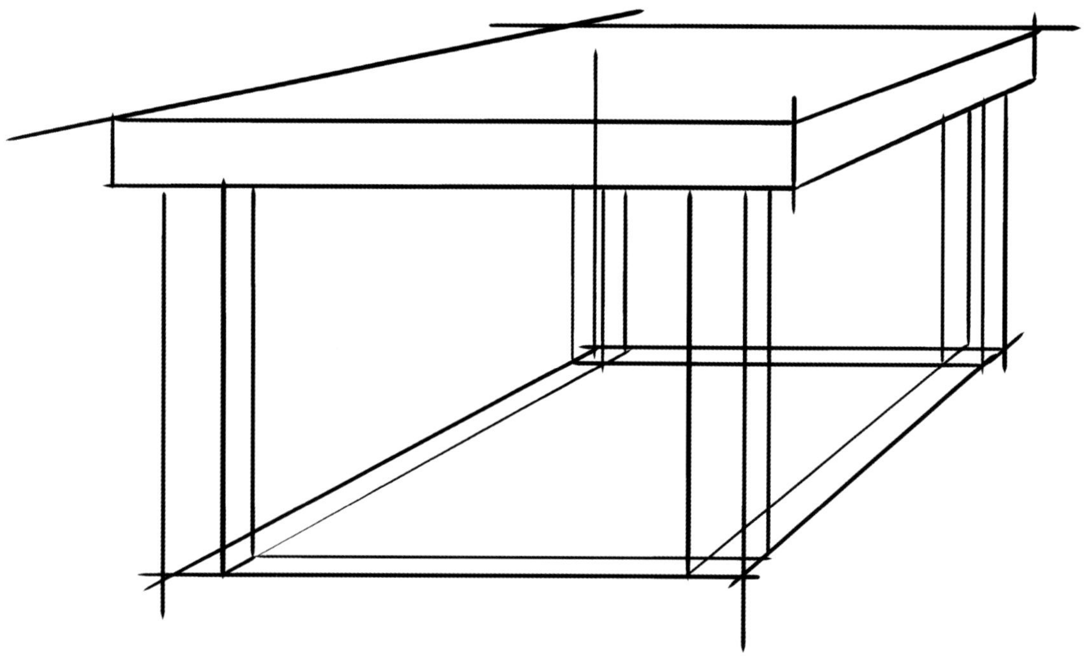

1 **2** 3 4 5 6 7 8 9

We begin to give shape to the figure, by defining the form of the legs.

Nous commençons à ébaucher la figure en délimitant la forme des pieds.

Nun nimmt die Figur durch Einzeichnen der Tischbeine allmählich Form an.

Begin de figuur vorm te geven en baken de vorm van de tafelpoten af.

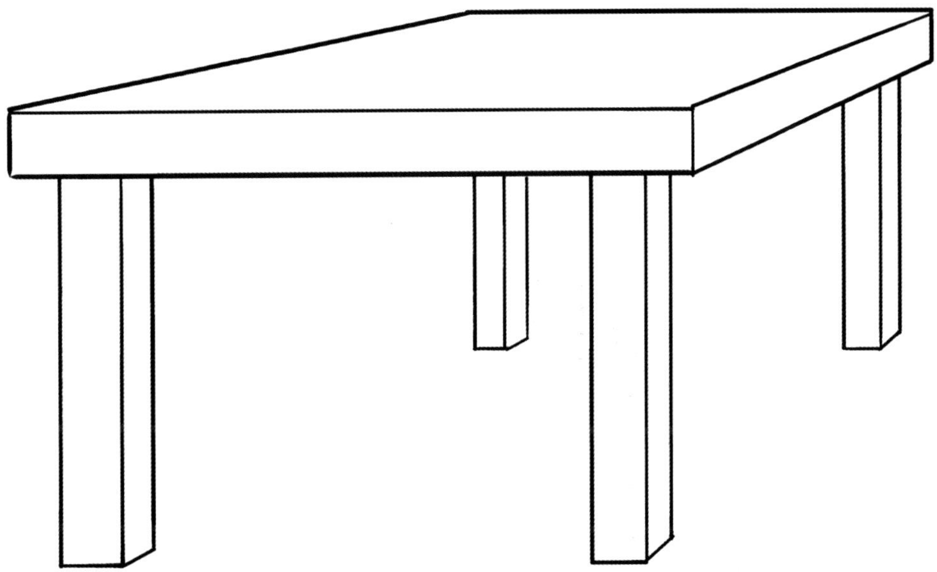

1 2 **3** 4 5 6 7 8 9

Any unnecessary lines are removed from the drawing, giving us our table.

Nous éliminons les lignes inutiles du dessin pour obtenir la table.

Durch Entfernen der überzähligen Striche wird der Tisch sichtbar.

Wis de onnodige lijnen van de tekening. Zo krijg je een tafel.

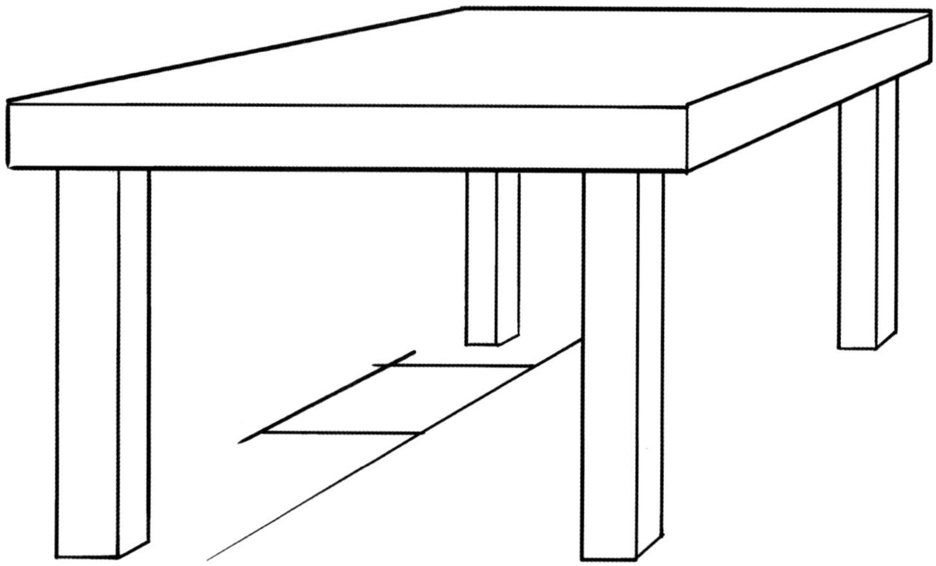

We add a new plane at the same level as the “floor”.

Nous ajoutons un nouveau plan au même niveau que le « sol ».

Fügen Sie jetzt auf „Bodenhöhe“ eine neue Ebene hinzu.

Voeg een nieuw vlak op dezelfde hoogte als de “grond” toe.

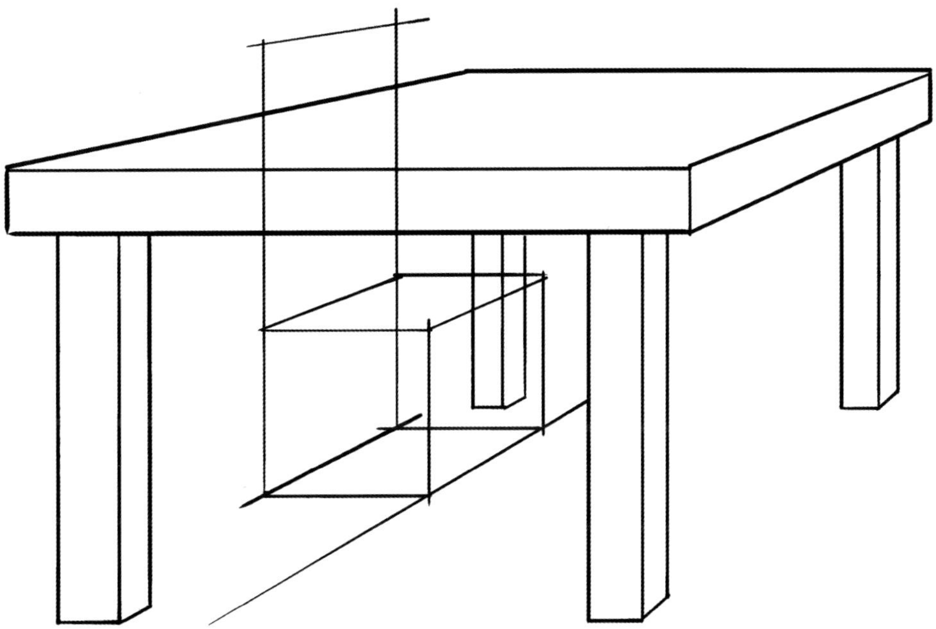

1 2 3 4 **5** 6 7 8 9

From this plane we start to draw a chair under the table.

À partir de ce plan, nous commençons à ébaucher une chaise sous la table.

Über dieser Fläche wird der Stuhl gezeichnet, der unter dem Tisch steht.

Begin vanaf dit vlak vorm te geven aan een stoel onder de tafel.

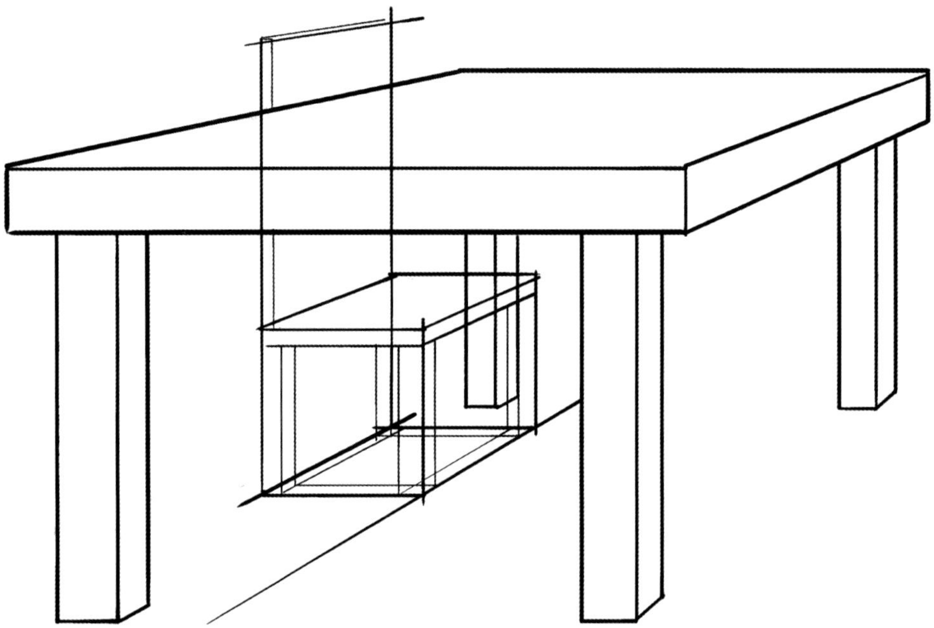

1 2 3 4 5 6 7 8 9

We define the legs.

Nous définissons les pieds.

Zeichnen Sie die Stuhlbeine ein.

Teken de stoelpoten.

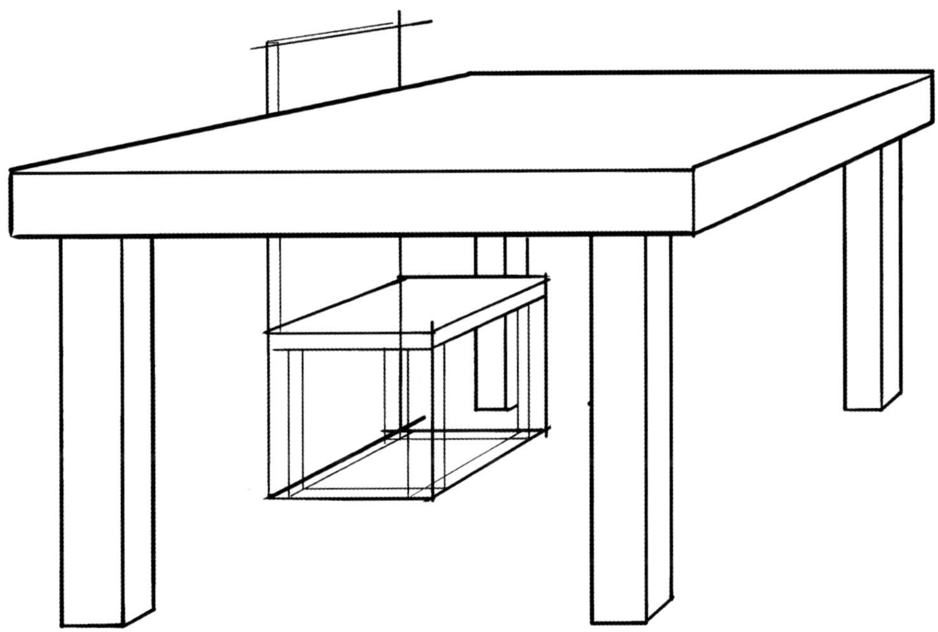

1 2 3 4 5 6 **7** 8 9

We remove the sections of the table that are hidden by the chair.

Nous éliminons les parties de la table cachées par la chaise.

Entfernen Sie die Linien aus den Bereichen des Tischs, die Teile des Stuhls verdecken.

Wis de delen van de tafel die door de stoel worden verhuld.

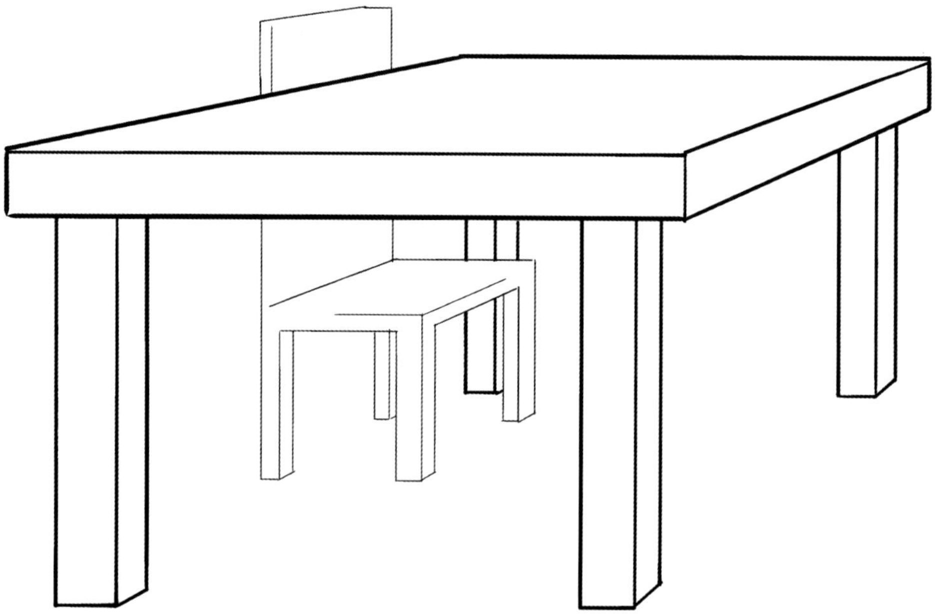

1 2 3 4 5 6 7 **8** 9

We erase any excess lines
from the chair.

Nous éliminons les lignes
en trop de la chaise.

Entfernen Sie überzählige
Striche aus der Stuhlzeichnung.

Wis de overbodige lijnen
van de stoel.

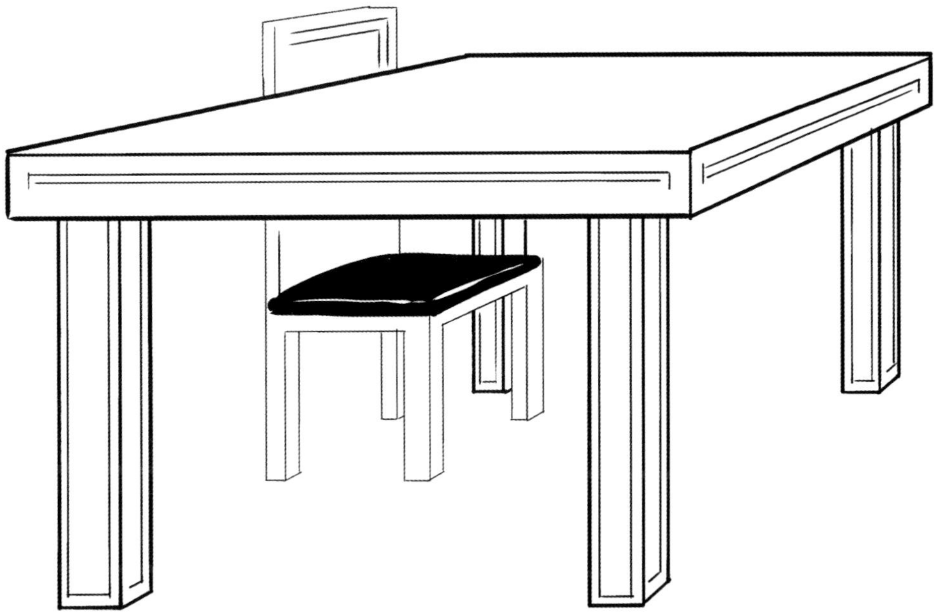

1 2 3 4 5 6 7 8 **9**

We add details and now we have a simple scene, created from a single vanishing point.

Nous ajoutons des détails et obtenons ainsi un décor simple, en utilisant un seul point de fuite.

Durch Hinzufügen einiger Details ergibt sich bereits eine einfache Szene – ausgehend von nur einem Fluchtpunkt.

Voeg details toe en klaar ben je met dit eenvoudige tafereel op basis van één verdwijnpunt.

Urban view at street level
Vue urbaine au niveau de la rue
Stadtansicht auf Höhe der Straße
Stadszicht vanaf de straat

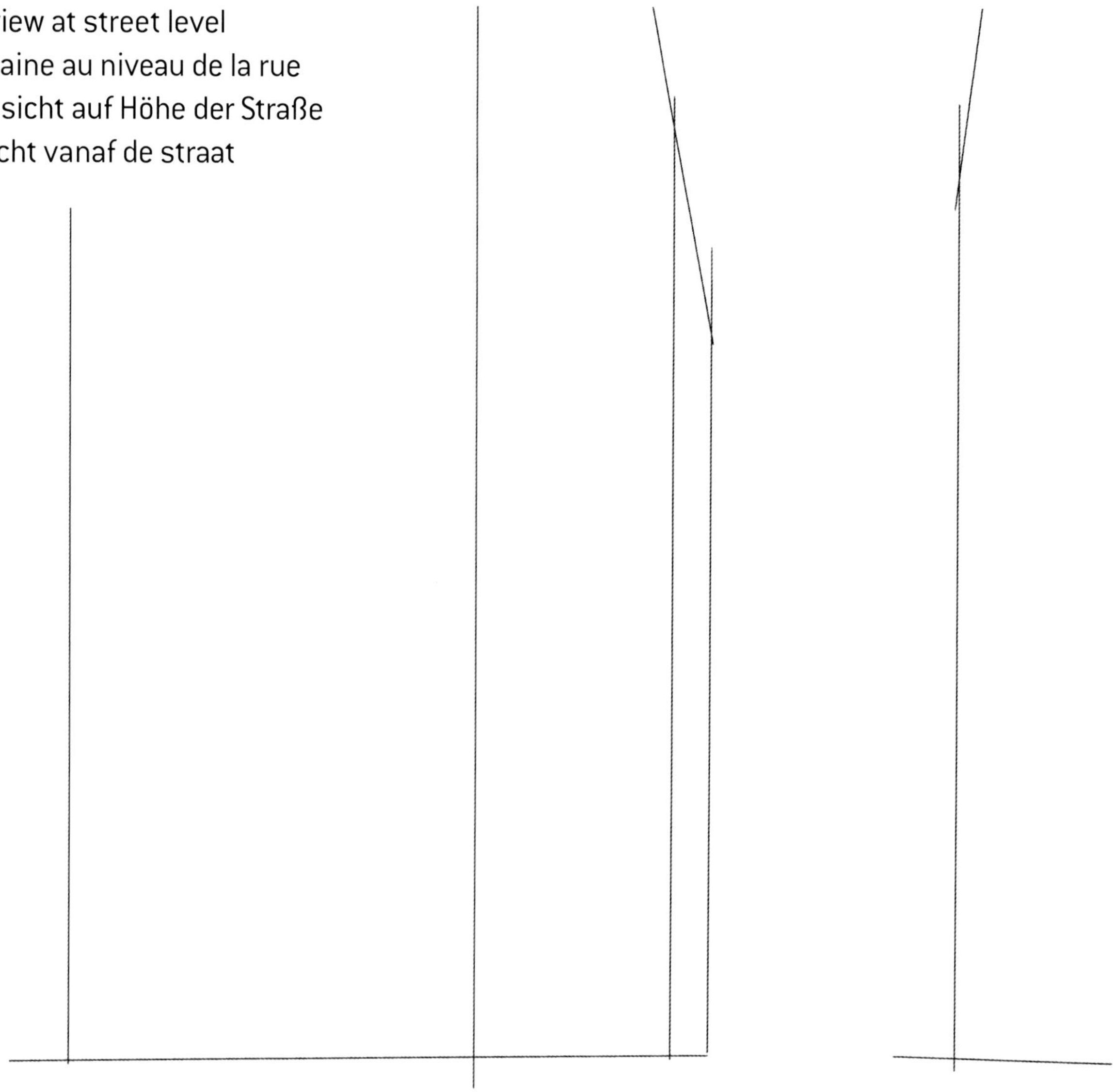

We are going to create an urban scene with a single vanishing point at street level.

Nous allons à présent créer un décor urbain avec un seul point de fuite, au niveau de la rue.

Wir zeichnen nun eine Stadtansicht mit einem Fluchtpunkt, in der sich der Betrachter auf Höhe der Straße befindet.

We gaan een stadstafereel creëren met één verdwijnpunt, gezien vanaf de straat.

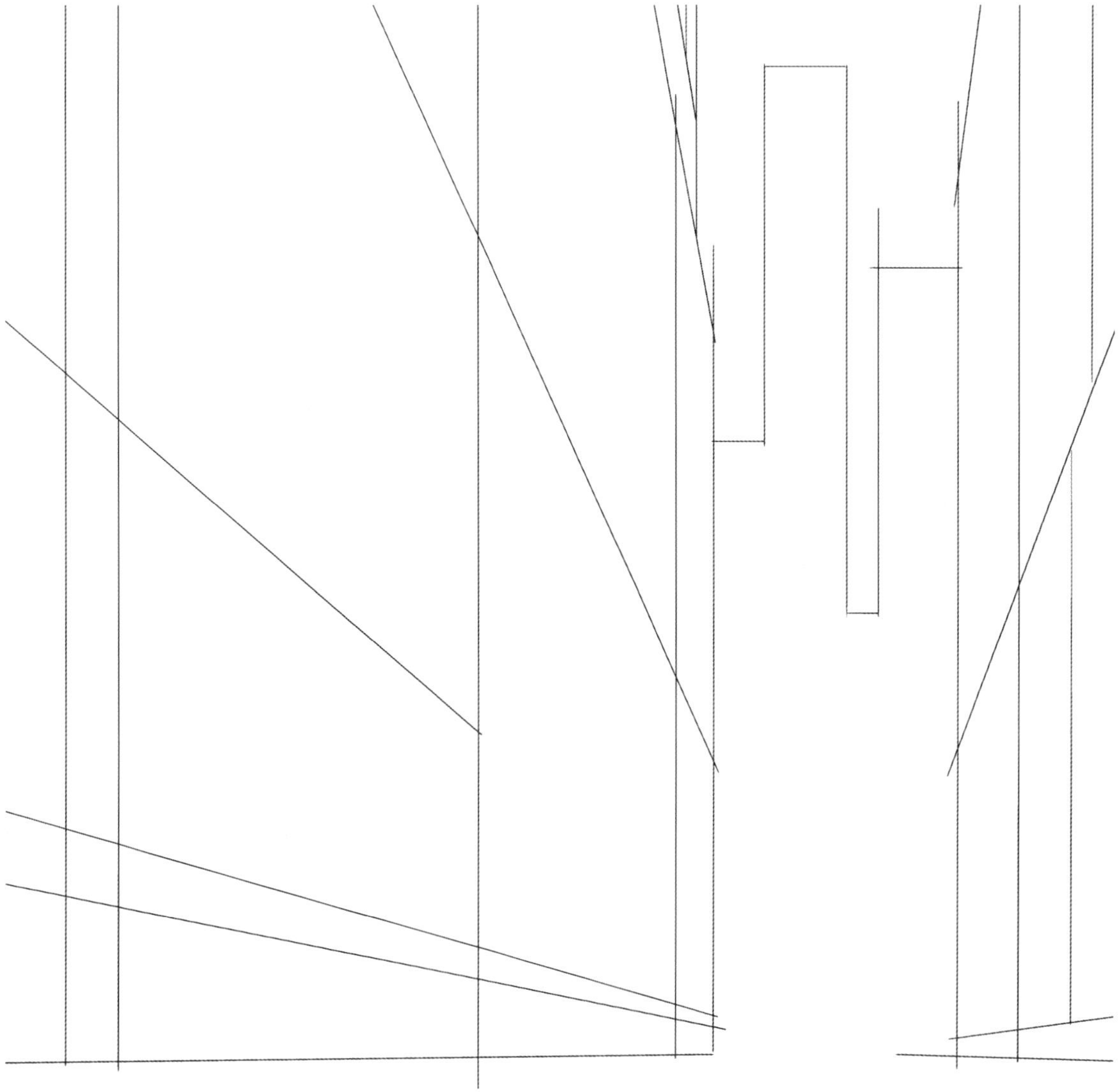

1 2 3 4 5 6 7 8 9

We define the basic shape of the buildings with just a few lines.

Nous ébauchons la forme des bâtiments avec quelques lignes.

Legen Sie mit wenigen Strichen die Grundformen der Gebäude fest.

Teken de basisvorm van de gebouwen met een paar lijntjes.

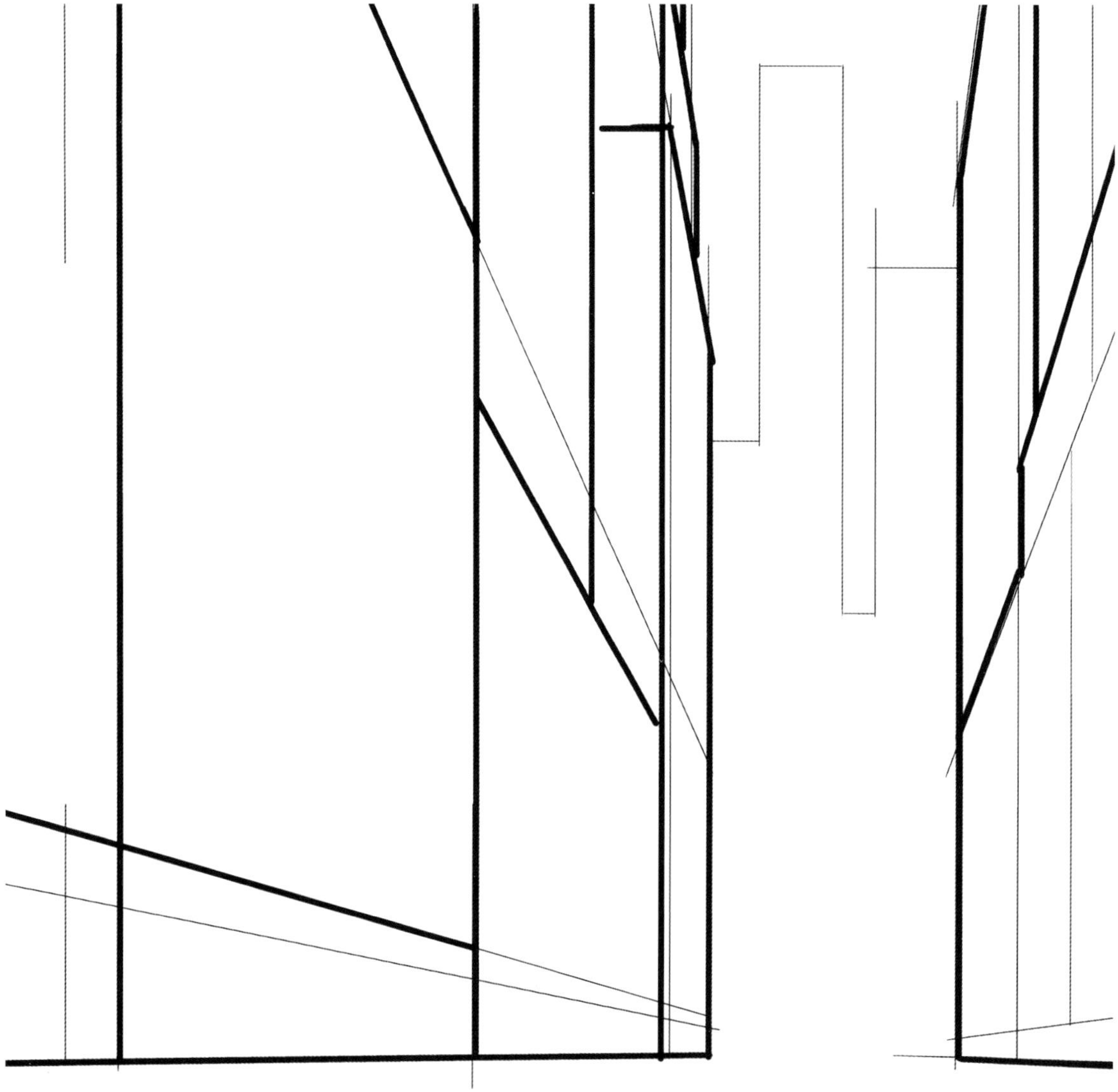

1 2 3 4 5 6 7 8 9

We can go over the main lines to make them a bit thicker.

Nous pouvons faire ressortir les lignes principales avec un trait plus gros.

Die wichtigsten Linien können durch eine dickere Strichführung betont werden.

De hoofdlijnen kunnen dikker worden getekend zodat ze beter uitkomen.

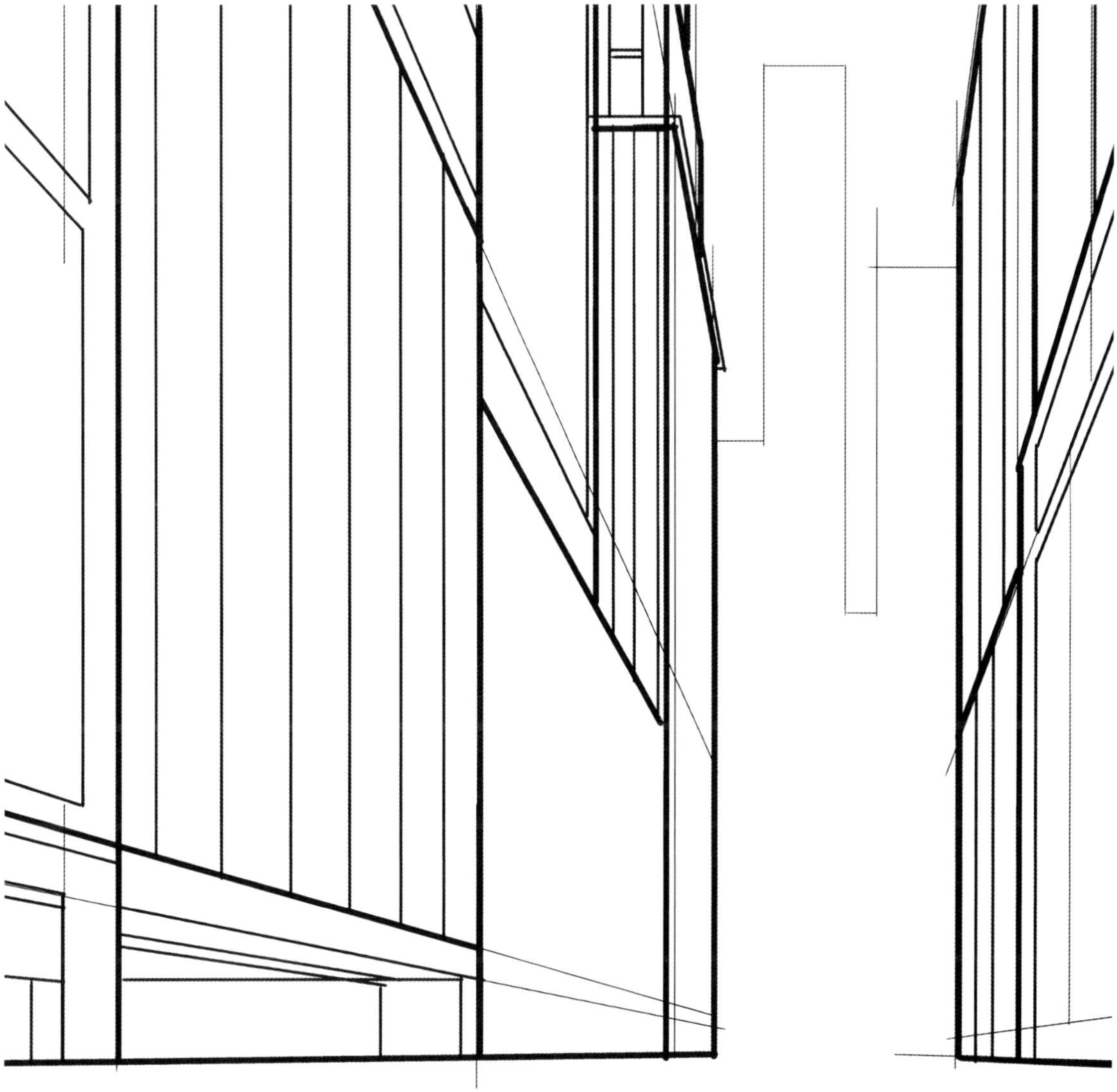

1 2 **3** 4 5 6 7 8 9

We start to pick out the details and make the buildings stand out from one another.

Nous commençons à ajouter des détails et à différencier les bâtiments entre eux.

Fügen Sie erste Details hinzu, um die einzelnen Gebäude voneinander abzugrenzen.

Begin de details te definiëren en de gebouwen van elkaar te onderscheiden.

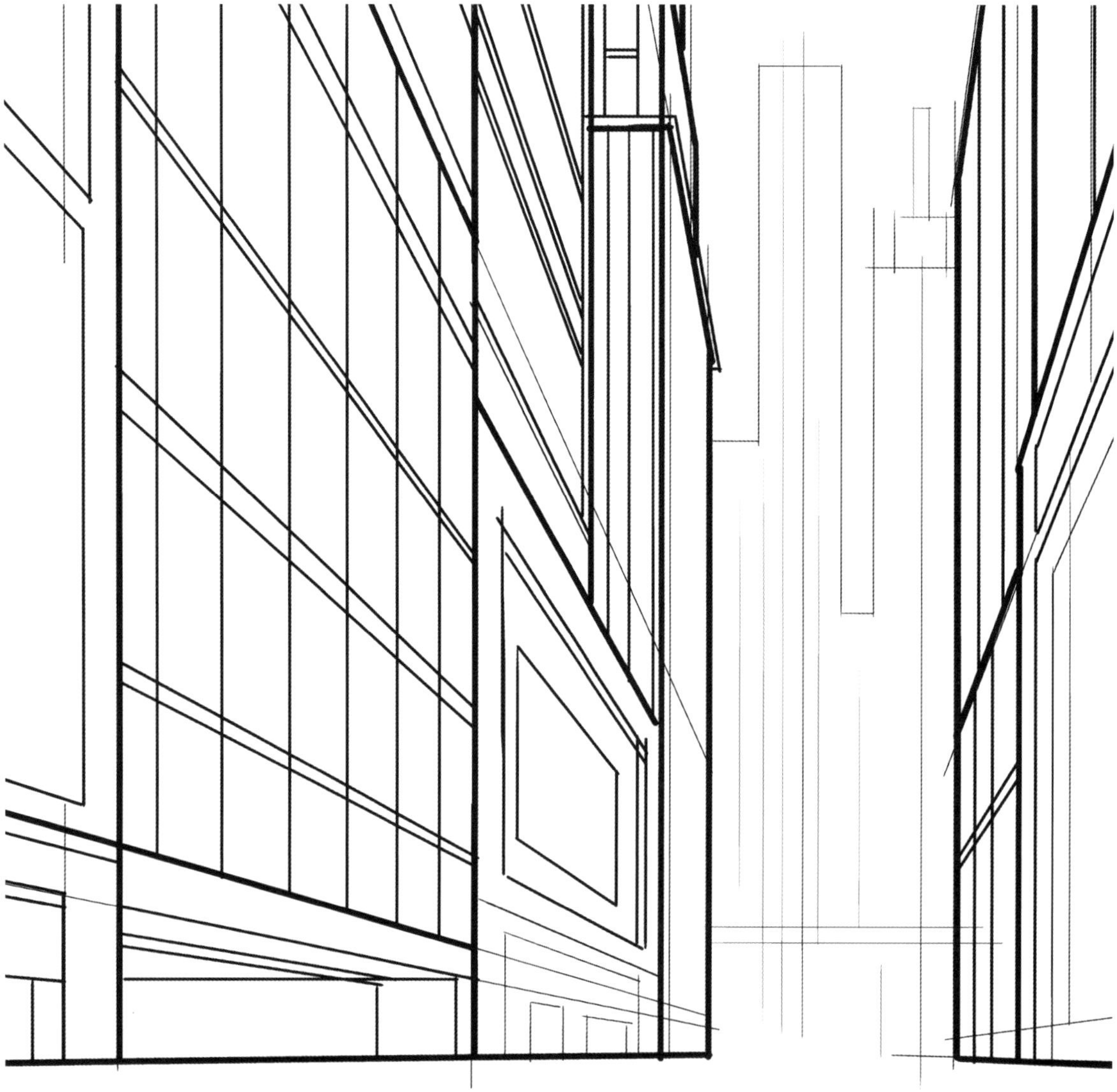

1 2 3 **4** 5 6 7 8 9

We increase the level of detail and sketch out the basic shape of each façade.

Nous détaillons davantage et ébauchons la forme générale de chaque façade.

Führen Sie die Details auf Straßenhöhe genauer aus und skizzieren Sie die einzelnen Fassaden.

Verhoog het detailniveau en schets de algemene vorm van elke gevel.

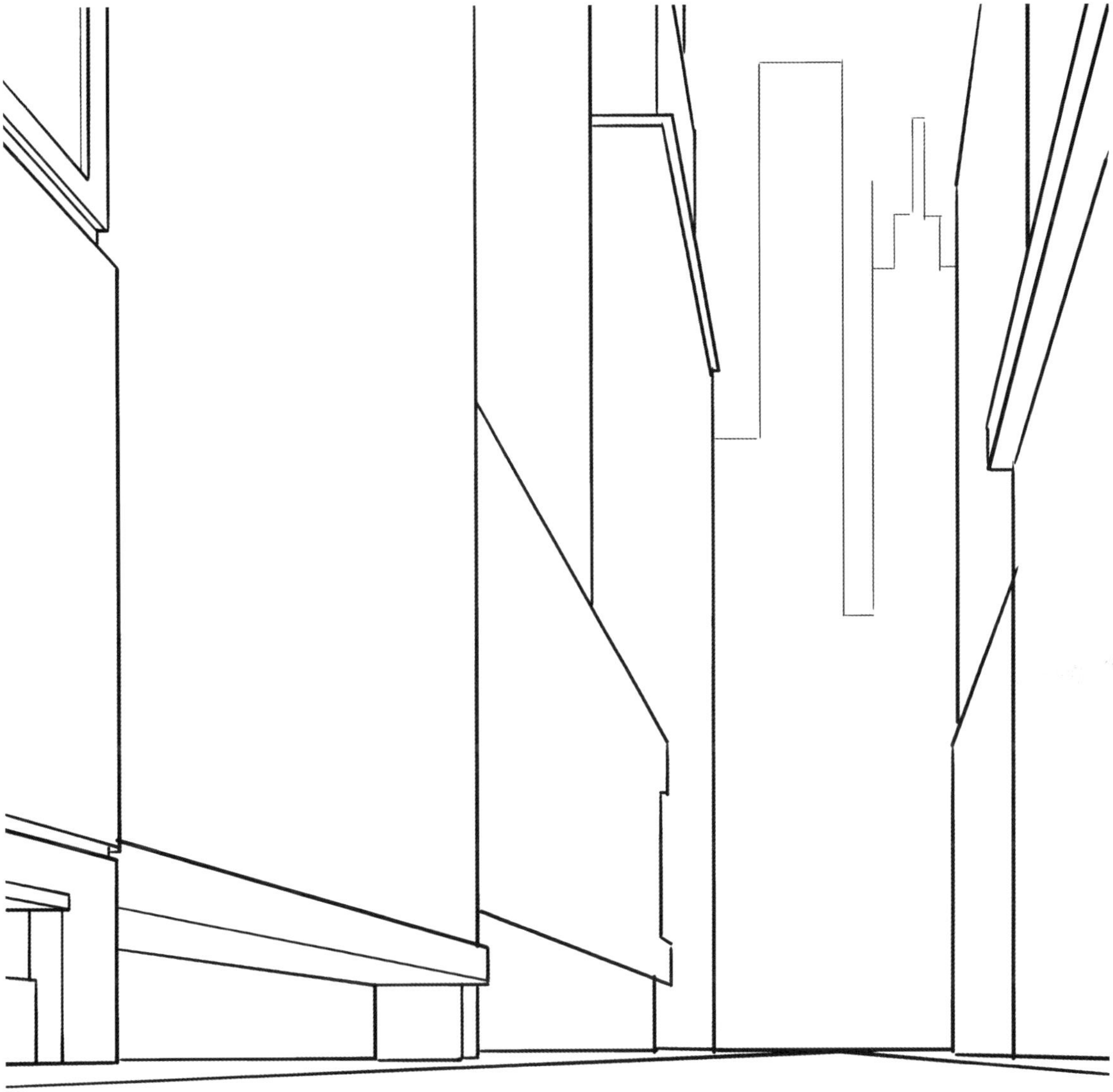

1 2 3 4 **5** 6 7 8 9

Next we remove any unnecessary lines from the drawing.

Nous éliminons les lignes en trop sur le dessin.

Entfernen Sie überzählige Linien aus der Zeichnung.

Wis de onnodige lijnen van de tekening.

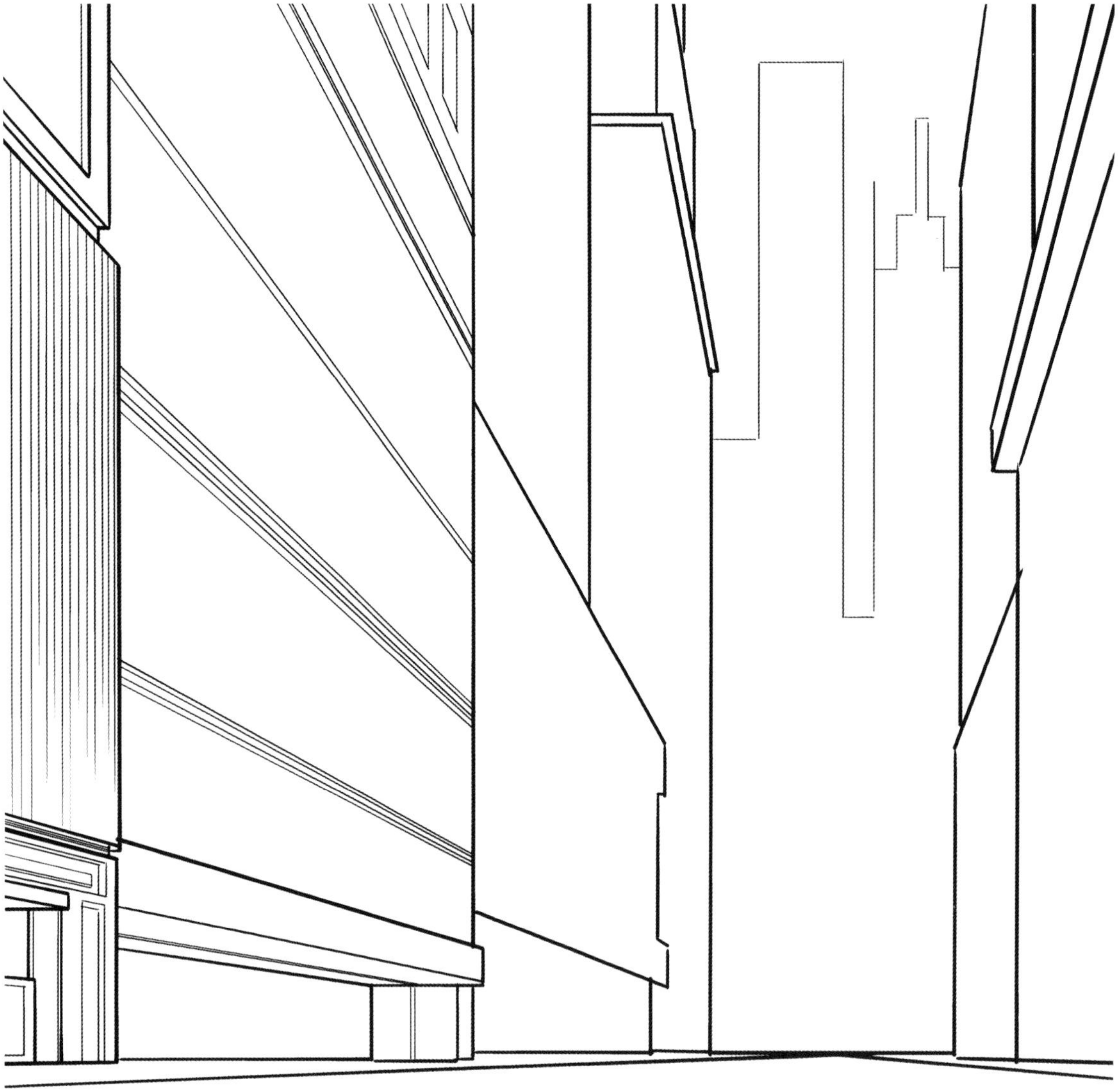

1 2 3 4 5 6 7 8 9

The horizontal vanishing lines give the scene extra depth.

Les lignes de fuite horizontales apportent de la profondeur au décor.

Horizontale Linien zum Fluchtpunkt verleihen der Abbildung mehr Tiefe.

De verdwijnende, horizontale lijnen geven het tafereel diepte.

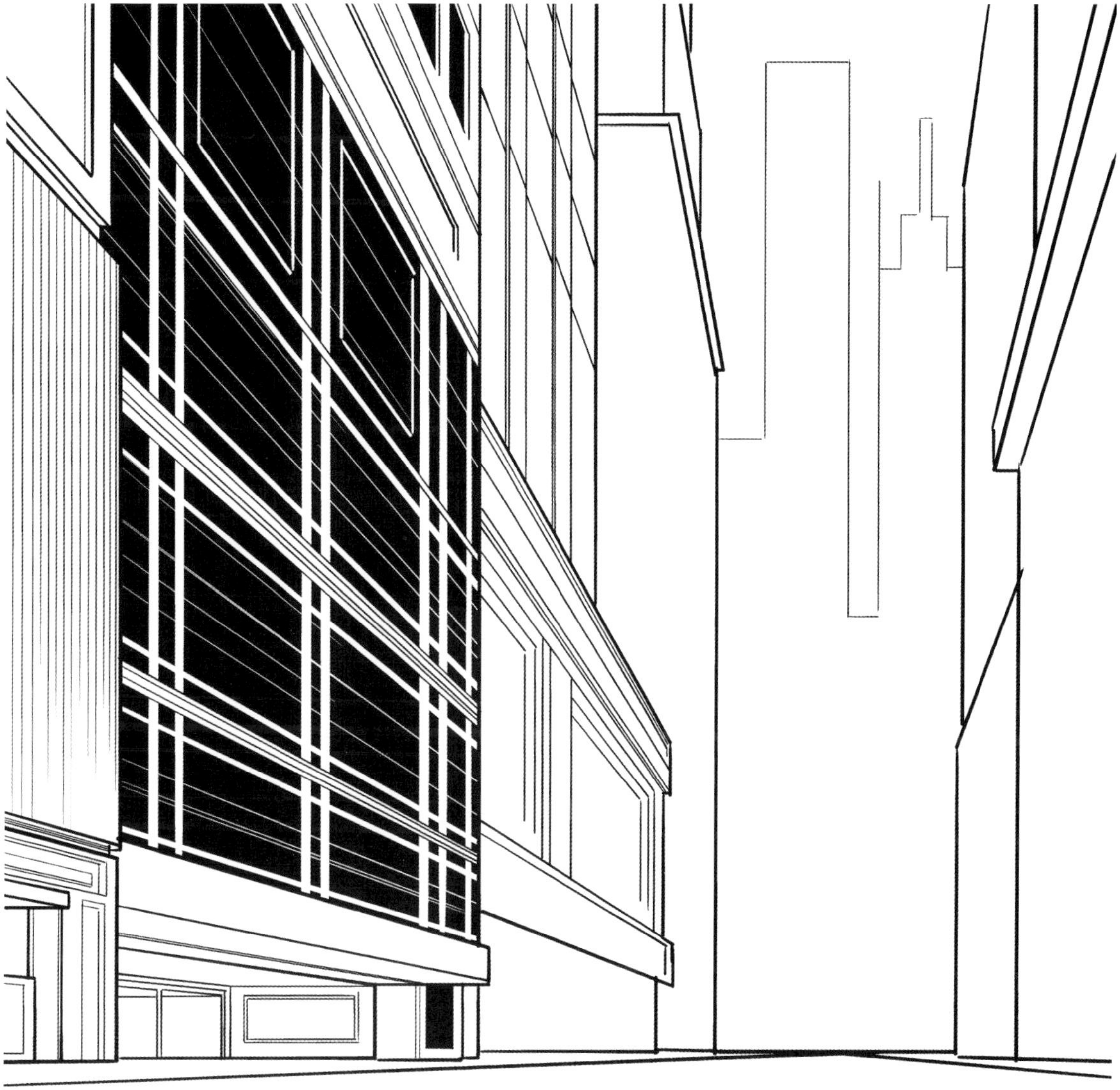

1 2 3 4 5 6 **7** 8 9

The verticals give it a sense of height.

Les verticales donnent une sensation de hauteur.

Vertikale Linien lassen die Gebäude höher wirken.

De verticale lijnen geven een gevoel van hoogte.

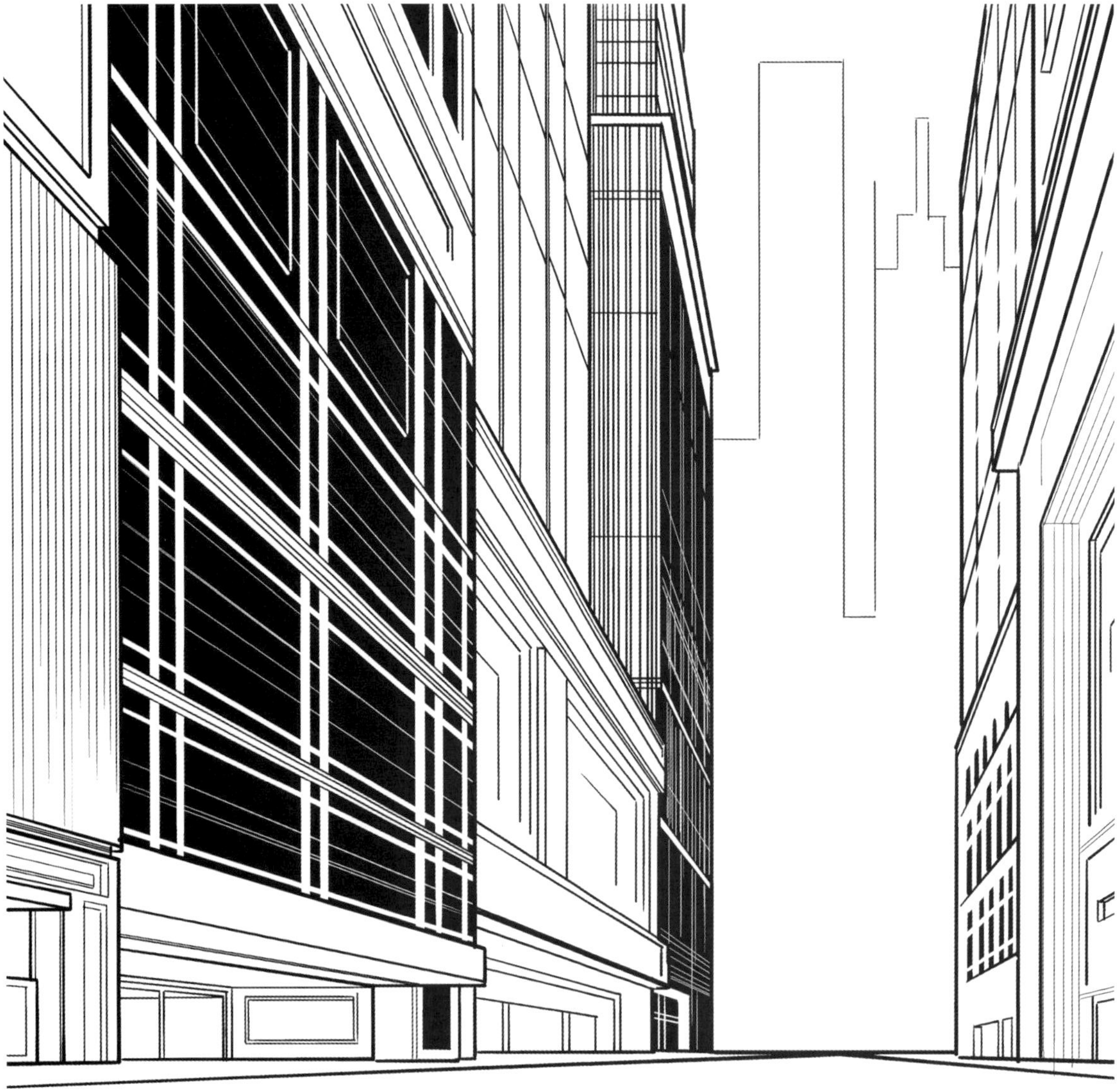

1 2 3 4 5 6 7 **8** 9

It is important to remember that the closer the object is to the viewer, the greater the level of detail will need to be.

Il est important que les éléments plus proches du spectateur soient davantage détaillés.

Es ist darauf zu achten, dass der Detailgrad umso höher sein muss, je näher die gezeichneten Elemente dem Betrachter sind.

Het is belangrijk dat het detailniveau hoger is naarmate het voorwerp zich dichterbij de kijker bevindt.

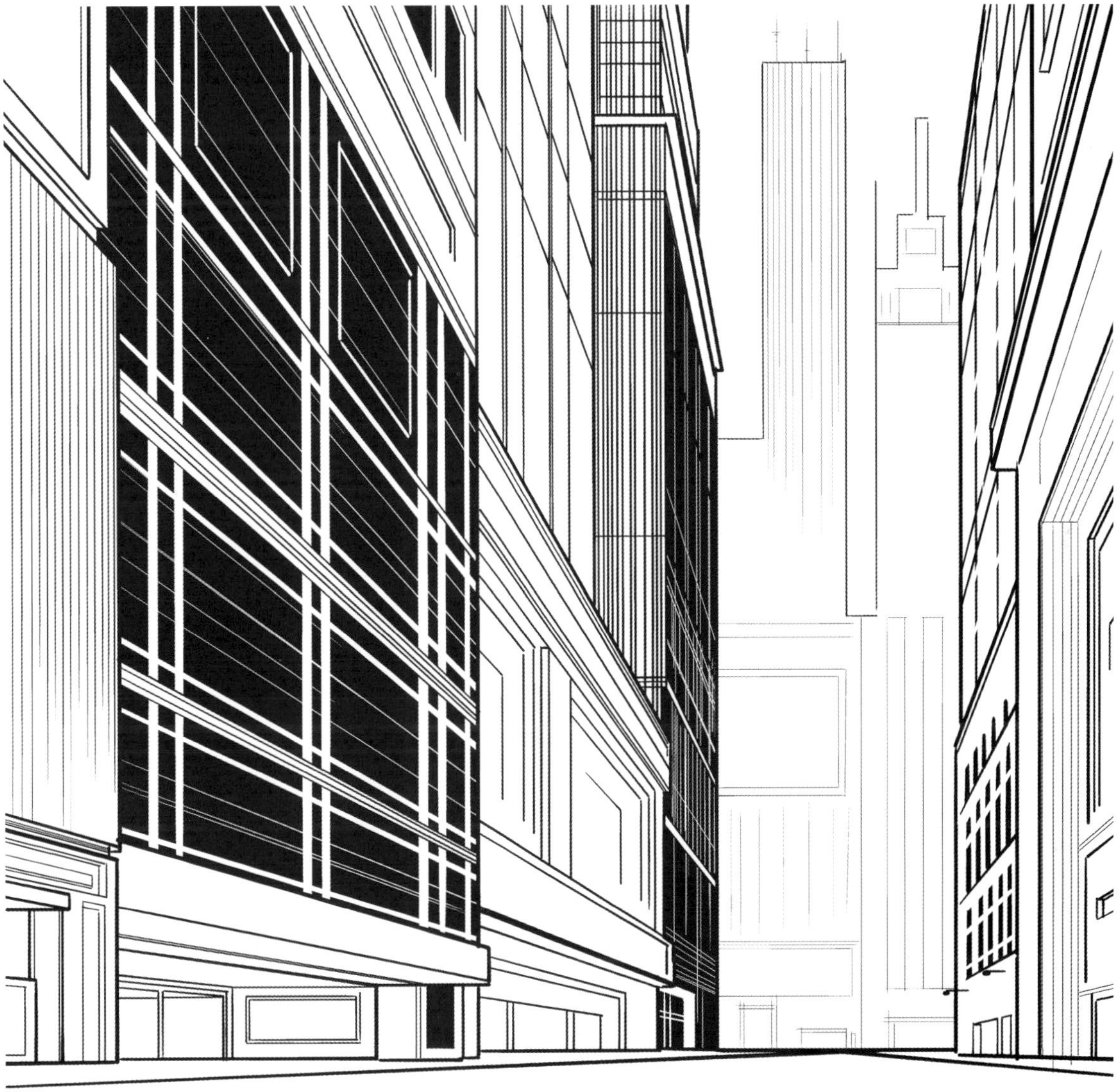

1 2 3 4 5 6 7 8 9

Just a few lines are needed to define the buildings in the background to simulate distance.

Les bâtiments du fond ne sont définis que par quelques lignes pour simuler la distance.

Die Gebäude im Hintergrund werden mit wenigen Strichen dargestellt, um den großen Abstand zum Betrachter auszudrücken.

Slechts een paar lijntjes definiëren de gebouwen op de achtergrond. Hierdoor wordt afstand gesimuleerd.

Aerial urban view
Vue urbaine aérienne
Stadtansicht aus der Luft
Stadszicht vanuit de lucht

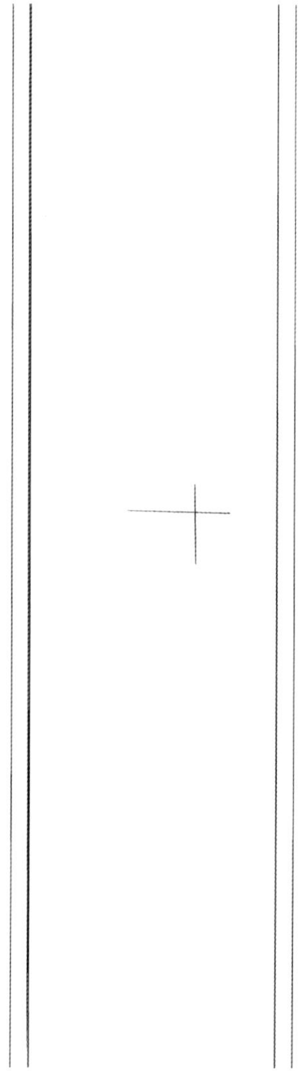

We draw some parallel lines to give the idea of a bird's eyeview of a street.

Nous traçons des lignes parallèles pour définir la vue d'une rue à vol d'oiseau.

Zeichnen Sie zwei parallele Linien, die eine Straße von oben betrachtet darstellen sollen.

Trek evenwijdige lijnen om een straat in vogelvlucht te tekenen.

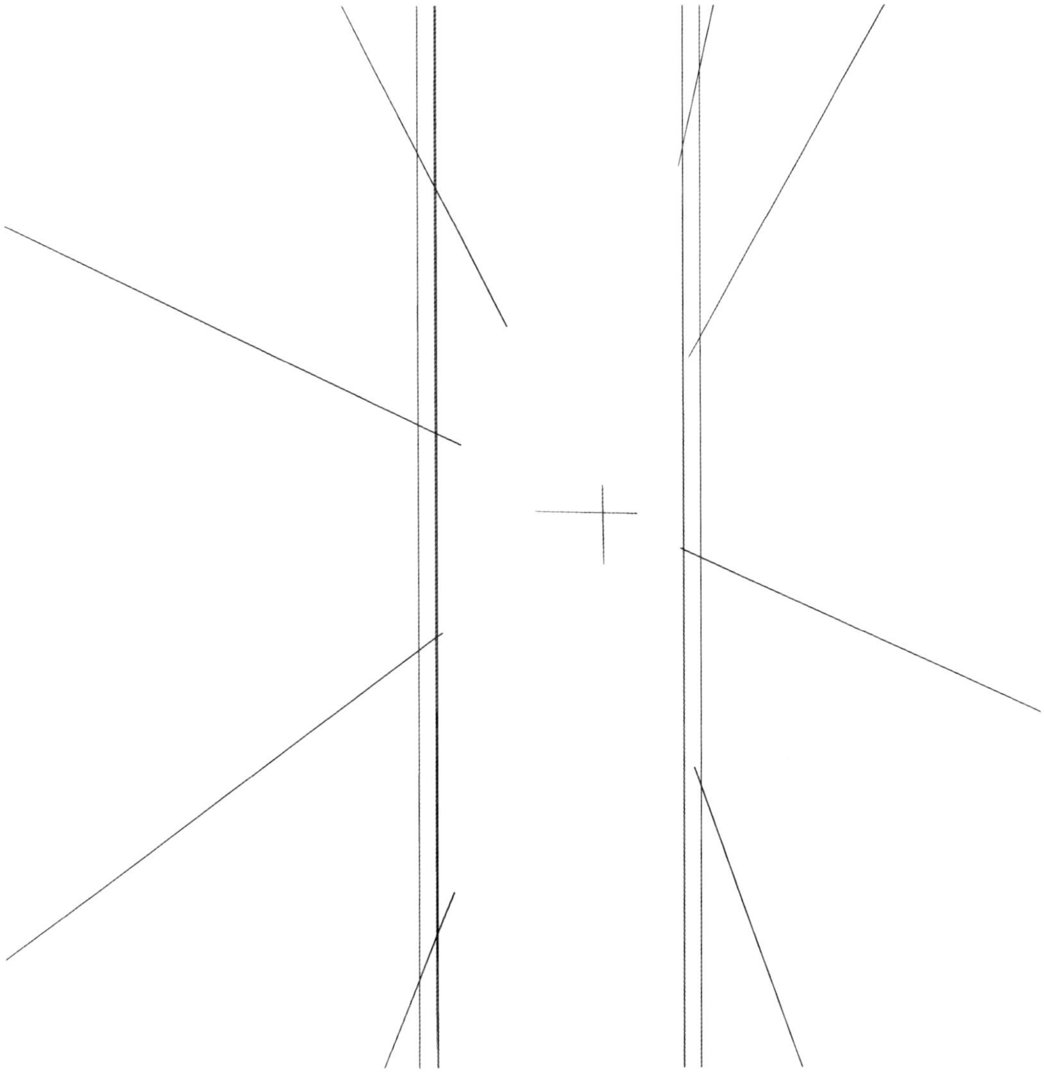

Once the vanishing point has been established, we draw in the guidelines for the buildings.

Un fois le point de fuite placé, nous traçons les lignes pour les bâtiments.

Nach Festlegung des Fluchtpunkts werden Hilfslinien für die Gebäude eingezeichnet.

Als het verdwijnpunt is bepaald, worden de richtlijnen voor de gebouwen getekend.

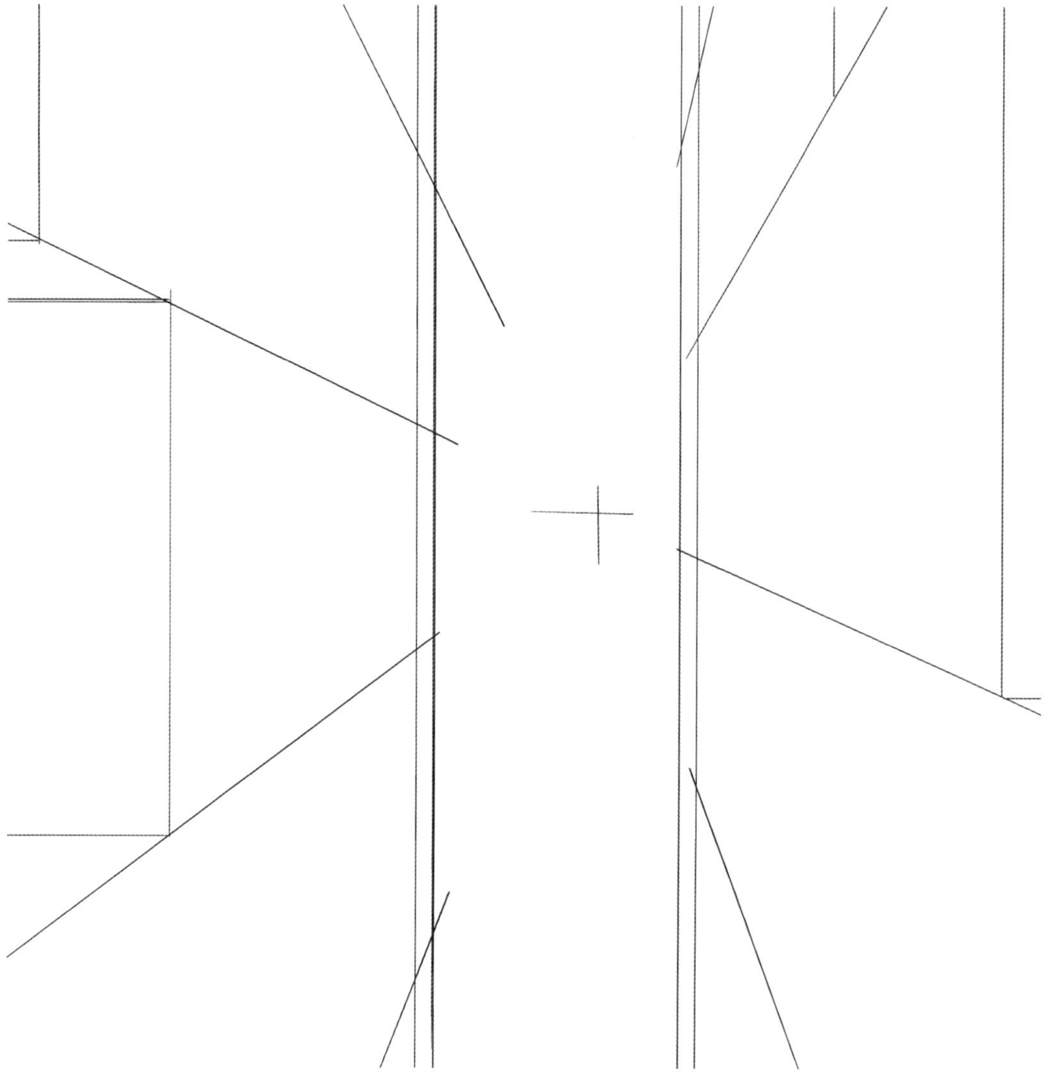

1 2 3 4 5 6 7

We begin to differentiate between their shapes with respect to height and size.

Nous commençons à différencier les formes suivant leur hauteur et leur taille.

Nun werden Höhe und Breite der einzelnen Gebäude festgelegt.

Begin de vormen in hoogte en grootte te onderscheiden.

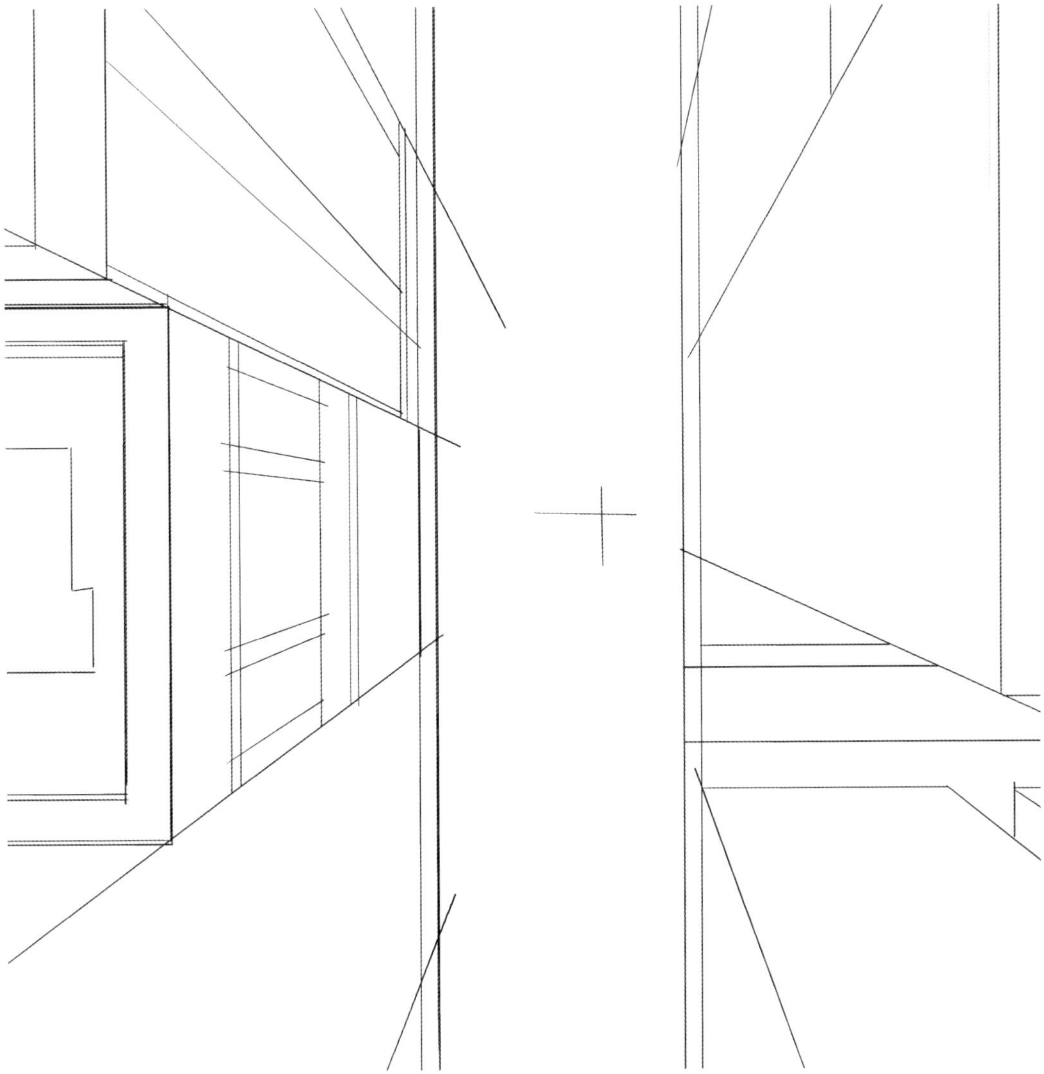

1 2 **3** 4 5 6 7

We define the details on the façades and rooftops.

Nous détaillons les éléments des façades et des terrasses.

Zeichnen Sie anschließend Details an Fassaden und Dächern ein.

Teken de details van de gevels en de daken.

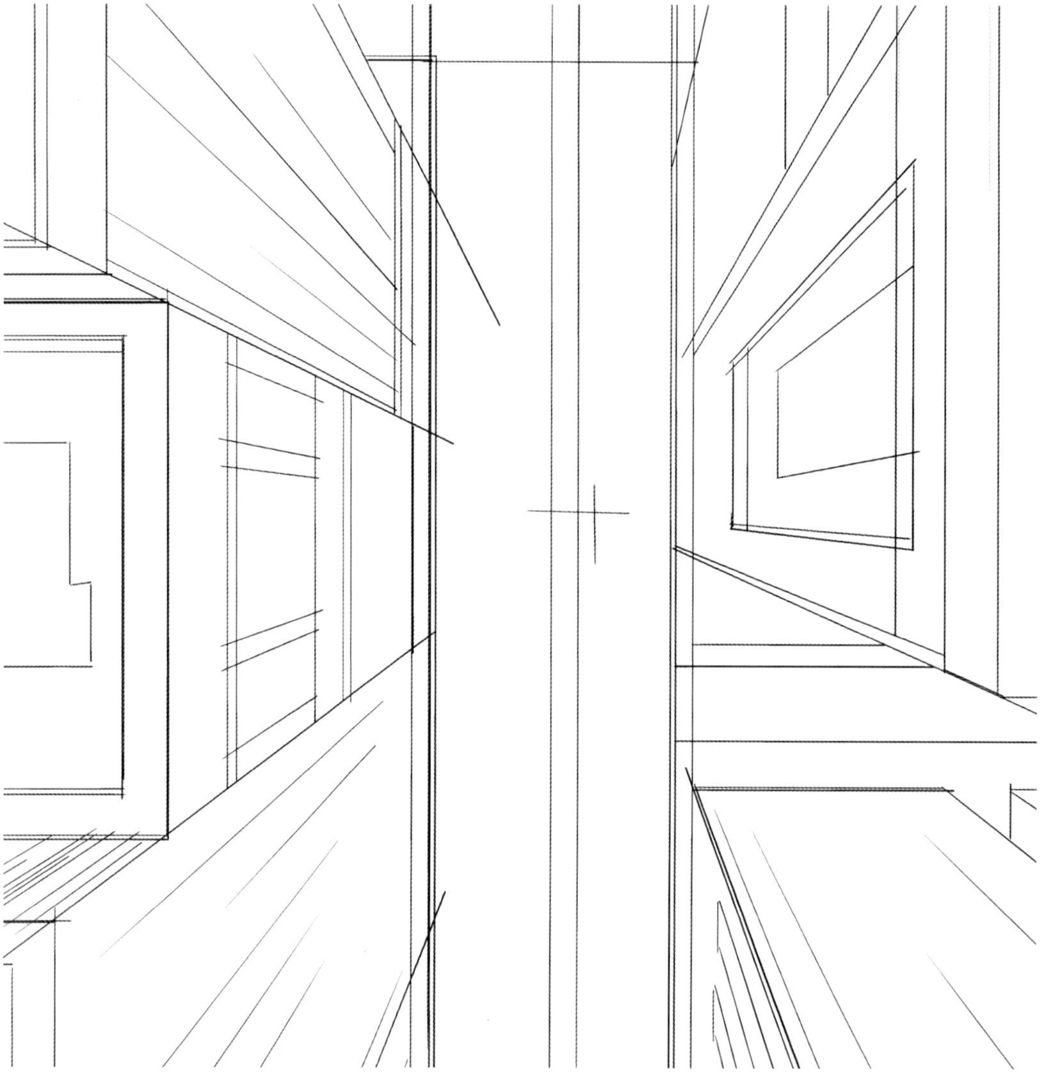

1 2 3 **4** 5 6 7

By using shapes and lines that vanish we can give a greater sense of height and depth.

En traçant les formes et les lignes vers le point de fuite, nous donnons une plus grande sensation de hauteur et de profondeur.

Durch Verwendung zahlreicher Fluchtlinien wird der Eindruck hoher Gebäude verstärkt und das Bild erhält mehr Tiefe.

Met behulp van vormen en vluchtlijnen wordt meer gevoel van hoogte en diepte verkregen.

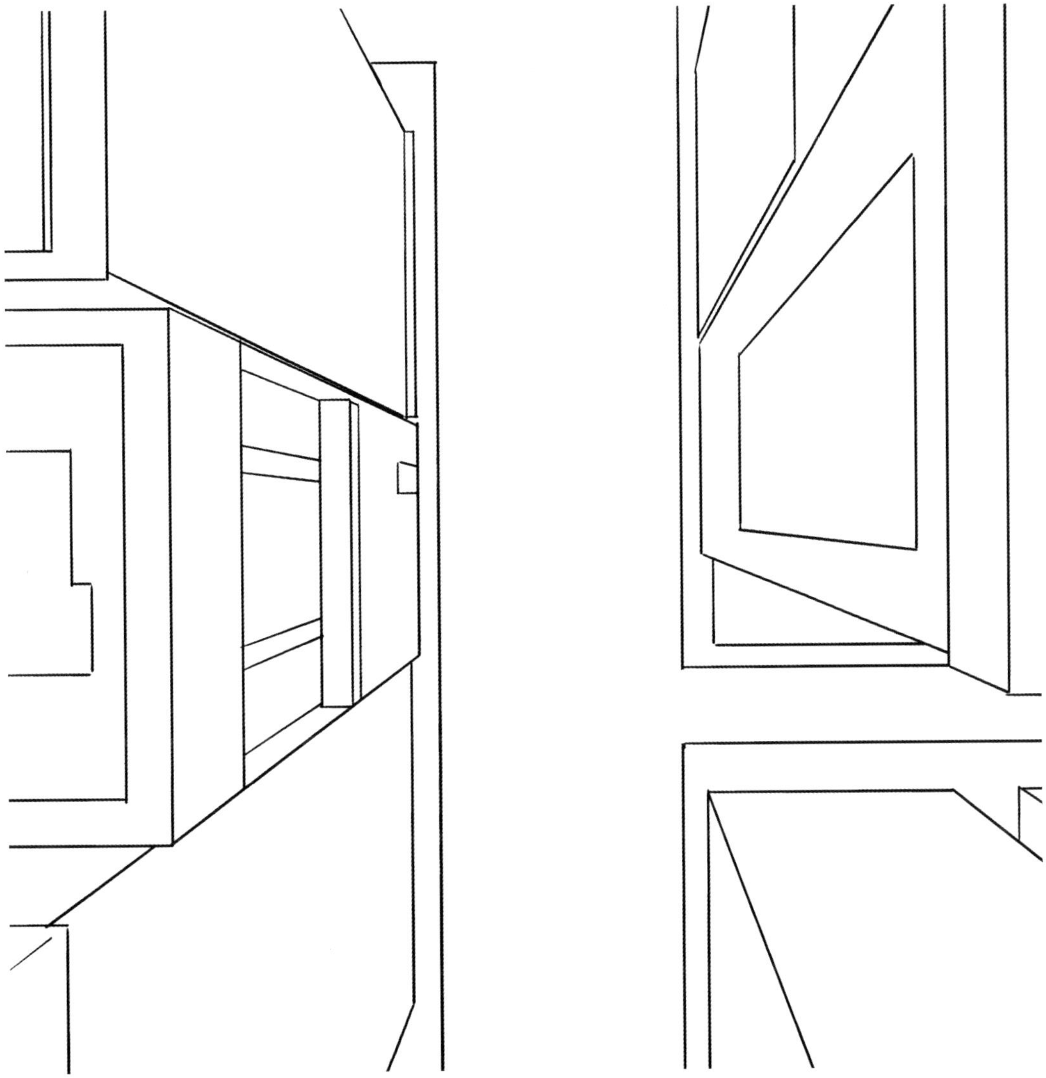

1 2 3 4 **5** 6 7

The drawing is then tidied up by removing any excess lines along with the guides.

Nous mettons au propre le dessin en éliminant les lignes en trop.

Entfernen Sie überzählige Striche und Hilfslinien aus der Zeichnung.

Maak de definitieve tekening en wis de overbodige lijnen en richtlijnen.

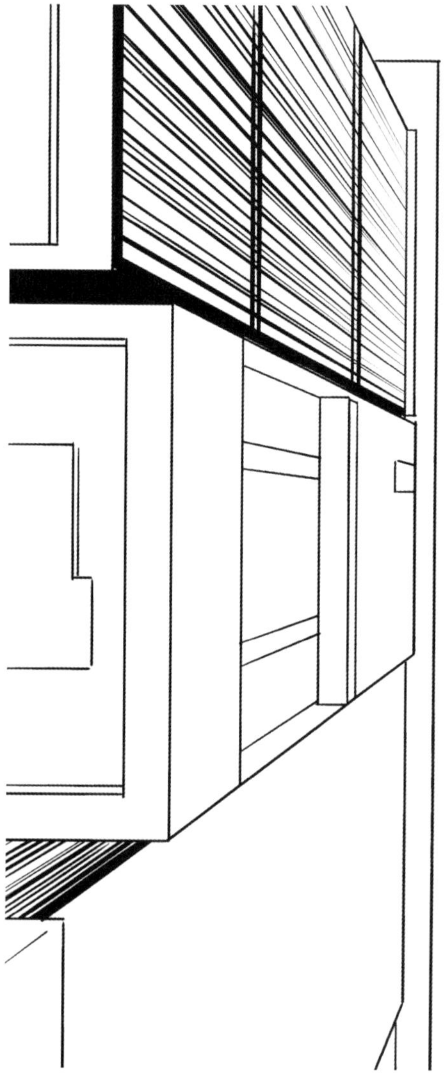

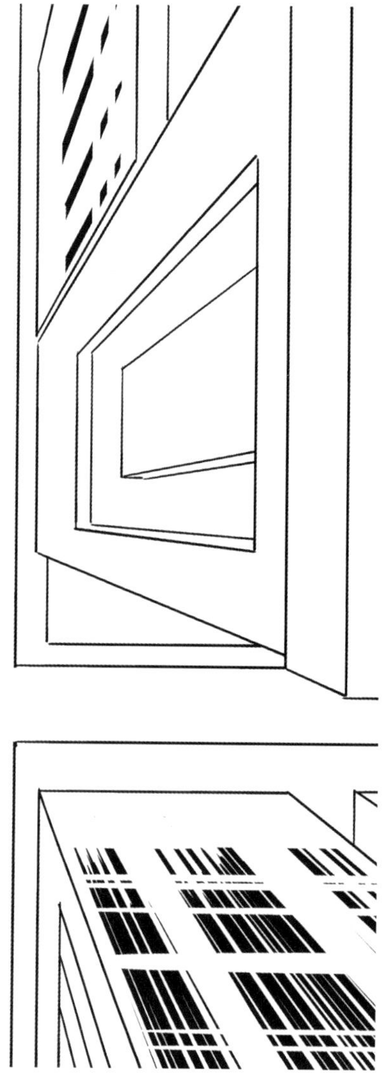

1 2 3 4 5 **6** 7

We distinguish between the buildings by developing their façades with various levels of detail.

Nous différencions les bâtiments entre eux en jouant sur les détails et les finitions de leurs façades.

Grenzen Sie die einzelnen Gebäude durch unterschiedliche Detailgrade und Fassadengestaltungen voneinander ab.

De gebouwen worden van elkaar onderscheiden door verschillende detailniveaus en de uitwerking van de gevels.

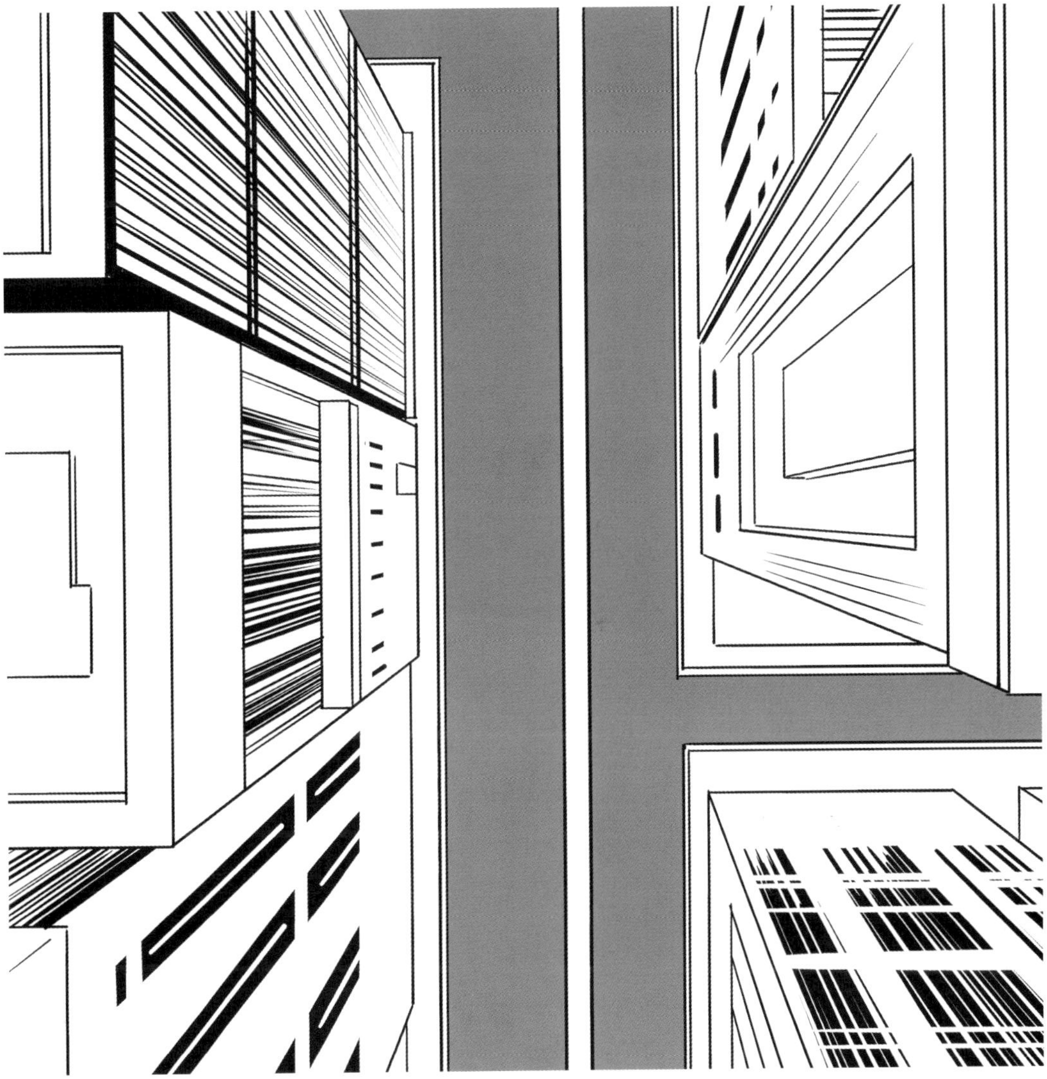

1 2 3 4 5 6 7

Finally, we use a simple flat color to separate the street from the buildings and there we have our aerial urban scene.

Enfin, nous appliquons une couleur uniforme pour distinguer la rue des bâtiments et nous obtenons ainsi notre vue urbaine aérienne.

Verwenden Sie im letzten Schritt eine gleichmäßige Farbgebung, um die Straße von den Gebäuden abzuheben – fertig ist eine Stadtansicht von oben.

Tenslotte wordt gebruik gemaakt van een eenvoudige vlakke kleur om de straat van de gebouwen te scheiden en klaar is ons stadsgezicht in vogelvlucht.

- Chair
- Lamp
- Car
- Corner with basic shadows
- Low angle view
- Overlaid objects: books
- Urban view from interior
- Indoor scene
- Futuristic city
- Complex objects: venetian blind
- Objects on inclined planes
- Urban scene with inclined planes
- Indoor scene with basic shadows
- Indoor scene with projected shadows
- Urban scene with reflection
- Final exercise

- Chaise
- Lampe
- Voiture
- Coin avec ombres simples
- Vue en contre-plongée
- Objets superposés : livres
- Vue urbaine prise d'un intérieur
- Décor intérieur
- Ville futuriste
- Objets complexes : store vénitien
- Objets avec plans inclinés
- Décor urbain avec plans inclinés
- Décor intérieur avec ombres simples
- Décor intérieur avec ombre projetée
- Décor urbain avec reflet
- Exercice final

- Stuhl
- Lampe
- Auto
- Ecke mit einfachen Schatten
- Ecke eines Gebäudes von unten
- Übereinanderliegende Gegenstände: Bücher
- Blick aus einem Zimmer auf die Stadt
- Zimmer
- Futuristische Stadt
- Komplexe Objekte: Jalousie
- Objekte mit schiefen Ebenen
- Stadtansicht mit schiefen Ebenen
- Zimmer mit einfachen Schatten
- Zimmer mit auf die Wand projiziertem Schatten
- Stadtansicht mit Spiegelung
- Letzte Übung

- Stoel
- Lamp
- Auto
- Hoek met simpele schaduwen
- Kikvorsperspectief
- Superpositie van voorwerpen: boeken
- Stadszicht vanuit een interieur
- Binnentafereel
- Futuristische stad
- Complexe voorwerpen: luxaflex
- Voorwerpen met schuine vlakken
- Stadstafereel met schuine vlakken
- Binnentafereel met simpele schaduwen
- Binnentafereel met schaduwen
- Stadstafereel met weerspiegeling
- Eindoefening

Exercises with two-point perspective

Exercices avec deux points de fuite

Übungen mit zwei Fluchtpunkten

Oefeningen met twee verdwijnpunten

Chair
Chaise
Stuhl
Stoel

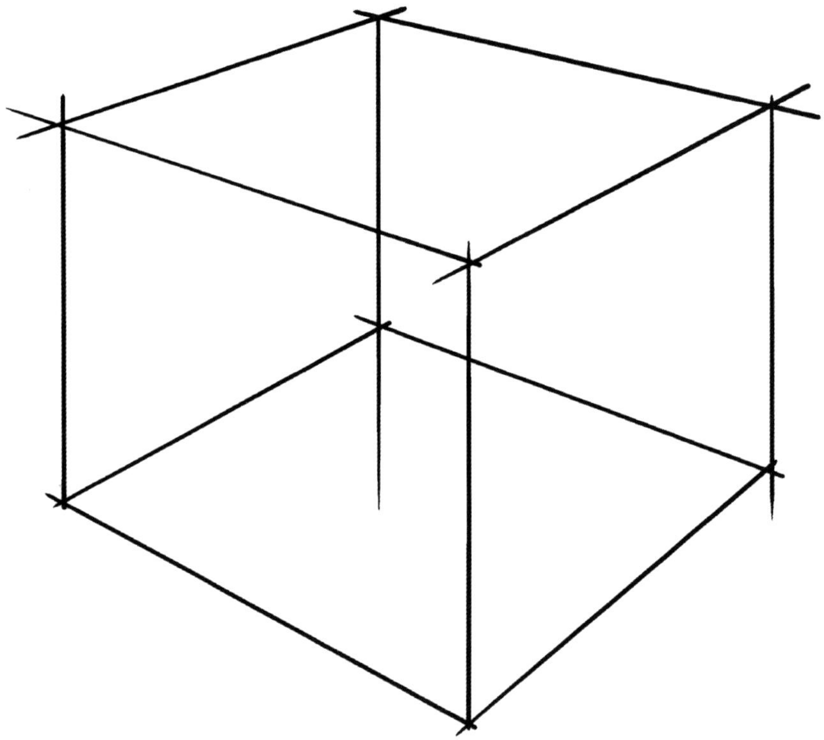

From a cube with two vanishing points, we will make a simple shape: in this case a chair.

À partir d'un cube avec deux points de fuite, nous dessinerons une figure simple : une chaise.

Ausgehend von einem Würfel mit zwei Fluchtpunkten wird eine einfache Figur gezeichnet: ein Stuhl.

Op basis van een kubus met twee verdwijnpunten wordt een simpele vorm getekend: een stoel.

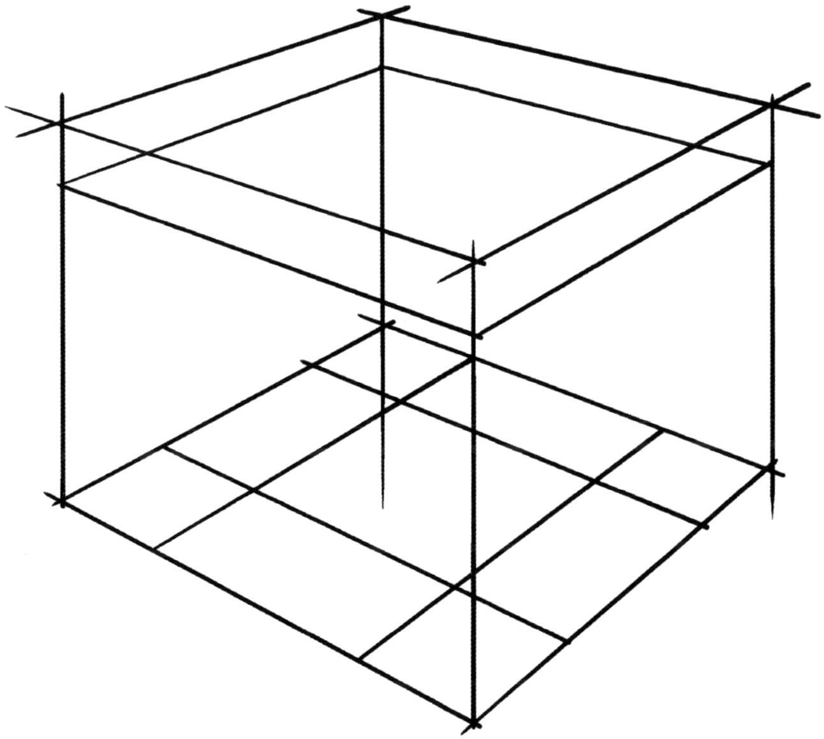

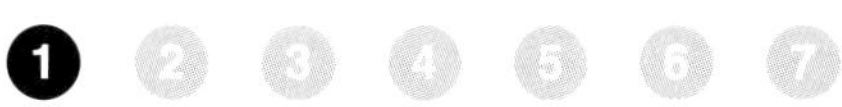

We begin to divide up the different parts of the figure, such as the bottom of the legs and the seat.

Nous commençons par séparer les différentes parties de la figure : la base des pieds et l'assise.

Markieren Sie die einzelnen Teile der Abbildung (Grundfläche der Stuhlbeine, Sitzfläche).

Begin de verschillende delen van de figuur, de onderkant van de stoelpoten, de zitting, te verdelen.

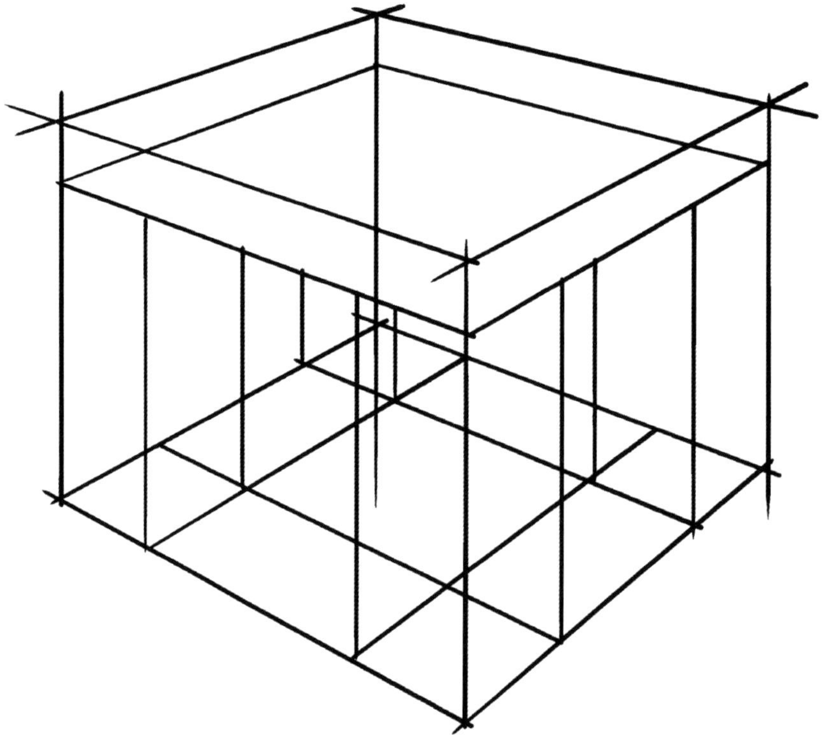

1 **2** 3 4 5 6 7

We define the shape of the legs by drawing verticals.

En traçant des verticales, nous définissons la forme des pieds.

Durch Einzeichnen senkrechter Linien wird die Form der Stuhlbeine festgelegt.

Met verticale lijnen wordt vorm gegeven aan de stoelpoten.

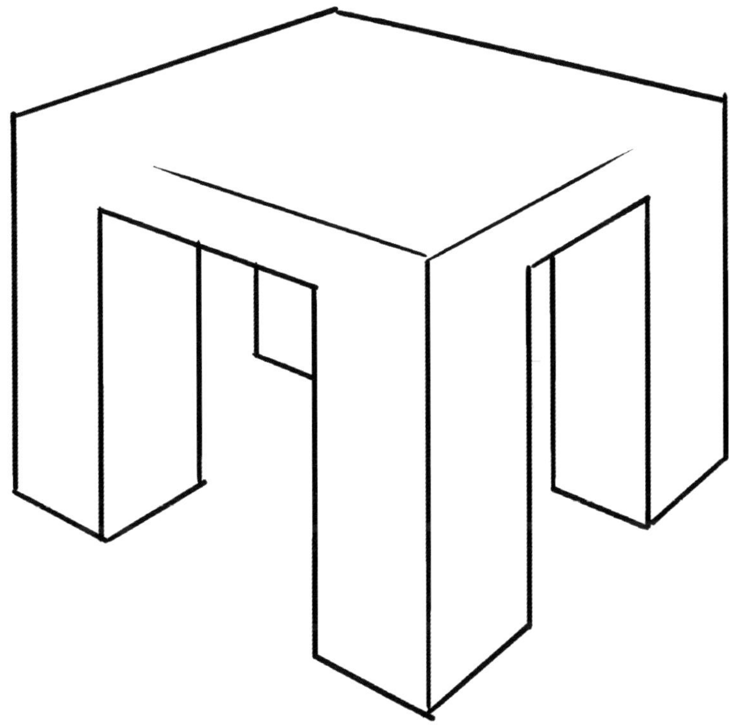

1 2 **3** 4 5 6 7

Any excess lines are erased.

Nous éliminons les lignes en trop de la figure.

Entfernen Sie überzählige Linien.

De overbodige lijnen worden uitgewist.

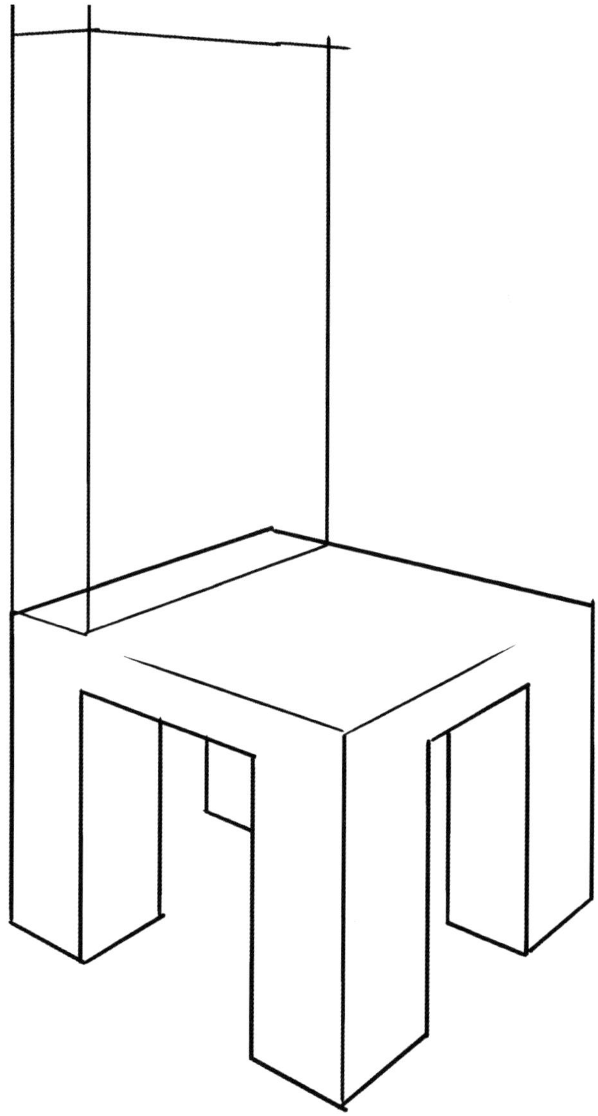

1 2 3 **4** 5 6 7

Now we move on to the chair back.

Vient le tour du dossier.

Nun nimmt die Stuhllehne Form an.

Ga nu verder met de rugleuning.

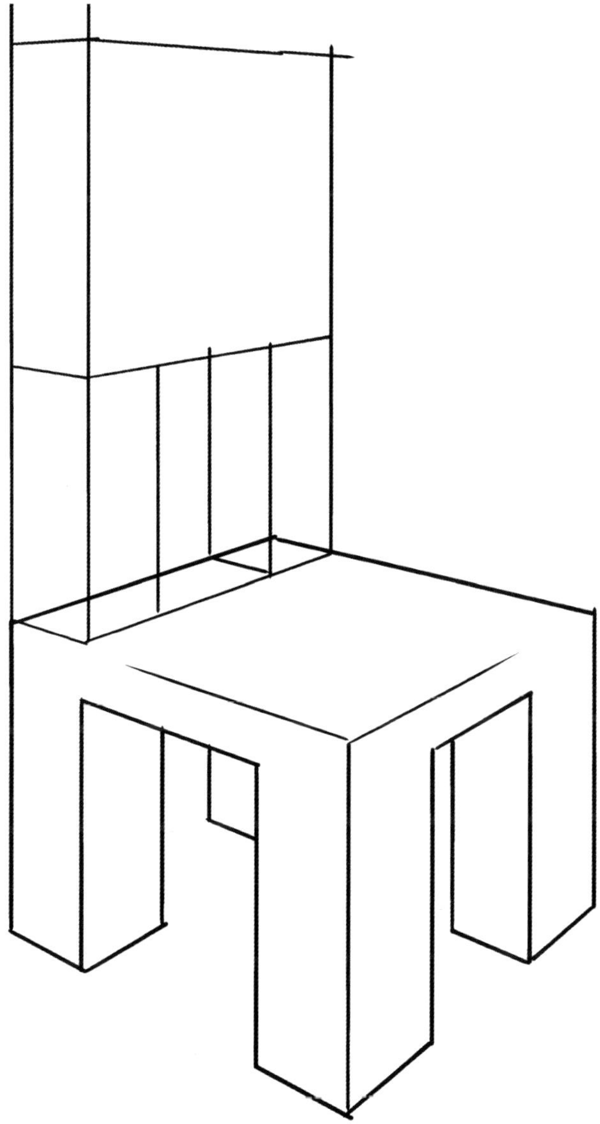

We define the back of the chair.

Nous définissons le dossier.

Legen Sie das Aussehen der Lehne fest.

Teken de rugleuning.

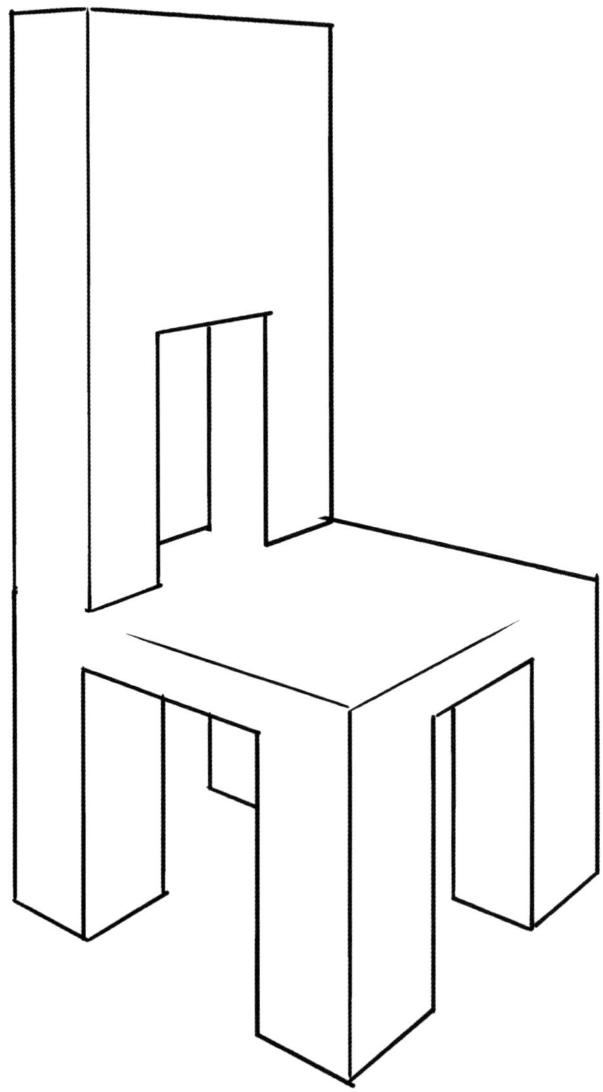

1 2 3 4 5 **6** 7

We remove anything that is no longer necessary and there we have our chair.

Nous éliminons tout ce qui est en trop pour mettre au propre la chaise.

Nach dem Entfernen überzähliger Striche ist die Abbildung des Stuhls fast fertig.

Wis wat niet meer nodig is en klaar is de stoel.

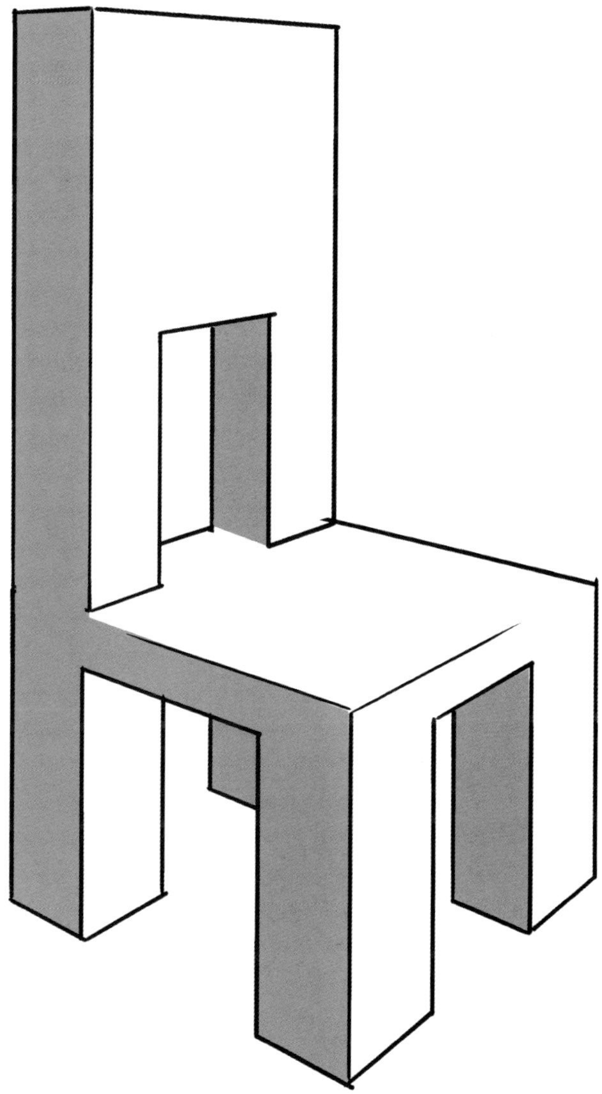

1 2 3 4 5 6 **7**

A shadow, no matter how simple and flat it is, lends the figure weight and a sense of realism.

Une ombre, aussi simple et homogène qu'elle soit, donne du poids et du réalisme à la figure.

Ein einfacher Schatten verleiht der Zeichnung mehr Tiefe und lässt sie wirklichkeitsgetreuer erscheinen.

Een schaduw, hoe eenvoudig en vlak deze ook mag zijn, geeft de tekening gewicht en realisme.

Lamp
Lampe
Lampe
Lamp

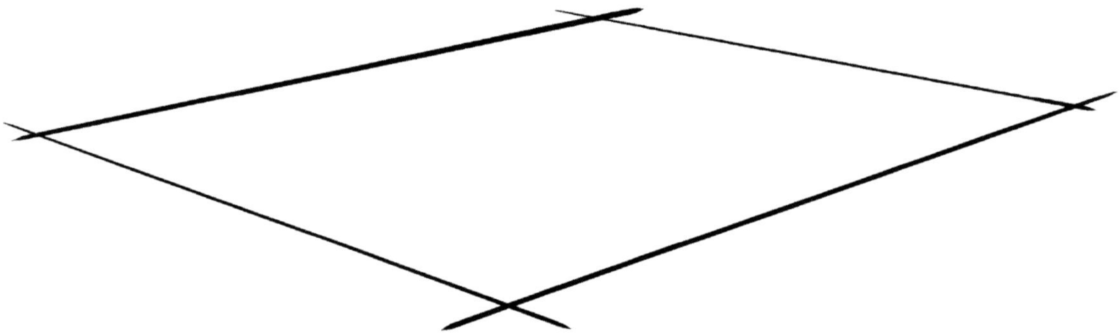

From a plane with two vanishing points, we are going to create a lamp with a shade.

À partir d'un plan avec deux points de fuite, nous allons créer une lampe à abat-jour.

Ausgehend von einer Ebene mit zwei Fluchtpunkten soll eine Lampe mit Lampenschirm gezeichnet werden.

Op basis van een vlak met twee verdwijnpunten wordt een lamp met kap getekend.

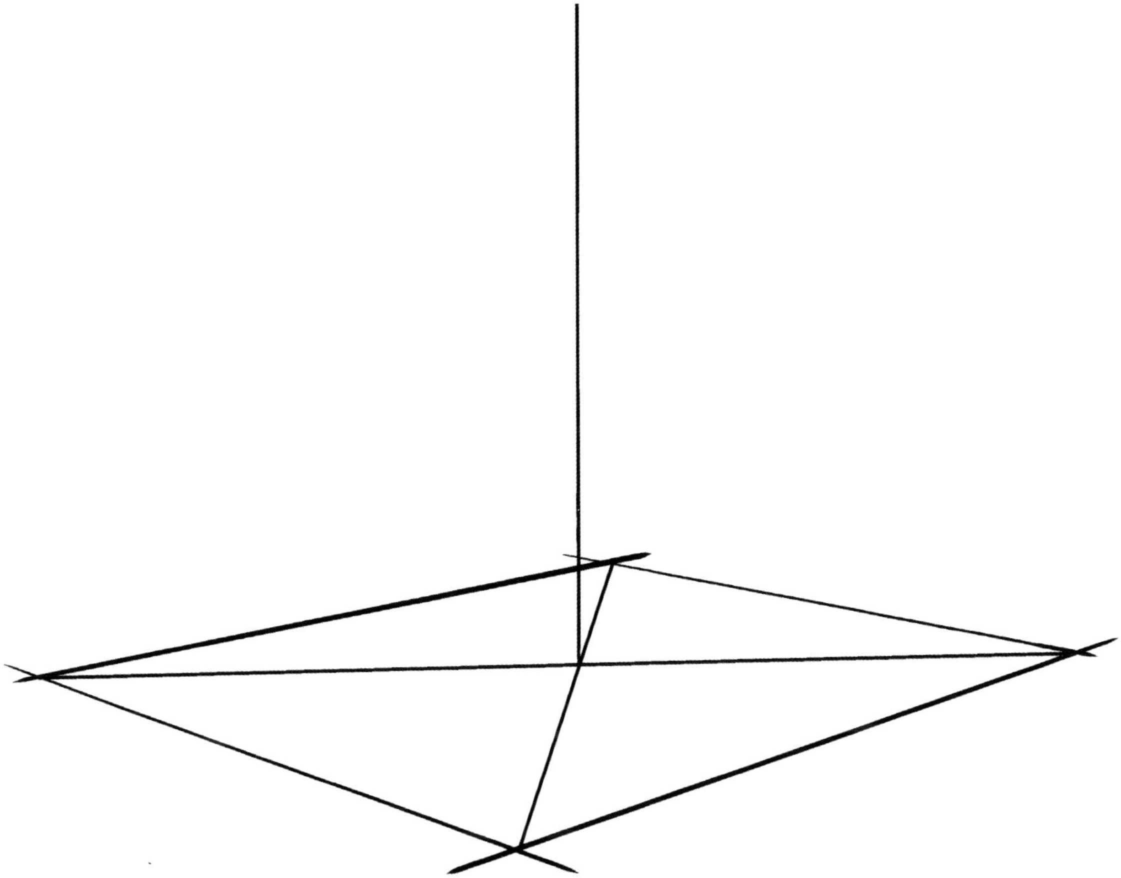

1 2 3 4 5 6 7

By means of diagonals, we find the center of the plane and draw a vertical.

Nous déterminons le centre du plan en dessinant les diagonales, puis nous traçons une verticale en ce point.

Bestimmen Sie mithilfe der Diagonalen den Mittelpunkt der Ebene und zeichnen Sie an dieser Stelle eine senkrechte Linie ein.

Door middel van diagonalen wordt het midden van het vlak gezocht. Teken een verticale lijn.

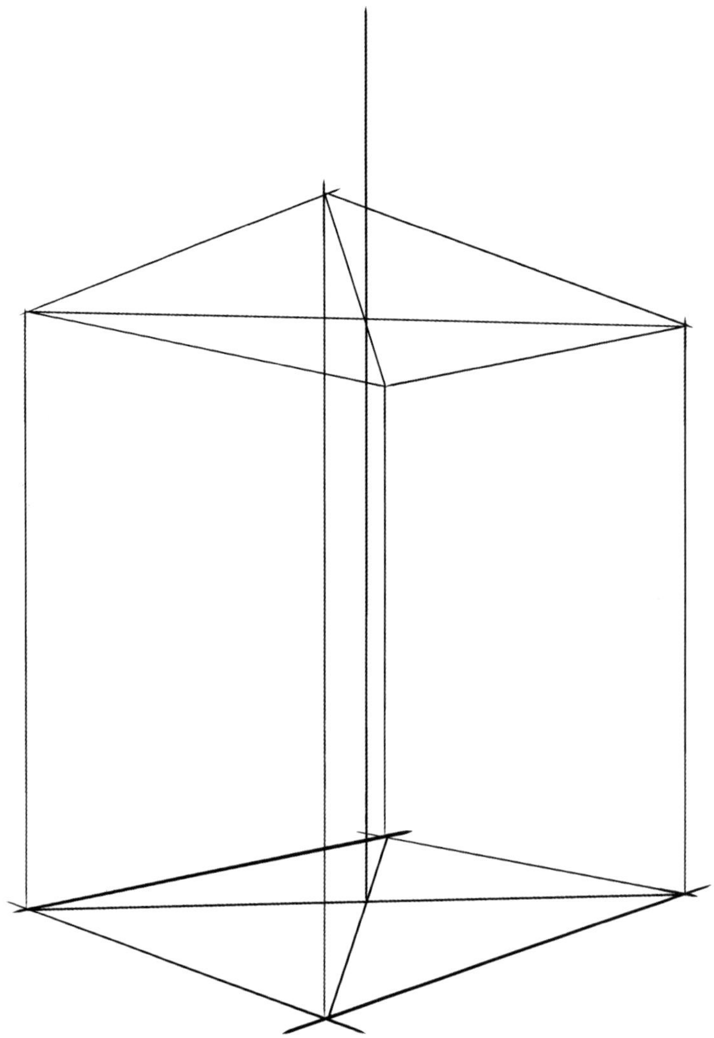

1 **2** 3 4 5 6 7

We draw a plane with the same dimensions at whatever height we like.

Nous traçons un plan de mêmes dimensions à la hauteur qui nous convient.

Zeichnen Sie nun in der gewünschten Höhe eine Ebene der gleichen Größe.

Teken een vlak met dezelfde afmetingen op de gewenste hoogte.

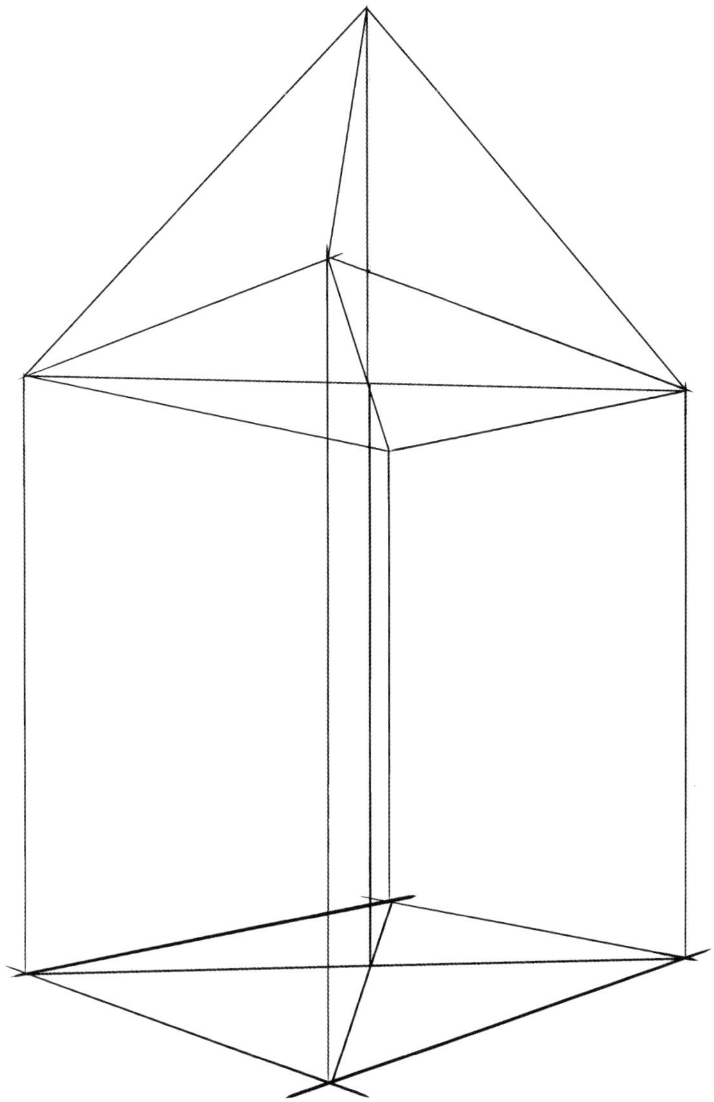

1 2 **3** 4 5 6 7

Joining up the corners to the first vertical will give us a pyramid…

En reliant les sommets à la première verticale, nous obtenons une pyramide…

Durch Verbinden der Ecken mit der ersten Senkrechten ergibt sich eine Pyramide.

Door de hoekpunten van de eerste verticaal samen te voegen, krijgen we een piramide…

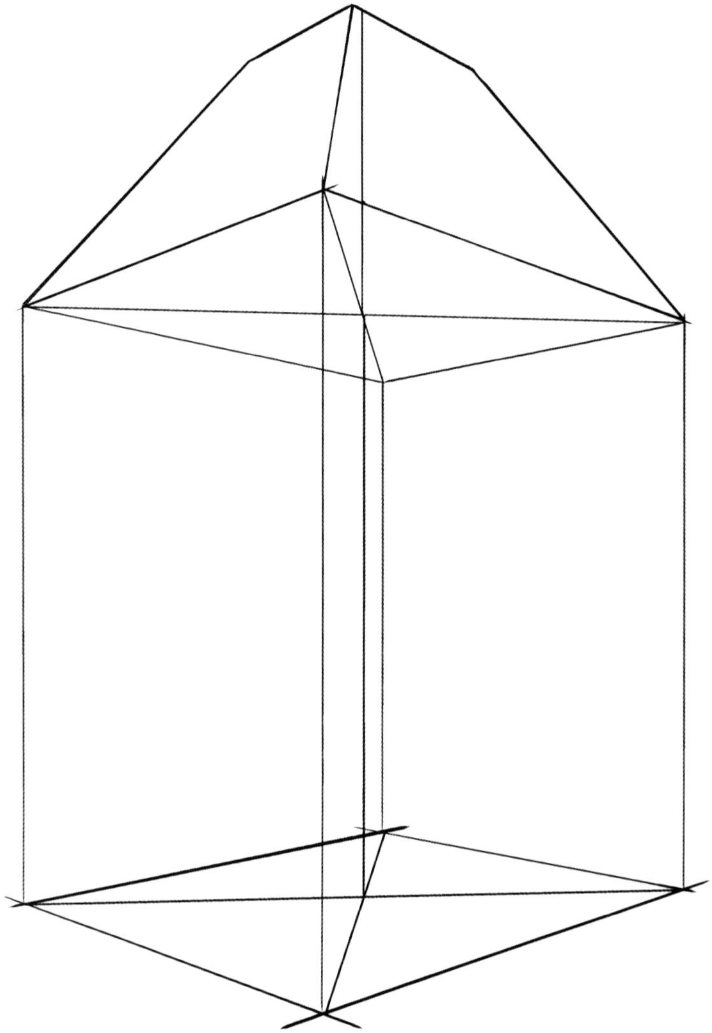

1 2 3 **4** 5 6 7

... which we can truncate with another square.

..que nous pouvons tronquer avec un autre carré.

Durch Einzeichnen eines weiteren Quadrats wird diese zu einem Pyramidenstumpf.

...die met een ander vierkant kan worden ingekort.

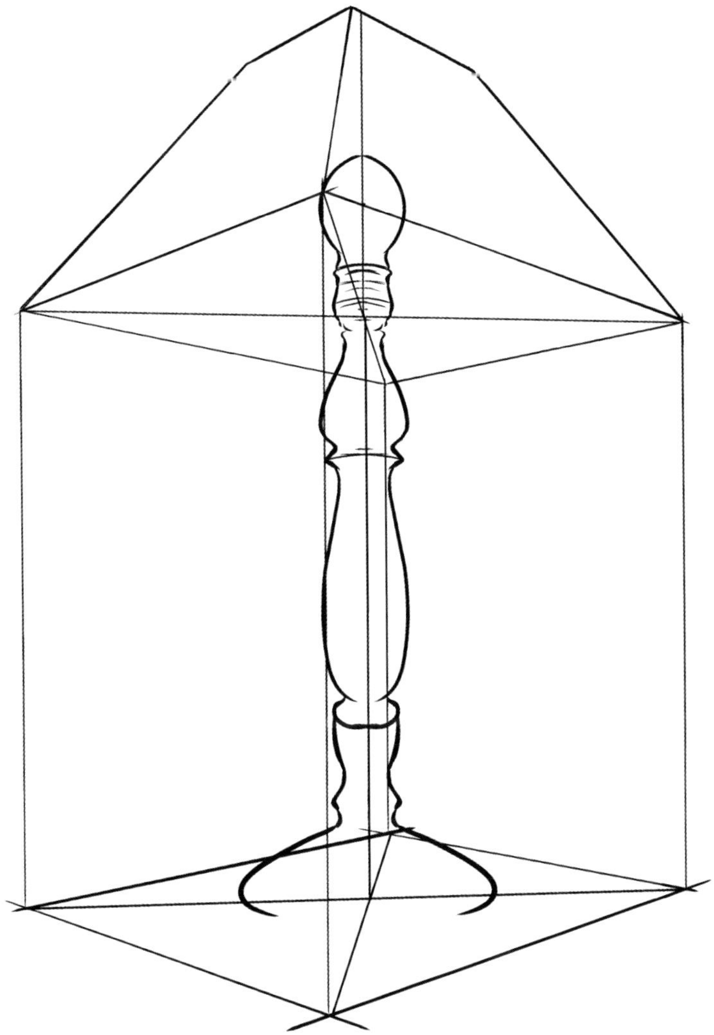

1 2 3 4 **5** 6 7

We can now define the lamp stand and the bulb.

Nous représentons maintenant le pied de la lampe et l'ampoule.

Definieren Sie im nächsten Schritt den Lampenfuß und die Glühbirne.

Ga nu verder met het tekenen van de poot van de lamp en de gloeilamp.

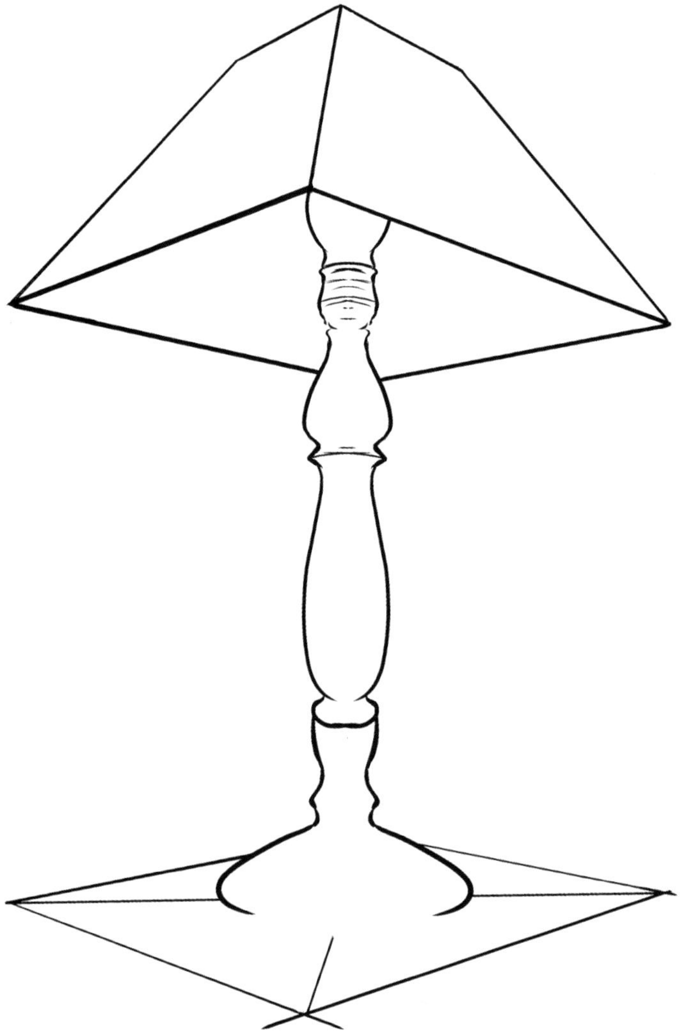

1 2 3 4 5 **6** 7

We remove any unnecessary lines and overlaps.

Nous éliminons les lignes inutiles et les superpositions.

Entfernen Sie überzählige Striche und Linien an Überlagerungen.

Wis onnodige lijnen en superposities.

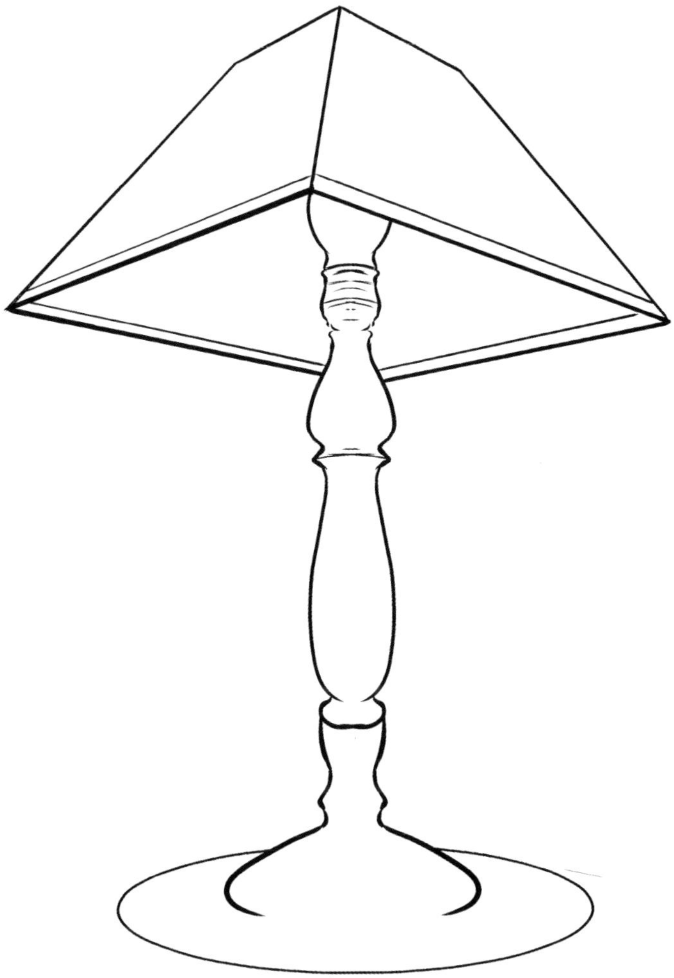

1 2 3 4 5 6 7

We add the final touches to the figure with an ellipse for the base.

Nous terminons la figure en dessinant une ellipse pour le socle.

Abschließend wird eine Ellipse für den Lampenfuß hinzugefügt.

Maak de figuur af met een ellips voor de basis.

Car
Voiture
Auto
Auto

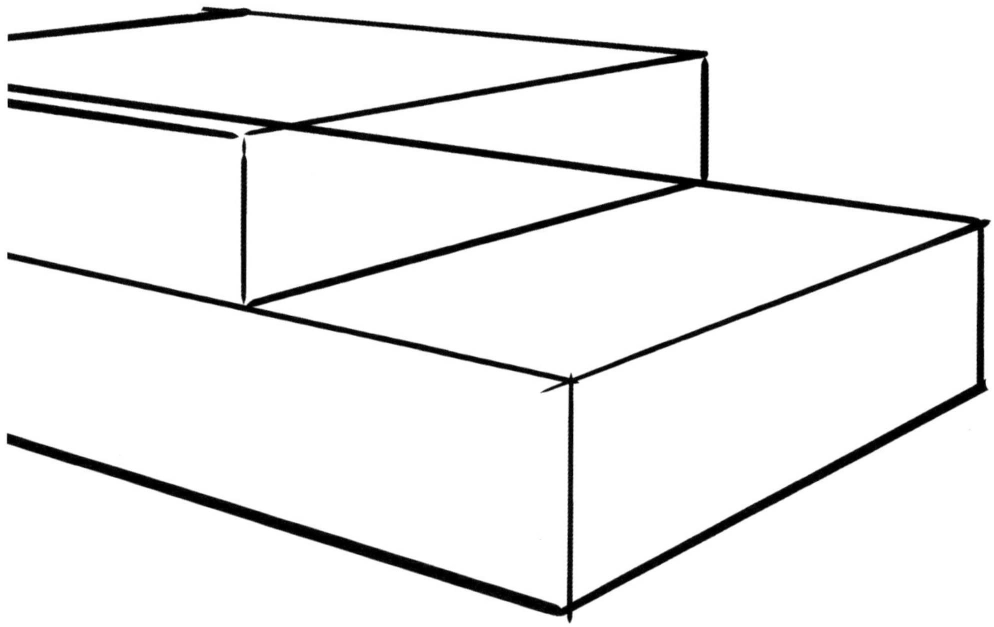

With two boxes, one on top of the other, we can define the basic shape of a car.

Grâce à deux boîtes superposées, nous définissions les principales formes d'une voiture.

Mithilfe von zwei übereinander liegenden Quadern wird die Grundform eines Autos festgelegt.

Teken met twee boven elkaar geplaatste dozen de basisvorm van een auto.

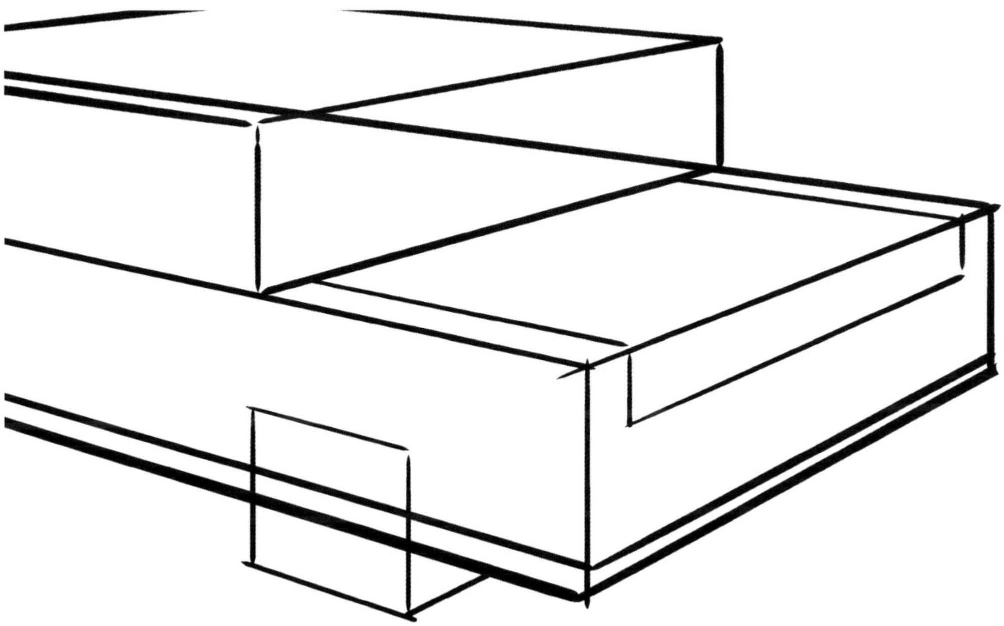

1 2 3 4 5 6 7

We can add complexity to the figure by adding the cube to put the wheel in.

Nous détaillons la figure en ajoutant le cube dans lequel s'inscrit la roue.

Ein hinzugefügter Würfel dient zum Einzeichnen eines Reifens.

Maak de figuur complexer door de kubus toe te voegen waarin de wiel zal worden getekend.

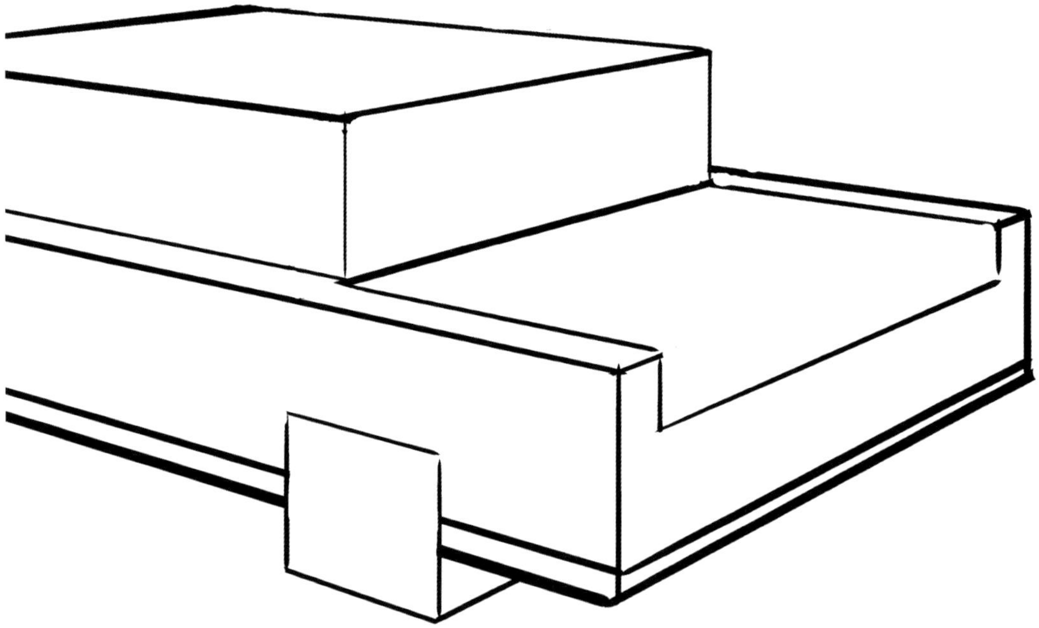

We remove any excess lines and unnecessary guides.

Nous éliminons les lignes en trop dont nous n'avons plus besoin.

Entfernen Sie überzählige Striche und Hilfslinien.

Wis de overbodige lijnen en vluchtlijnen die niet meer nodig zijn.

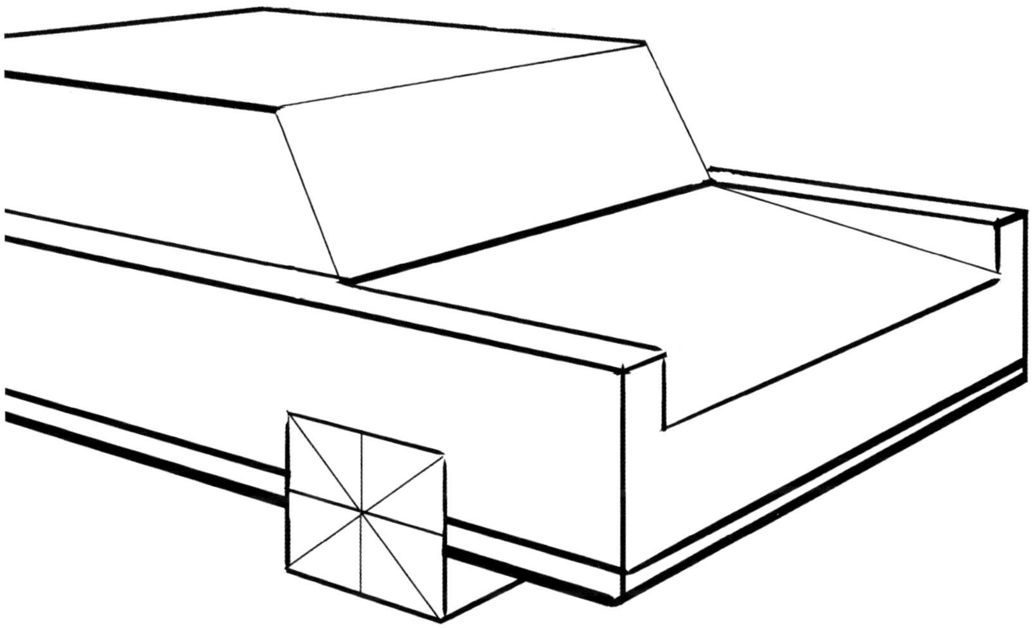

1 2 **3** 4 5 6 7

Using another vanishing point, we make an inclined plane for the rear window and add the diagonals we will use to draw the wheel.

En utilisant un point de fuite supplémentaire, nous représentons un plan incliné pour la lunette arrière et nous traçons les diagonales que nous utiliserons pour dessiner la roue.

Durch eine zusätzliche Fluchtlinie entsteht eine schiefe Ebene für Heckscheibe. Außerdem werden in das Quadrat für den Reifen die Diagonalen eingezeichnet.

Maak met behulp van een extra verdwijnpunt een schuin vlak voor de achterruit en trek de diagonale lijnen om het wiel te tekenen.

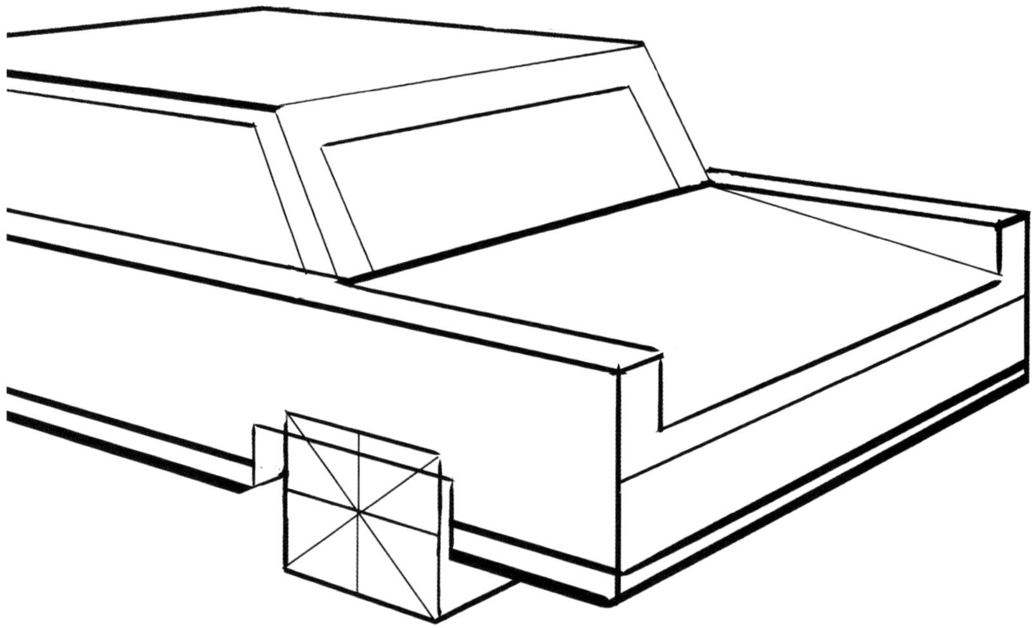

4

We begin to define the basic elements in greater detail.

Nous commençons à détailler les éléments de base.

Zeichnen Sie nun die grundlegenden Details des Autos ein.

Begin de basiselementen in detail uit te werken.

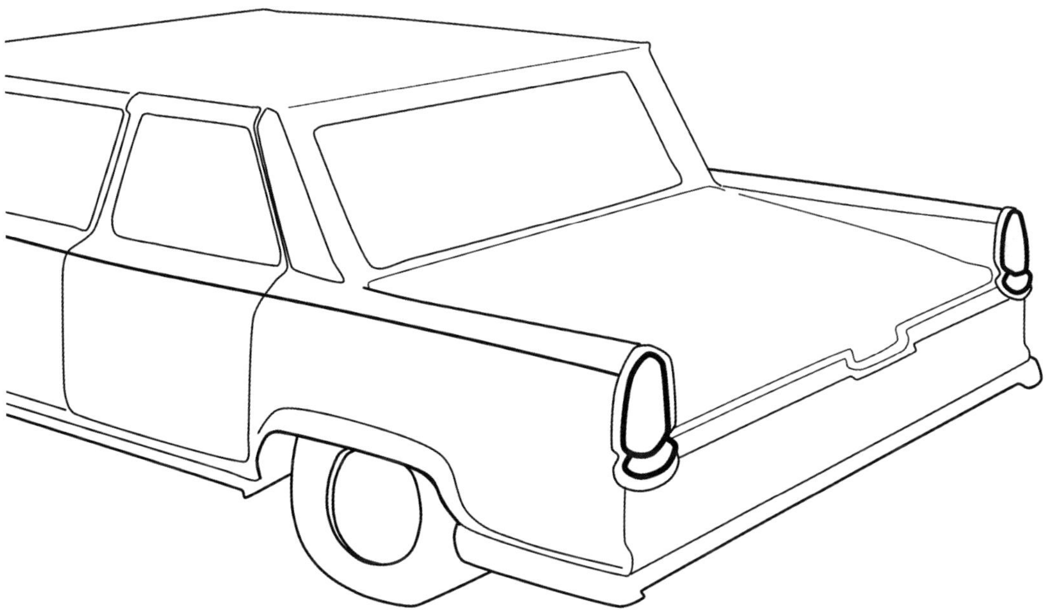

1 2 3 4 **5** 6 7

Once again we tidy up the lines by making them more fluid, place the wheel in position and remove any overlaps.

Nous épurons les lignes en les rendant plus fluides, nous situons la roue et nous éliminons les superpositions.

In der Reinzeichnung werden die Konturen etwas abgerundet, der Reifen wird hinzugefügt und an Überlagerungen werden überzählige Striche entfernt.

Teken de lijnen opnieuw in het net en maak ze vloeiender. Ga verder met het wiel en wis de superposities.

Corner with basic shadows
Coin avec ombres simples
Ecke mit einfachen Schatten
Hoek met simpele schaduwen

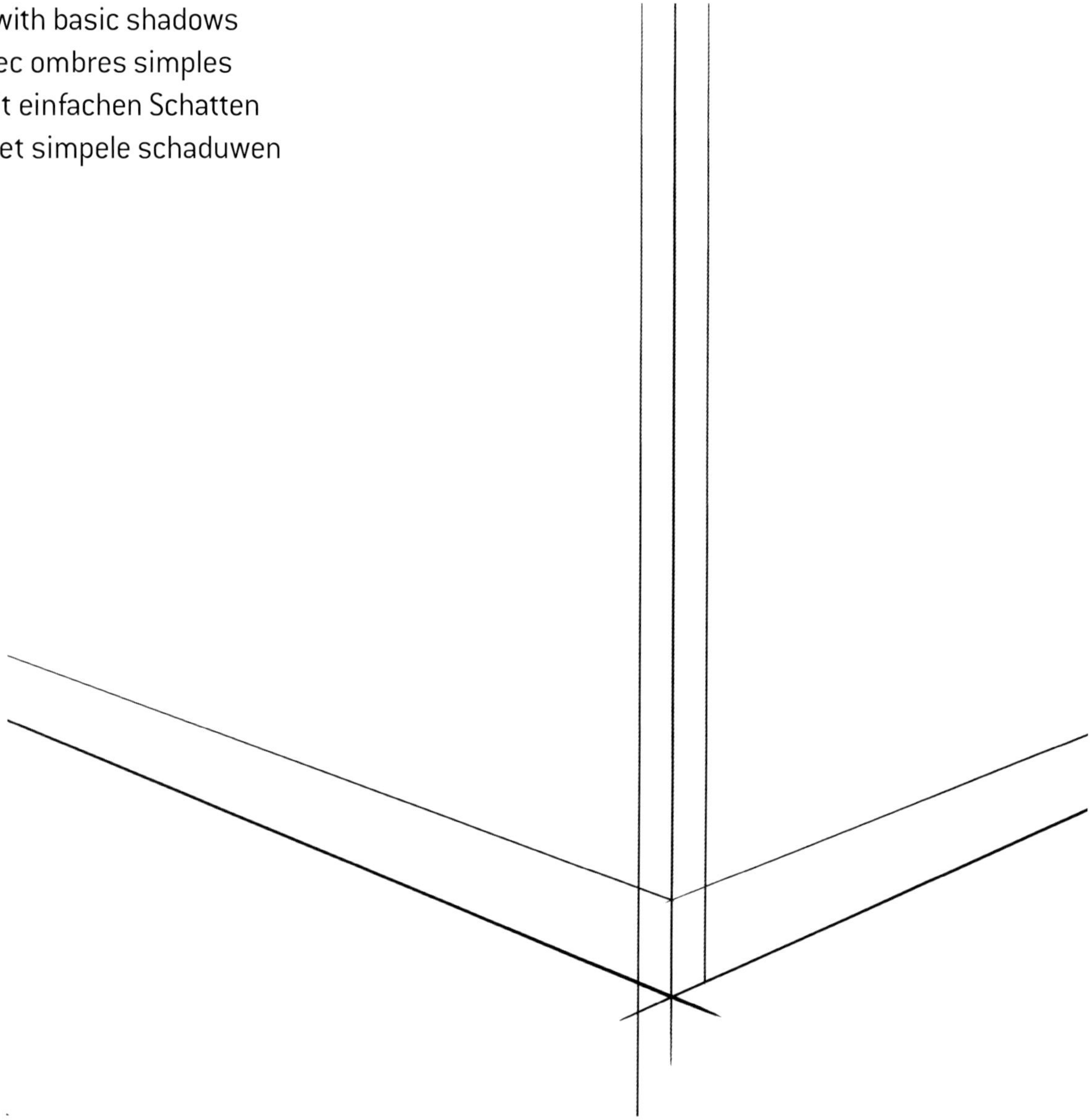

We define what will be the corner of a building with some simple lines.

Nous représentons ce qui sera l'angle d'un bâtiment avec des lignes simples.

Definieren Sie die Ecke eines Gebäude mithilfe einiger einfacher Striche.

Met simpele lijnen wordt wat de hoek van een gebouw zal worden getekend.

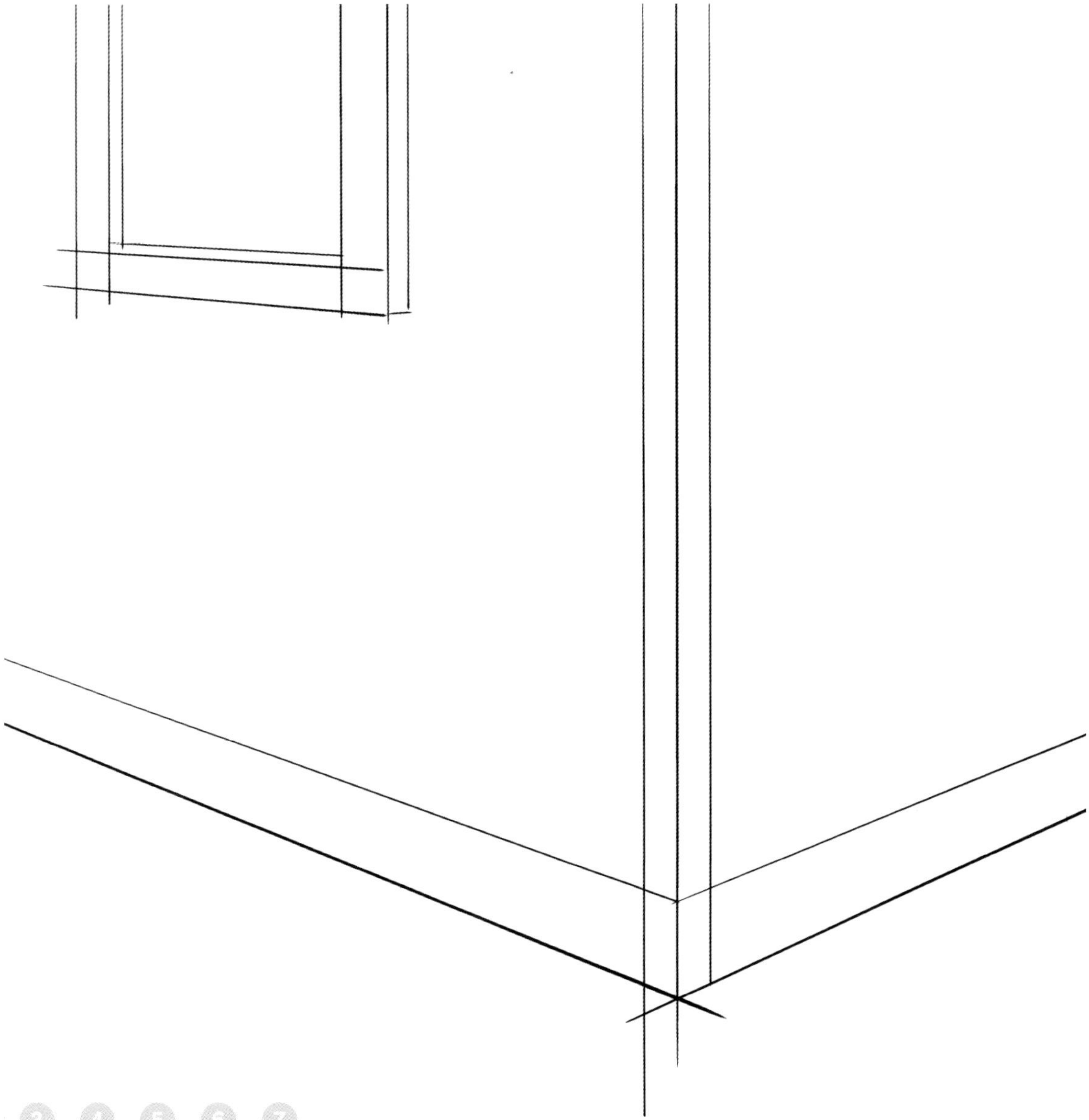

We add details like the window.

Nous ajoutons des détails comme la fenêtre.

Fügen Sie Details wie z. B. das Fenster hinzu.

Voeg details zoals het raam toe.

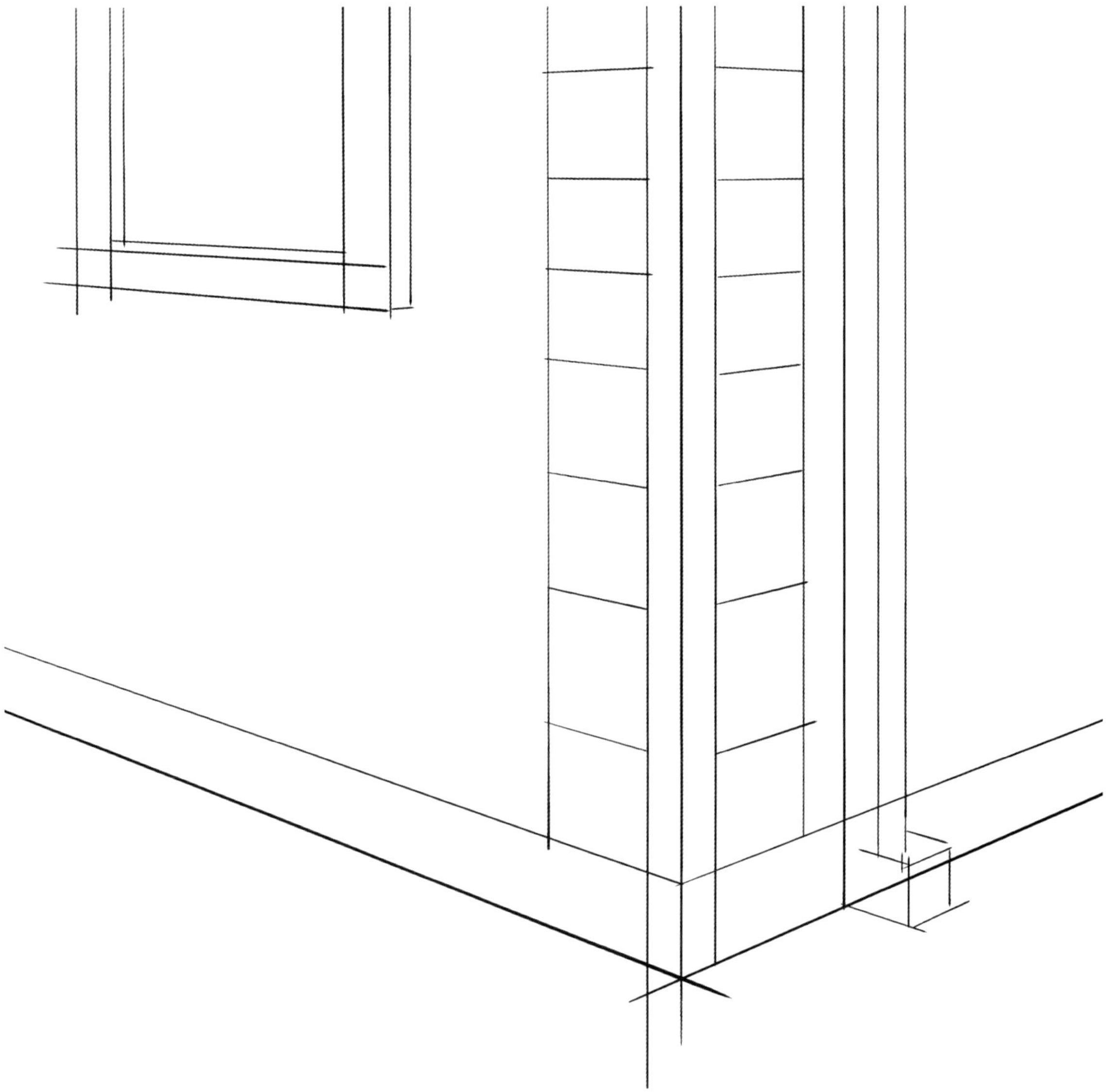

1 **2** 3 4 5 6 7

We add some paving and a pipe.

Nous ajoutons des éléments de revêtement et une gouttière.

Zeichnen Sie ein Stück Pflaster und eine Regenrinne ein.

Andere details van stenen en een pijpleiding worden toegevoegd.

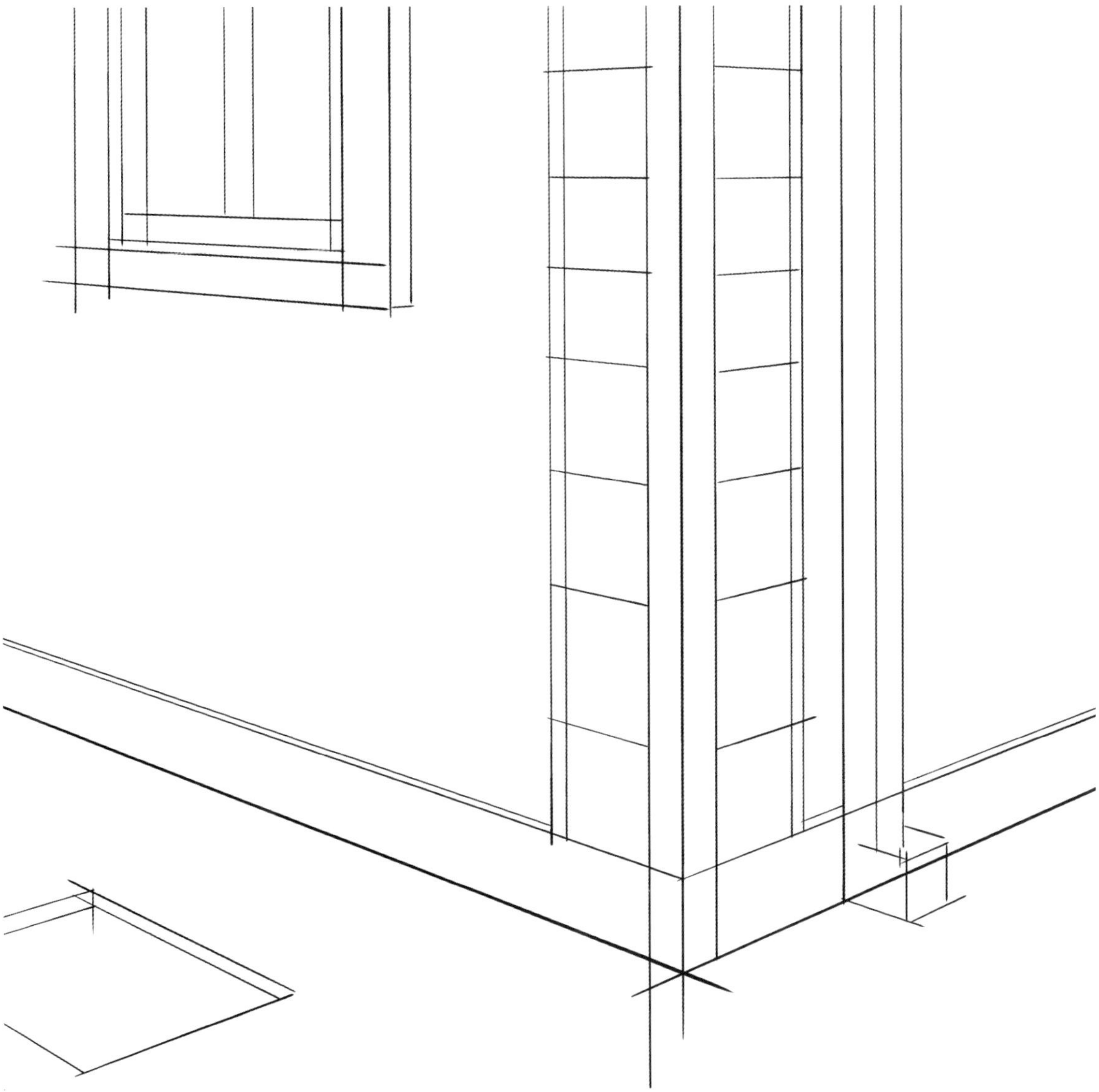

1 2 **3** 4 5 6 7

We pick out more details on the window and add a space for a tree.

Nous détaillons davantage la fenêtre et ajoutons un emplacement d'arbre.

Versehen Sie das Fenster mit weiteren Einzelheiten und fügen Sie ein Baumwurzelbett hinzu.

Het raam wordt verder uitgewerkt en er wordt een boomgat toegevoegd.

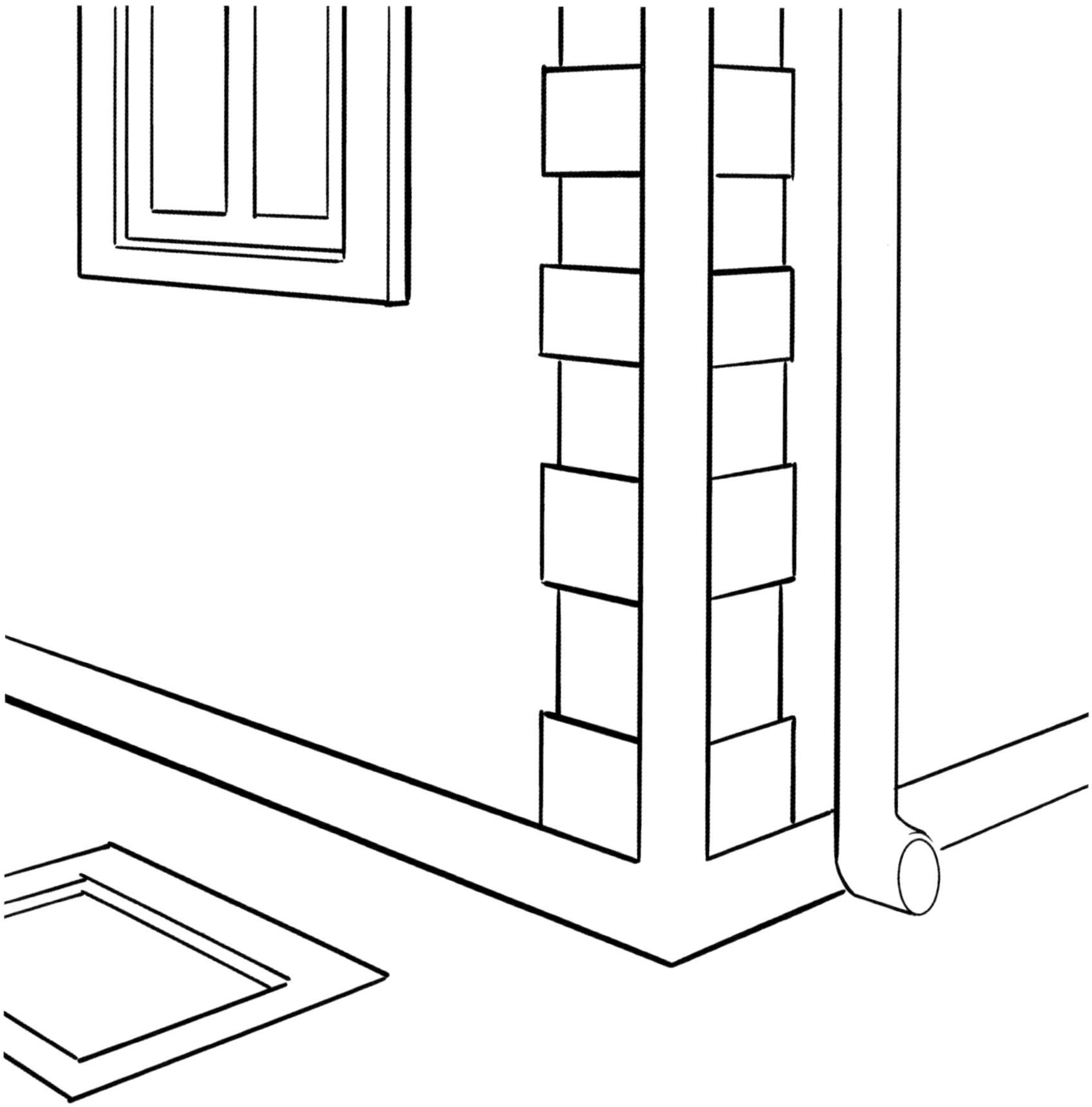

❶ ❷ ❸ ❹ ❺ ❻ ❼

We tidy up the main lines, removing anything unnecessary.

Nous épurons les principales lignes en éliminant tout ce qui est superflu.

Entfernen Sie für die Reinzeichnung überzählige Striche.

Teken de hoofdlijnen in het net en wis alles wat overbodig is.

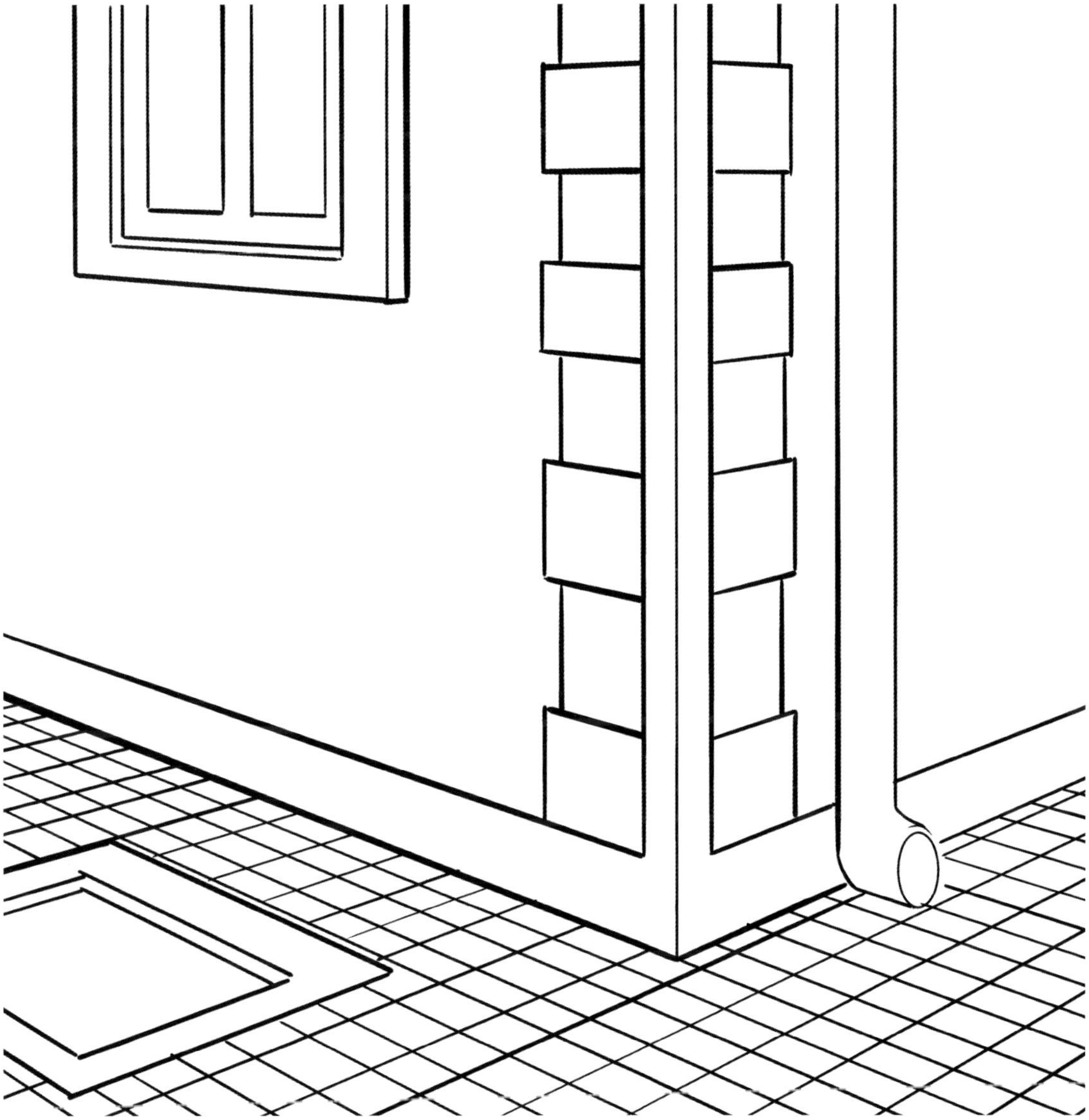

1 2 3 4 **5** 6 7

We add a drawing of a grid on the ground.

Nous ajoutons un dessin de quadrillage au sol.

Versehen Sie den Boden mit einem Gitternetz.

Teken een ruit op de grond.

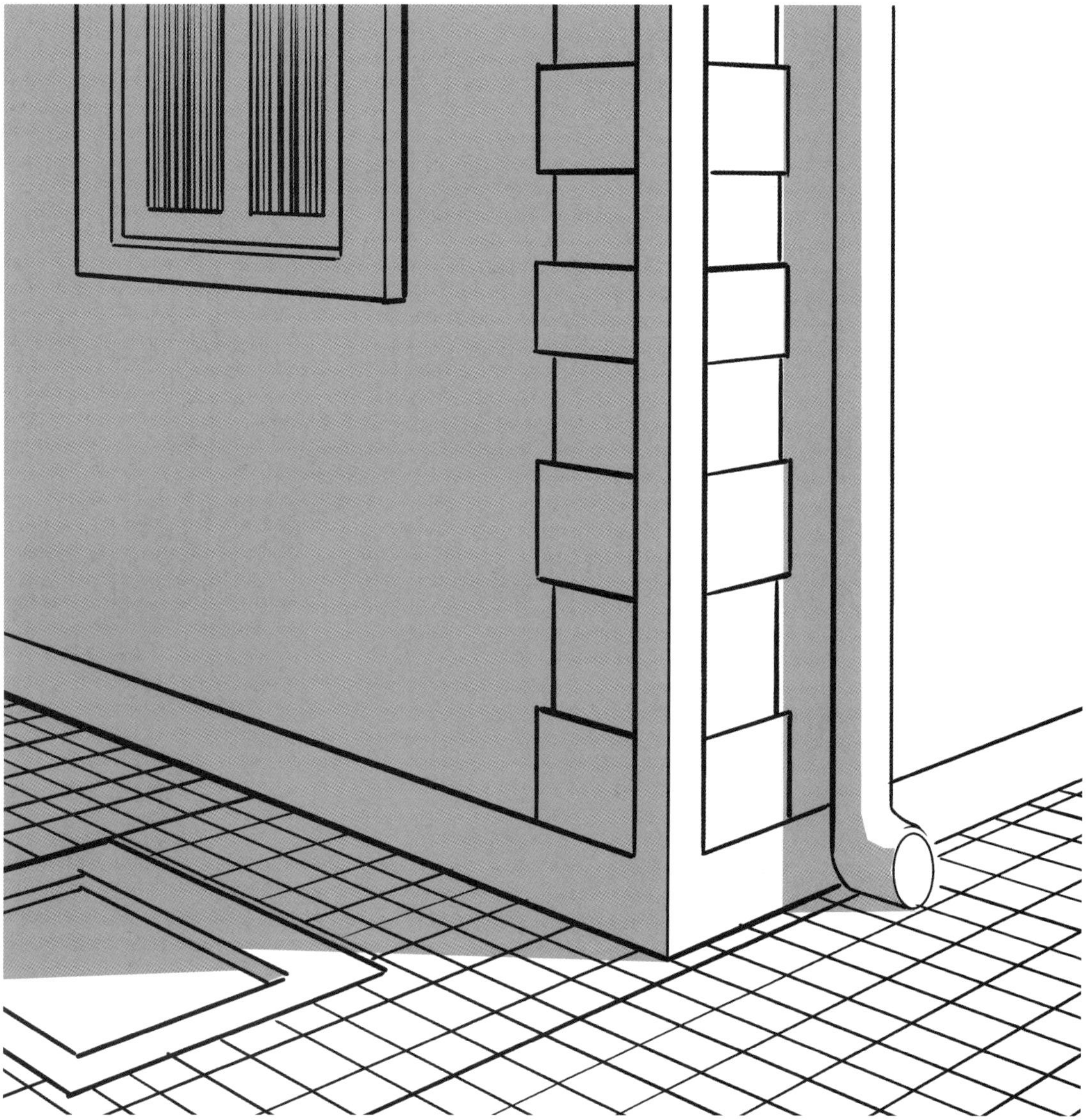

1 2 3 4 5 **6** 7

Some simple shadows pick out the different elements, separating the various planes.

Des ombres simples séparent les éléments et permettent de différencier les plans.

Einige einfache Schatten grenzen die einzelnen Elemente und Ebenen voneinander ab.

Simpele schaduwen scheiden de elementen van elkaar en onderscheiden de vlakken.

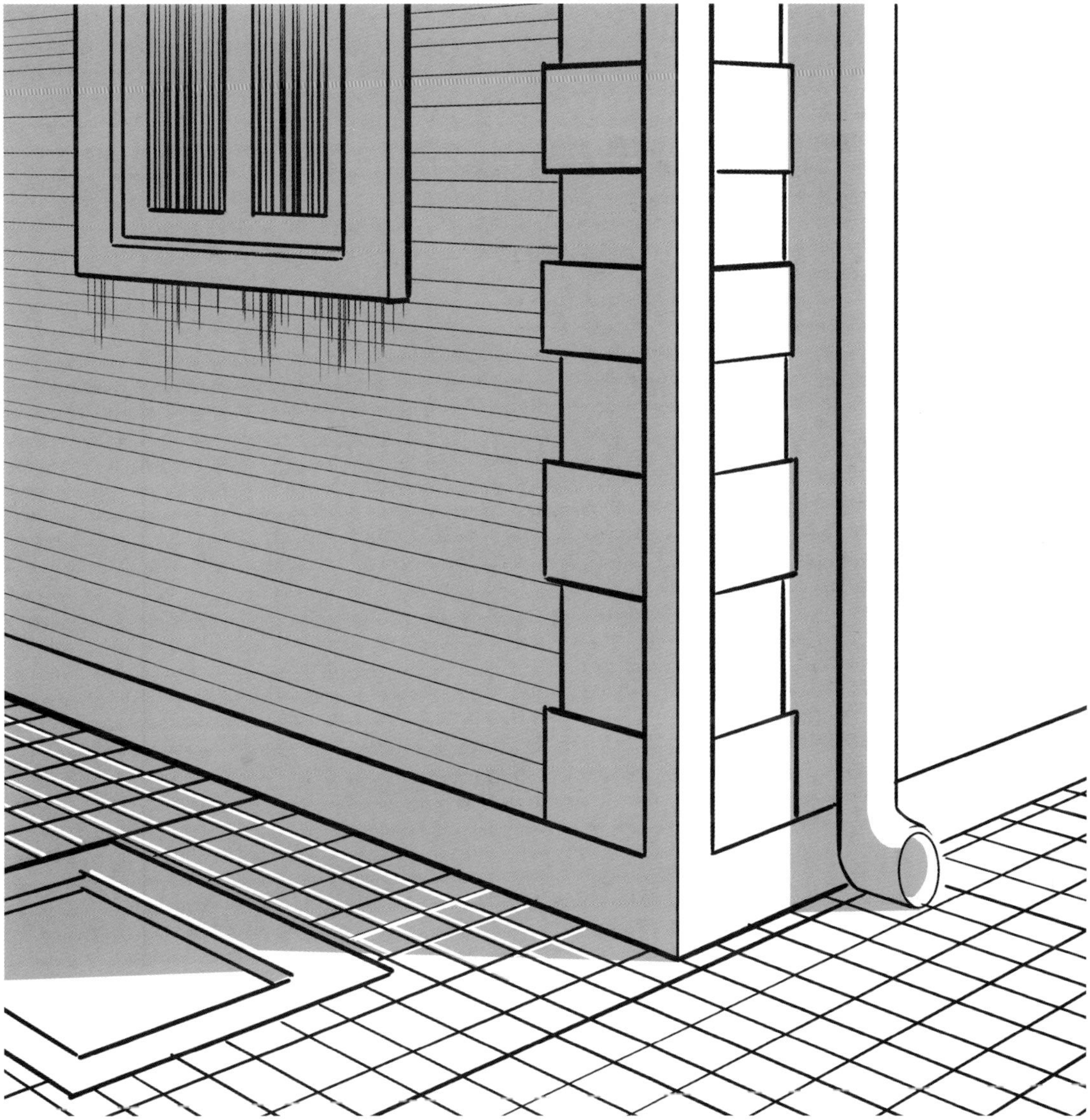

New vanishing points lend the wall depth in the shadows.

De nouvelles lignes de fuite donnent de la profondeur au mur à l'ombre.

Weitere Fluchtlinien verleihen der im Schatten liegenden Wand mehr Tiefe.

Nieuwe verdwijnpunten geven de muur in de schaduw diepte.

Low angle view
Vue en contre-plongée
Ecke eines Gebäudes von unten
Kikvorsperspectief

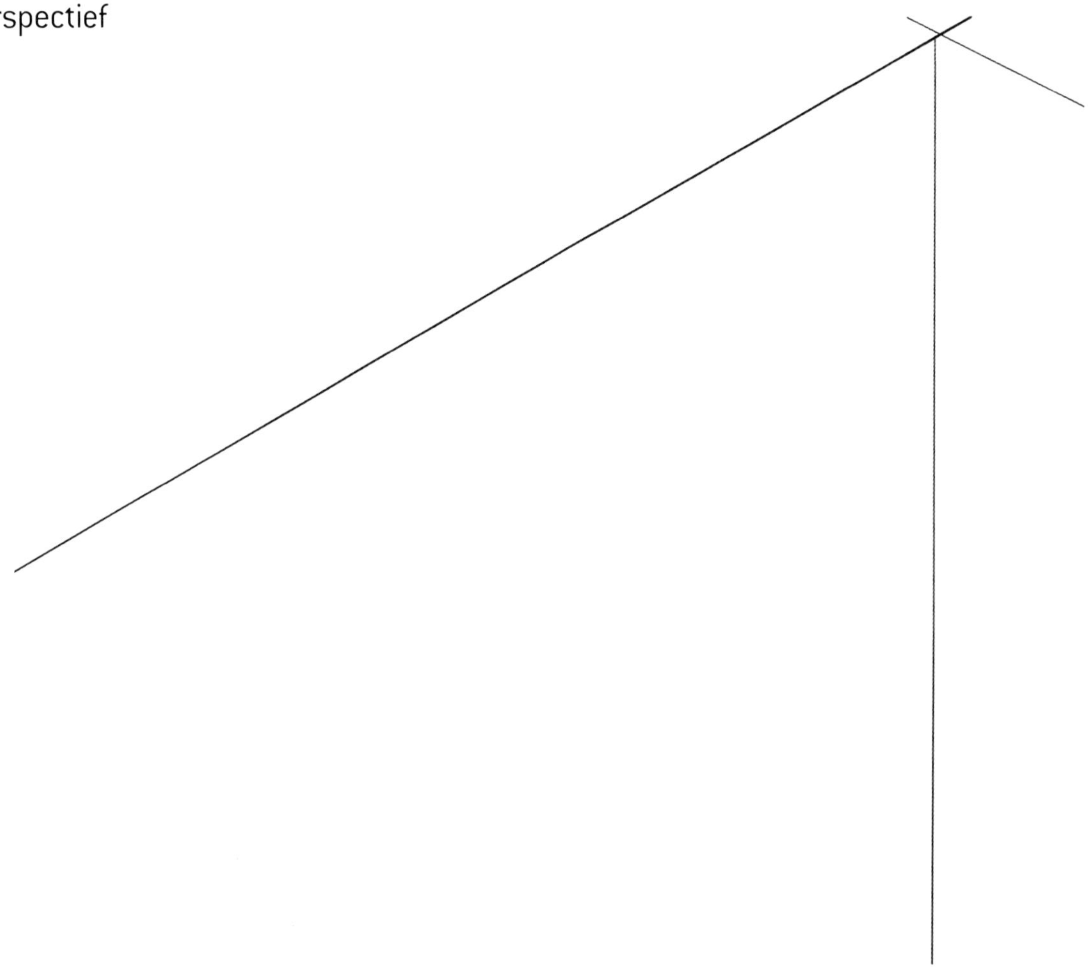

We now define the upper corner of a house.

Nous allons maintenant représenter l'angle supérieur d'une maison.

Definieren Sie nun die obere Ecke des Gebäudes.

Teken nu de bovenste hoek van een huis.

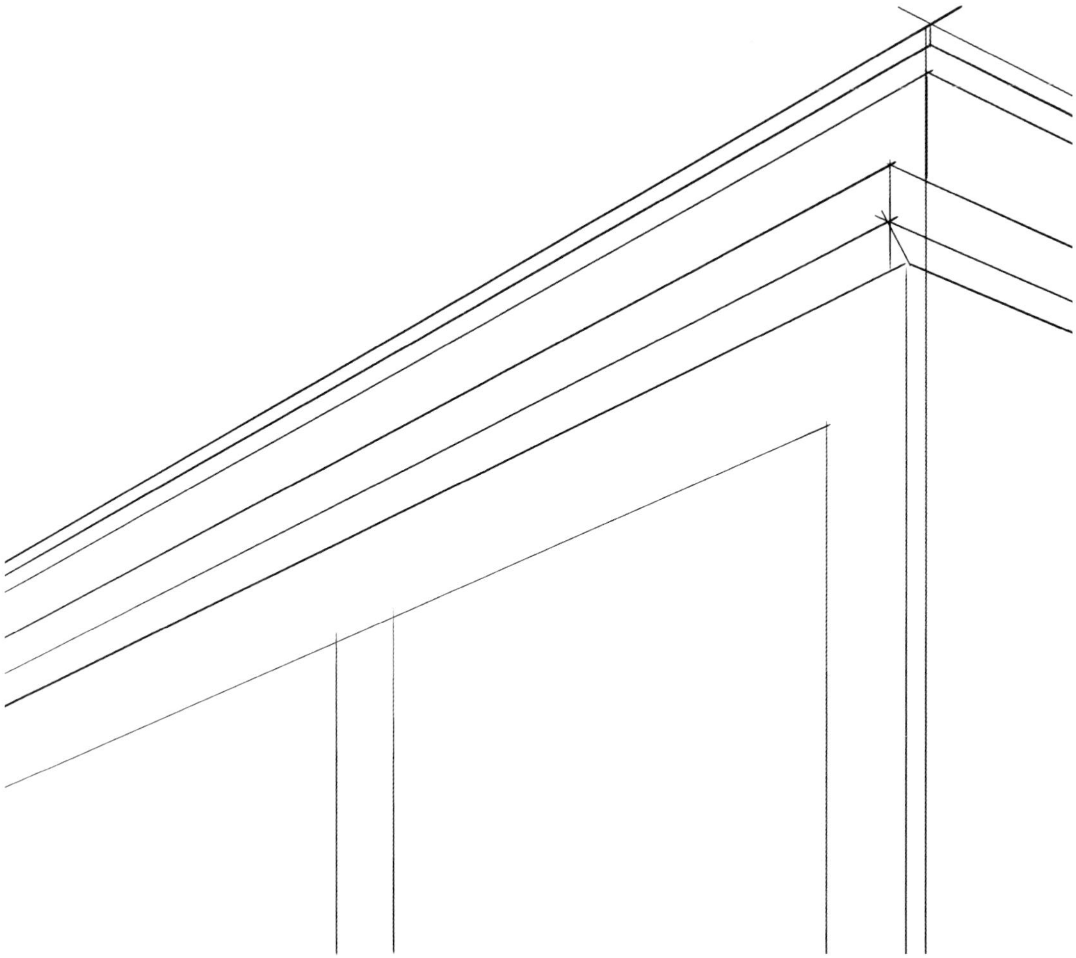

1 2 3 4 5 6 7

We add detail to the top and add the windows.

Nous détaillons la partie supérieure et ajoutons les fenêtres.

Arbeiten Sie den oberen Bereich aus und fügen Sie die Fenster ein.

Detailleer de bovenkant en voeg de ramen toe.

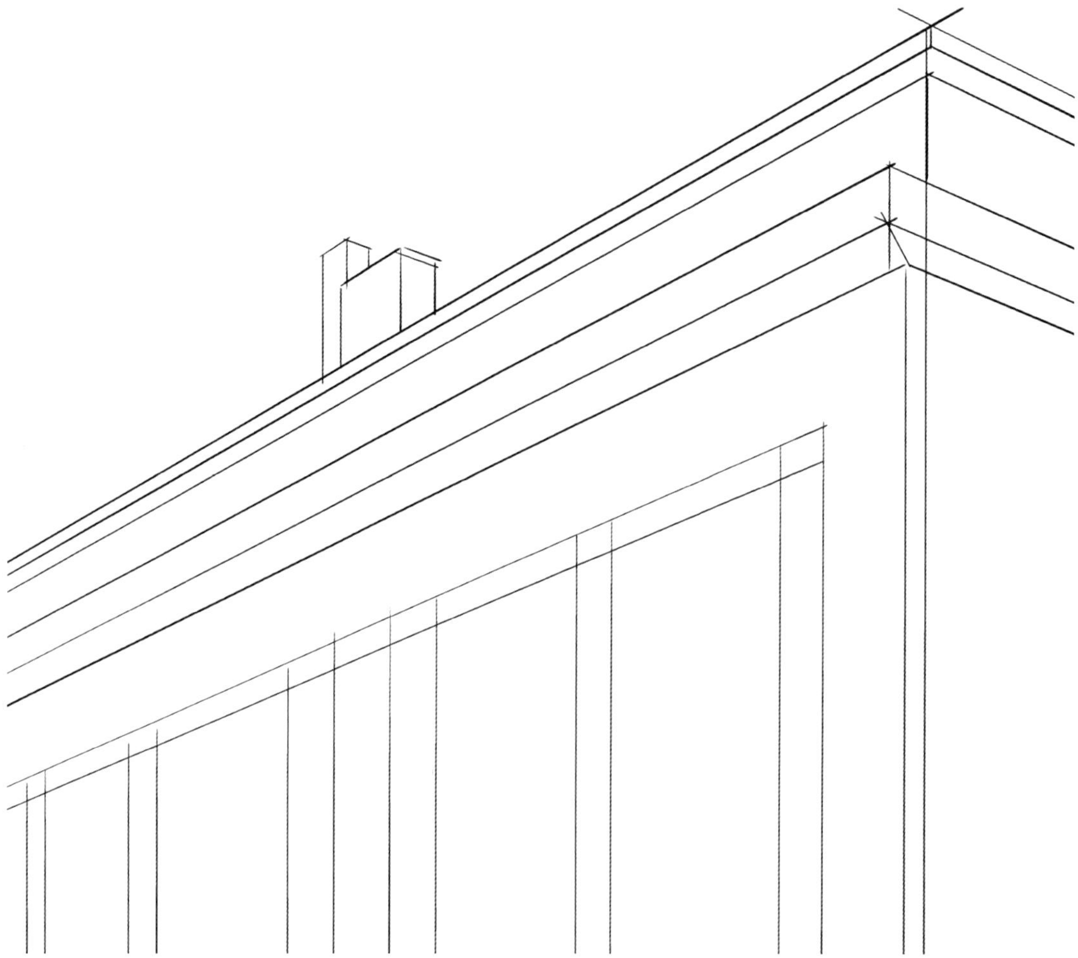

1 2 3 4 5 6 7

We add the window frames and two small air vents.

Nous dessinons les encadrements des fenêtres et deux petits conduits de ventilation.

Fügen Sie die Fensterrahmen und zwei kleine Lüftungsschächte hinzu.

Voeg de raamkozijnen en twee kleine luchtkokers toe.

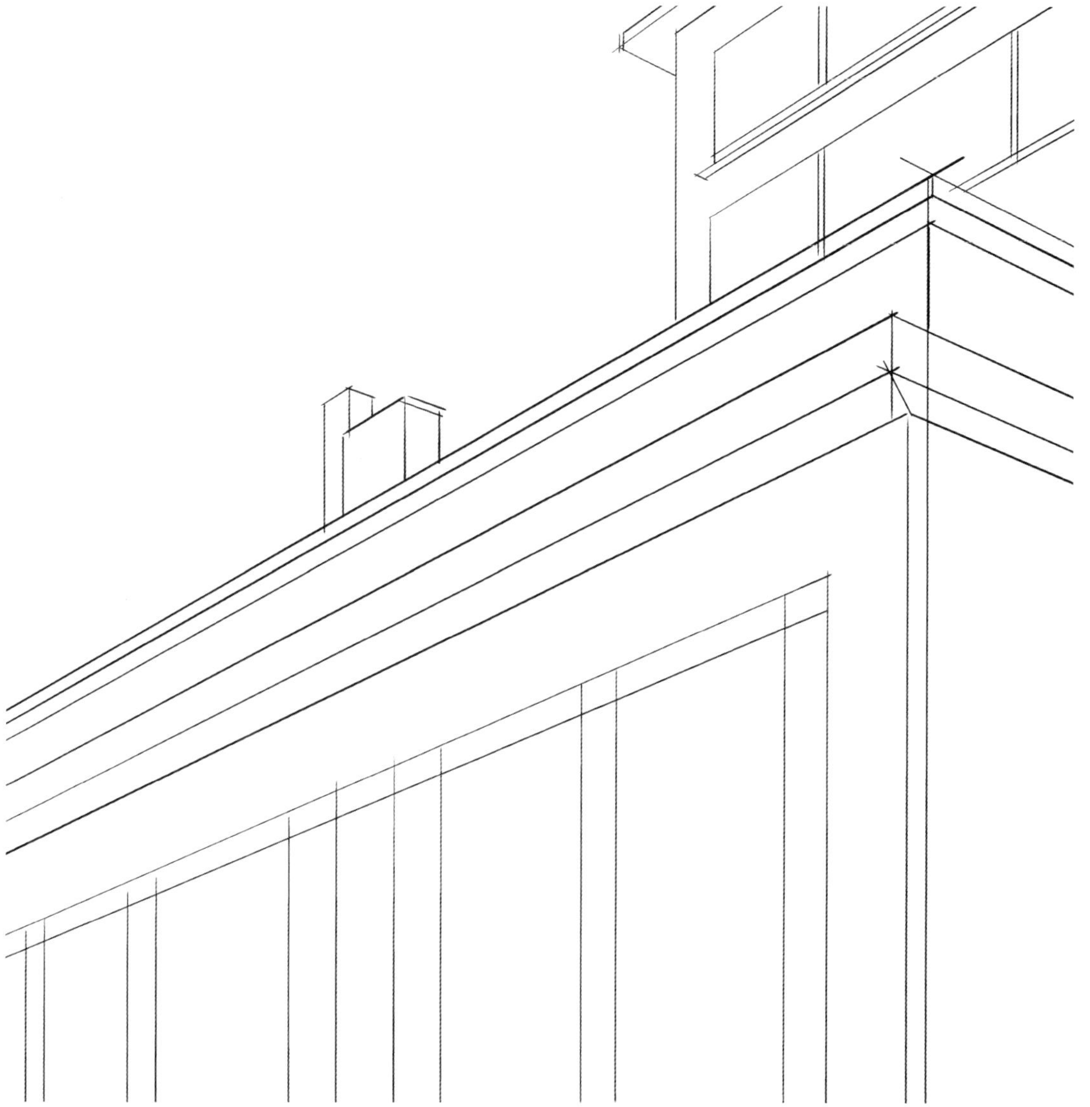

3

We begin to define a building in the background.

Nous ébauchons un bâtiment à l'arrière-plan.

Im Hintergrund wird ein weiteres Gebäude eingezeichnet.

Begin op de achtergrond een gebouw te definiëren.

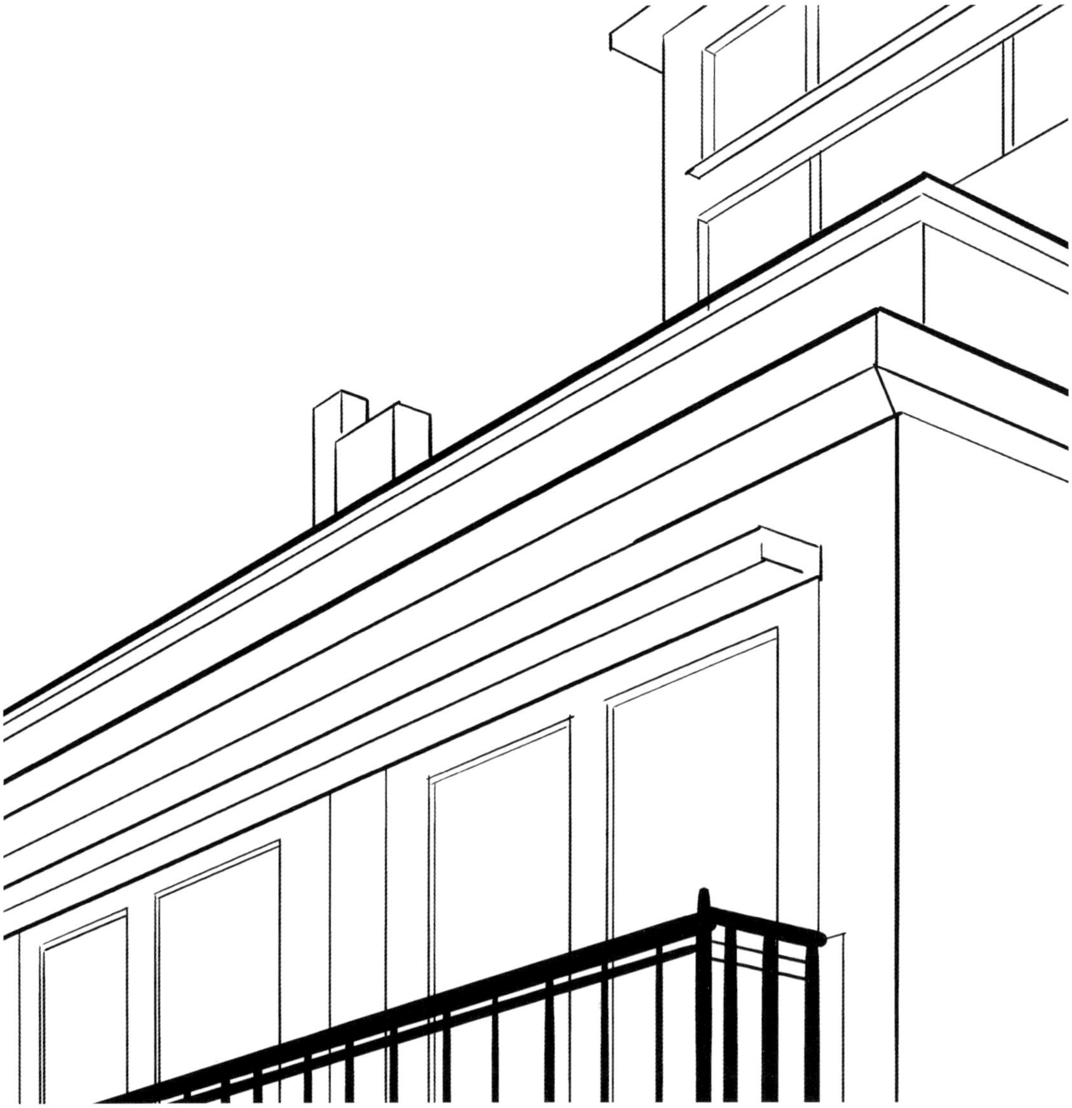

1 2 3 4 5 6 7

We tidy up the important lines and add the balcony and more detail to the façade.

Nous épurons les lignes importantes, rajoutons le balcon et détaillons un peu plus la façade.

Im nächsten Schritt folgt die Reinzeichnung der wichtigsten Linien. Außerdem wird der Balkon hinzugefügt und die Details der Fassade werden ausgearbeitet.

Teken de belangrijkste lijnen in het net, voeg het balkon toe en werk de gevel verder in detail uit.

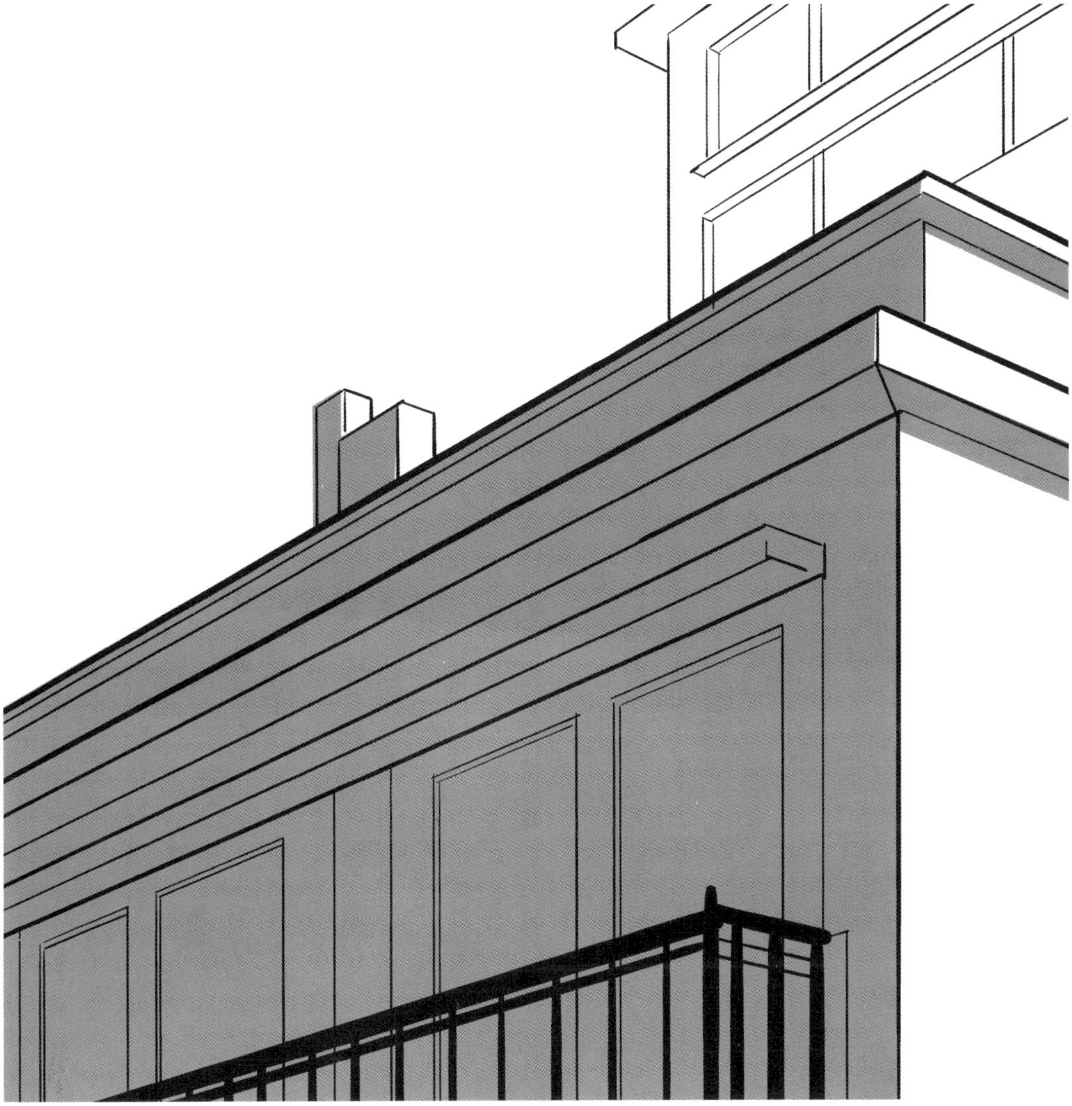

1 2 3 4 **5** 6 7

The two planes forming the main house are separated with some simple shading.

Une ombre simple nous permet de différencier les deux plans de la maison principale.

Ein einfacher Schatten grenzt die zwei Ebenen des Hauses im Vordergrund ab.

Scheid met een eenvoudige schaduw de twee vlakken van het hoofdhuis.

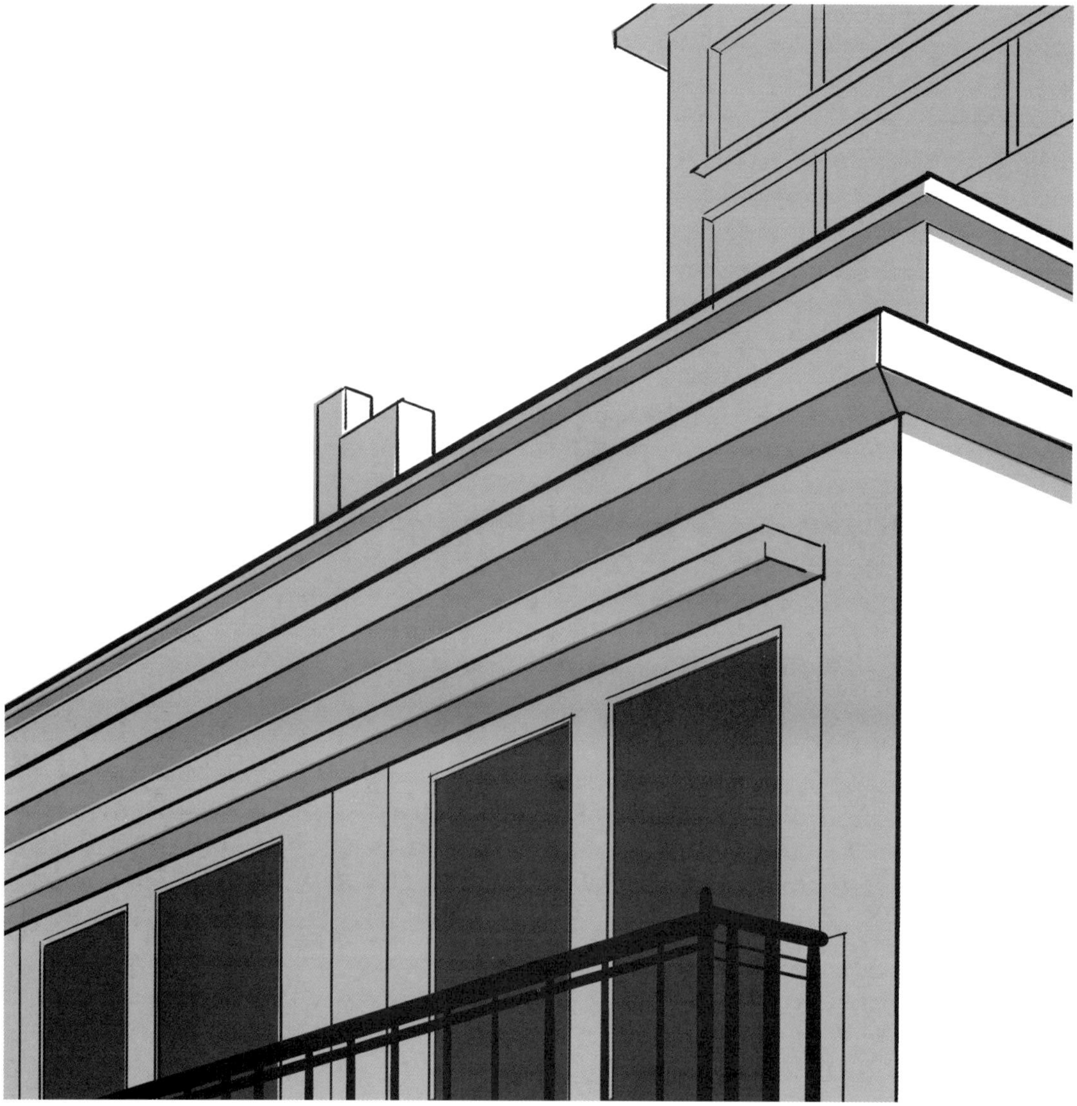

1 2 3 4 5 **6** 7

We darken the interior of the house suggested by the windows and also apply some shading to the building behind.

Nous appliquons une touche plus sombre à l'intérieur de la maison au niveau des fenêtres et ajoutons également une ombre sur le bâtiment à l'arrière-plan.

Das Innere des Gebäudes, welches sich durch die Fenster erahnen lässt, wird verdunkelt. Außerdem wird das hintere Gebäude mit Schatten versehen.

Maak de binnenkant van de woning die door de ramen waarneembaar is donkerder en breng ook schaduw aan op het gebouw erachter.

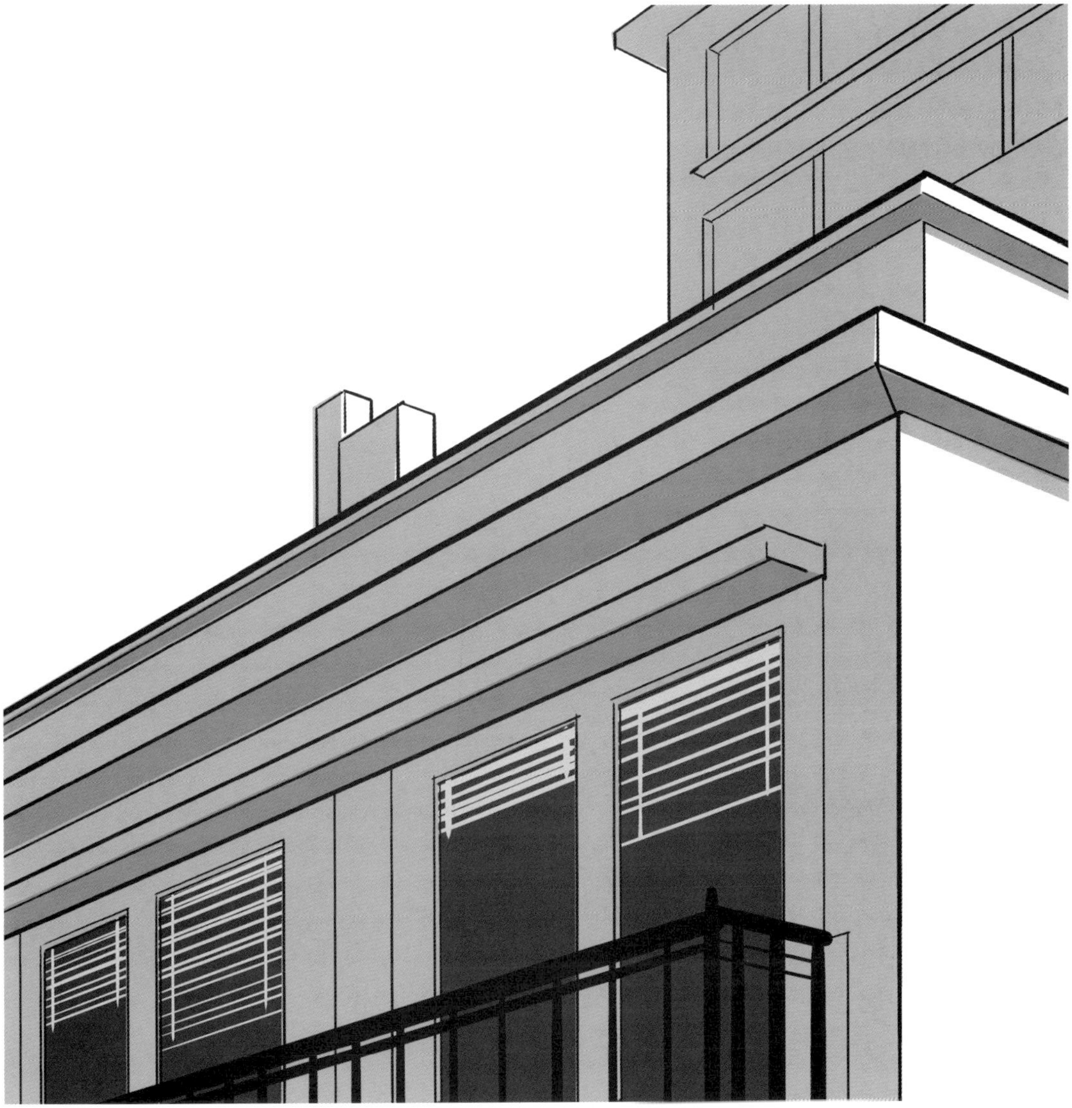

1 2 3 4 5 6 **7**

We add more detail to the closest elements.

Nous détaillons davantage les éléments les plus proches de nous.

Die Elemente in der Nähe des Betrachters sind mit einem höheren Detailgrad zu gestalten.

Werk de elementen die zich het dichtst bij ons bevinden verder uit.

Overlaid objects: books
Objets superposés : livres
Übereinanderliegende Gegenstände: Bücher
Superpositie van voorwerpen: boeken

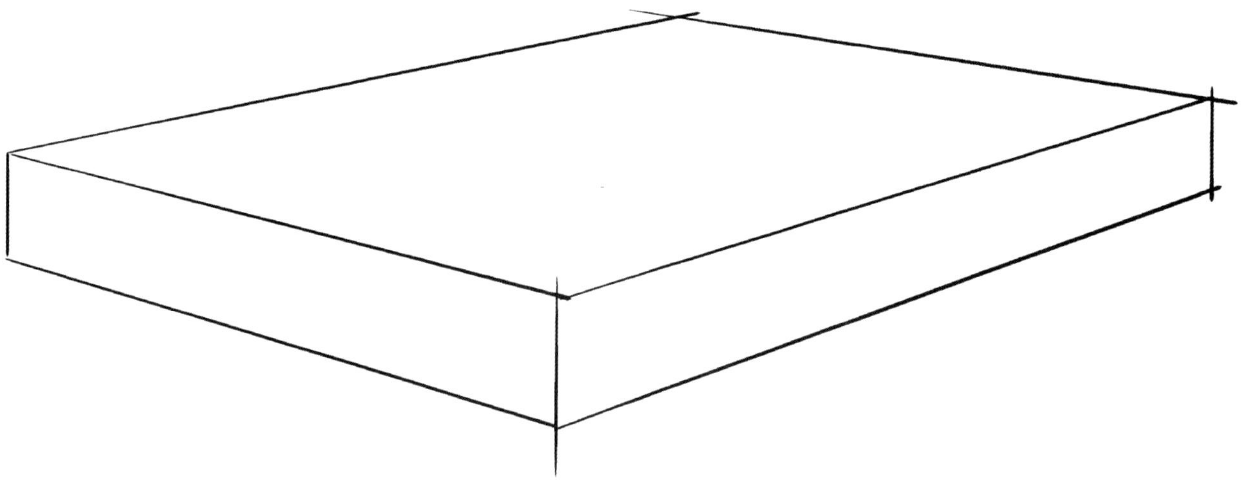

With the same process we used before we can place objects on top of each other and not just planes like the sheets of paper.

En utilisant la même méthode, nous pouvons superposer des objets et pas seulement des plans comme les feuilles de papier.

Mithilfe der gleichen Technik wie in der vorhergehenden Übung können auch Gegenstände, die nicht flach wie Papier sind, übereinander gelegt werden.

Aan de hand van hetzelfde proces dat we hiervoor hebben gebruikt kunnen we voorwerpen boven elkaar plaatsen en niet alleen vlakken zoals vellen papier.

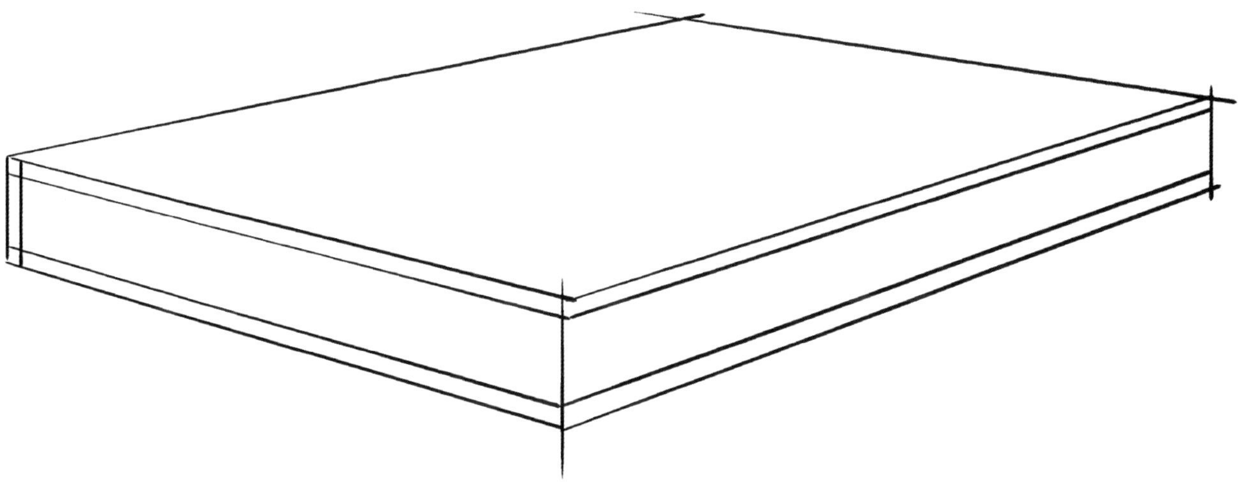

1 2 3 4 5 6 7

A book can be created from a basic box.

Nous créons un livre à partir d'une boîte simple.

Ausgehend von einem einfachen Quader zeichnen wir ein Buch.

Teken een boek op basis van een "doos".

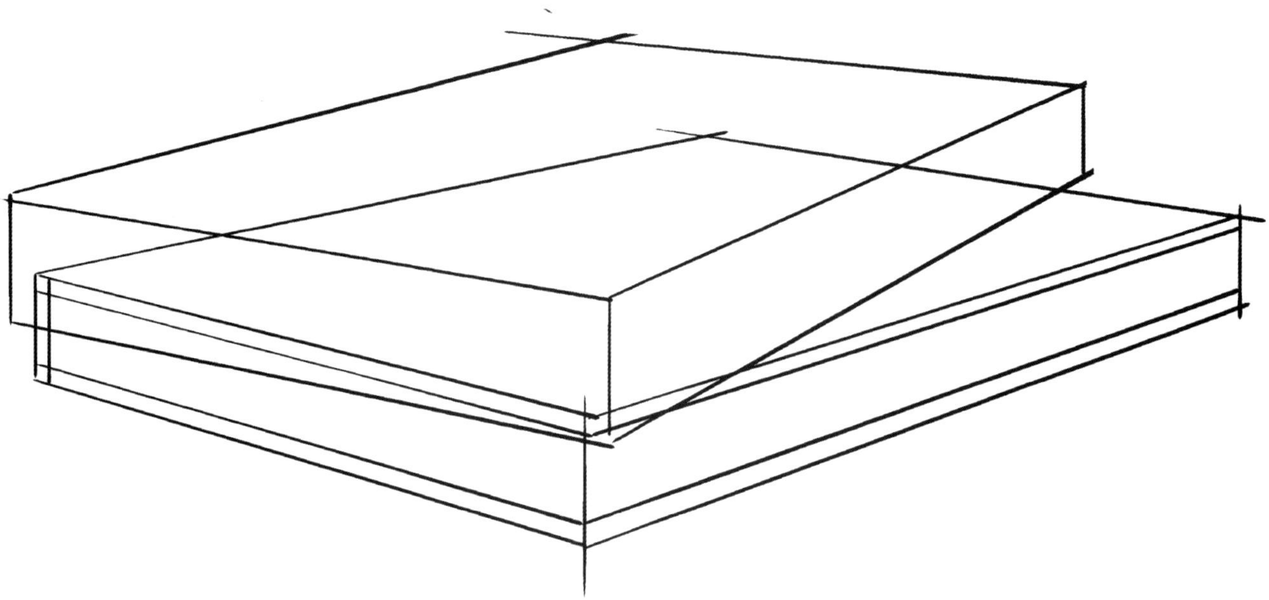

1 **2** 3 4 5 6 7

By moving the vanishing points on the horizon line, we can place one book on top of the other.

En déplaçant les points de fuite sur la ligne d'horizon, nous superposons un autre livre sur le précédent.

Durch Verschieben der Fluchtpunkte auf der Horizontlinie kann ein Buch schräg über das andere gelegt werden.

Door de verdwijnpunten over de horizonlijn te verplaatsen, wordt het ene boek op het andere geplaatst.

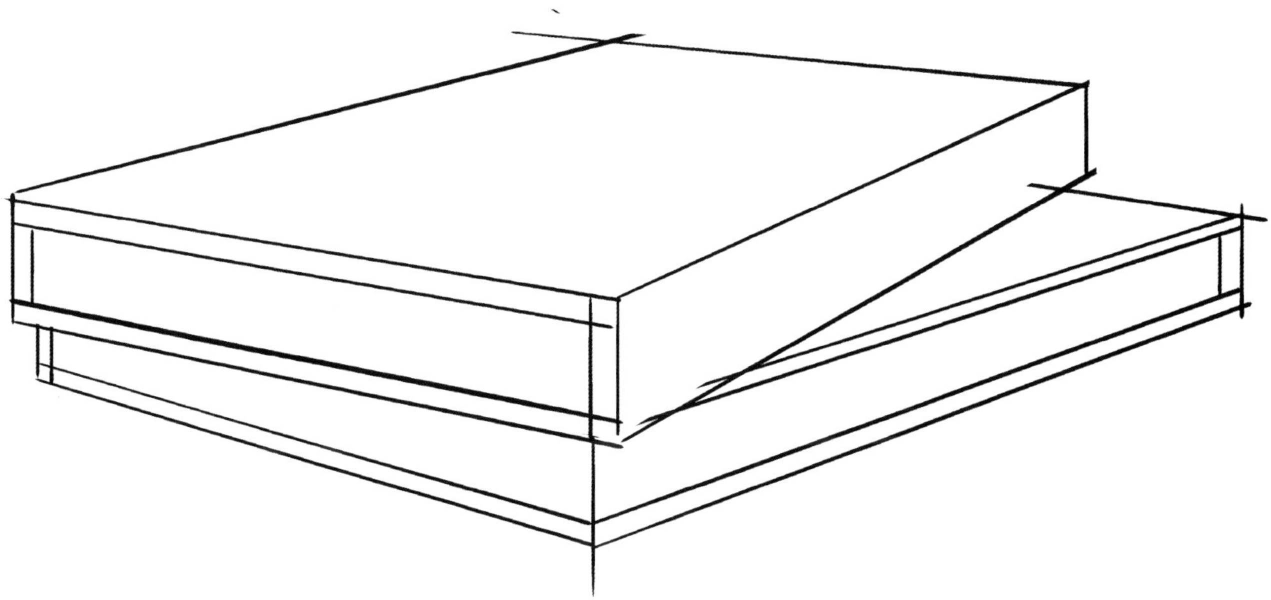

1 2 **3** 4 5 6 7

We add detail.

Nous détaillons un peu plus les figures.

Fügen Sie im nächsten Schritt zeichnerische Details hinzu.

De details worden verder uitgewerkt.

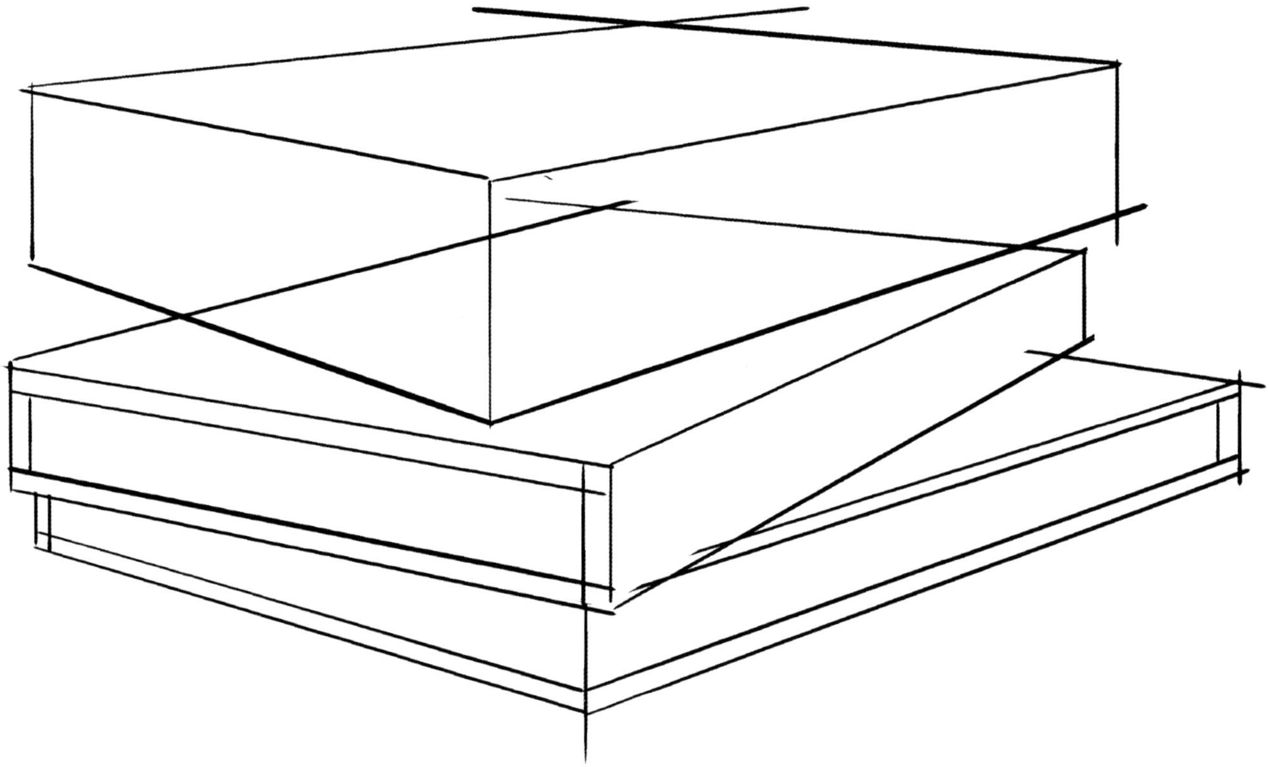

1 2 3 **4** 5 6 7

And then add a third book, which is larger in size.

Puis, nous superposons un troisième livre plus gros.

Nun wird ein drittes, größeres Buch auf den Stapel gelegt.

Breng daarna een derde, groter boek aan.

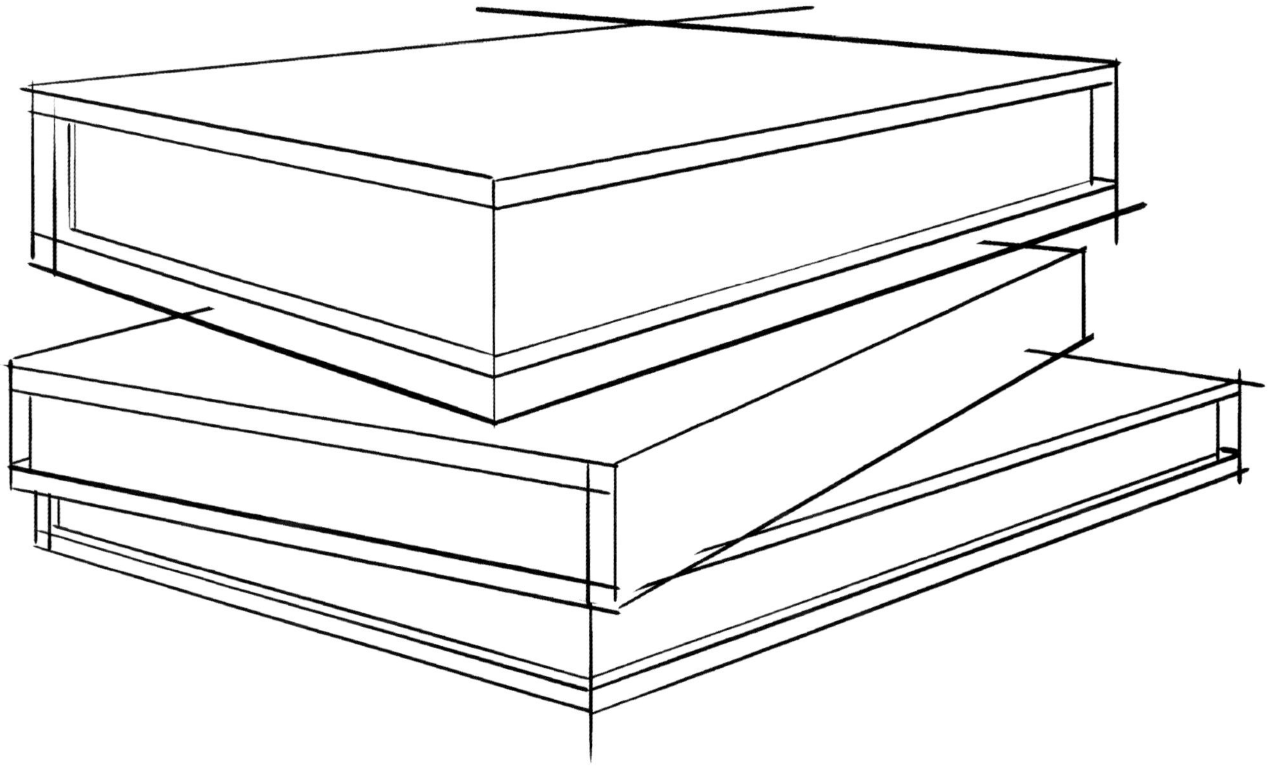

1 2 3 4 **5** 6 7

We erase the excess lines
and the areas that are hidden.

Nous éliminons les lignes en trop
et les parties qui sont cachées.

Entfernen Sie überzählige Striche
und Linien an Überlagerungen.

Wis de overbodige lijnen en de zones
die verborgen blijven.

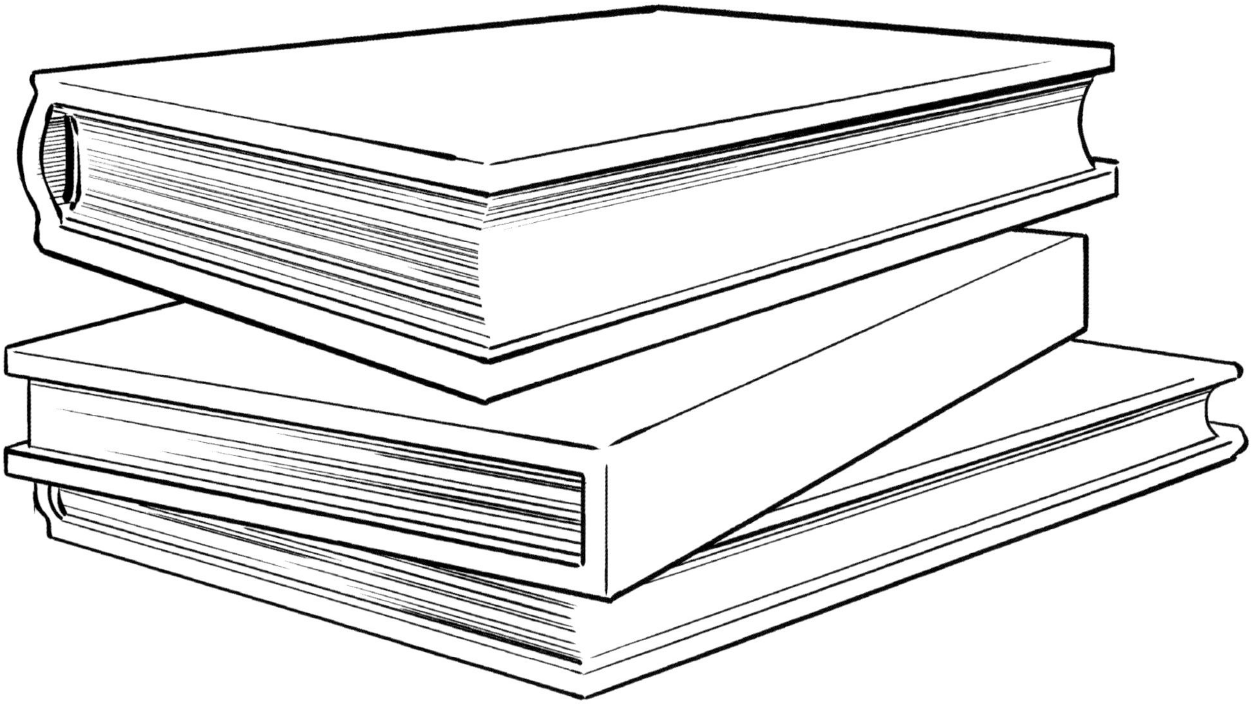

1 2 3 4 5 **6** 7

We add further detail to define the pages with vanishing lines.

Nous détaillons davantage en dessinant les pages avec des lignes de fuite.

Definieren Sie die einzelnen Buchseiten durch Einzeichnen von Fluchtlinien.

Werk de details verder uit en teken de bladzijden met vluchtlijnen.

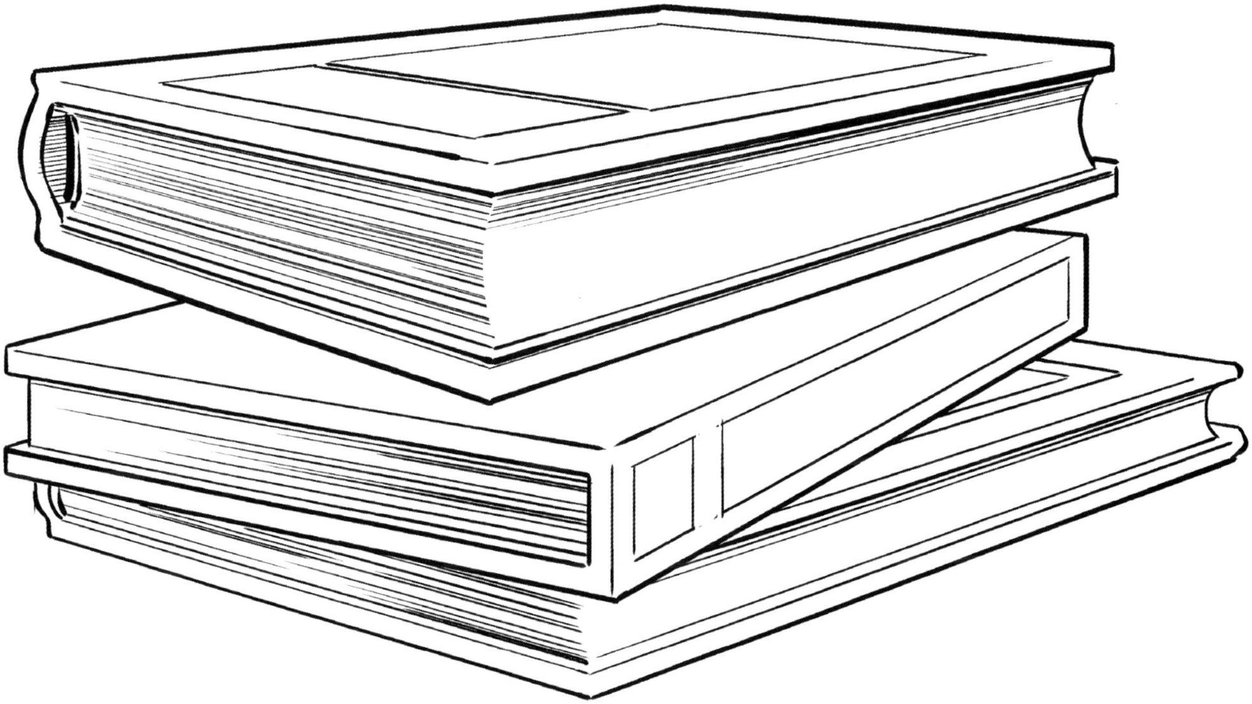

1 2 3 4 5 6 7

We add more detail to make the image more realistic.

Avec quelques détails supplémentaires, nous donnons plus de réalisme à l'image.

Durch Hinzufügen weiterer Details wirkt die Zeichnung wirklichkeitsgetreuer.

Voeg meer details toe om de afbeelding er echter te laten uitzien.

Urban view from interior
Vue urbaine prise d'un intérieur
Blick aus einem Zimmer auf die Stadt
Stadszicht vanuit een interieur

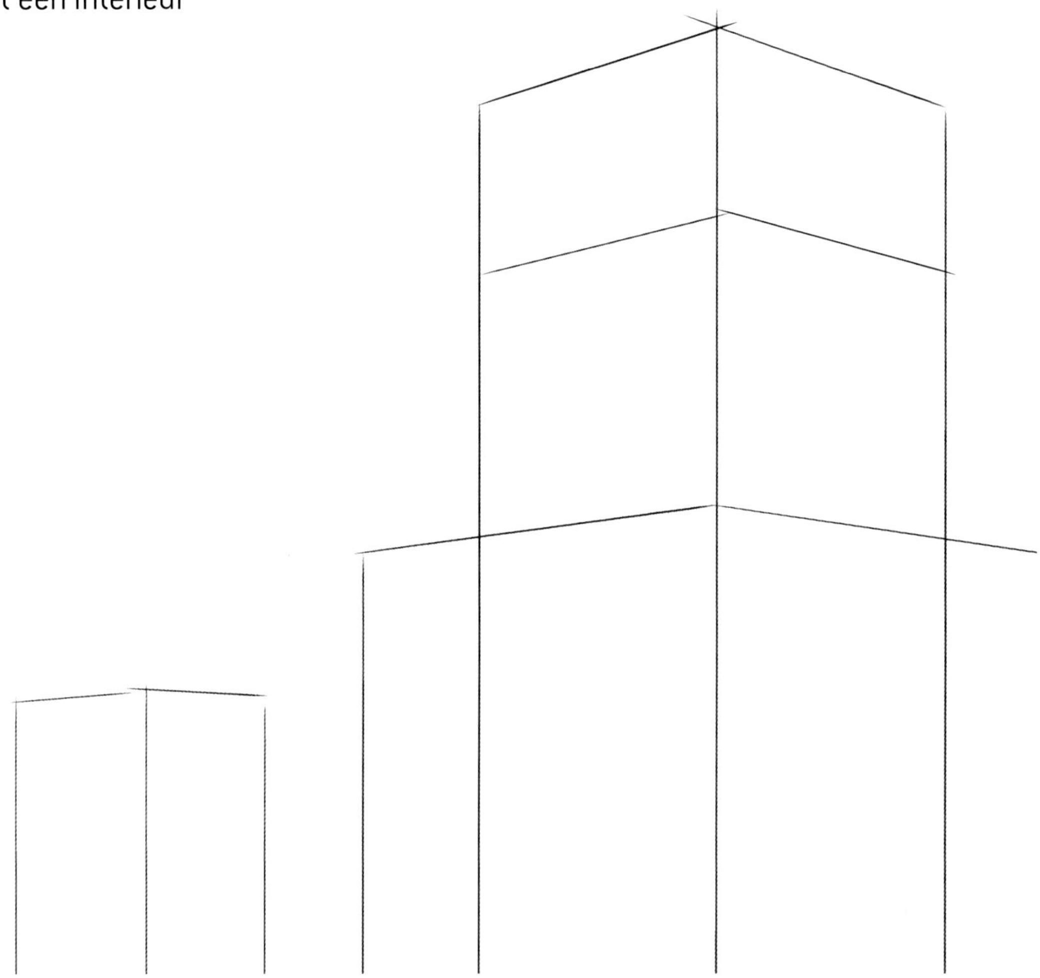

We begin to define the basic shapes of the buildings.

Nous commençons par ébaucher les principaux traits des bâtiments.

Legen Sie zunächst die Grundformen der Gebäude fest.

Voeg boven elkaar geplaatste vormen en diverse niveaus op elk vlak toe.

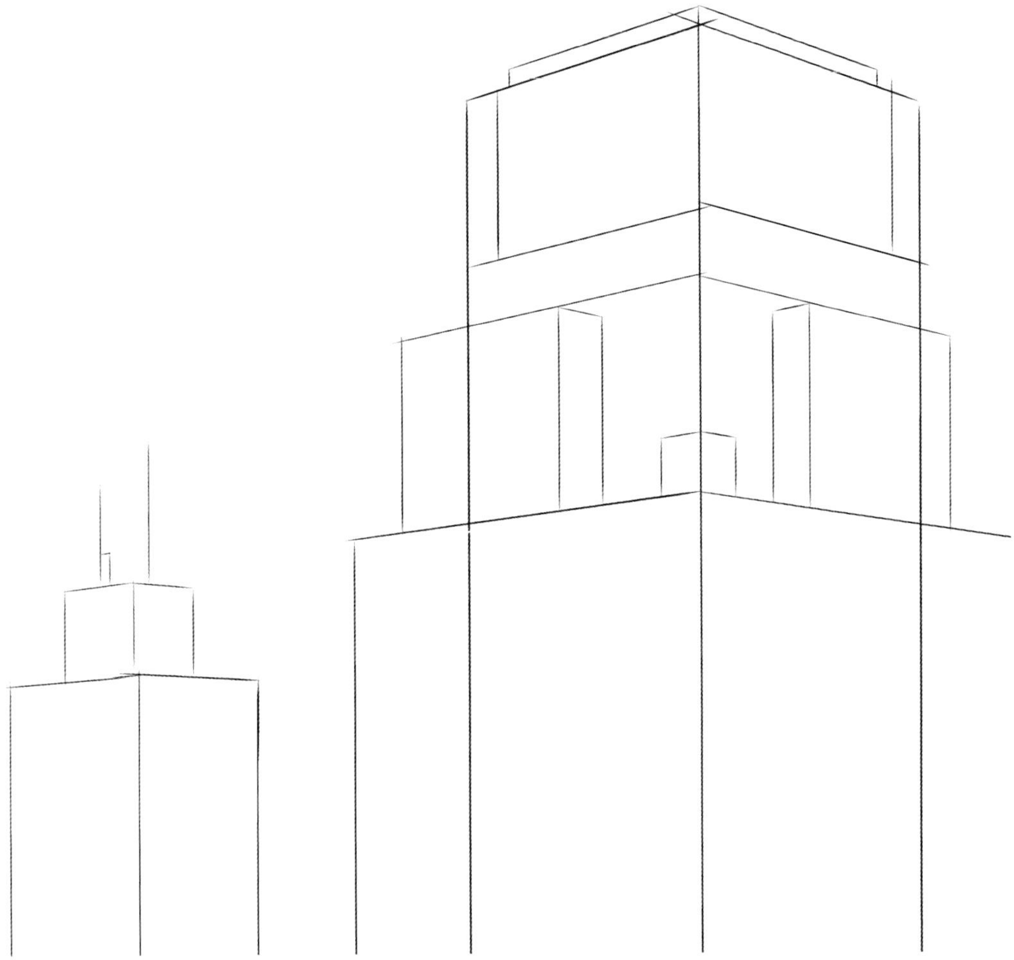

1 2 3 4 5 6 7 8 9

We add overlays and several levels in each plane.

Nous ajoutons des éléments superposés et plusieurs niveaux sur chaque plan.

Fügen Sie in jeder Ebene sich überlagernde Elemente und mehrere Stufen hinzu.

Voeg boven elkaar geplaatste vormen en diverse niveaus op elk vlak toe.

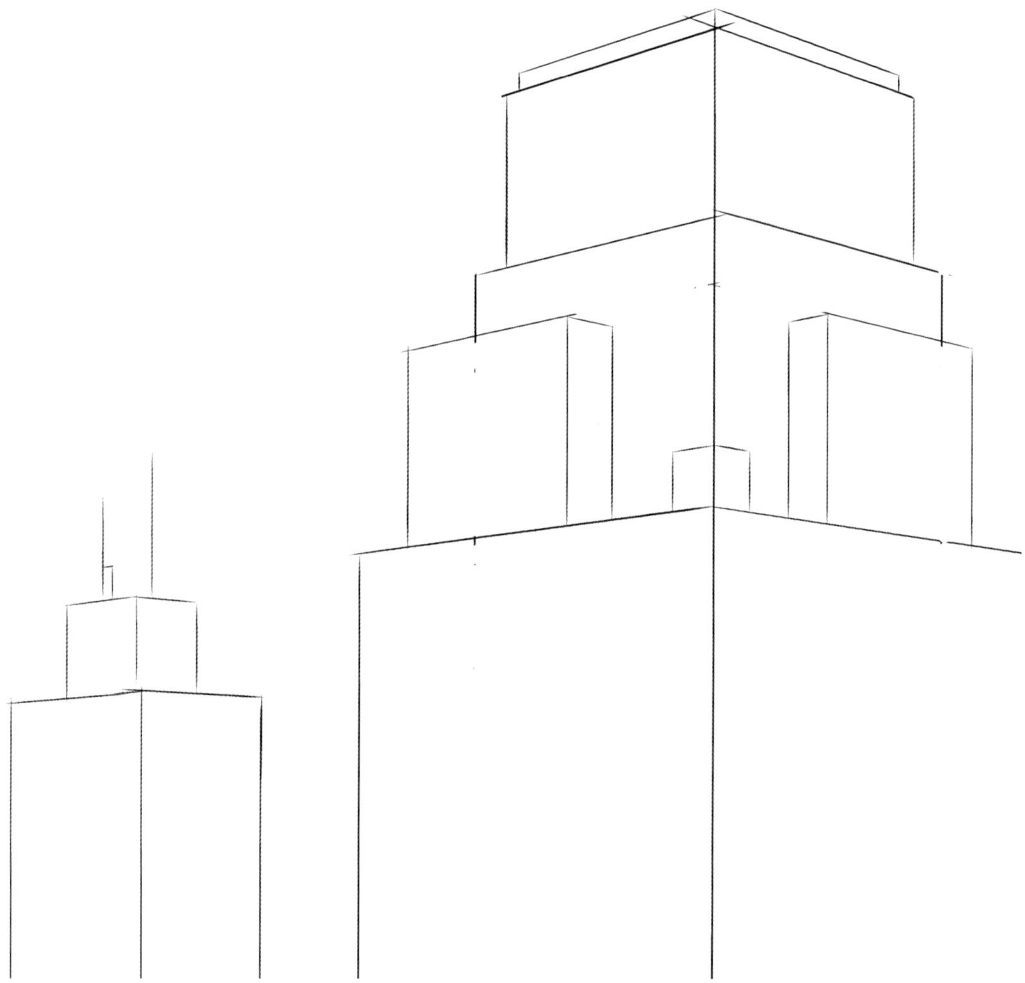

1 2 3 4 5 6 7 8 9

We tidy up the main lines.

Nous épurons les principales lignes.

Die Reinzeichnung weist nur die wichtigsten Linien und Konturen auf.

Teken de hoofdlijnen in het net.

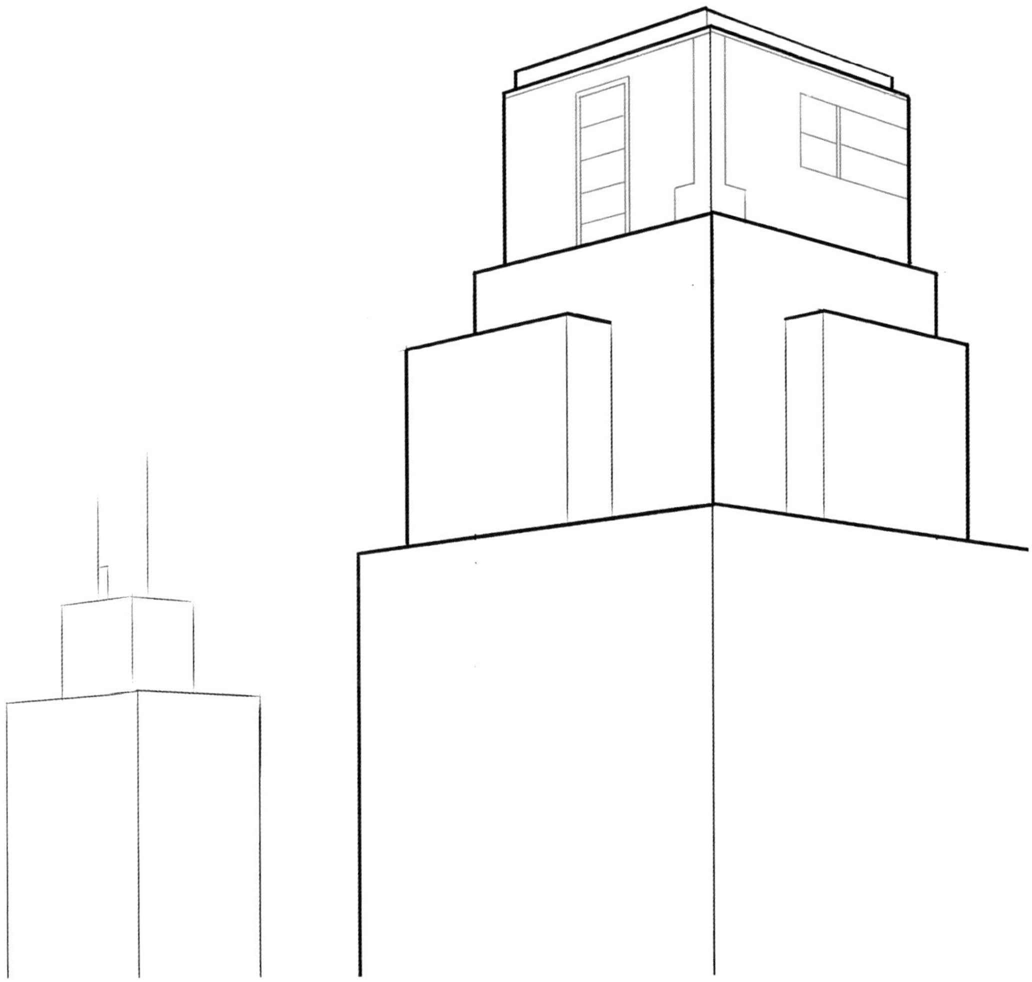

1 2 **3** 4 5 6 7 8 9

We draw the nearest building to the viewer with a thicker line to "bring it closer."

Nous faisons ressortir le bâtiment le plus proche du spectateur avec un trait plus épais, afin de le « rapprocher ».

Zeichnen Sie das Gebäude, das dem Betrachter am nächsten ist, mit dickeren Strichen, um es visuell „anzunähern".

Teken met een dikkere streep het gebouw dat zich het dichtst bij de kijker bevindt waardoor het "dichterbij wordt gehaald".

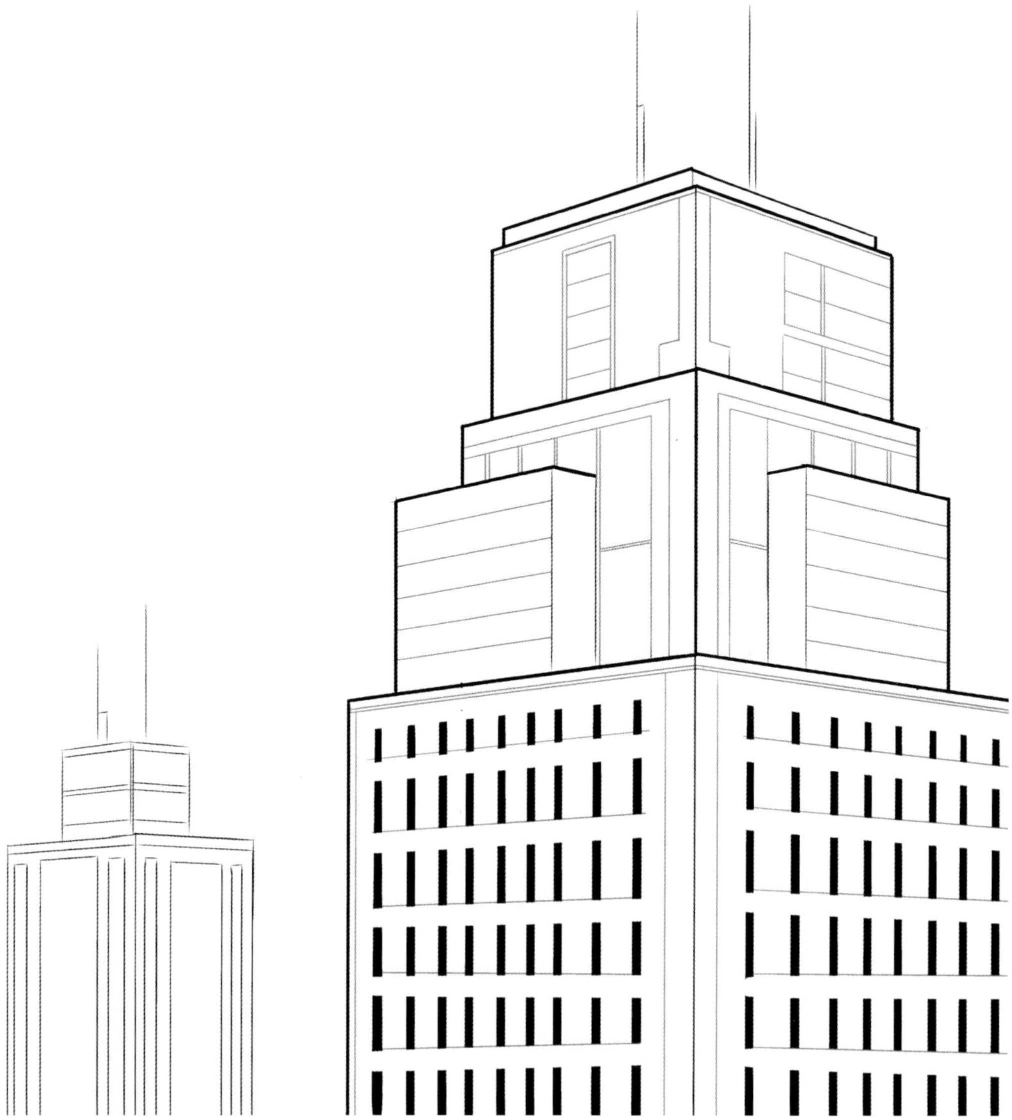

1 2 3 **4** 5 6 7 8 9

We start to develop each building, with more detailed attention the closer it is, leaving the other one barely sketched in.

Nous détaillons un peu plus chaque bâtiment, en soignant davantage le plus proche, et en ébauchant simplement celui du fond.

Führen Sie die Gebäude im Details aus, wobei das näher liegende Gebäude mit mehr Einzelheiten zu versehen ist und das hintere Gebäude nur leicht skizziert wird.

Begin elk gebouw uit te werken en besteed daarbij meer aandacht aan het dichtst bij zijnde gebouw en laat het andere als een schets.

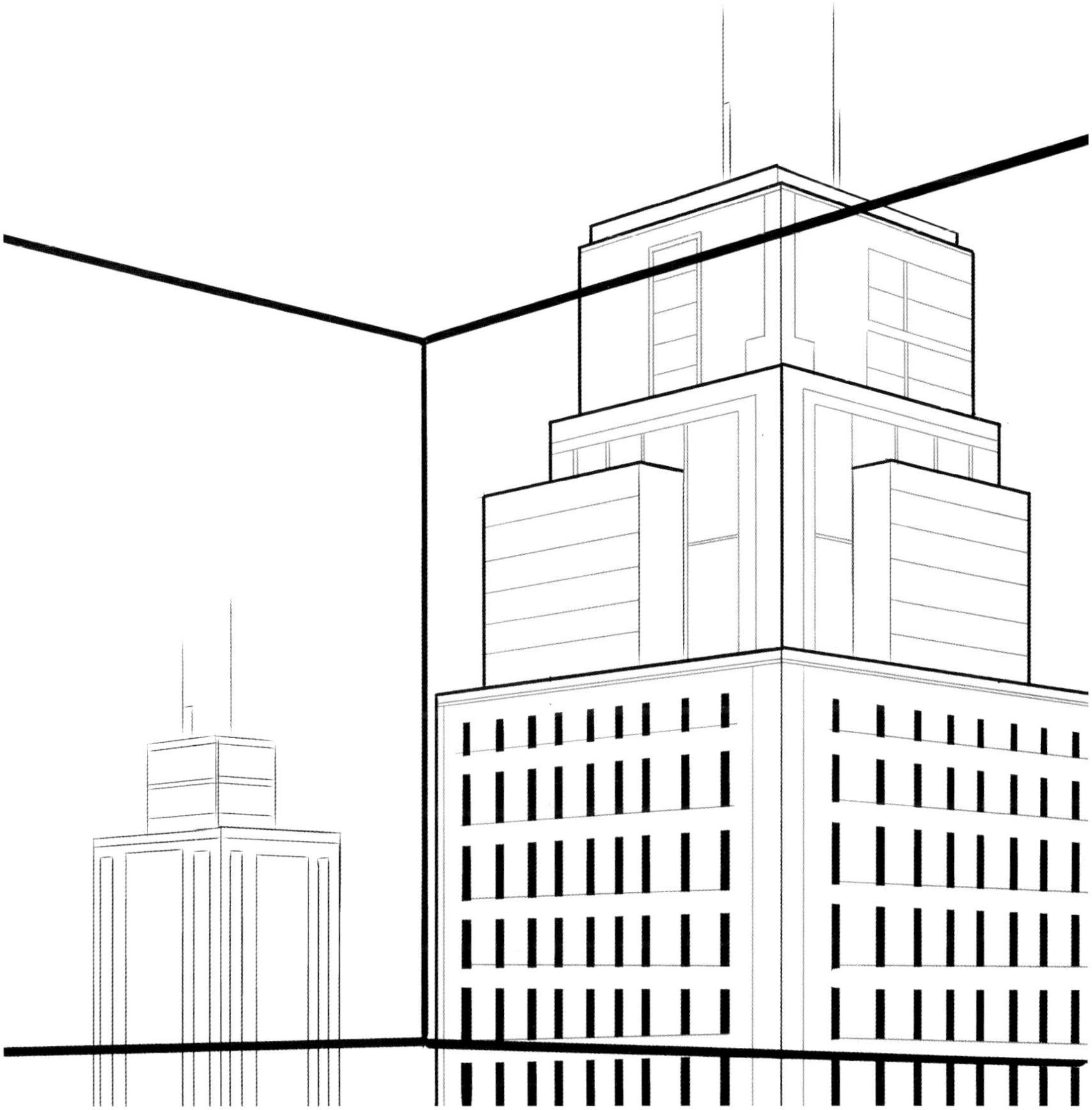

1 2 3 4 **5** 6 7 8 9

We are now going to draw the guides for the room from where we can see this landscape.

Nous allons maintenant tracer les lignes principales de la pièce, qui offre cette vue panoramique.

Im nächsten Schritt werden die Hilfslinien eingezeichnet, die das Zimmer darstellen, aus dem diese Stadtansicht betrachtet wird.

Teken nu de vluchtlijnen voor de kamer van waaruit dit uitzicht te zien.

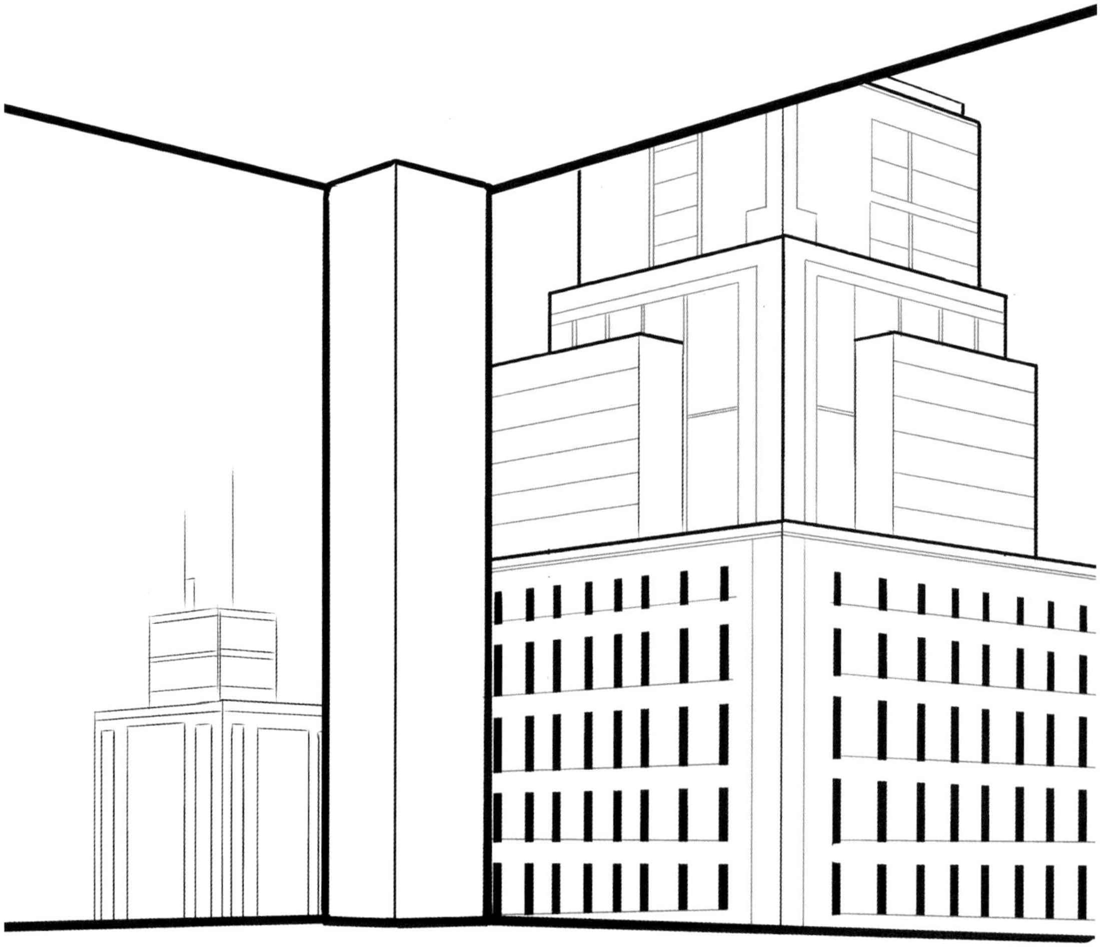

1 2 3 4 5 **6** 7 8 9

Once we have defined the floor and the ceiling of the room, we place a beam in the corner.

Une fois le plancher et le plafond de la pièce définis, nous ajoutons une colonne dans le coin.

Nachdem Boden und Decke des Zimmers festgelegt wurden, wird in der Ecke des Raums ein Pfeiler eingefügt.

Zodra de vloer en het plafond van de kamer zijn getekend, wordt een zuil in de hoek aangebracht.

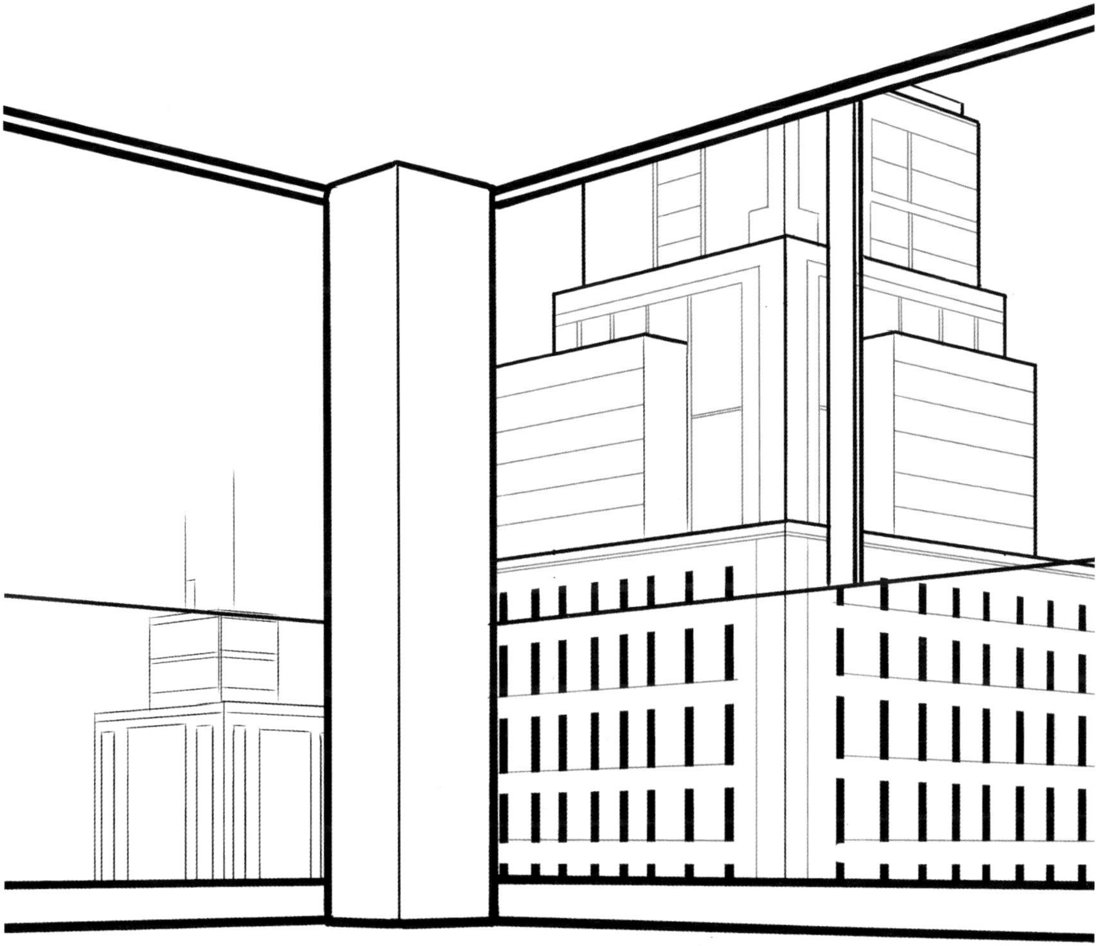

1 2 3 4 5 6 **7** 8 9

We add more details to the interior of the room.

Nous détaillons davantage l'intérieur de la pièce.

Das Innere des Zimmers wird nun mit weiteren Details versehen.

Voeg meer details aan het interieur van de kamer toe.

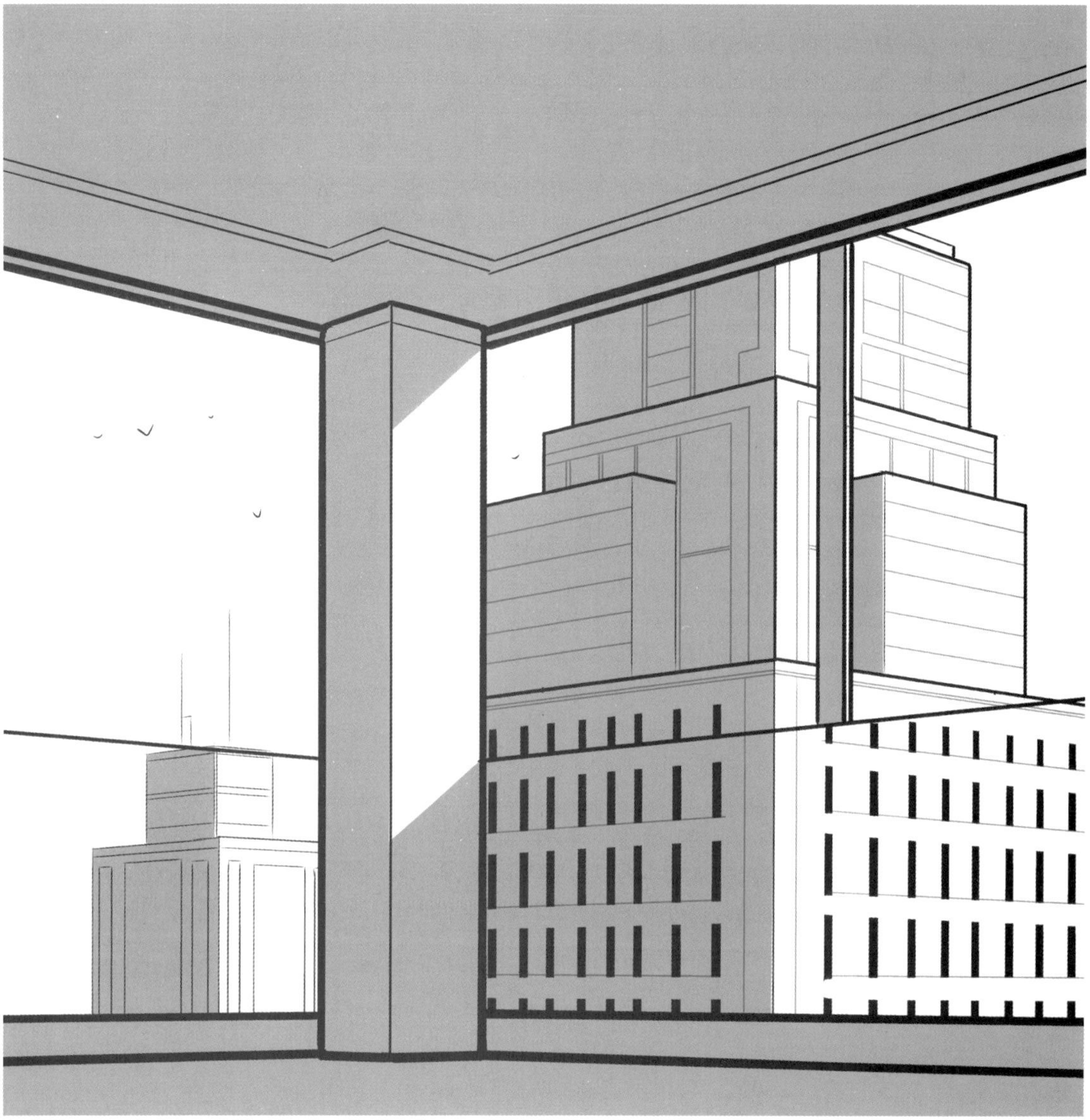

8

The planes are separated with simple shading.

Des ombres simples nous permettent de bien distinguer les plans.

Mithilfe einfacher Schatten werden die einzelnen Ebenen voneinander abgegrenzt.

Met eenvoudige schaduwen worden de vlakken van elkaar gescheiden.

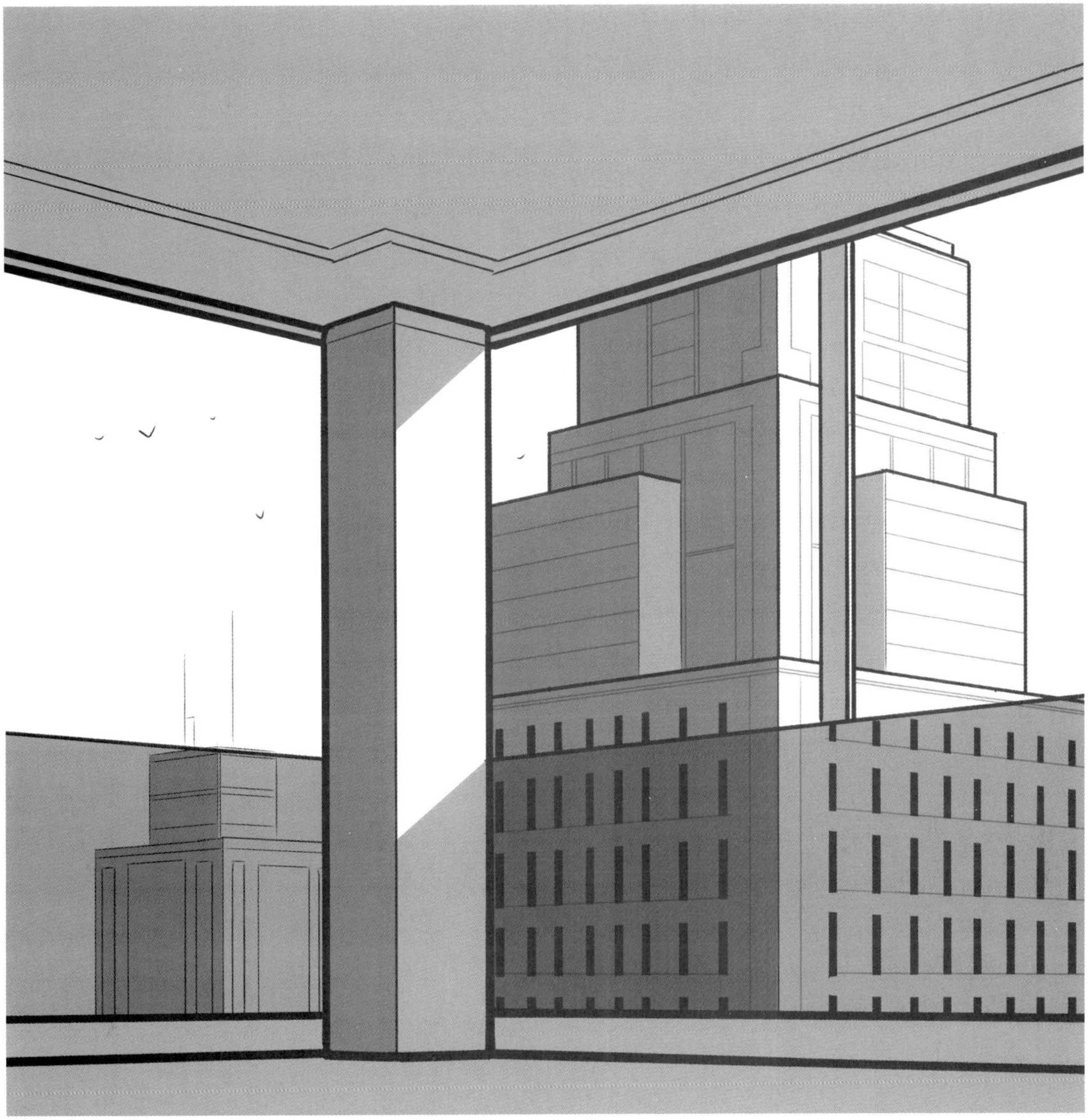

1 2 3 4 5 6 7 8 **9**

We use a greater amount of shading and tinted glass to lend the scene a great sense of depth.

Une ombre plus prononcée et des vitres teintées nous permettent de donner plus de profondeur au décor.

Dunklere Schatten und getönte Fensterscheiben verleihen der Szene mehr Tiefe.

Door meer schaduw en getint glas krijgt het tafereel meer diepte.

Indoor scene
Décor intérieur
Zimmer
Binnentafereel

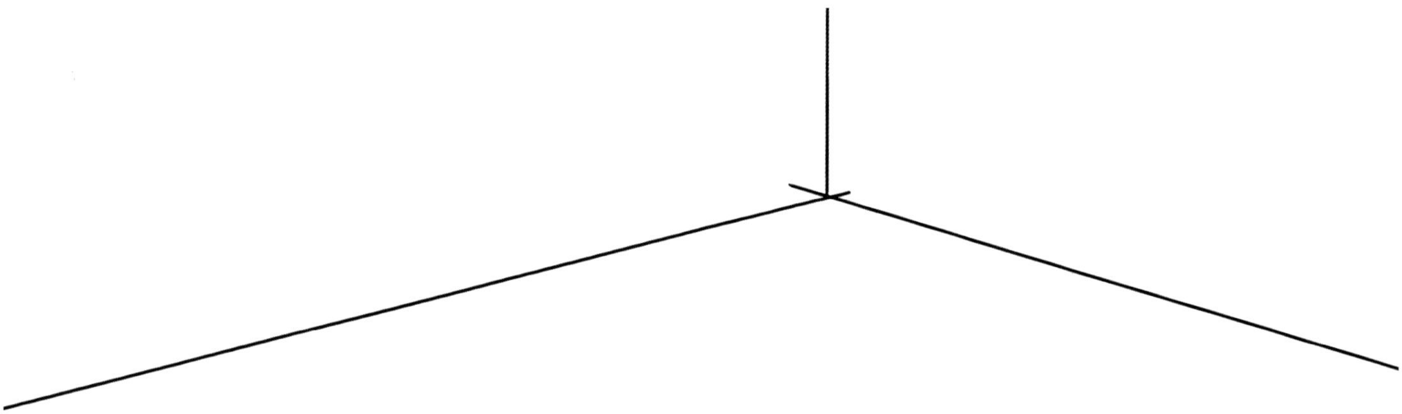

We shall now draw an indoor scene.

Nous allons maintenant dessiner un décor d'intérieur.

In der vorliegenden Übung soll die Innenansicht eines Zimmers gezeichnet werden.

We gaan nu een binnentafereel tekenen.

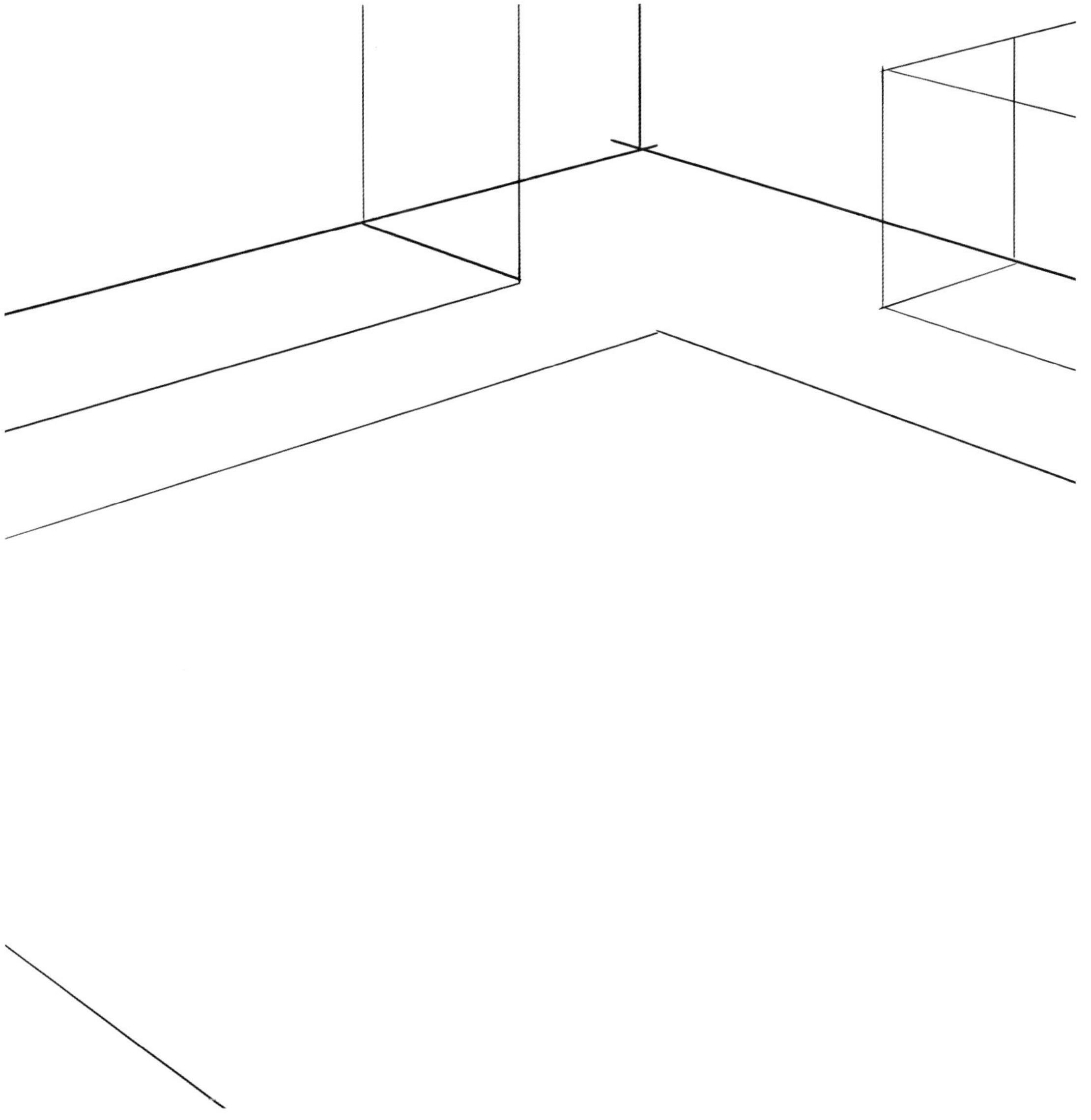

We define the basic shapes of a closet, a chair and a carpet.

Nous ébauchons les principaux traits d'une armoire, d'une chaise et d'un tapis.

Legen Sie die Grundformen für einen Schrank, einen Stuhl und einen Teppich fest.

We bepalen de basisvormen van een kast, een stoel en een vloerkleed.

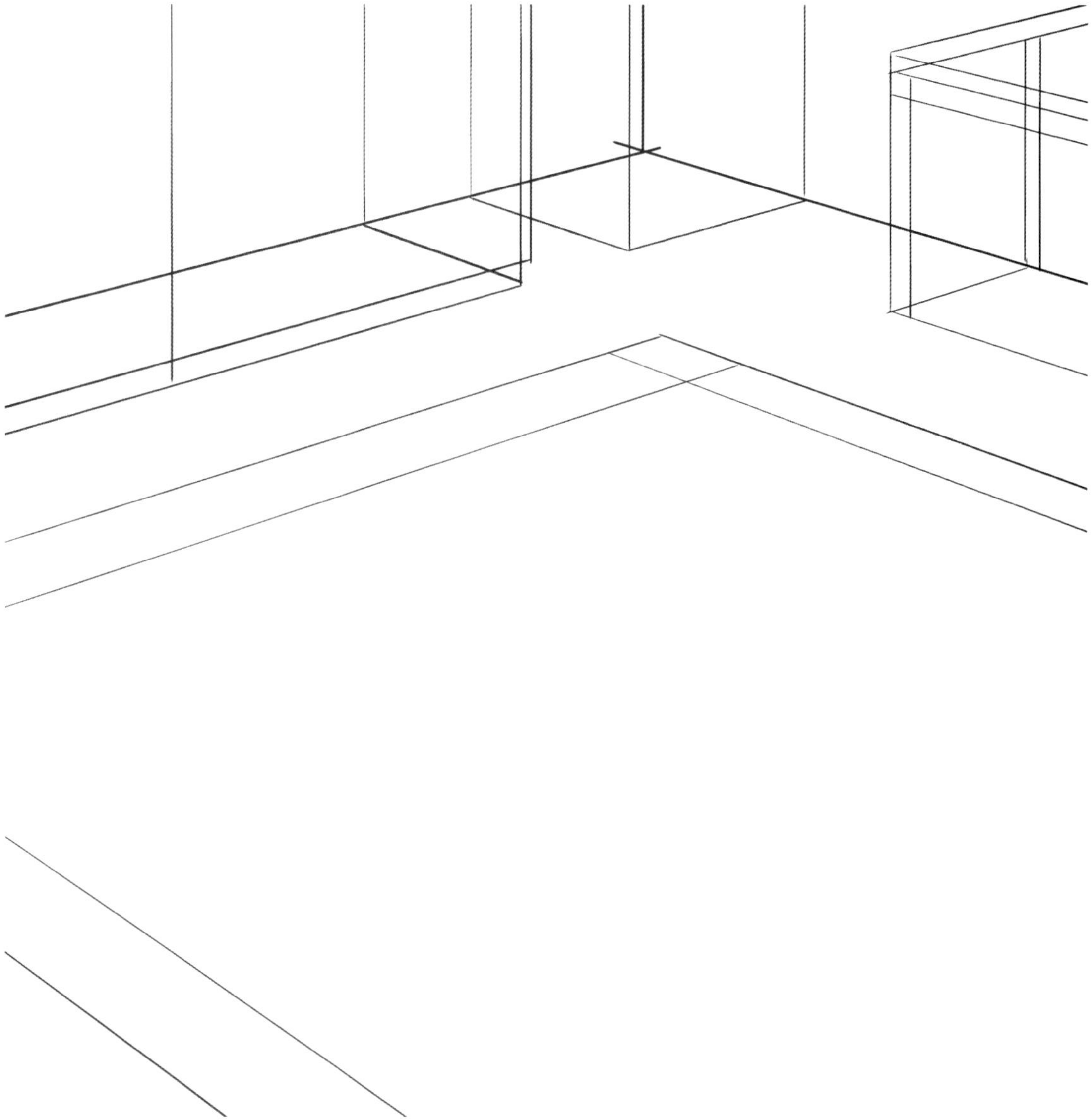

We add the base of a vase and start to define the shapes in more detail.

Nous ajoutons le socle d'un vase et commençons à détailler les formes.

Fügen Sie den unteren Teil einer Blumenvase hinzu und führen Sie die Formen der einzelnen Elemente weiter aus.

Voeg de onderkant van een vaas toe en begin de vormen uit te werken.

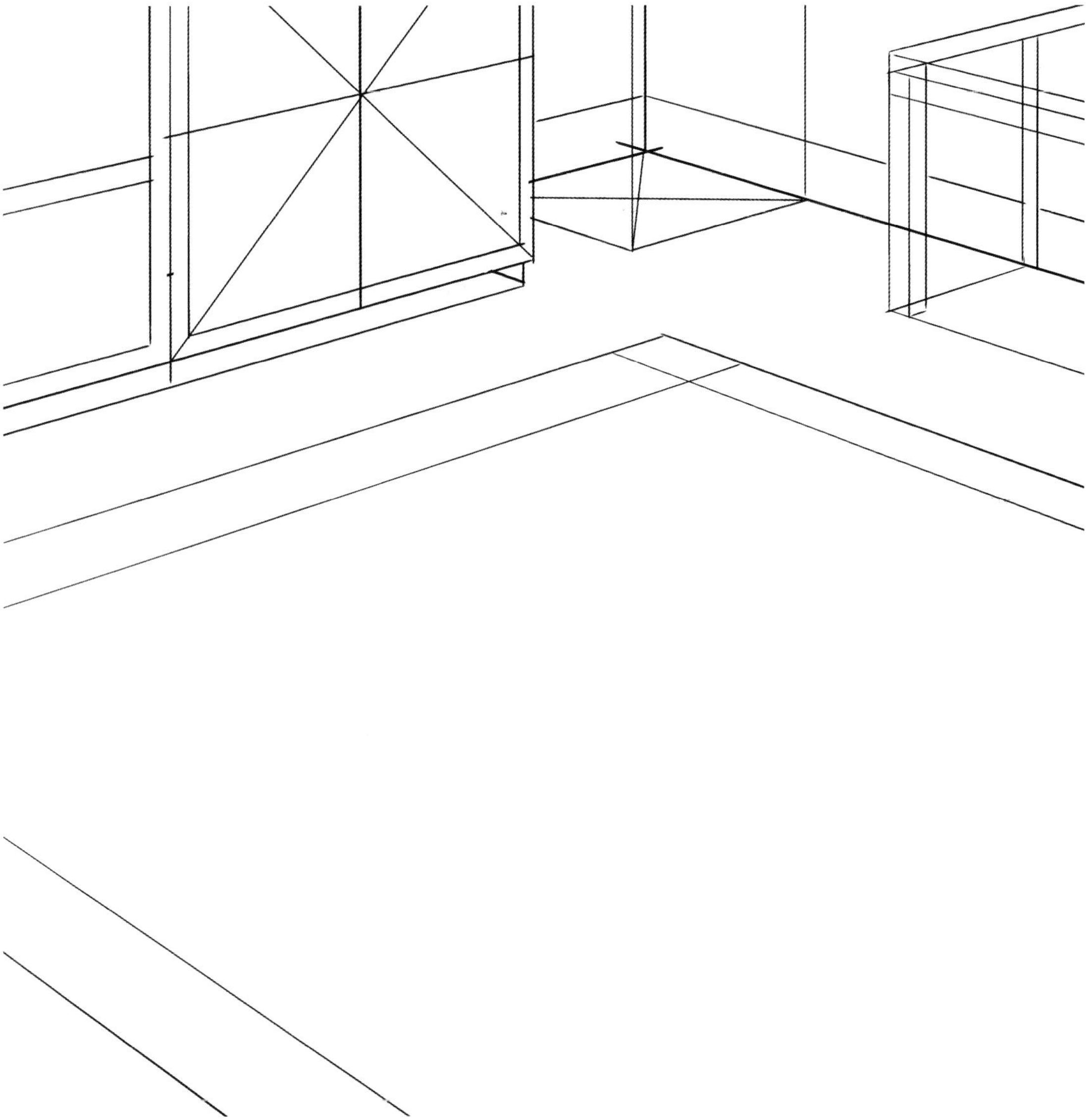

1 2 **3** 4 5 6 7 8 9

Drawing in the diagonals, we find the mid points for the doors of the closet.

En traçant les diagonales, nous obtenons les centres des portes de l'armoire.

Zeichnen Sie die Diagonalen ein, um die Mittelpunkte der Schranktüren zu bestimmen.

Bij het trekken van de diagonalen worden de middelpunten voor de kastdeuren gevonden.

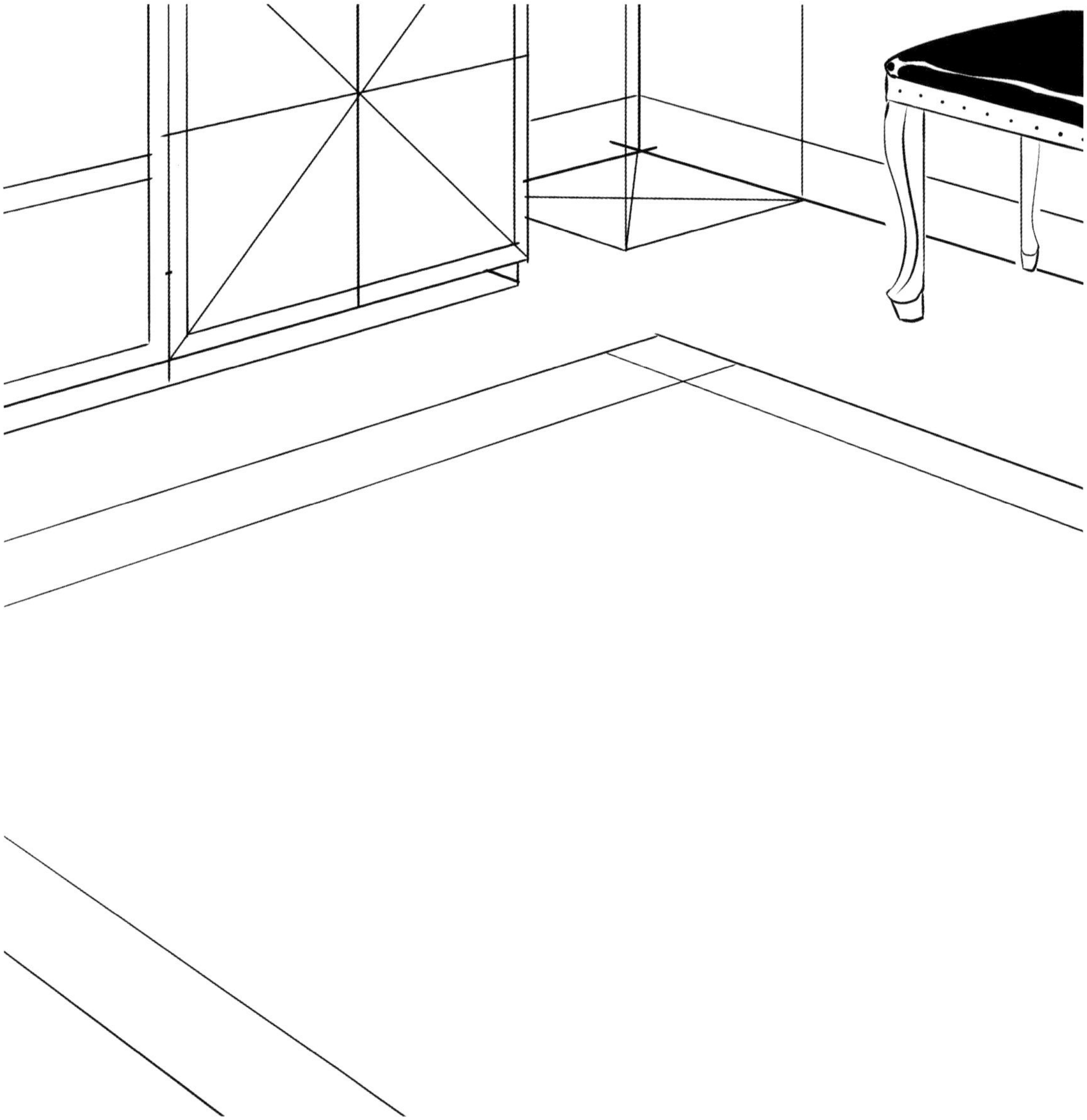

1 2 3 4 5 6 7 8 9

We define the chair with curved forms.

Nous dessinons la chaise avec des formes courbes.

Verleihen Sie dem Stuhl geschwungene Formen.

Teken de stoel met gebogen vormen.

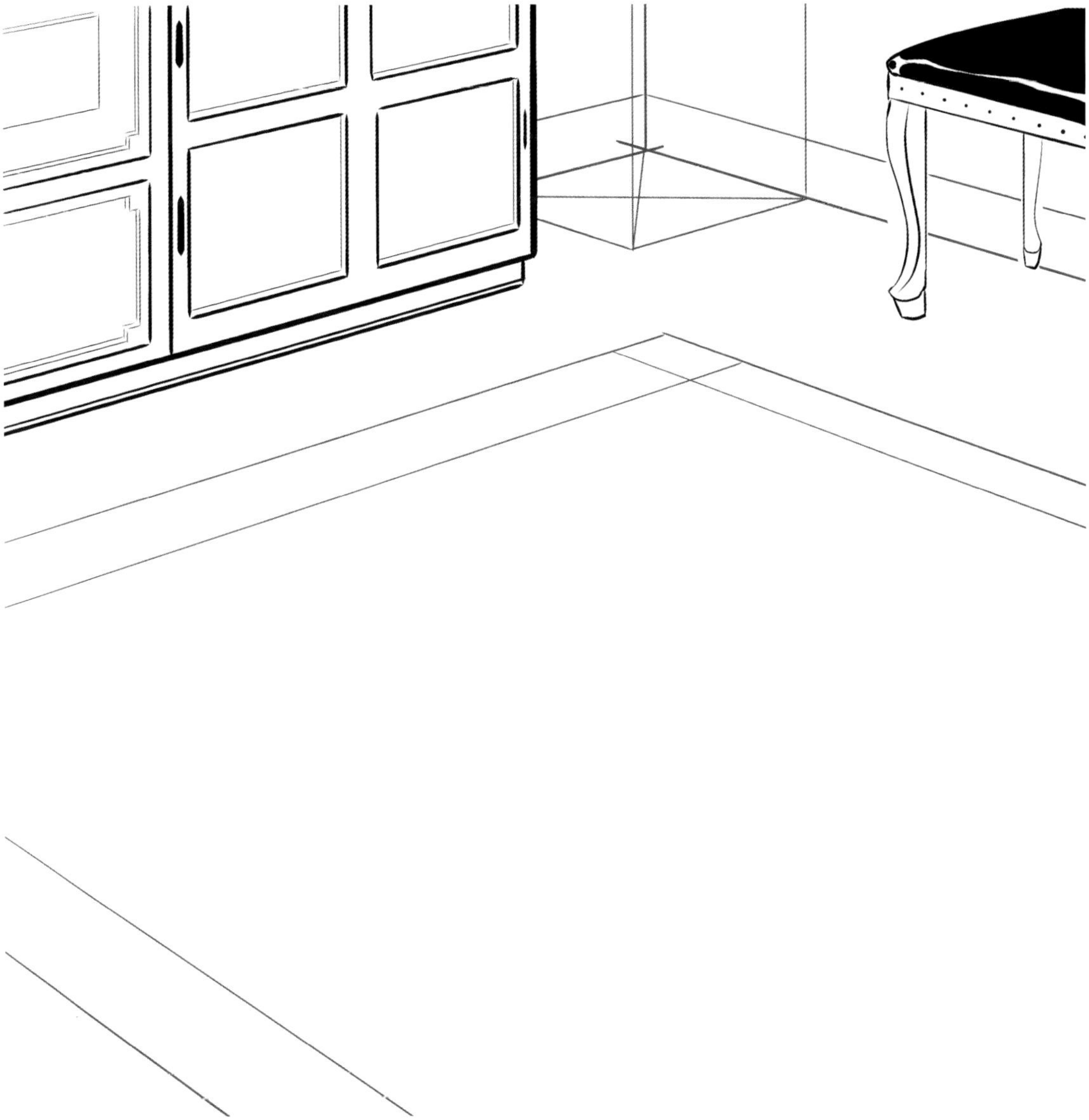

1 2 3 4 **5** 6 7 8 9

We then tidy up the lines of the closet.

Nous épurons les lignes de l'armoire.

Entfernen Sie überzählige Striche und Hilfslinien aus der Schrankzeichnung.

Teken de definitieve lijnen van de kast.

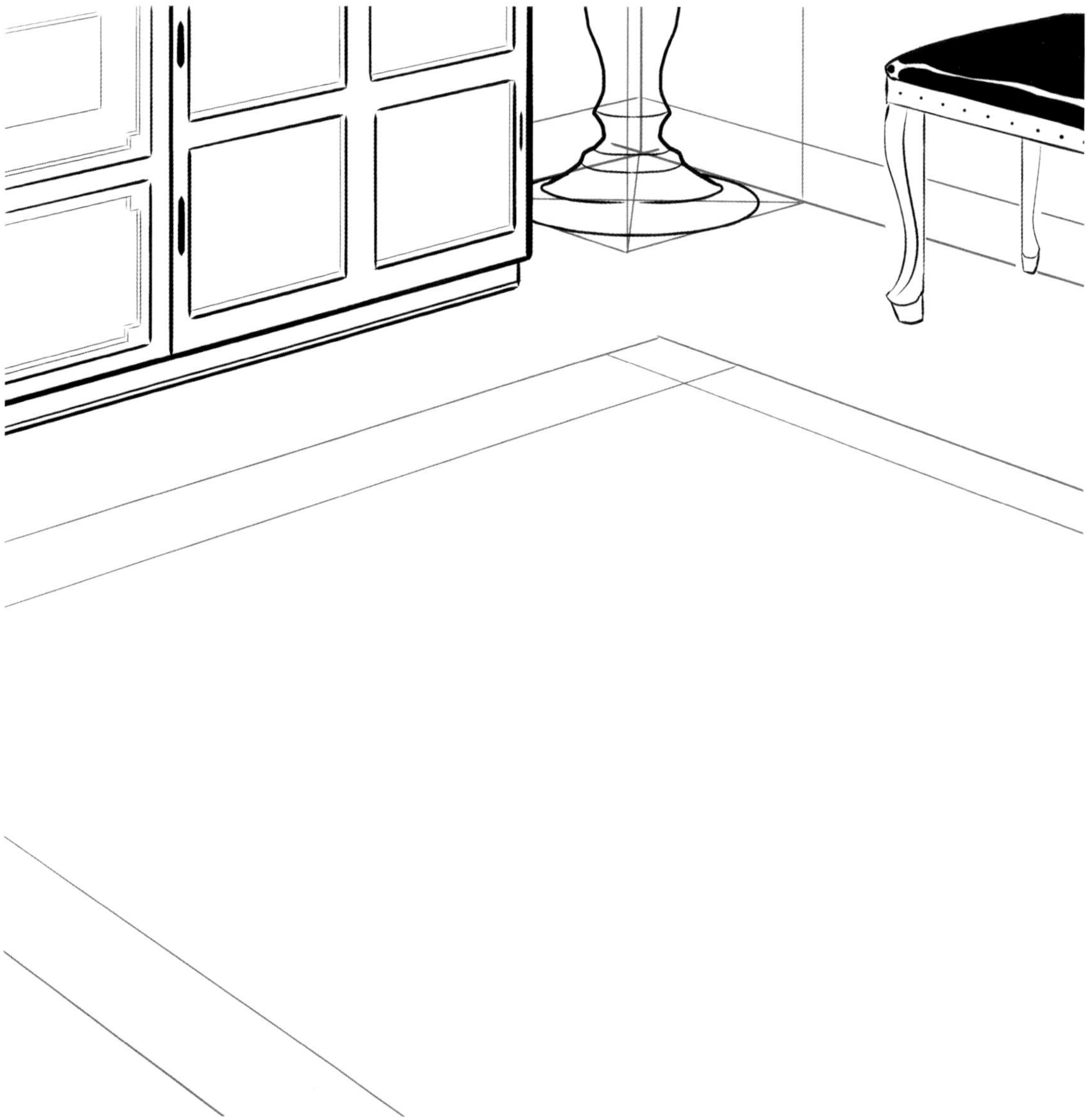

1 2 3 4 5 **6** 7 8 9

We define the body of the vase.

Nous définissons le corps du vase.

Legen Sie die Form der Blumenvase fest.

Teken het hoofdbestanddeel van de vaas.

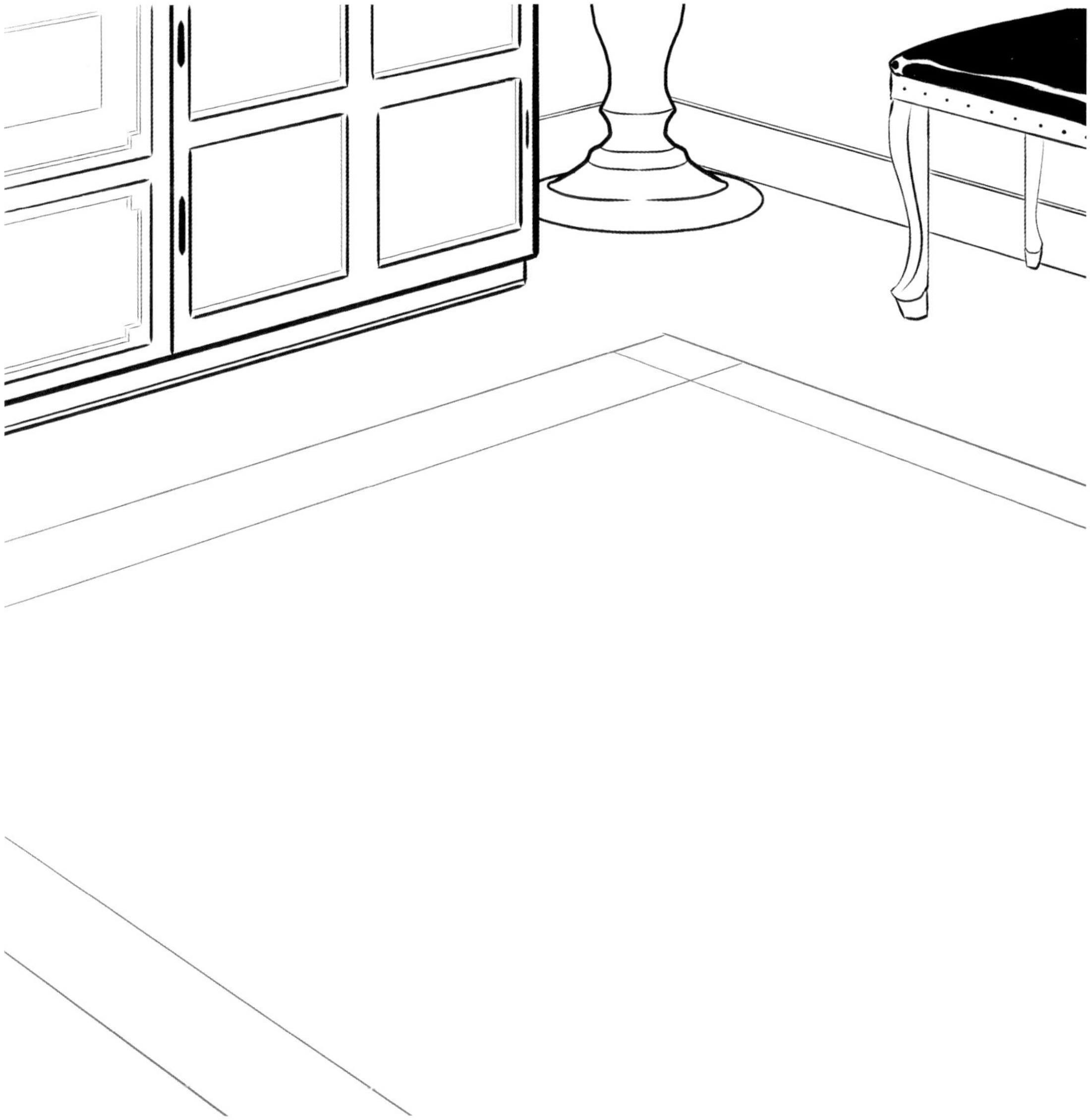

1 2 3 4 5 6 **7** 8 9

We tidy up the excess lines on the vase and add a skirting board.

Nous éliminons les lignes en trop sur le vase et ajoutons la plinthe.

Entfernen Sie überzählige Striche und Hilfslinien aus der Zeichnung der Blumenvase und fügen Sie die Fußleiste hinzu.

Wis de overbodige lijnen van de vaas en voeg de plint toe.

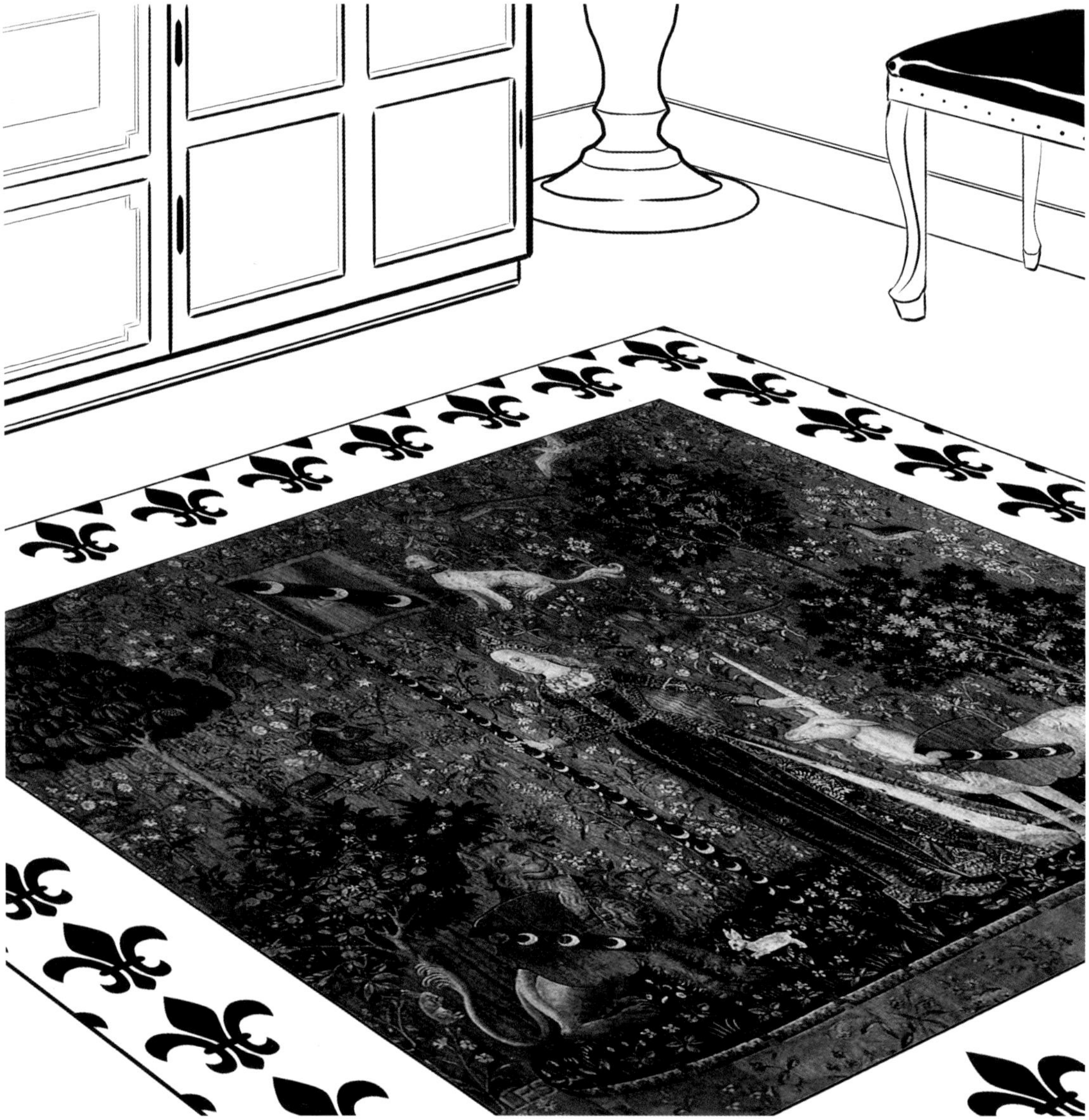

1 2 3 4 5 6 7 **8** 9

We add a pattern to the carpet, distorting it in keeping with the plane that defines it.

Nous ajoutons un motif sur le tapis en le déformant suivant le plan qui la définit.

Schmücken Sie den Teppich mit dem gewünschten Muster aus, das entsprechend der Ebene, in der es sich befindet, verzerrt wird.

Voeg een dessin toe aan het vloerkleed en vervorm deze overeenkomstig het vlak dat het definieert.

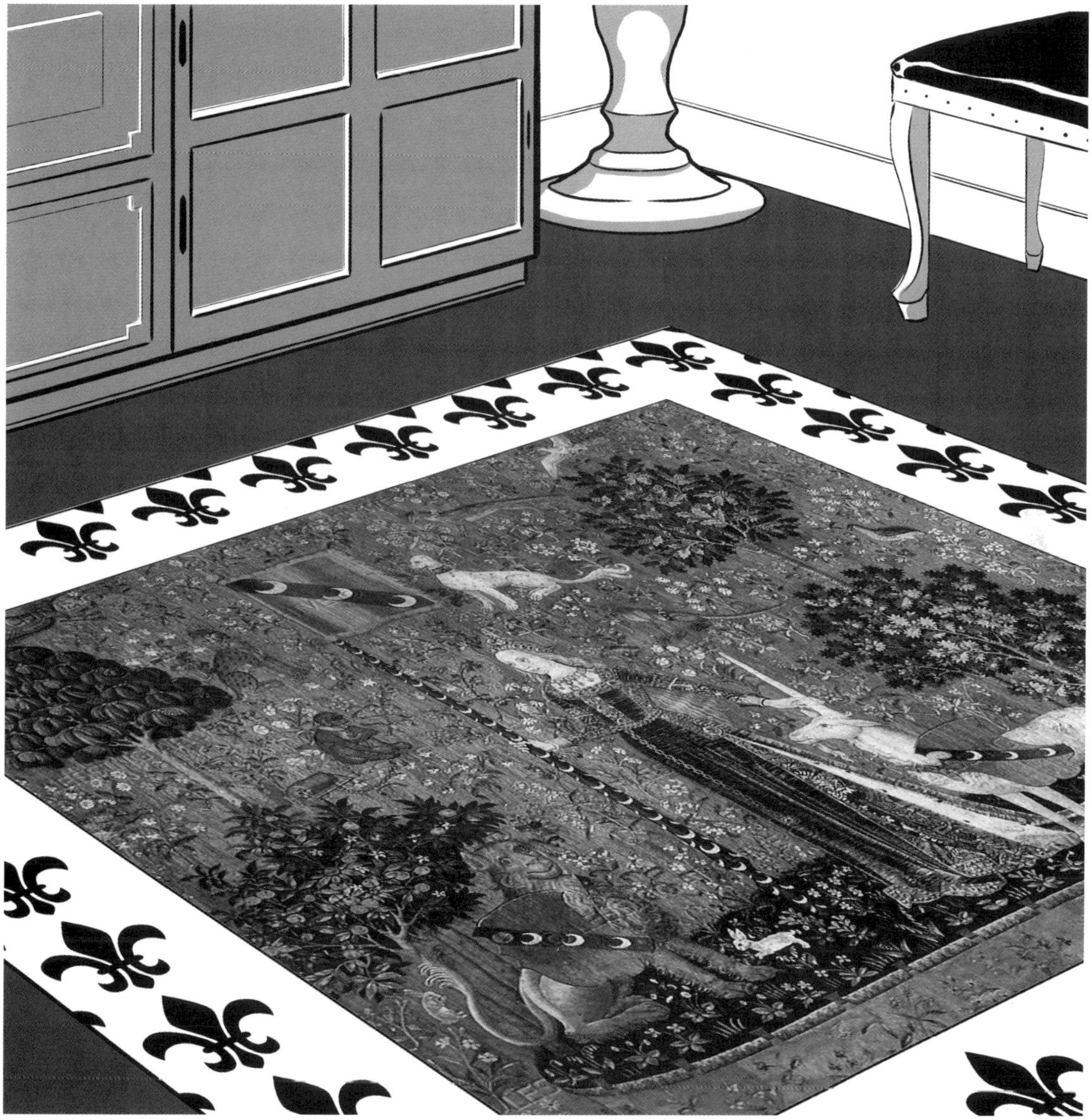

9

The elements are outlined with flat colors.

Nous distinguons les éléments entre eux en appliquant des couleurs uniformes.

Die einzelnen Objekte werden mit verschiedenen Farben ausgefüllt, um sie voneinander abzugrenzen.

Met vlakke kleuren worden de elementen van elkaar gescheiden.

Futuristic city
Ville futuriste
Futuristische Stadt
Futuristische stad

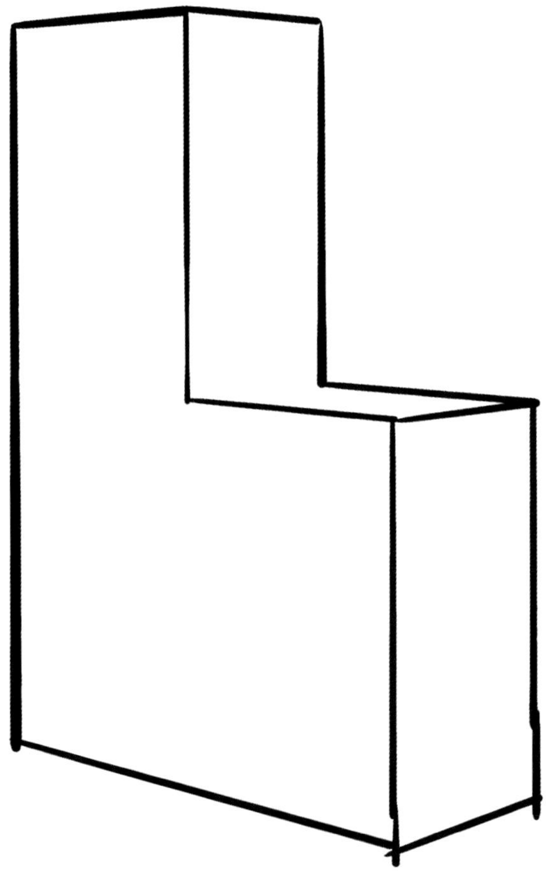

We are going to create a futuristic city from a shape as simple as this.

Nous allons créer une ville futuriste à partir d'une figure aussi simple que celle-ci.

In der nächsten Übung wird ausgehend von dieser einfachen Grundform eine futuristische Stadt erstellt.

We gaan een futuristische stad creëren op basis van een eenvoudige vorm zoals deze.

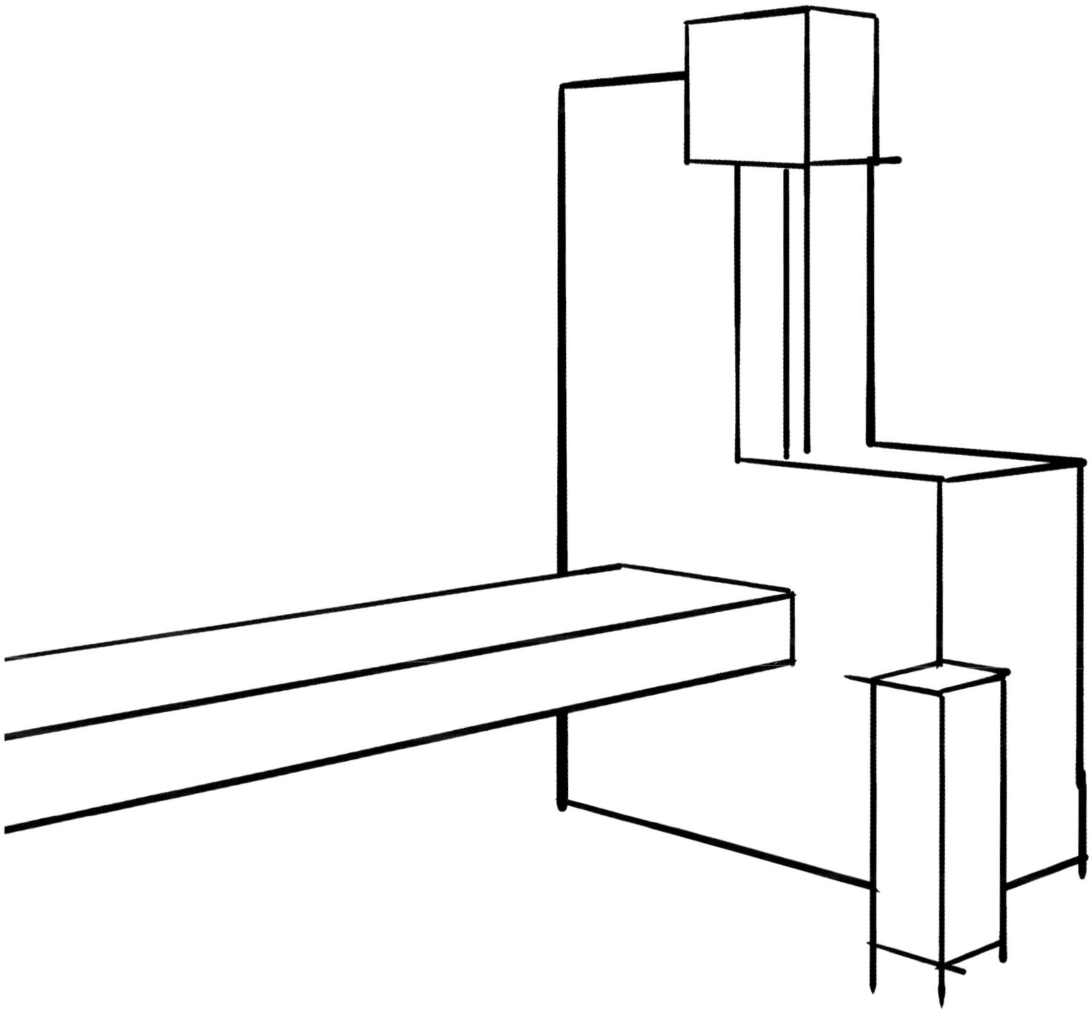

1 2 3 4 5 6 7 8 9

We add shapes of different heights and sizes.

Nous ajoutons d'autres formes à différents niveaux et de différente taille.

Fügen Sie nun Formen mit unterschiedlichen Höhe und in unterschiedlicher Größc hinzu.

Voeg op verschillende hoogtes vormen van verschillende grootte toe.

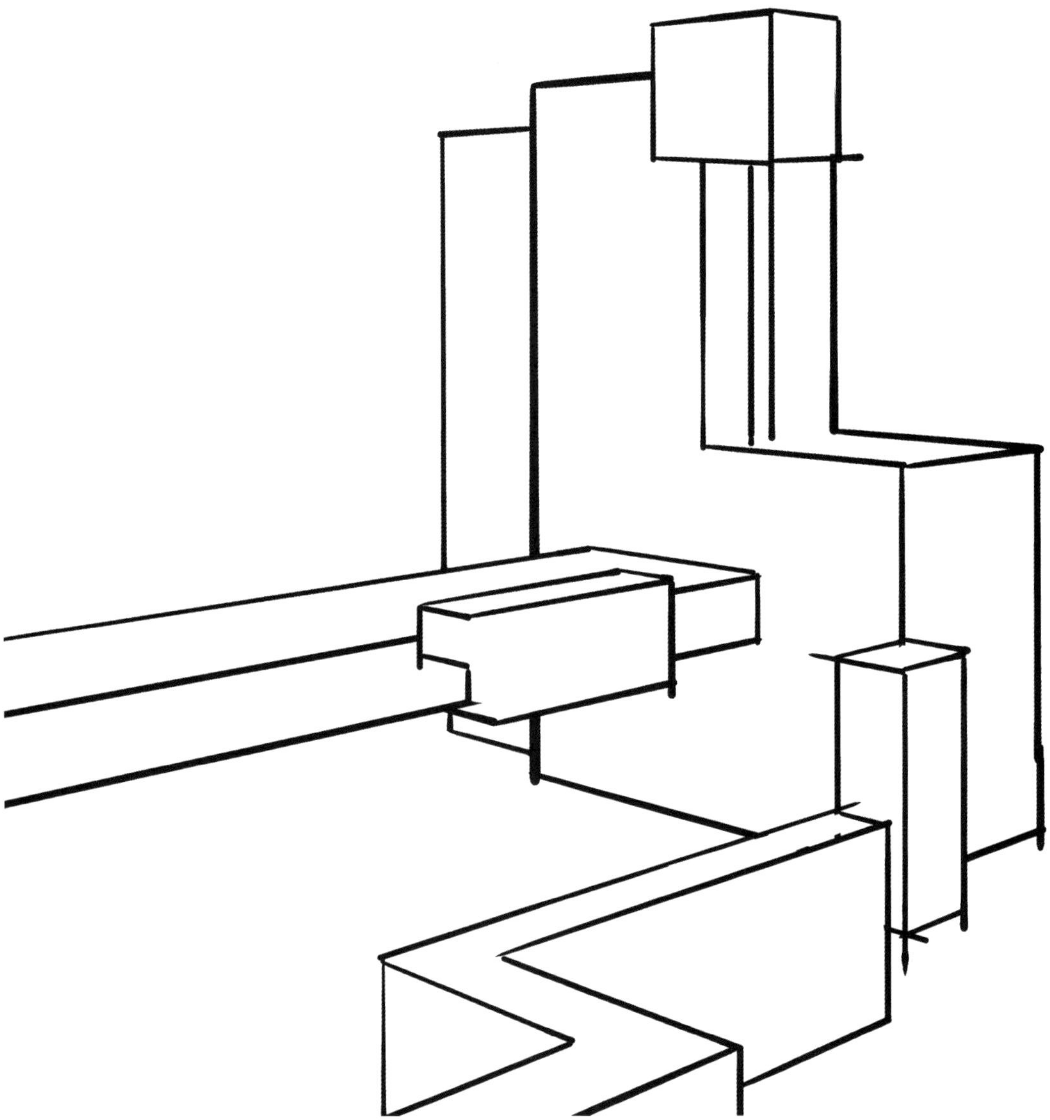

1 **2** 3 4 5 6 7 8 9

We carry on overlaying shapes and planes on top of one another.

Nous continuons en superposant des formes et des plans.

Es werden weitere sich überlagernde Formen und Ebenen eingezeichnet.

Ga verder met het boven elkaar plaatsen van vormen en vlakken.

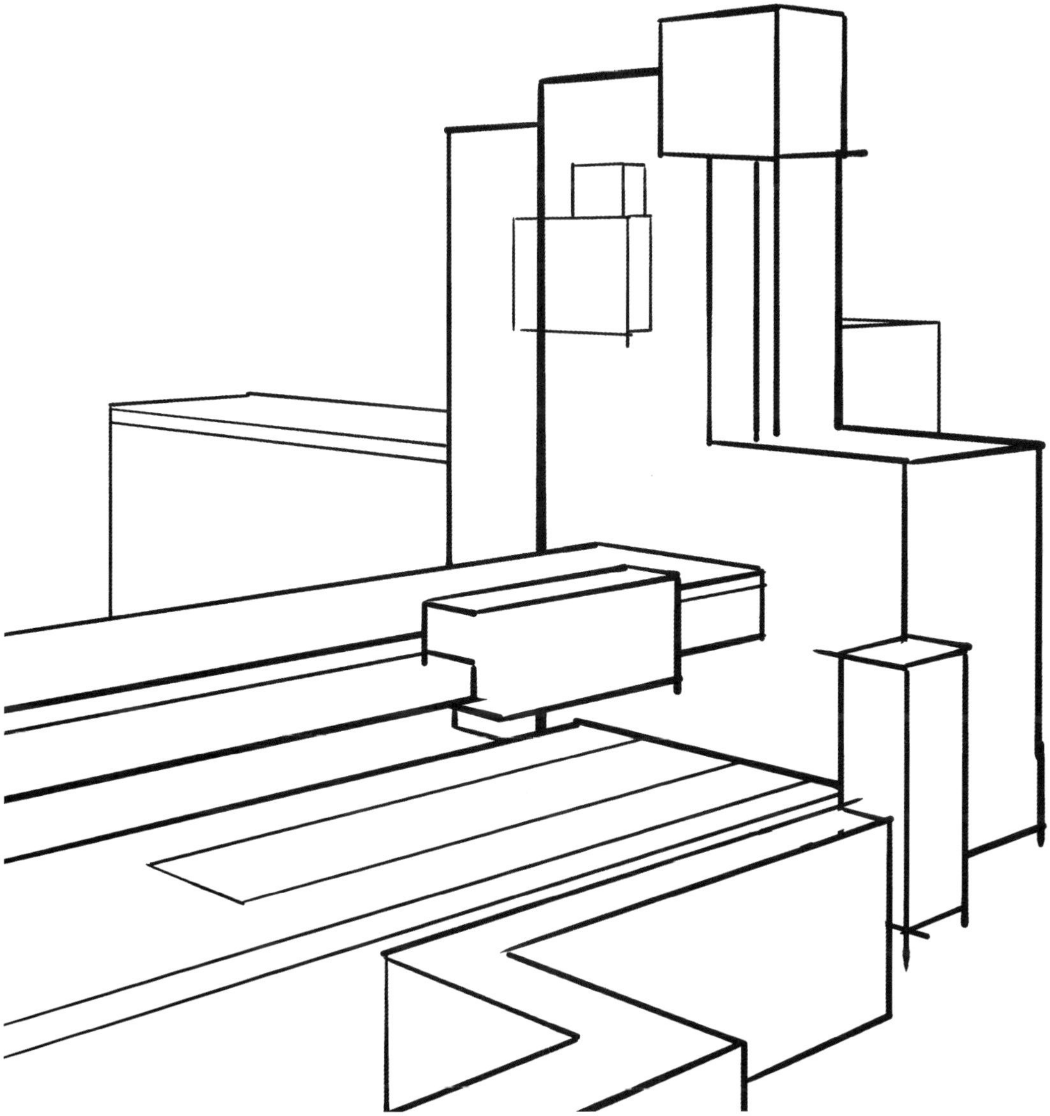

1 2 **3** 4 5 6 7 8 9

We add complexity to the scene with new shapes.

Nous complétons le décor avec de nouvelles formes.

Mit immer neuen Elementen wird die dargestellte Szene weitaus komplexer.

Het tafereel wordt complexer gemaakt met nieuwe vormen.

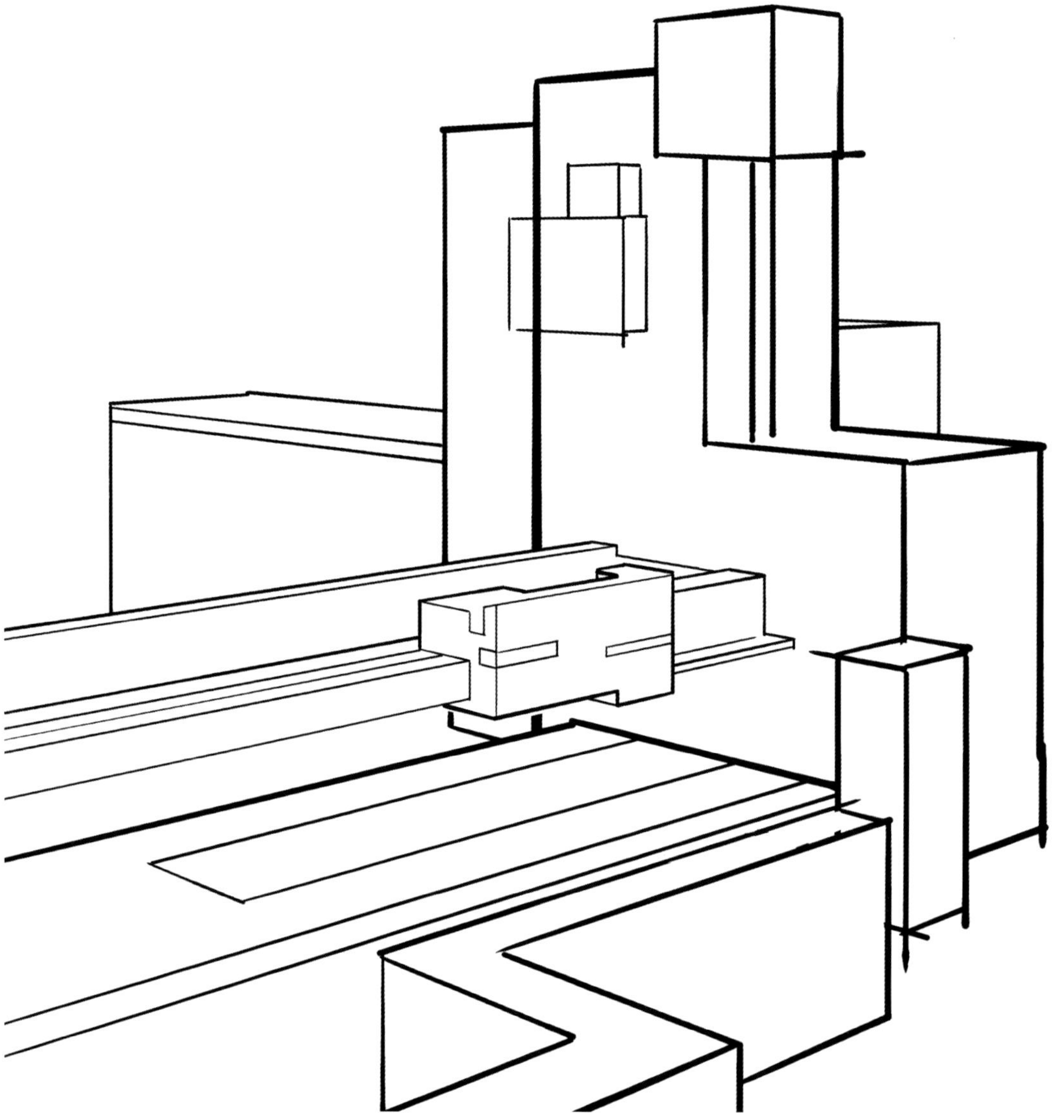

1 2 3 **4** 5 6 7 8 9

We start to develop the planes closest to the viewer.

Nous commençons à détailler les plans les plus proches du spectateur.

Zunächst werden die Ebenen, die dem Betrachter am nächsten sind, im Detail ausgeführt.

Begin de vlakken die zich het dichtst bij de kijker bevinden van details te voorzien.

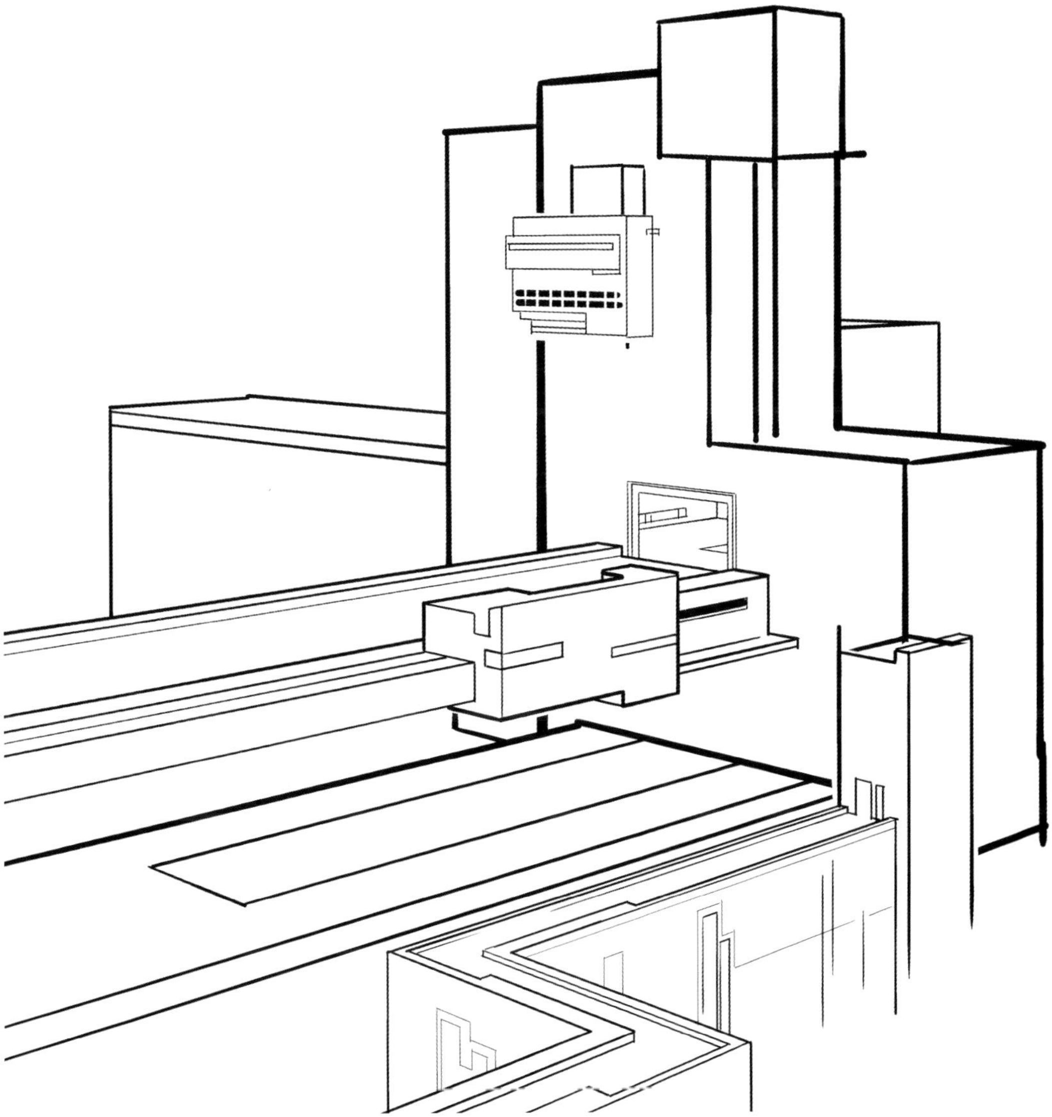

1 2 3 4 5 6 7 8 9

As we finish with a group of shapes, we move on to the next.

Une fois un groupe de figures terminé, nous passons au suivant.

Sobald eine Gruppe von Elementen gestaltet wurde, geht man zur nächsten Einheit über.

Naarmate de groep vormen wordt afgerond, gaan we verder met de volgende.

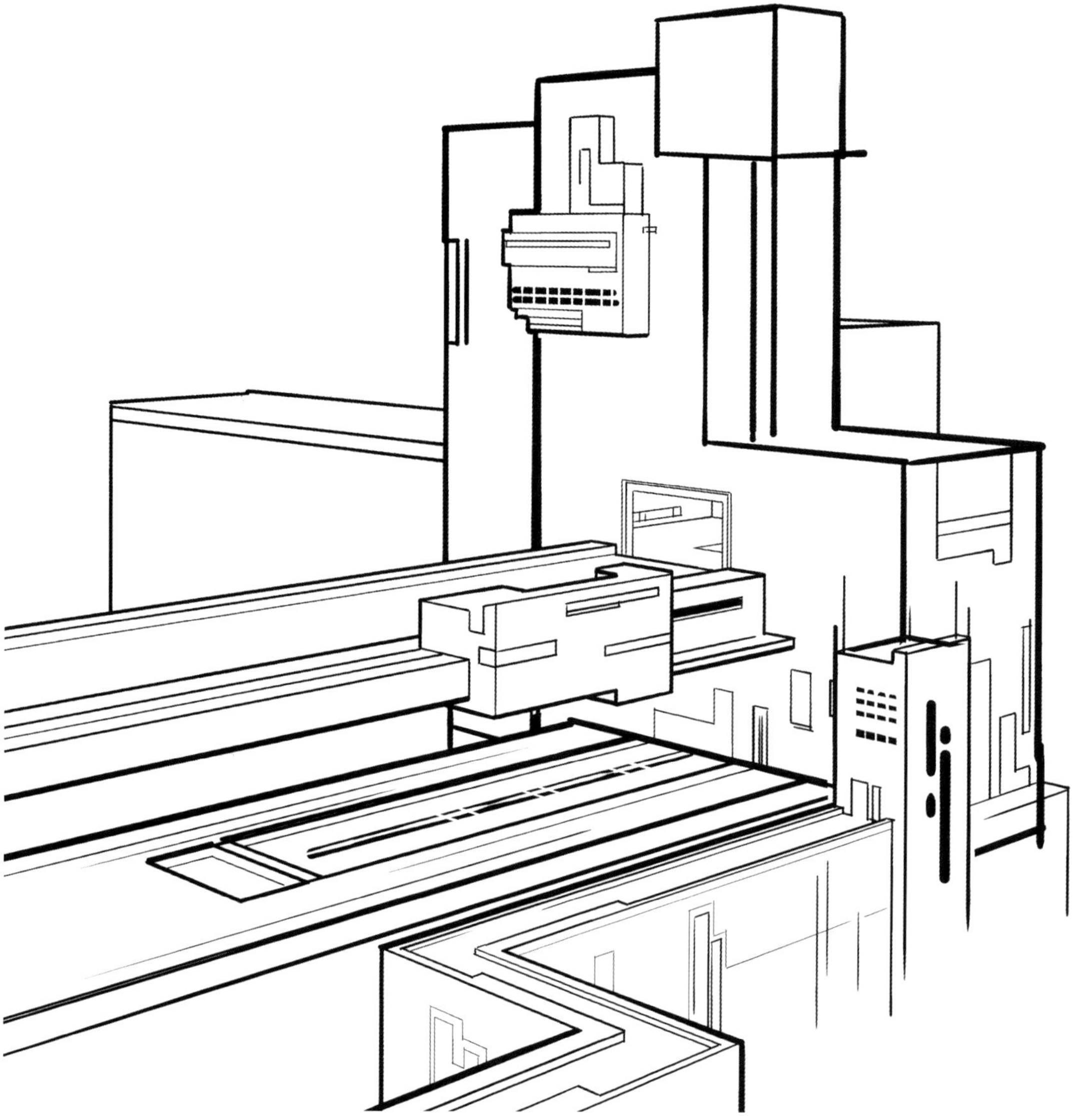

1 2 3 4 5 **6** 7 8 9

Then we move on to the planes in the distance, using finer lines.

Nous passons ensuite aux plans les plus éloignés en utilisant des lignes plus fines.

Widmen Sie sich anschließend den am weitesten entfernt gelegenen Ebenen, die mit einer dünneren Linienführung versehen werden.

Ga daarna door met de verder weg liggende vlakken. Gebruik hiervoor dunnere lijnen.

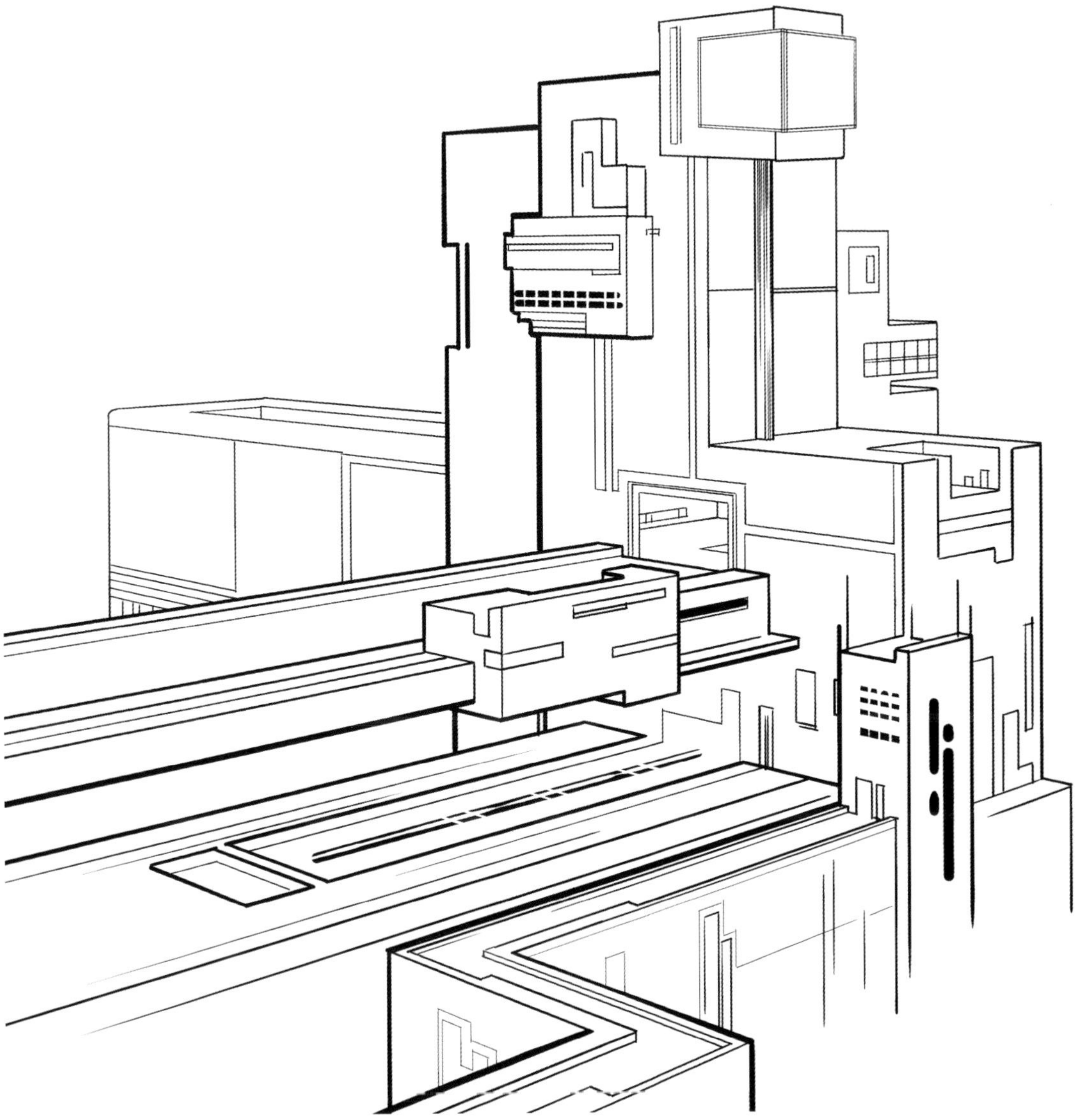

1 2 3 4 5 6 **7** 8 9

We tidy up the main lines, removing anything unnecessary.

Nous épurons les lignes en éliminant tout ce qui est superflu.

Entfernen Sie überzählige Linien aus der Zeichnung.

Teken de lijnen in het net en wis de overbodige strepen.

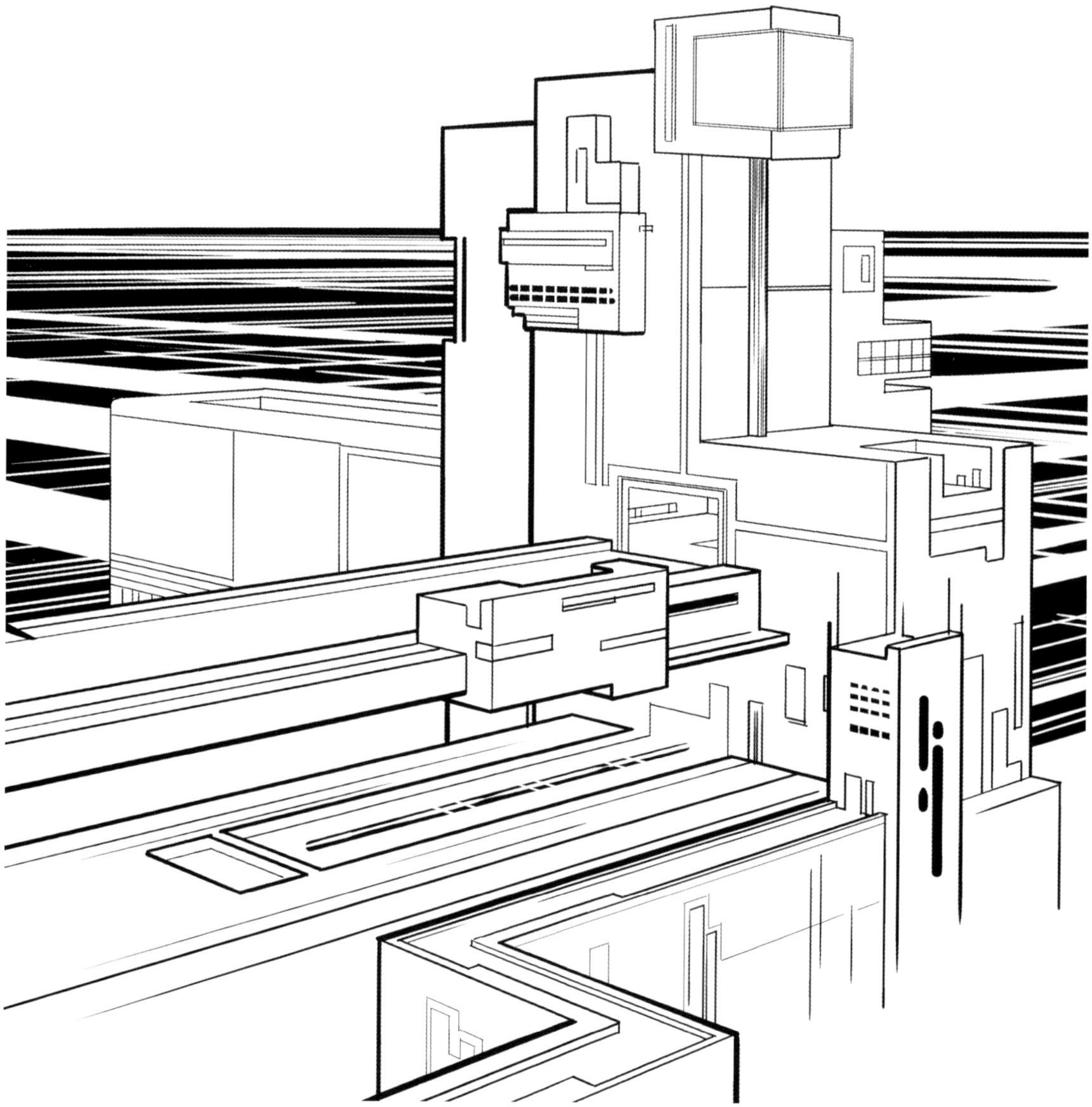

1 2 3 4 5 6 7 8 9

We add a background and a greater level of detail.

Nous ajoutons un fond et davantage de détails.

Fügen Sie einen Hintergrund und weitere Details hinzu.

Voeg een achtergrond en hoger detailniveau toe.

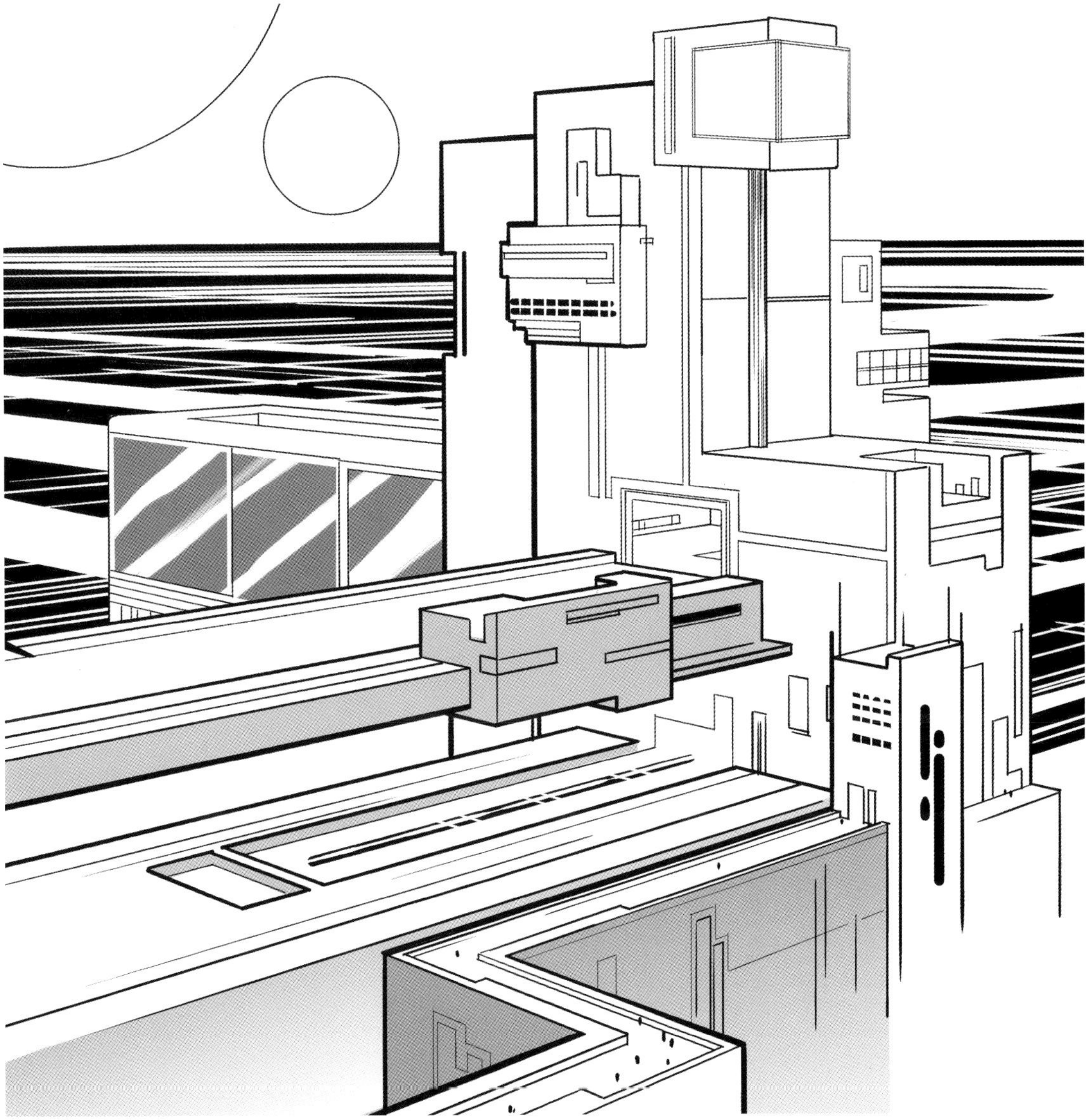

1 2 3 4 5 6 7 8 **9**

We can add small human silhouettes to indicate the scale of the picture.

De petites silhouettes humaines nous donnent une idée de l'échelle du décor.

Durch das Hinzufügen menschlicher Silhouetten werden dem Betrachter die Größenverhältnisse der Abbildung veranschaulicht.

Kleine silhouetten van mensen kunnen worden toegevoegd om de schaal van de afbeelding aan te geven.

Complex objects: venetian blind
Objets complexes : store vénitien
Komplexe Objekte: Jalousie
Complexe voorwerpen: luxaflex

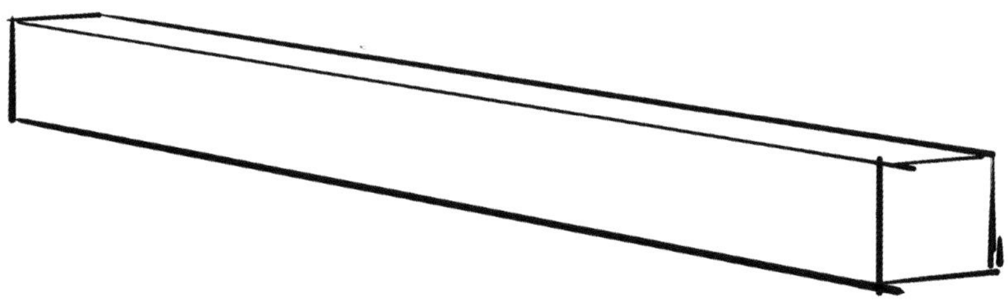

Sometimes a figure may seem more complex, but can be broken down into less complicated figures. We are going to draw a venetian blind.

Une figure peut parfois paraître très complexe alors qu'elle peut être simplifiée en plusieurs figures plus faciles à faire. Nous allons dessiner un store vénitien.

Ein äußerst komplex wirkendes Objekt kann durch Aufspaltung in einfache Grundformen oftmals auf einfache Weise gezeichnet werden. Im vorliegenden Beispiel wird eine Jalousie abgebildet.

Soms kan een figuur erg complex lijken, maar kan deze in simpeler figuren worden vereenvoudigd. We gaan een luxaflex tekenen.

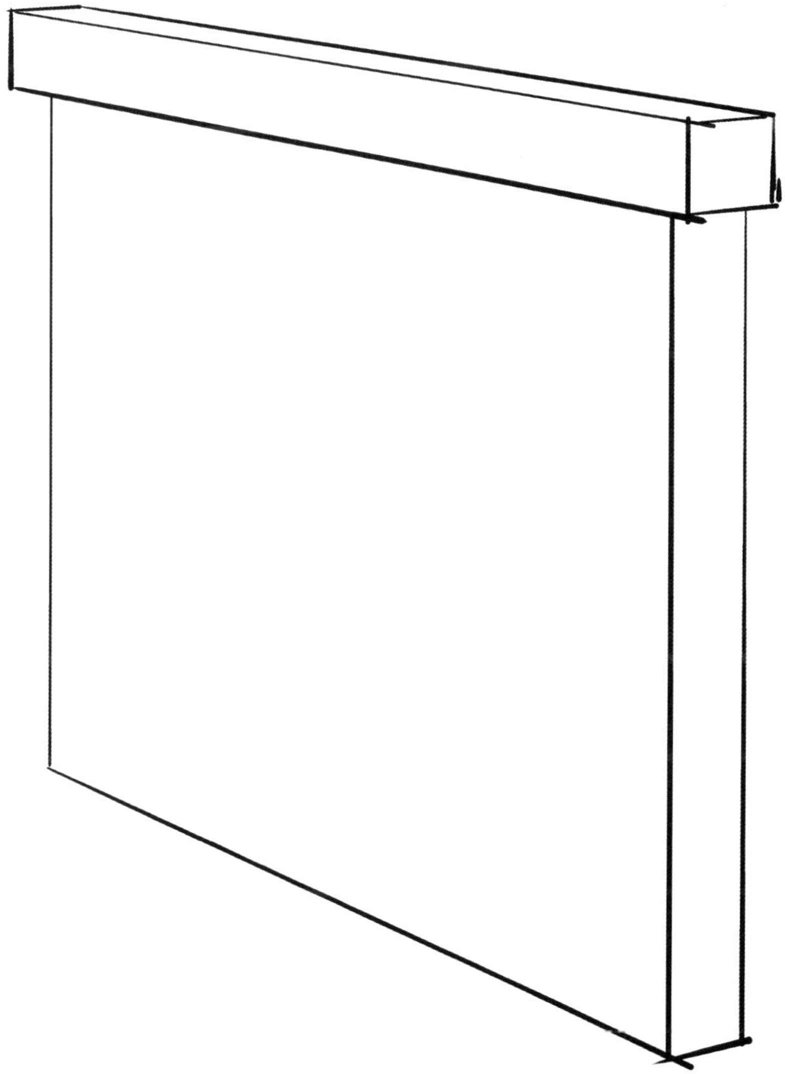

Once we have drawn the box for the blind, we draw the guidelines for the body.

Une fois la boîte de la persienne représentée, nous traçons les lignes du cadre.

Nach der Definition der oberen Leiste der Jalousie mithilfe eines einfachen Quaders werden die Hilfslinien fur die Lamellen eingezeichnet.

Nadat de kast van de jaloezie is getekend, worden de richtlijnen van het hoofddeel getekend.

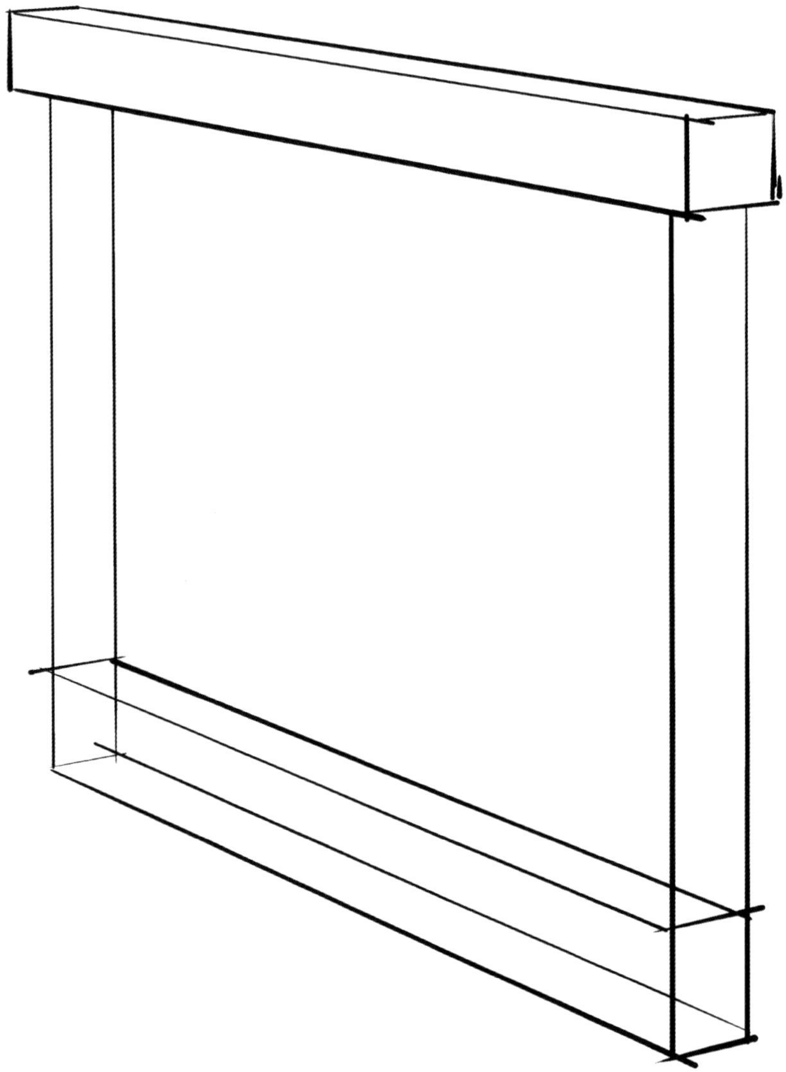

1 **2** 3 4 5 6 7

We create the base, which consists of a group of slats stacked one on top of the other, in a pile.

Nous créons alors la base, constituée d'une série de lamelles empilées formant un bloc.

Erstellen Sie zunächst einen Block aus mehreren aufeinander liegenden Lamellen.

Teken de basis, bestaand uit een groep gestapelde lamellen, in de vorm van een blok.

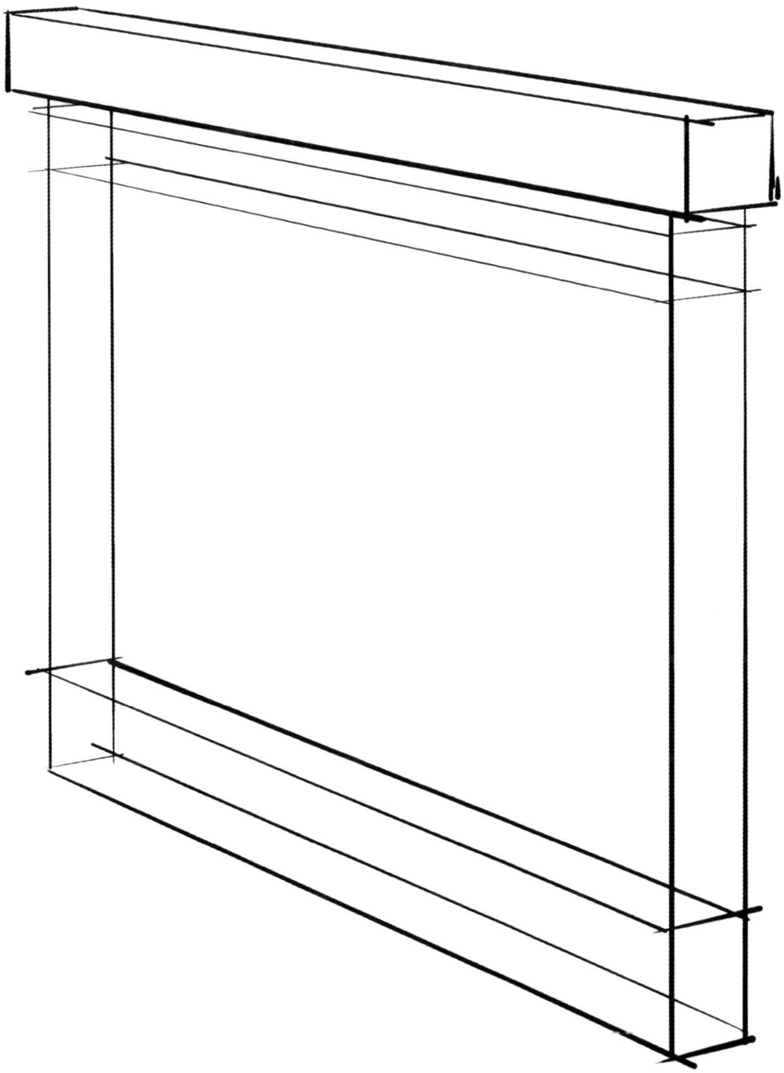

1 2 **3** 4 5 6 7

We start to make the planes
for the slats...

Nous commençons à dessiner
les plans des lamelles...

Zeichnen Sie die einzelnen Ebenen
für die Lamellen ein...

Begin de vlakken van de lamellen
te tekenen...

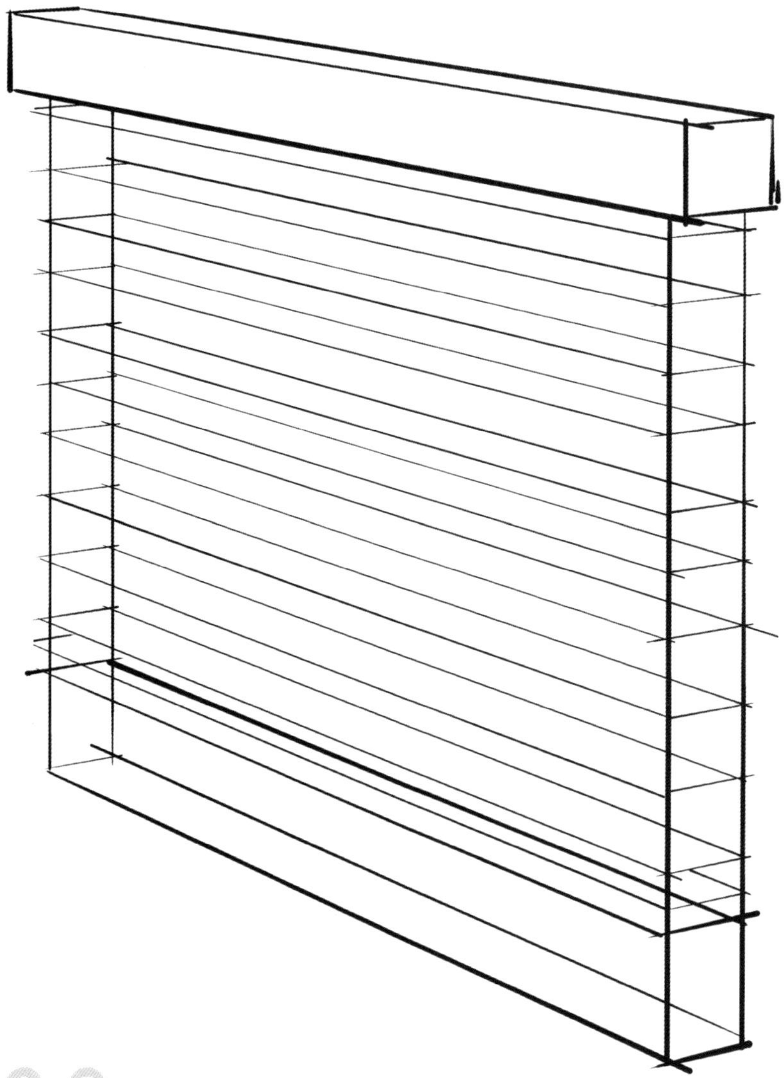

... and continue down to the bottom. It is not necessary for them all to be the same distance apart, but this would be quite easy to achieve merely by using the verticals.

...et cela jusqu'au fond. Il n'est pas nécessaire qu'elles soient à la même distance les unes des autres, même si les verticales peuvent nous aider à le faire facilement.

...und fahren Sie bis zum unteren Ende der Jalousie fort. Die Lamellen müssen sich nicht in gleichmäßigem Abstand zueinander befinden, doch wenn dies gewünscht wird, kann ein regelmäßiger Abstand ganz einfach mithilfe der senkrechten Hilfslinien bestimmt werden.

...en ga zo verder tot de bodem. Het is niet nodig dat de lamellen allemaal op dezelfde afstand zitten, maar door gebruik te maken van de verticale lijnen is dit eenvoudig te verwezenlijken.

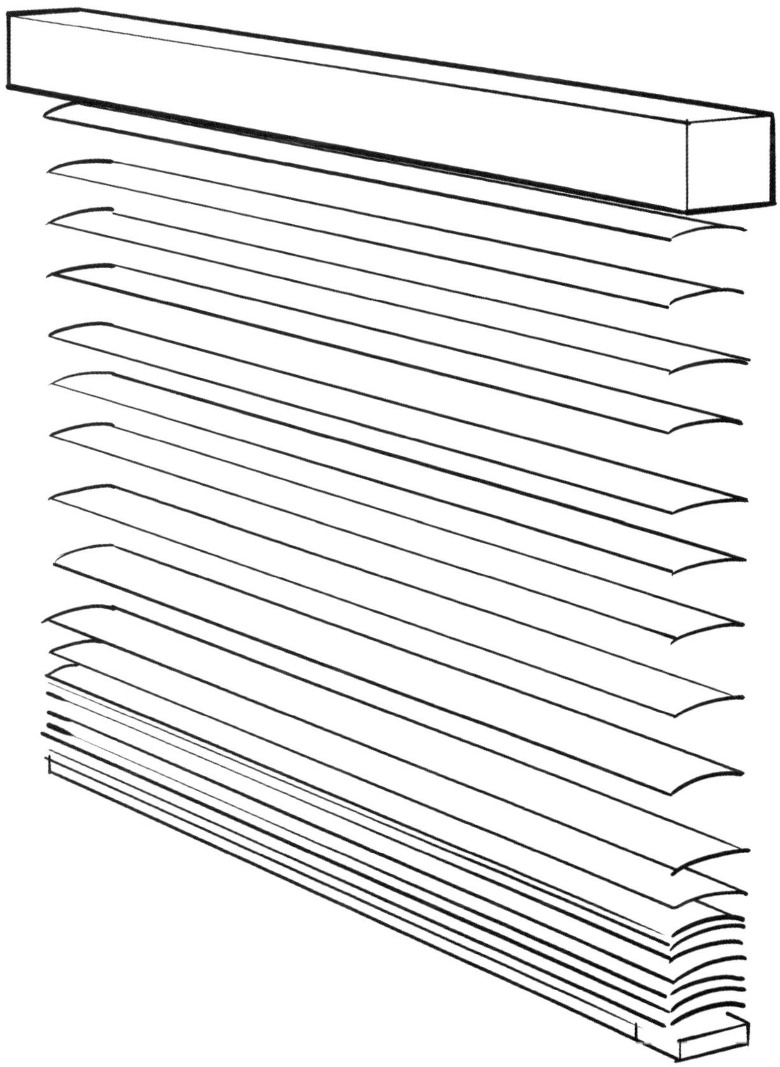

1 2 3 4 **5** 6 7

We erase the guidelines.

Nous éliminons les lignes de structure.

Entfernen Sie die Hilfslinien.

Wis de vluchtlijnen.

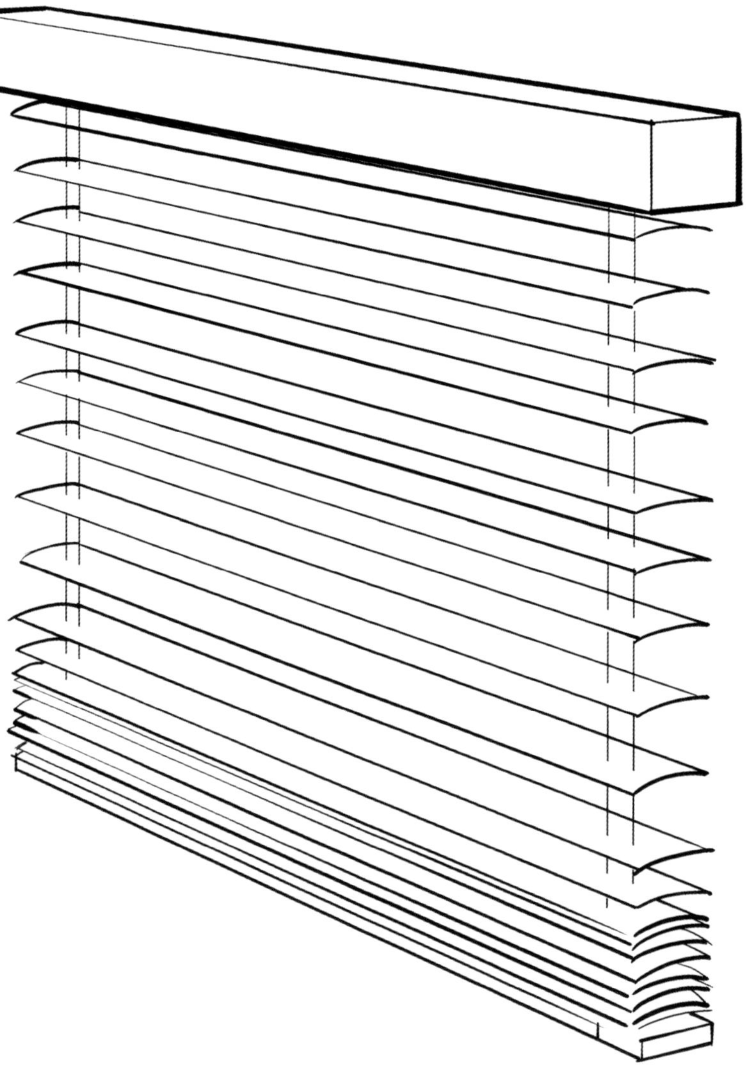

6

We add the cords.

Nous rajoutons les cordelettes.

Zeichnen Sie die Zugschnüre ein.

Voeg het touwwerk toe.

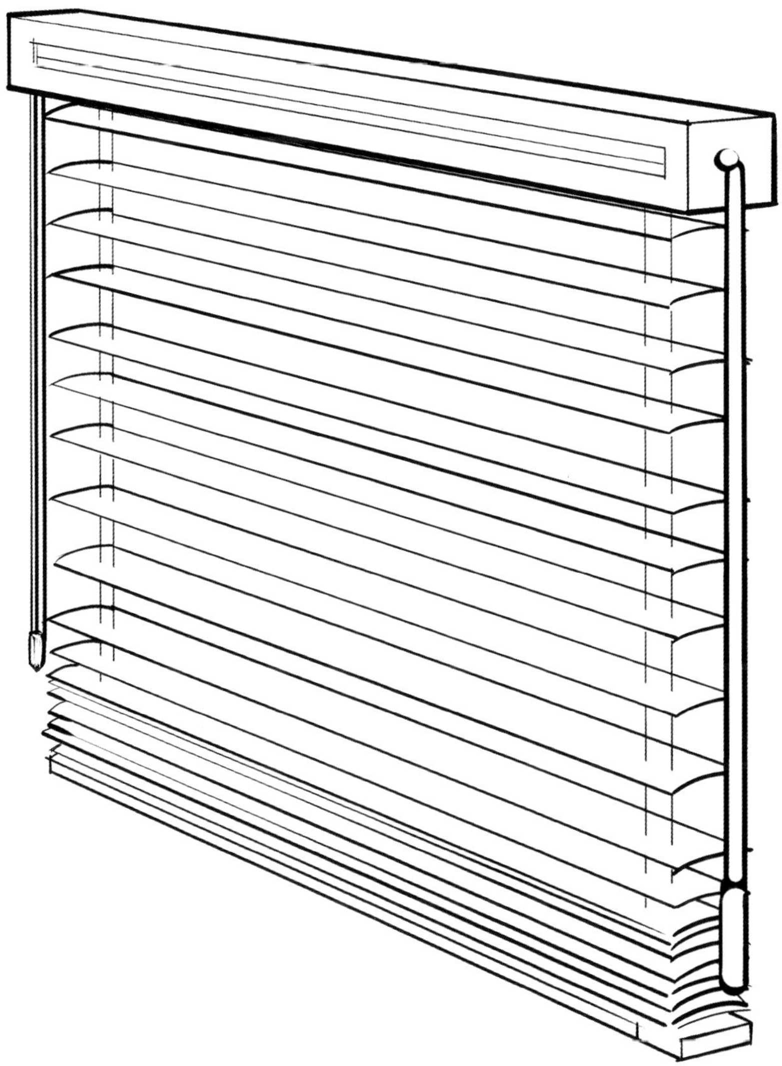

1 2 3 4 5 6 7

And finally the tilt wands.

Et enfin, les tiges de commande.

Zum Schluss werden die Wendestäbe hinzugefügt.

En, tenslotte, de trekkoorden.

Objects on inclined planes
Objets avec plans inclinés
Objekte mit schiefen Ebenen
Voorwerpen met schuine vlakken

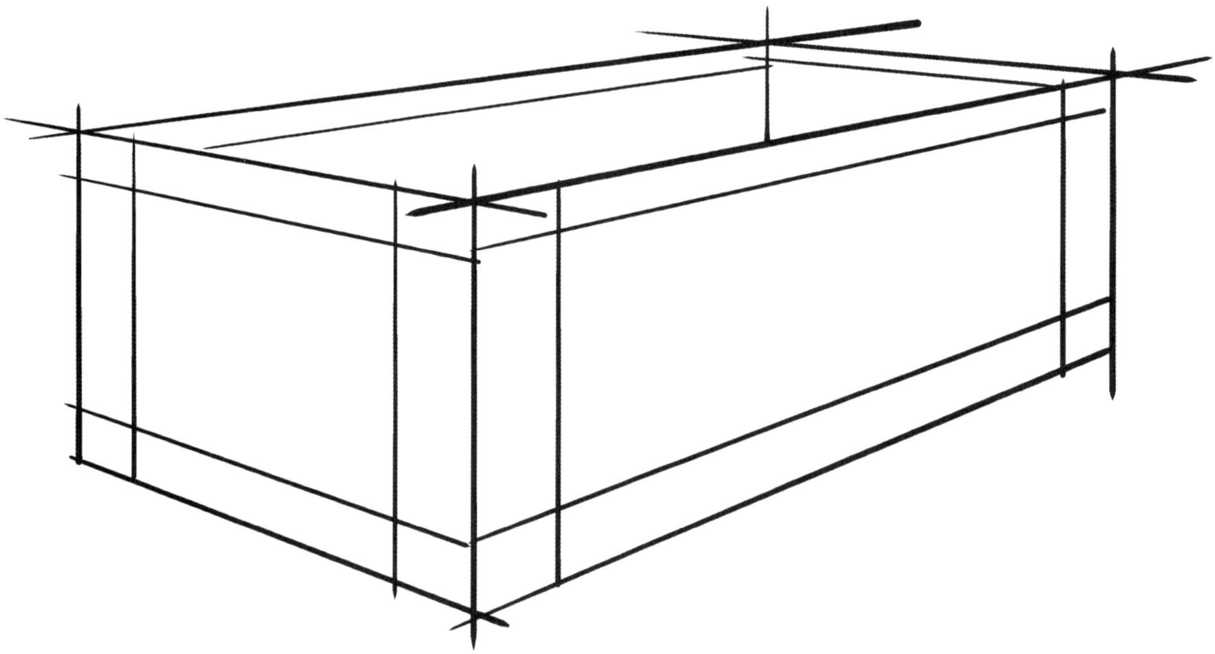

Using a box with a lid we will apply inclined planes to a figure.

À partir d'une boîte avec couvercle, nous allons appliquer des plans inclinés à une figure.

Ausgehend von einer quaderförmigen Kiste mit Deckel werden schiefe Ebenen auf eine Abbildung angewendet.

Door middel van een kist met deksel worden schuine vlakken op een figuur toegepast.

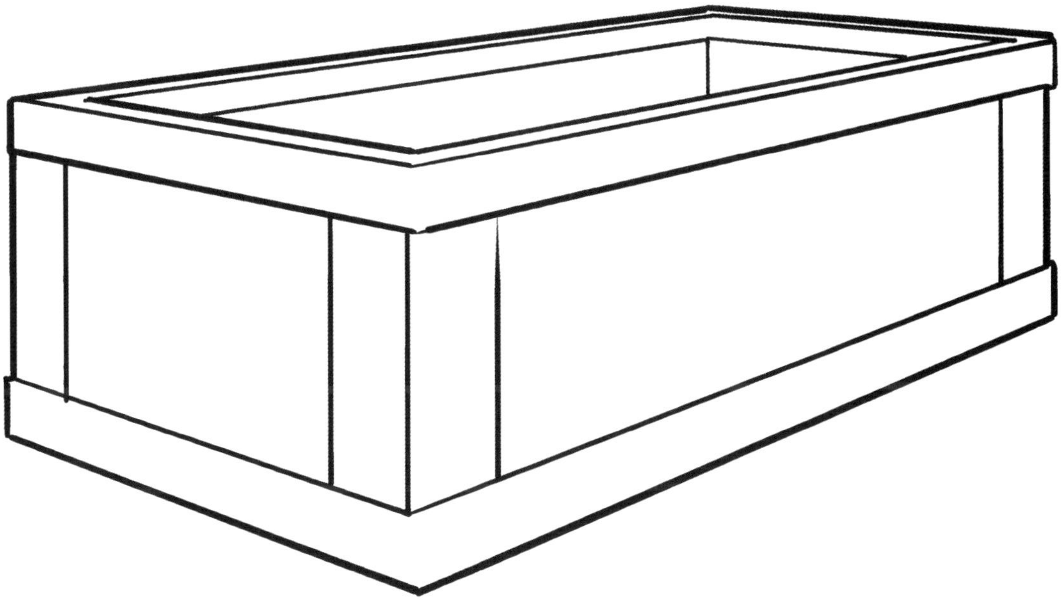

1 2 3 4 5 6 7

We erase the excess lines from the figure.

Nous éliminons les lignes en trop de la figure.

Entfernen Sie überzählige Striche aus der Zeichnung.

Wis de overbodige lijnen van de figuur.

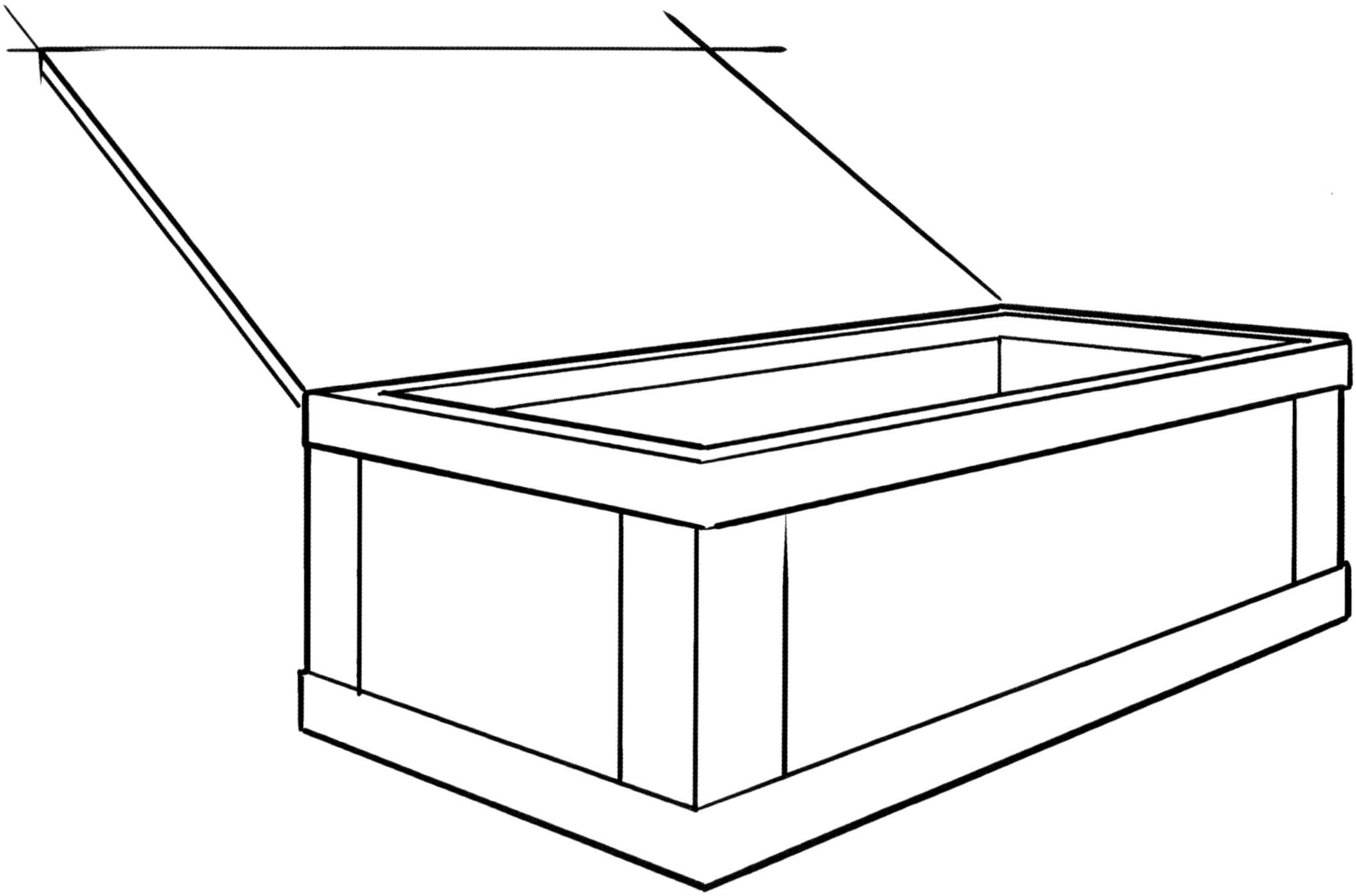

1 **2** 3 4 5 6 7

On the left-hand vanishing point we draw a vertical, and use a point on this vertical to draw vanishing lines to the corners of the box.

Nous traçons une verticale passant par le point de fuite sur la gauche, puis nous plaçons un point sur celle-ci afin de tracer des lignes de fuite vers les angles de la boîte.

Zeichnen Sie über dem linken Fluchtpunkt eine senkrechte Linie und wählen Sie auf dieser Linien einen zusätzlichen Fluchtpunkt, von dem aus Linien zu den Ecken der Kiste führen.

Trek boven het linker verdwijnpunt een verticale streep en gebruik hierop een punt om vluchtlijnen tot aan de hoekpunten van de doos te trekken.

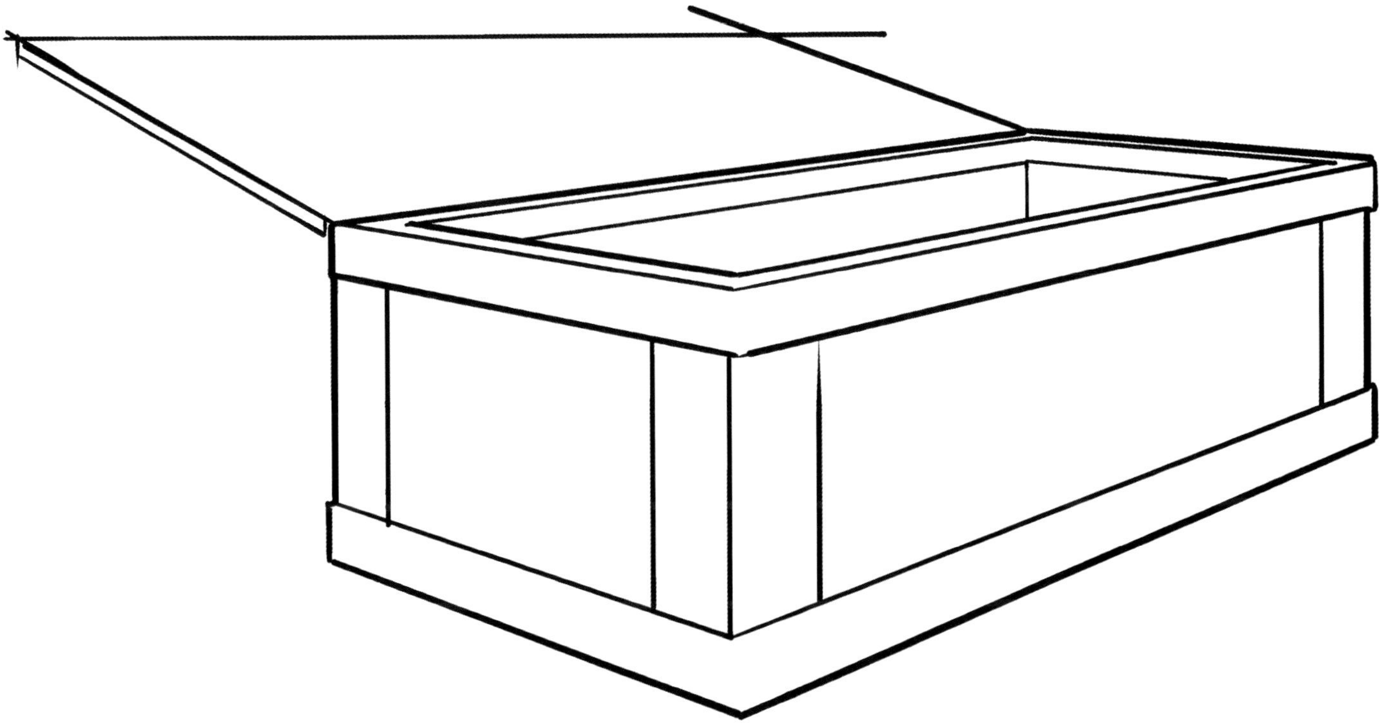

1 2 3 4 5 6 7

If we lower this new vanishing point on the vertical, the lid appears to be lower down, as if it were wider open.

Si nous rabaissons ce nouveau point de fuite sur la verticale, le couvercle apparaît plus bas, plus ouvert.

Wird der zusätzliche Fluchtpunkt weiter unten auf der senkrechten Linie platziert, erscheint der Deckel der Kiste weiter geöffnet.

Als we dit nieuwe verdwijnpunt boven de verticale lijn laten zakken, lijkt het deksel lager, verder geopend.

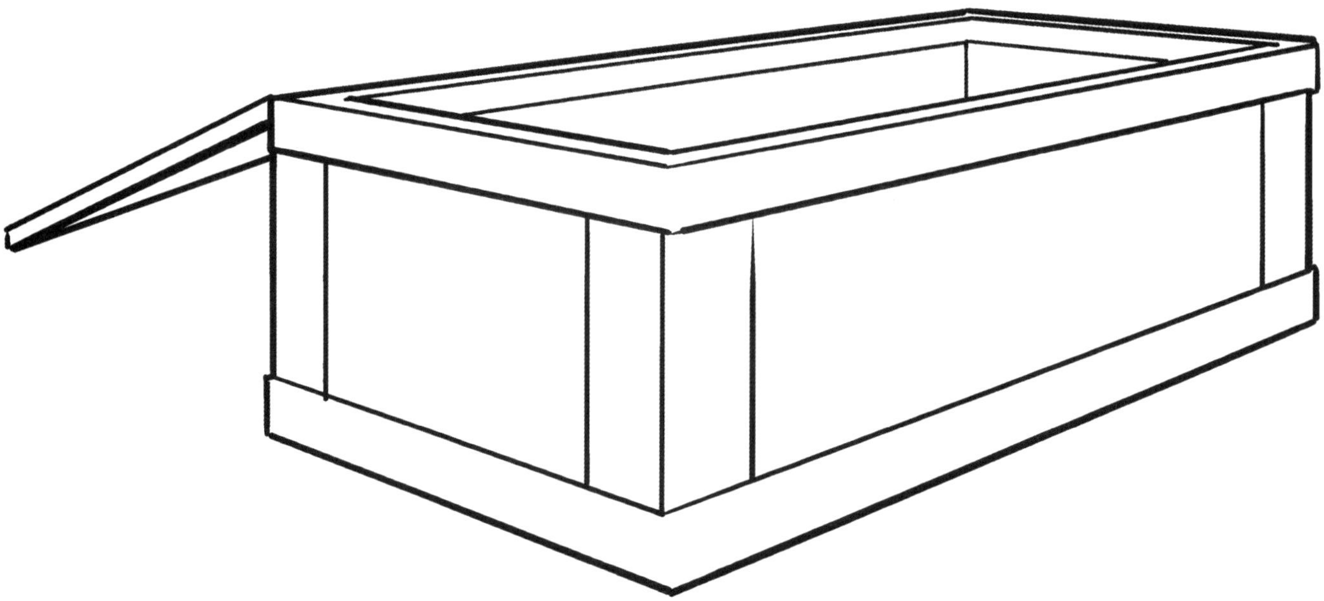

1 2 3 **4** 5 6 7

From a point that is very low we can draw the box completely wide open...

À partir d'un point très bas, nous pouvons dessiner la boîte entièrement ouverte...

Befindet sich der Punkt sehr weit unten auf der Senkrechten, kann die Kiste vollständig geöffnet werden...

Vanaf een heel laag punt kan de kist geheel geopend...

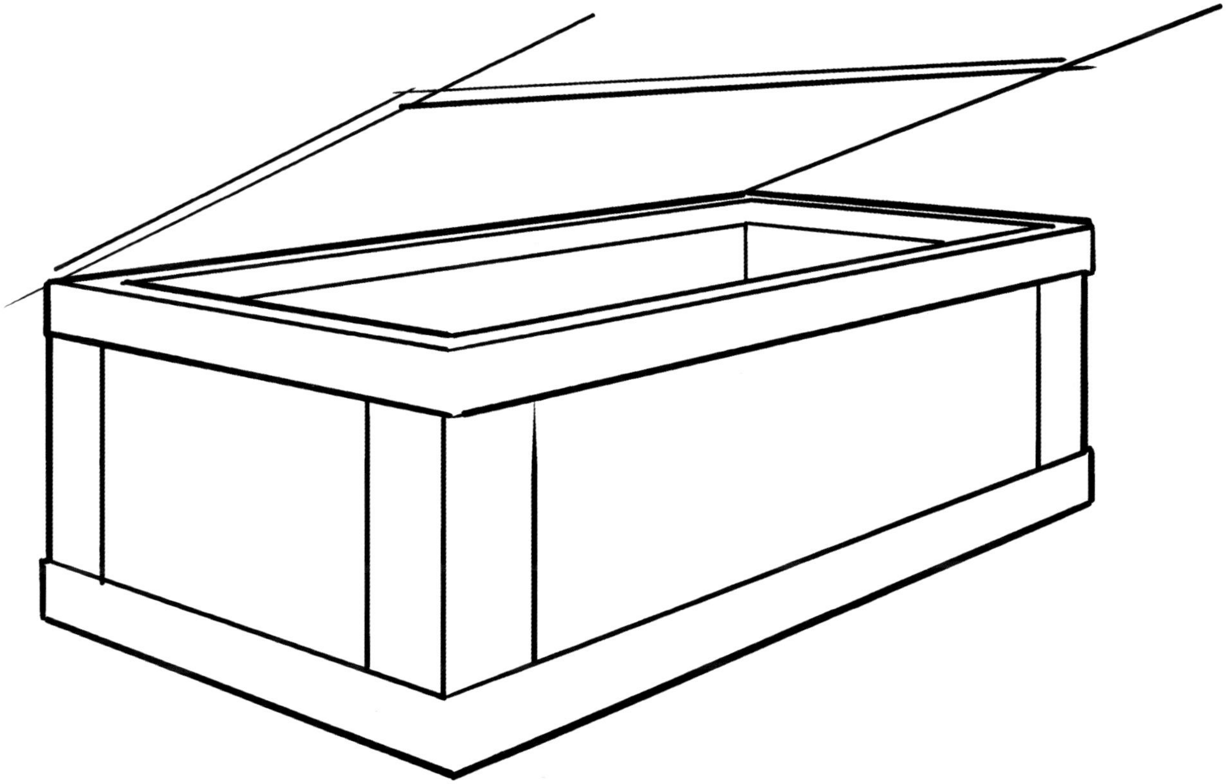

1 2 3 4 5 6 7

... or almost shut.

...ou pratiquement fermée.

...oder auch fast ganz geschlossen dargestellt werden.

...of praktisch gesloten worden getekend.

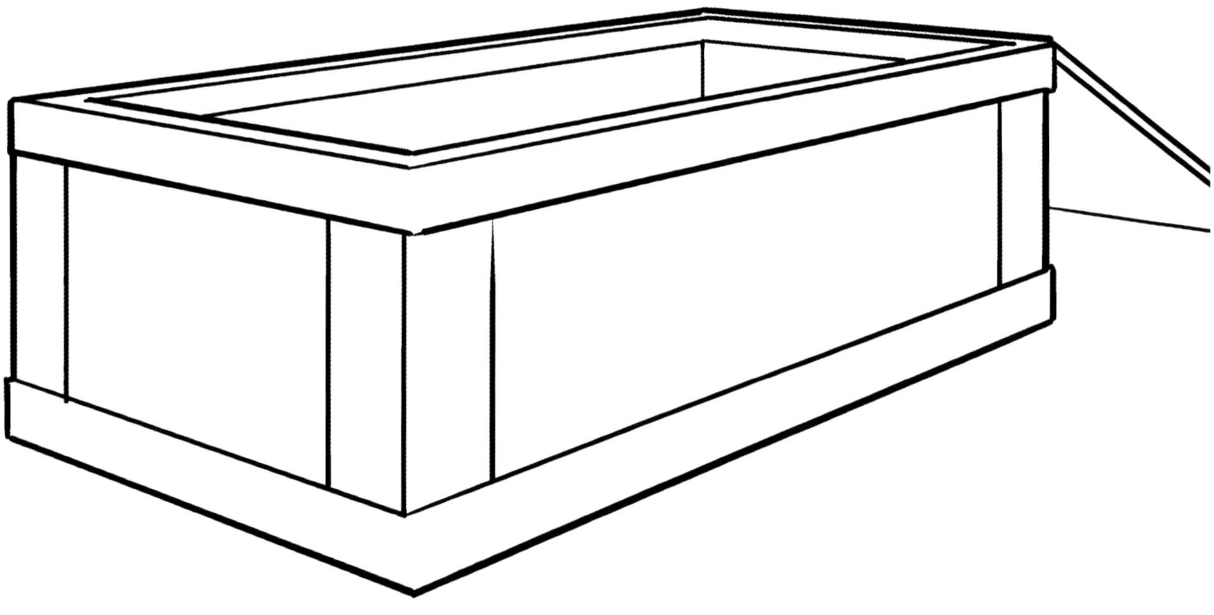

1 2 3 4 5 **6** 7

If we position the new vanishing point on a vertical of the vanishing point on the right, the lid will open on another side of the box.

Si nous plaçons le nouveau point de fuite sur une verticale du point de fuite de la droite, le couvercle s'ouvrira sur un autre côté de la boîte.

Wird der zusätzliche Fluchtpunkt auf einer Senkrechten über dem rechten Fluchtpunkt platziert, öffnet sich die Kiste an einer anderen Seite.

Als het nieuwe verdwijnpunt op een verticale lijn van het rechter verdwijnpunt wordt aangebracht, dan wordt het deksel op de andere kant van de kist geopend.

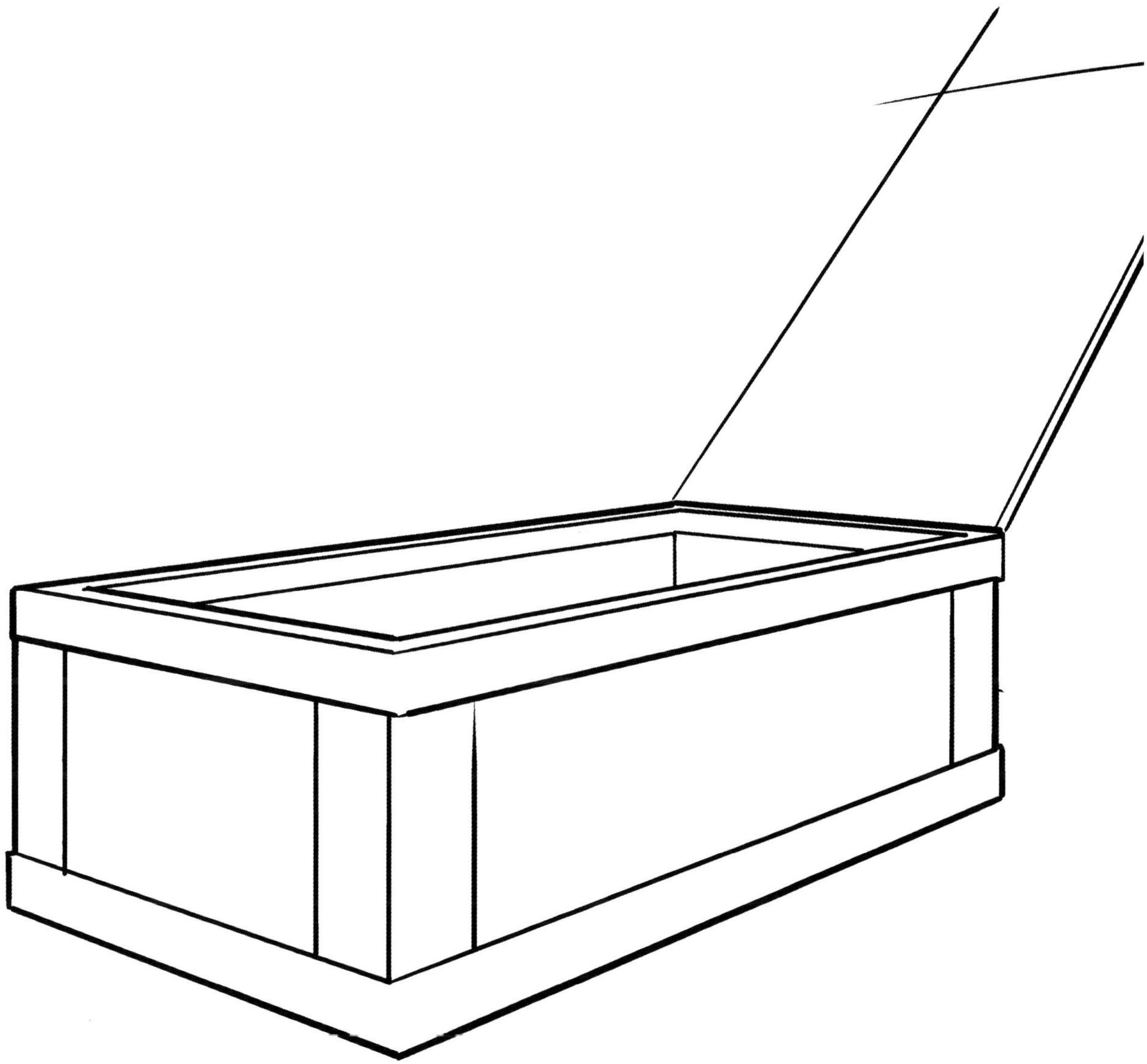

1 2 3 4 5 6 **7**

Once again, the height at which we position that point will determine the inclination of the lid.

Là encore, la hauteur à laquelle nous situerons ce point déterminera l'inclinaison du couvercle.

Auch in diesem Fall bestimmt die Höhe des neuen Fluchtpunkts die Neigung des Deckels.

Opnieuw zal de hoogte waarop we dit punt situeren de inclinatie van het deksel bepalen.

Urban scene with inclined planes
Décor urbain avec plans inclinés
Stadtansicht mit schiefen Ebenen
Stadstafereel met schuine vlakken

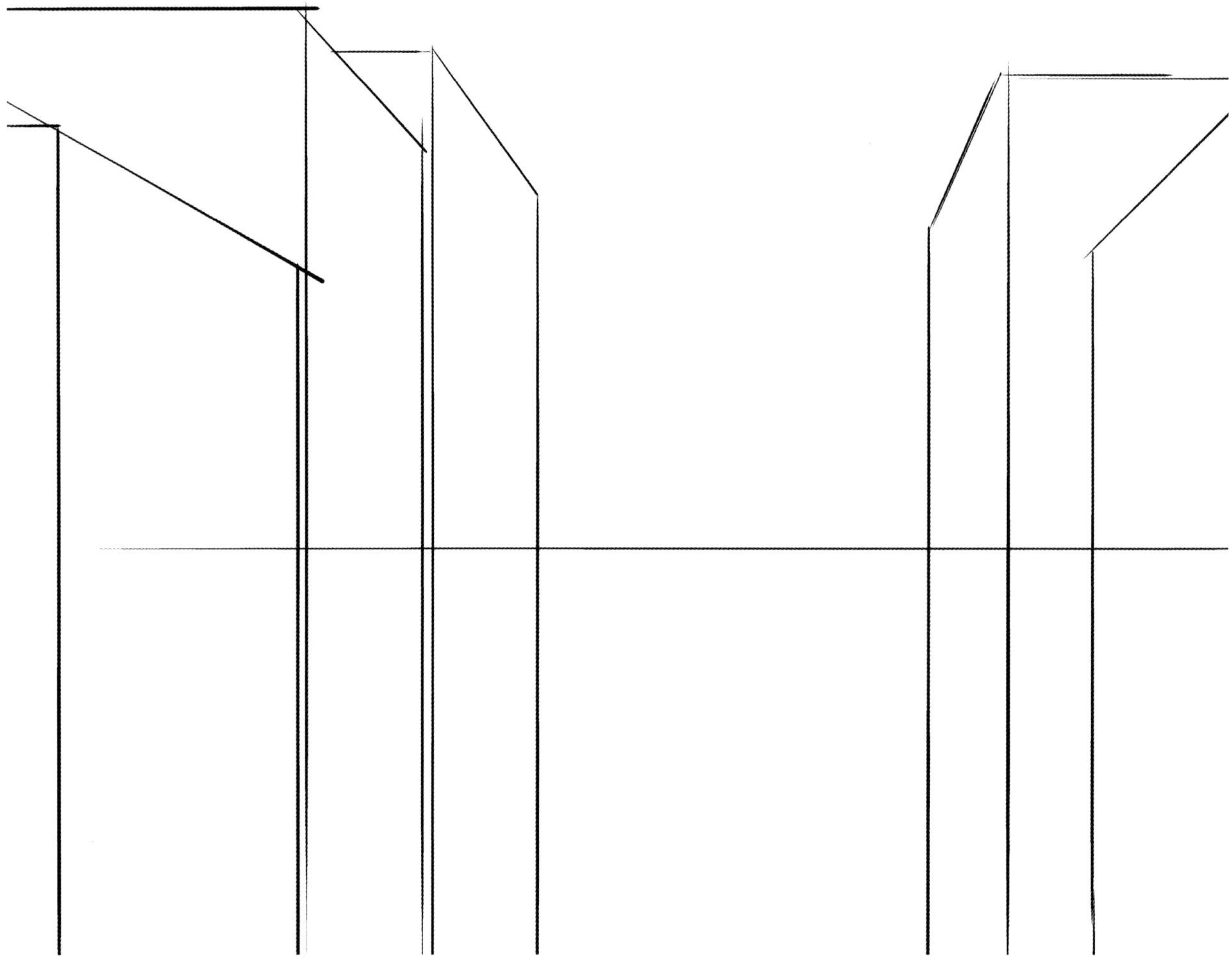

With a few boxes we can define the basic shape of some buildings.

Nous définissions les principales formes de bâtiments grâce à quelques boîtes.

Mithilfe einer Reihe von Quadern wird die Grundform einiger Gebäude festgelegt.

Met wat dozen wordt de basisvorm van een aantal gebouwen geschetst.

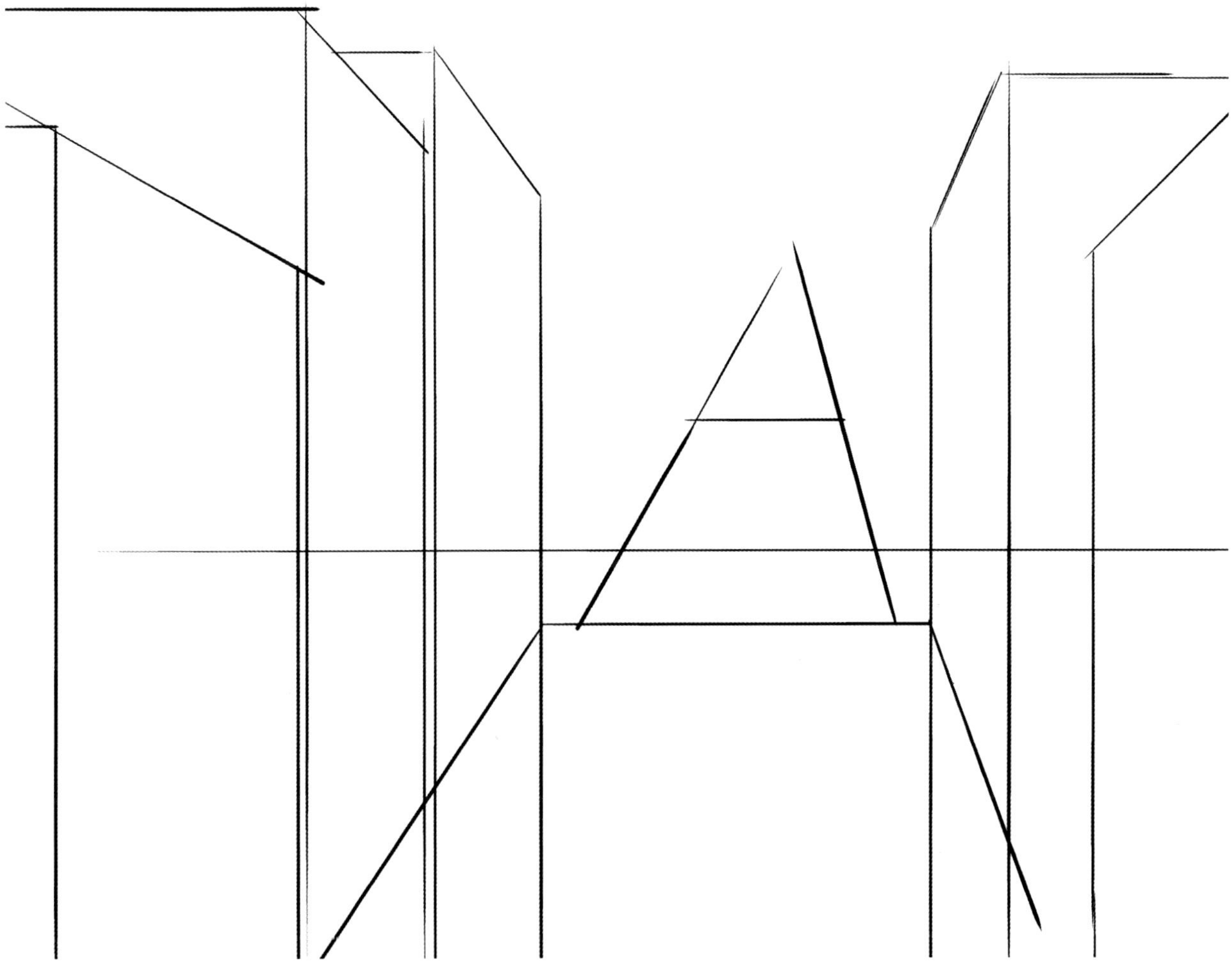

1 2 3 4 5 6 7 8 9

We trace an inclined plane through the middle. This will be a sloping street.

Au centre, nous traçons un plan incliné qui représentera une rue en pente.

Eine in der Mitte eingezeichnete schiefe Ebene stellt eine Straße an einem Hang dar.

Teken door het midden een schuin vlak dat een hellende straat wordt.

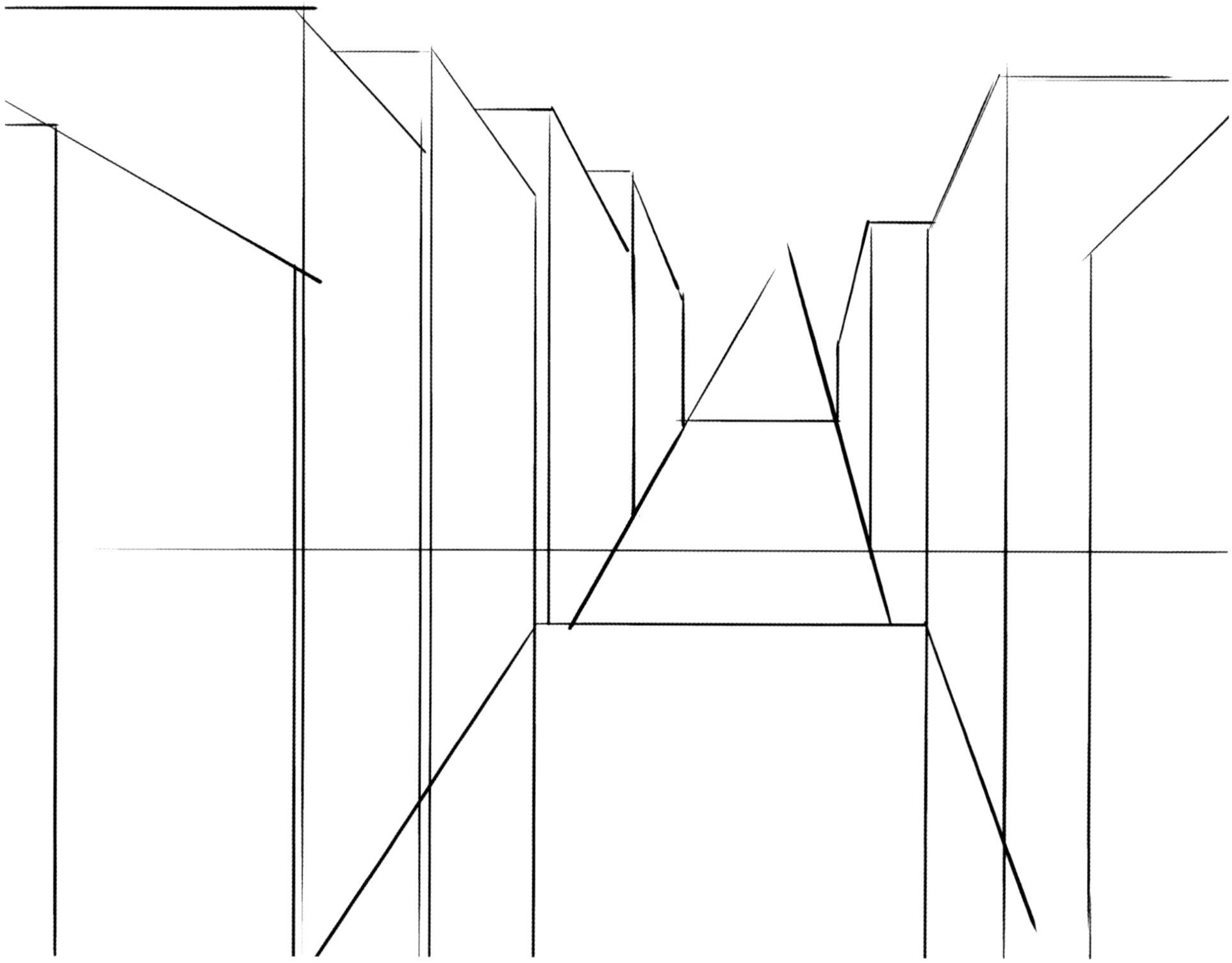

1 **2** 3 4 5 6 7 8 9

We add more buildings along the path of the inclined plane.

Nous ajoutons d'autres bâtiments en suivant le tracé du plan incliné.

Fügen Sie nun entlang des Verlaufs der schiefen Ebene weitere Gebäude hinzu.

Voeg nog meer gebouwen toe en volg daarbij het schuine vlak.

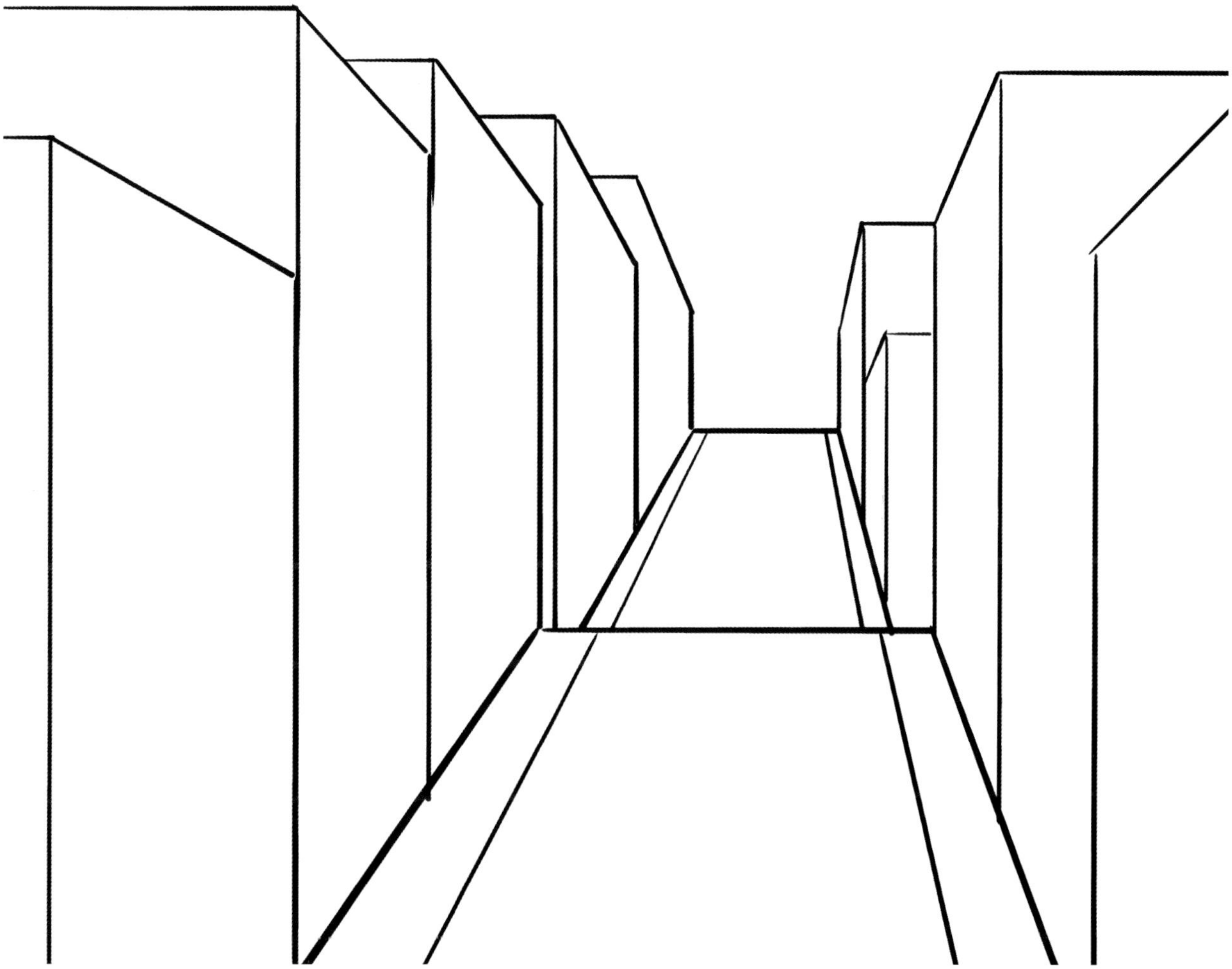

1 2 **3** 4 5 6 7 8 9

Any excess lines in the image are erased.

Nous éliminons les lignes en trop du dessin.

Entfernen Sie überzählige Striche aus der Zeichnung.

Wis de overbodige lijnen van de afbeelding.

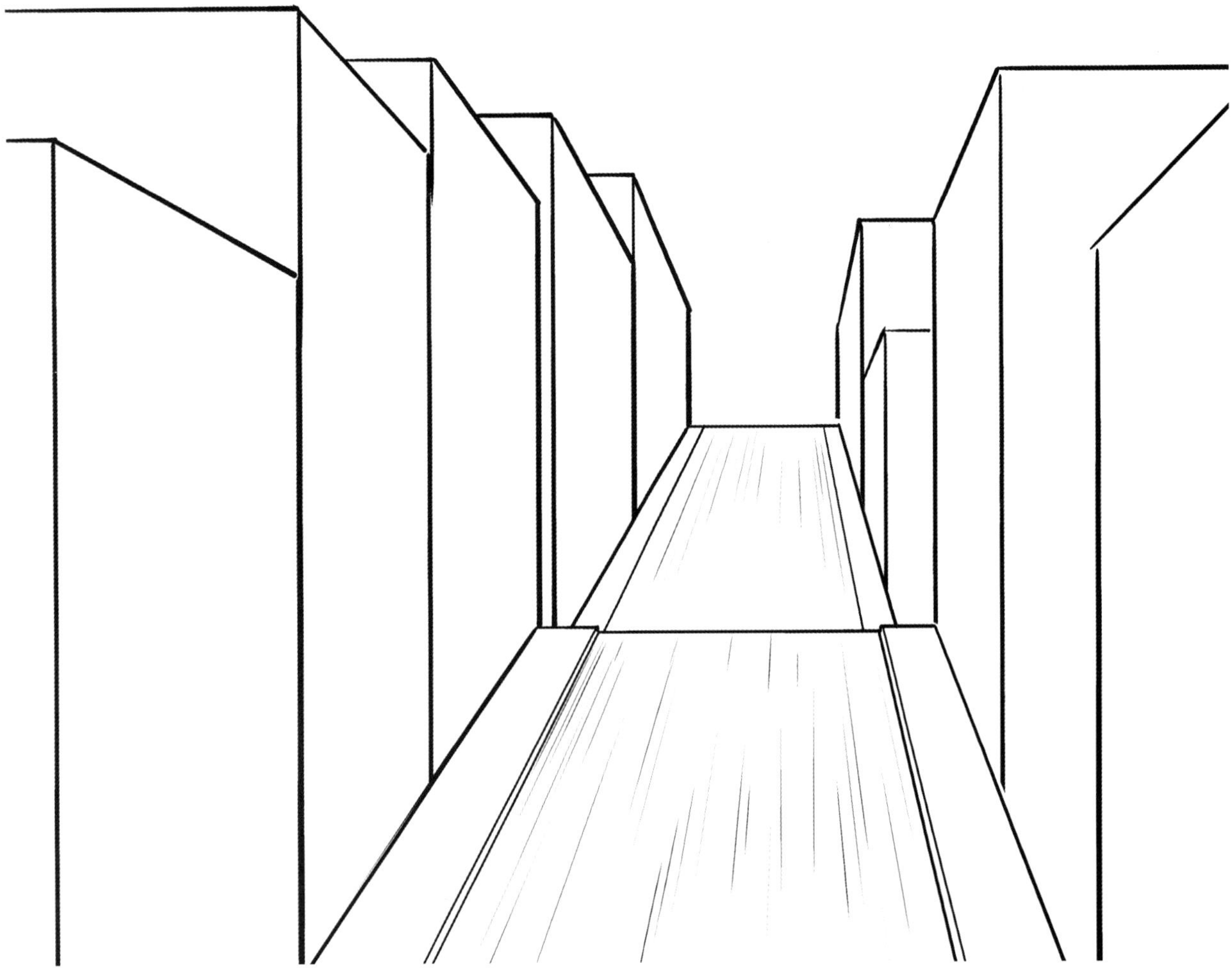

We begin to add details on the inclined plane.

Nous commençons à détailler le plan incliné.

Versehen Sie die schiefe Ebene mit einigen Details.

Begin details in het schuine vlak toe te voegen.

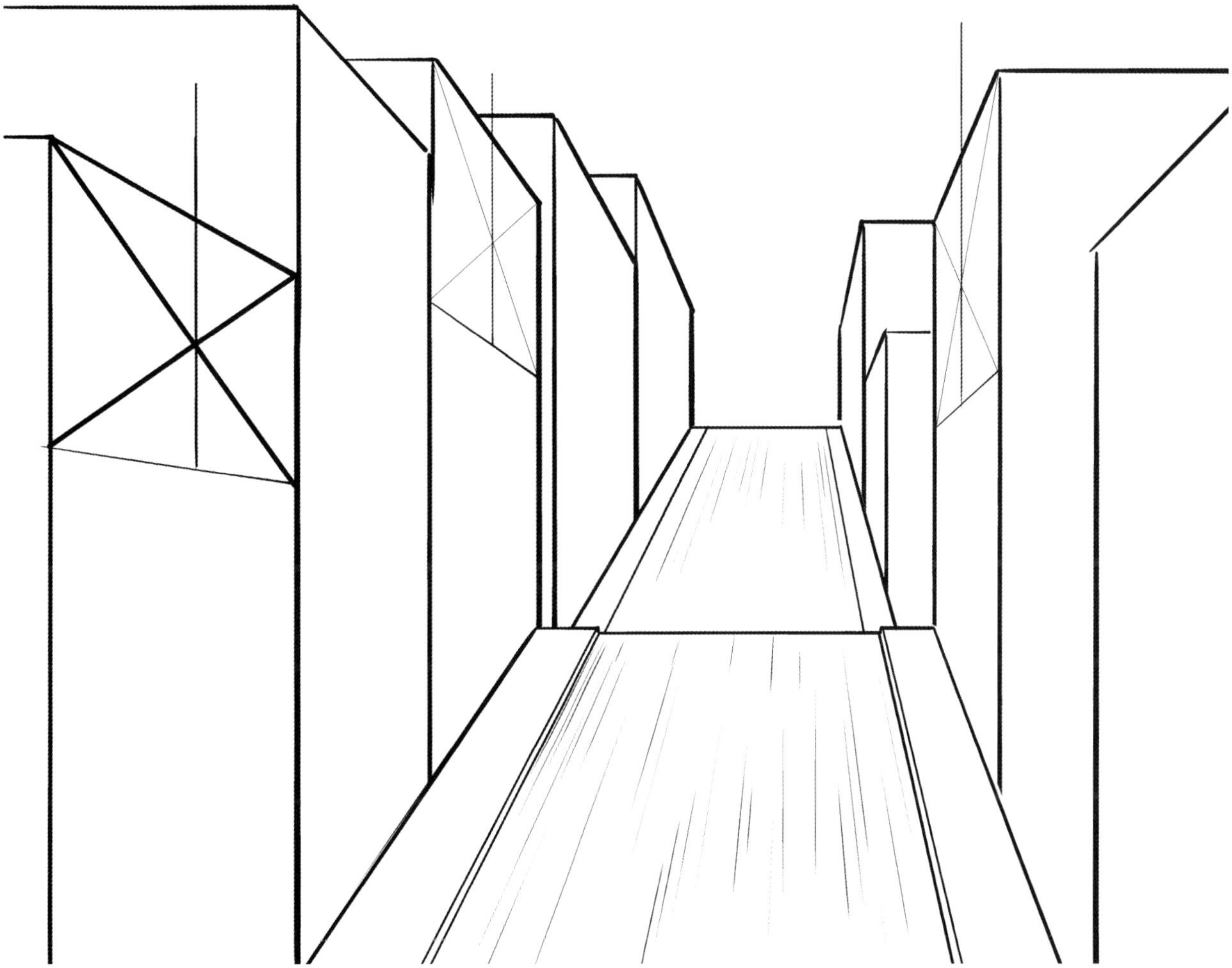

1 2 3 4 **5** 6 7 8 9

We draw in some diagonals to define the mid points on some of the building façades.

Nous traçons des diagonales pour définir les centres de figures sur certaines façades.

Zeichnen Sie an einigen Gebäuden Diagonalen ein, um die Mittelpunkte bestimmter Fassaden festzulegen.

Teken diagonalen om middelpunten op sommige gevels aan te geven.

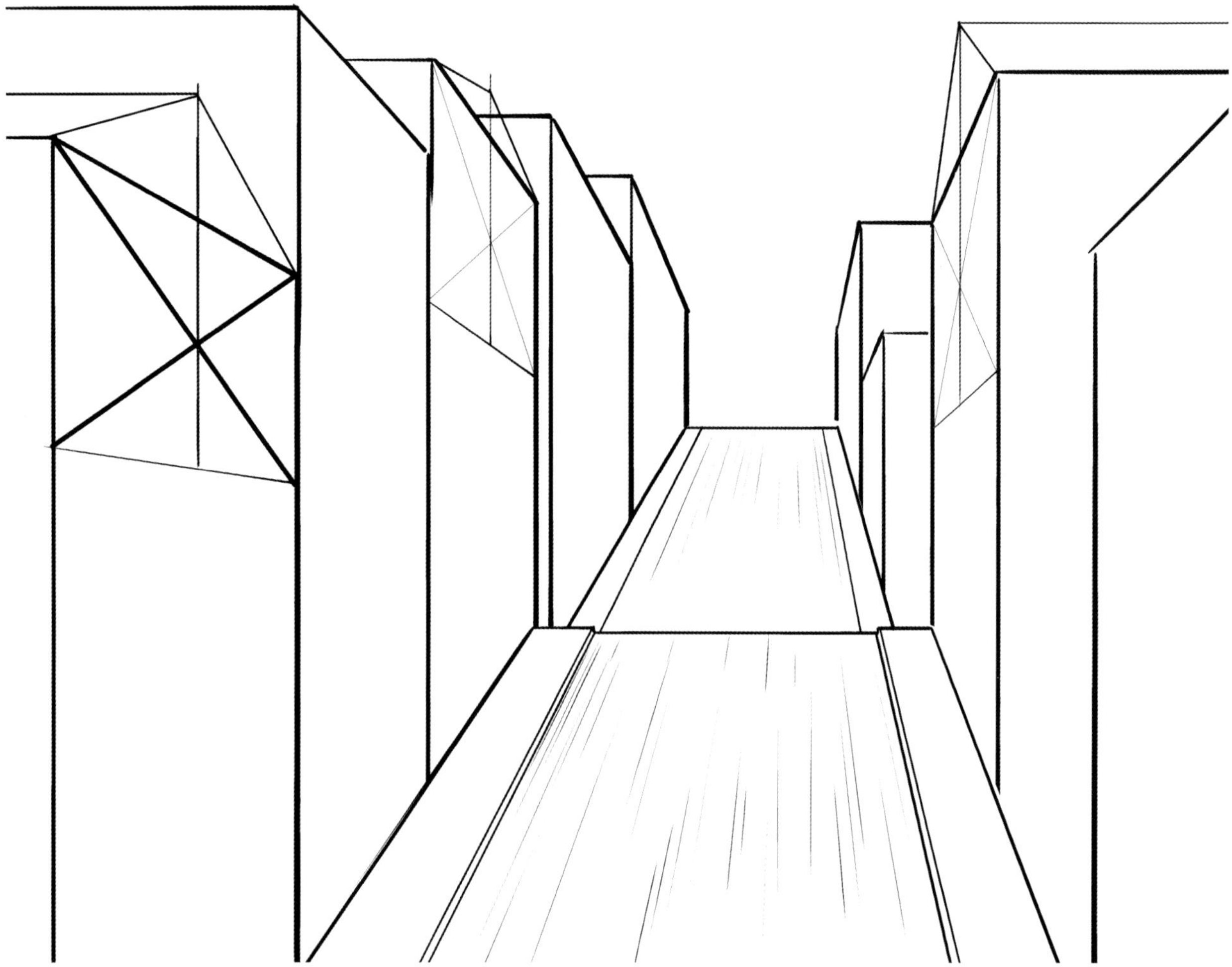

1 2 3 4 5 **6** 7 8 9

With these verticals we can make some gabled roofs.

Grâce à des verticales tracées en ces points, nous pouvons représenter des toits à deux pentes.

Mithilfe der eingezeichneten senkrechten Linien können Satteldächer dargestellt werden.

Met deze verticale lijnen kunnen we zadeldaken maken.

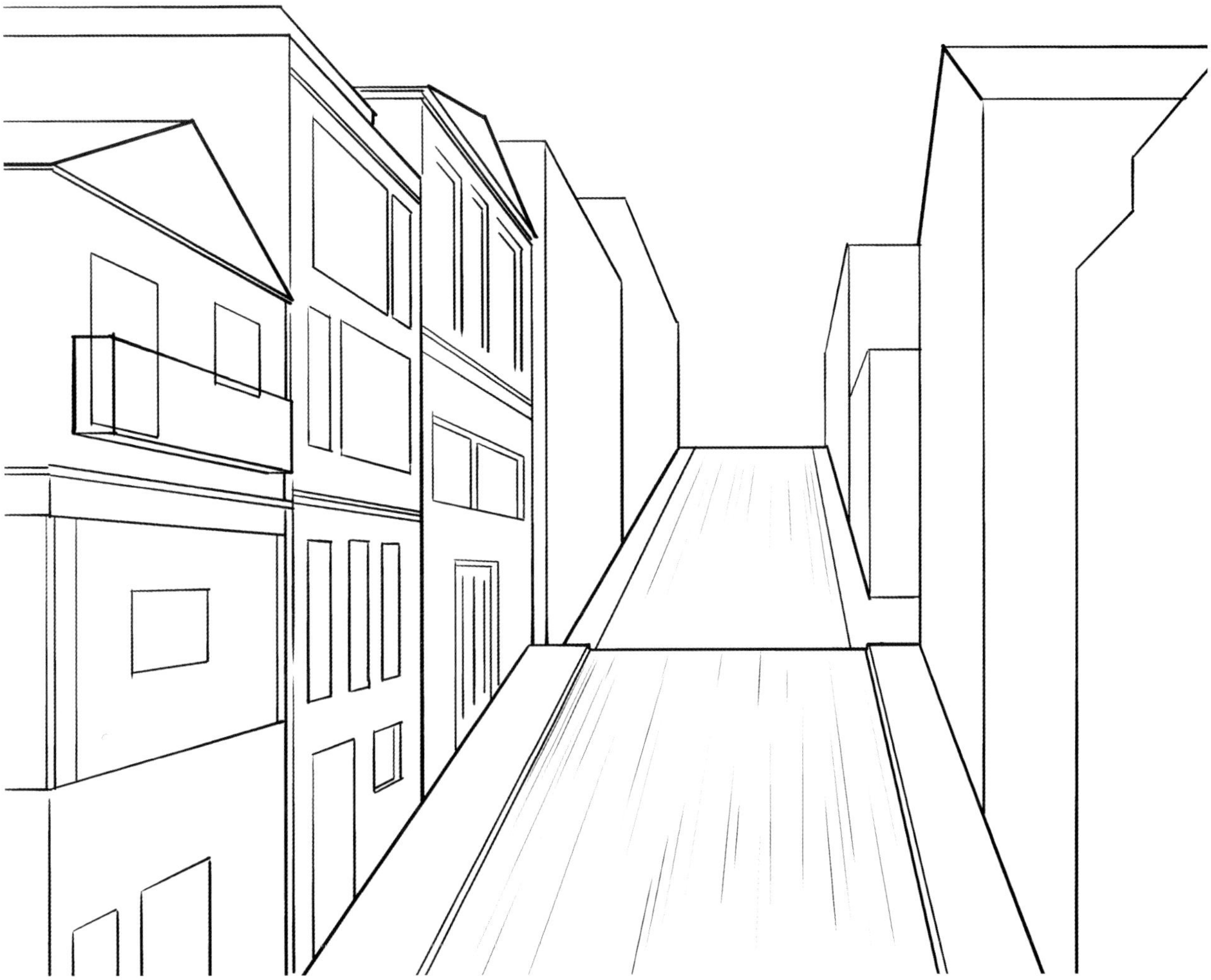

1 2 3 4 5 6 **7** 8 9

We add details to the façades.

Nous ajoutons des détails sur les facades.

Zeichnen Sie im nächsten Schritt weitere Details an den Fassaden ein.

Voeg details aan de gevels toe.

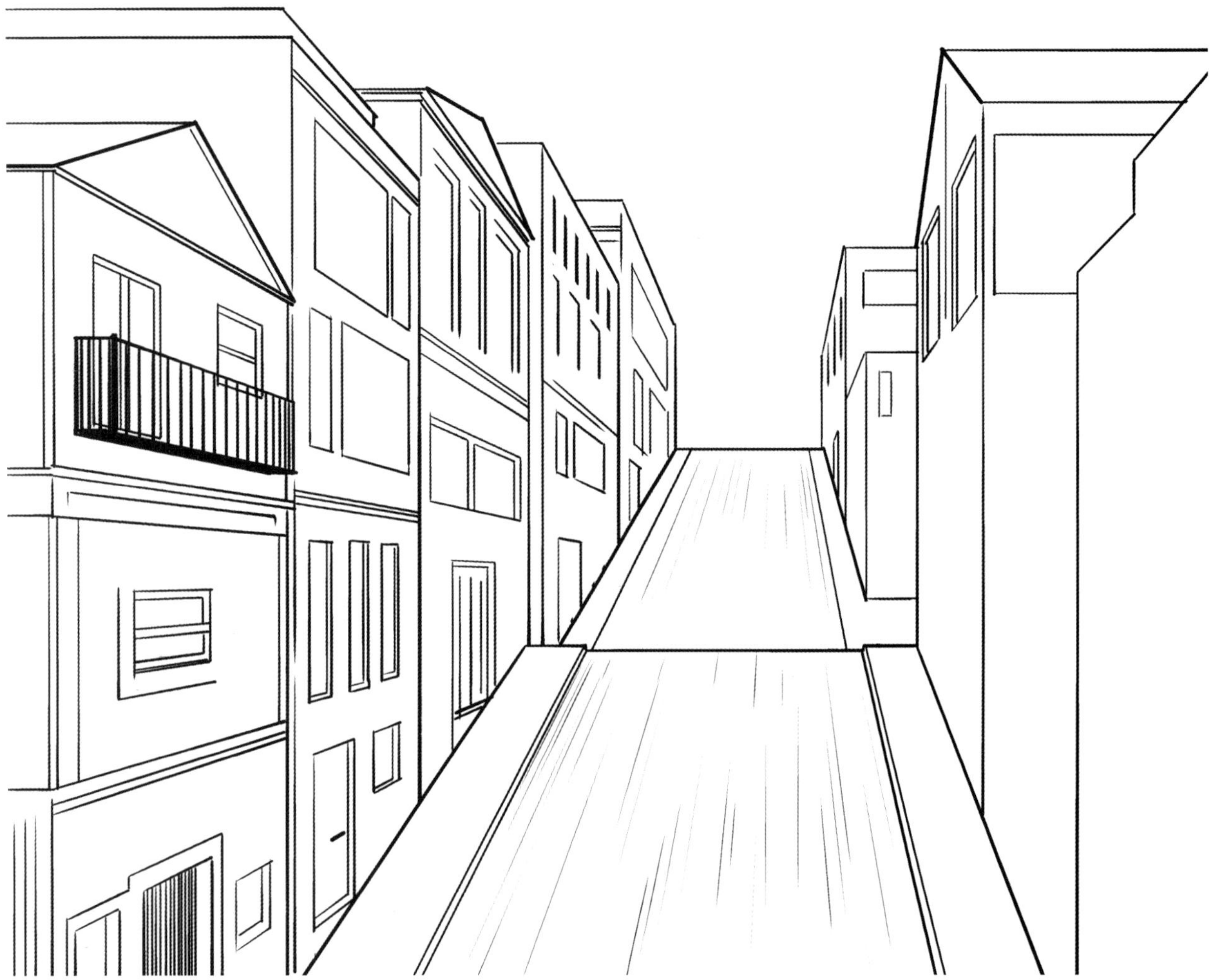

1 2 3 4 5 6 7 8 9

More details, focusing mainly on the closest elements.

Des détails supplémentaires sont ajoutés, surtout sur les éléments plus proches.

An den Elementen, die dem Betrachter am nächsten sind, sollten weitere Einzelheiten dargestellt werden.

Meer details, die voornamelijk in de dichtst bij gelegen elementen zijn geconcentreerd.

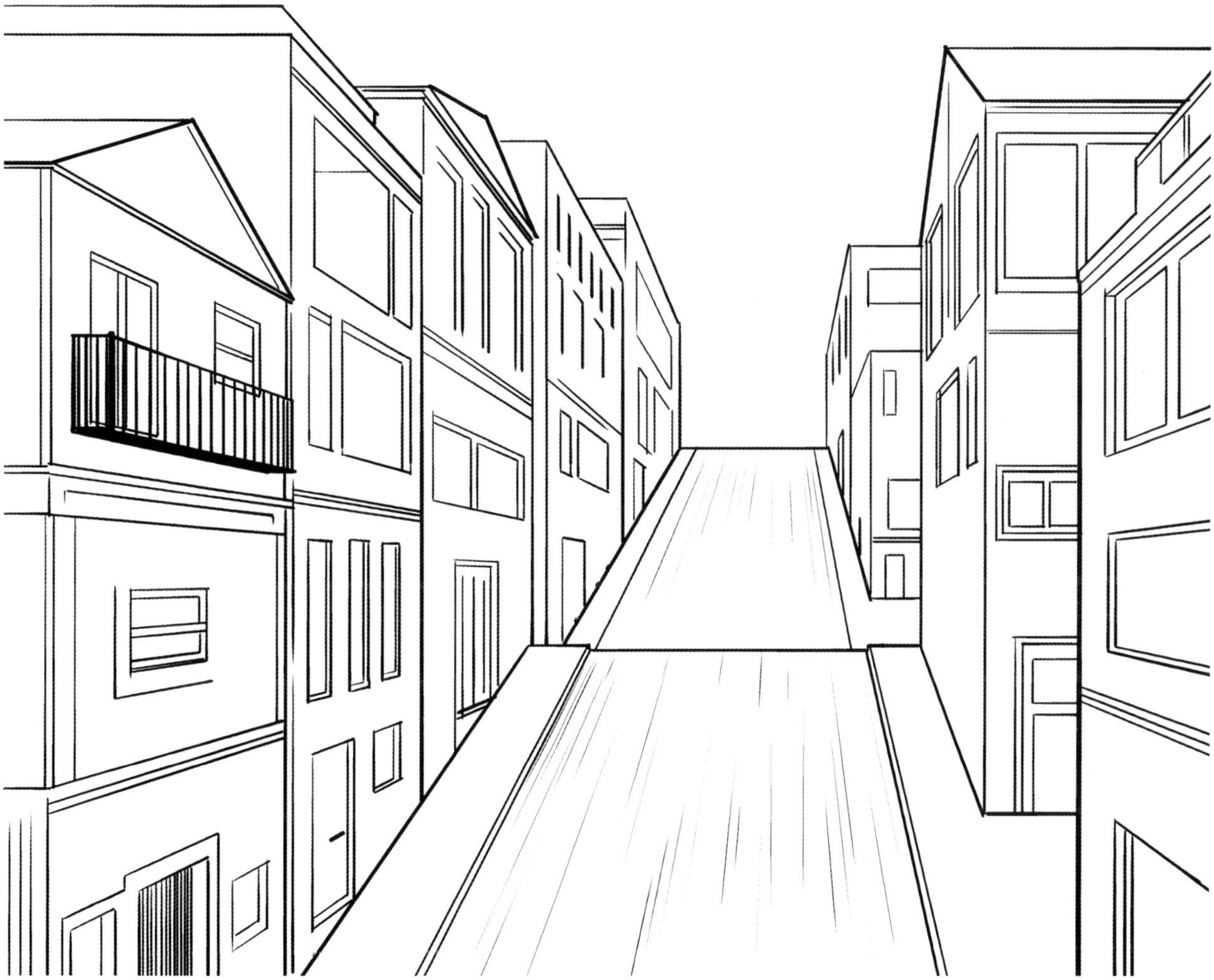

1 2 3 4 5 6 7 8 9

We add in the details on the other side of the street.

Nous détaillons l'autre côté de la rue.

Gestalten Sie nun die andere Straßenseite.

Werk de andere kant van de straat uit.

Indoor scene with basic shadows
Décor intérieur avec ombres simples
Zimmer mit einfachen Schatten
Binnentafereel met simpele schaduwen

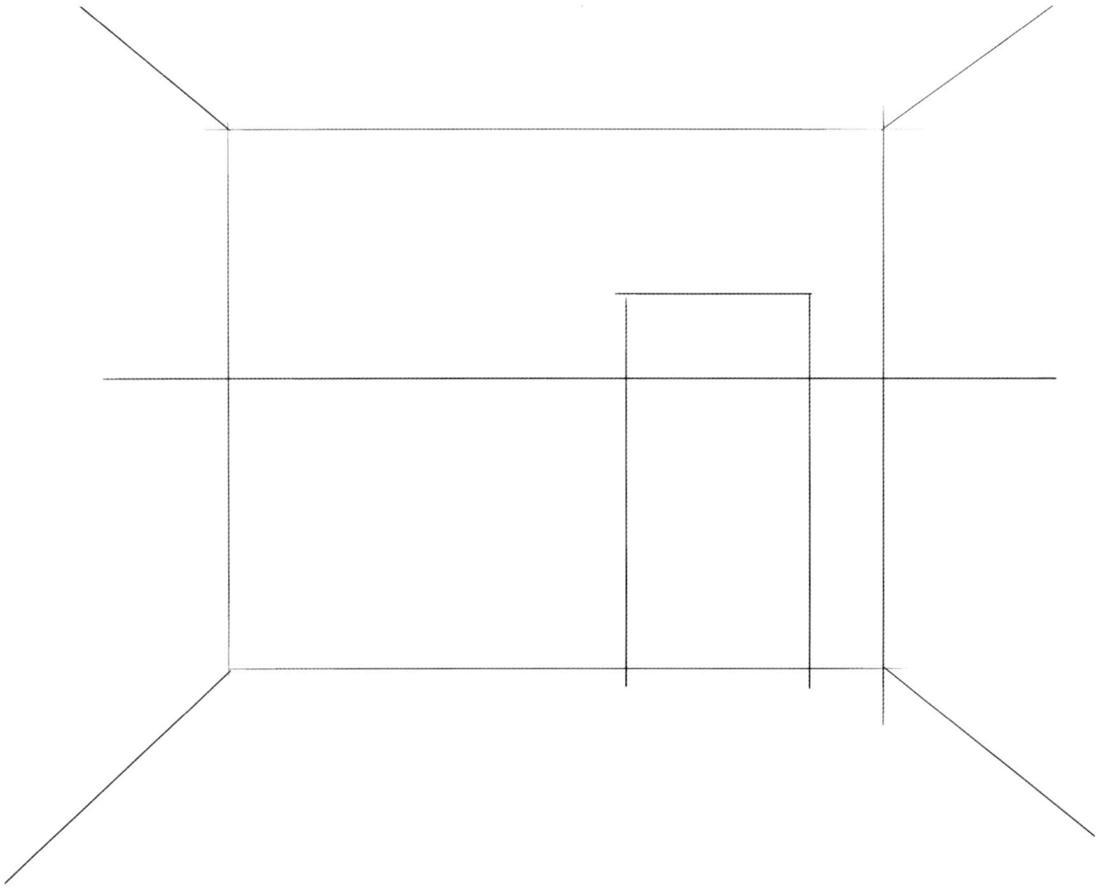

We start by drawing a simple room.

Comme point de départ, nous définissons une pièce simple.

Ausgangspunkt für die Zeichnung ist ein einfaches Zimmer.

Begin een eenvoudig vertrek te schetsen.

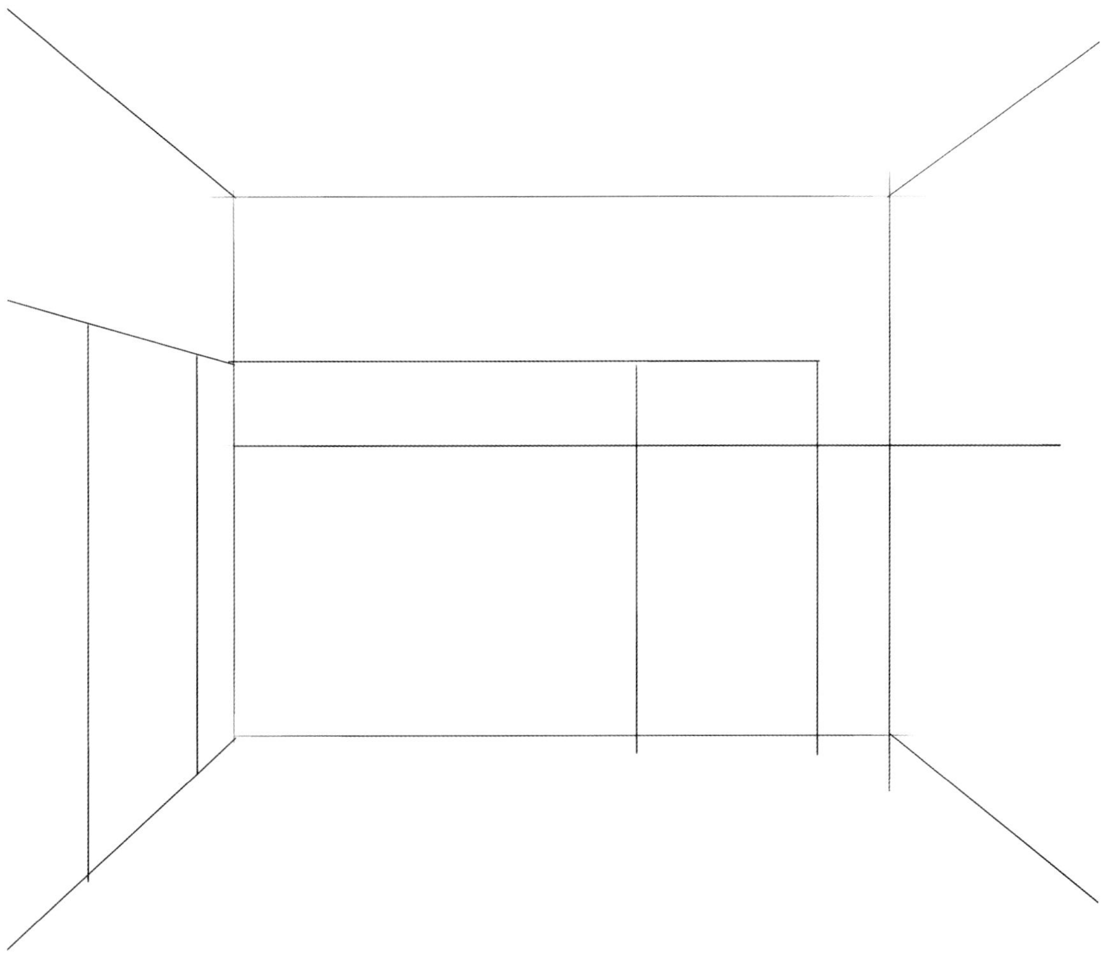

1 2 3 4 5 6 7

We can use the guidelines used to place a door to add another one the same size on another wall.

Nous pouvons utiliser les lignes qui nous ont permis de dessiner une porte pour en placer une autre de la même taille sur un autre mur.

Nutzen Sie die Hilfslinien der ersten Tür, um eine weitere, gleich große Tür an einer anderen Wand einzufügen.

Gebruik de vluchtlijnen, waarmee de plaats van een deur wordt bepaald, om in de andere wand een andere deur van dezelfde grootte te tekenen.

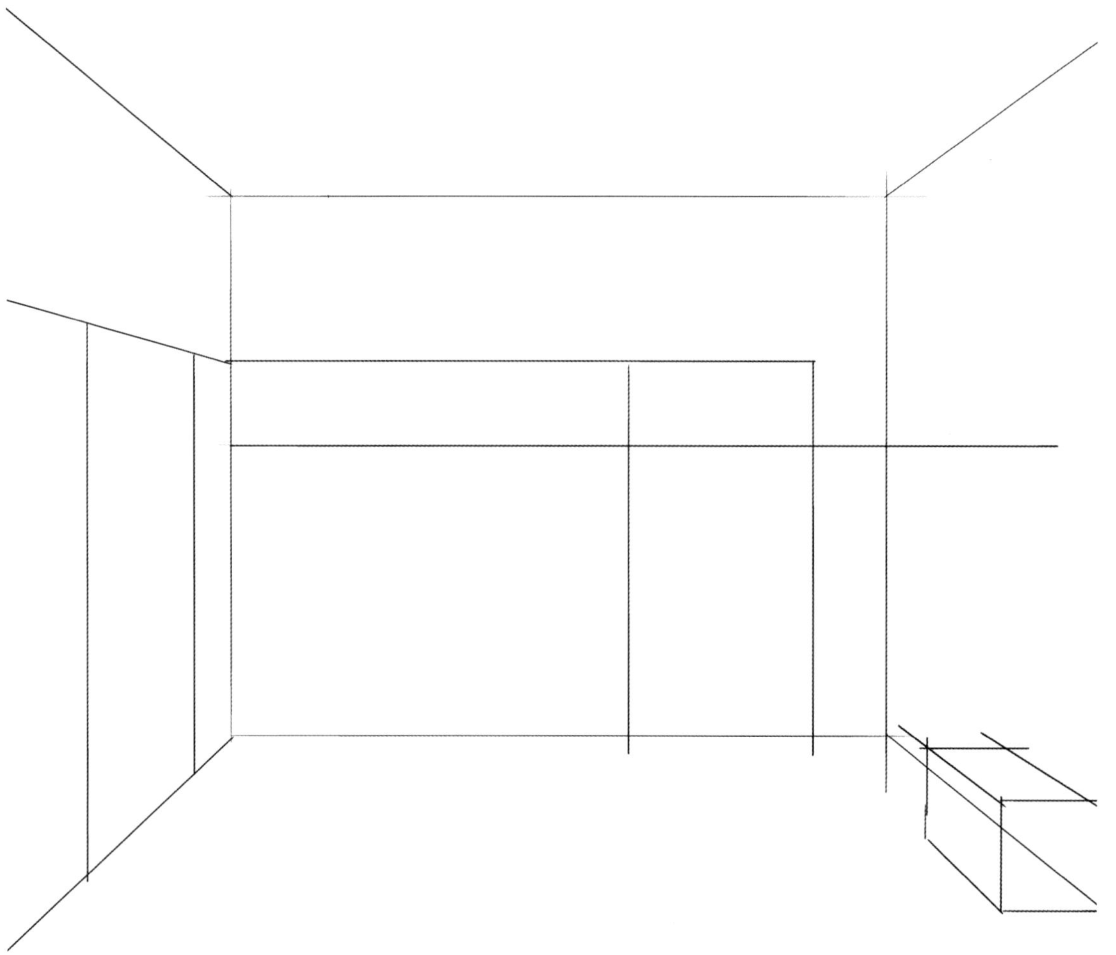

1 **2** 3 4 5 6 7

We begin by adding elements in the room: a box.

Nous ajoutons des éléments dans la pièce : une boîte.

Zeichnen Sie nun weitere Elemente des Zimmers ein: zunächst wird ein Quader an der Wand platziert.

Begin elementen in het vertrek toe te voegen: een doos.

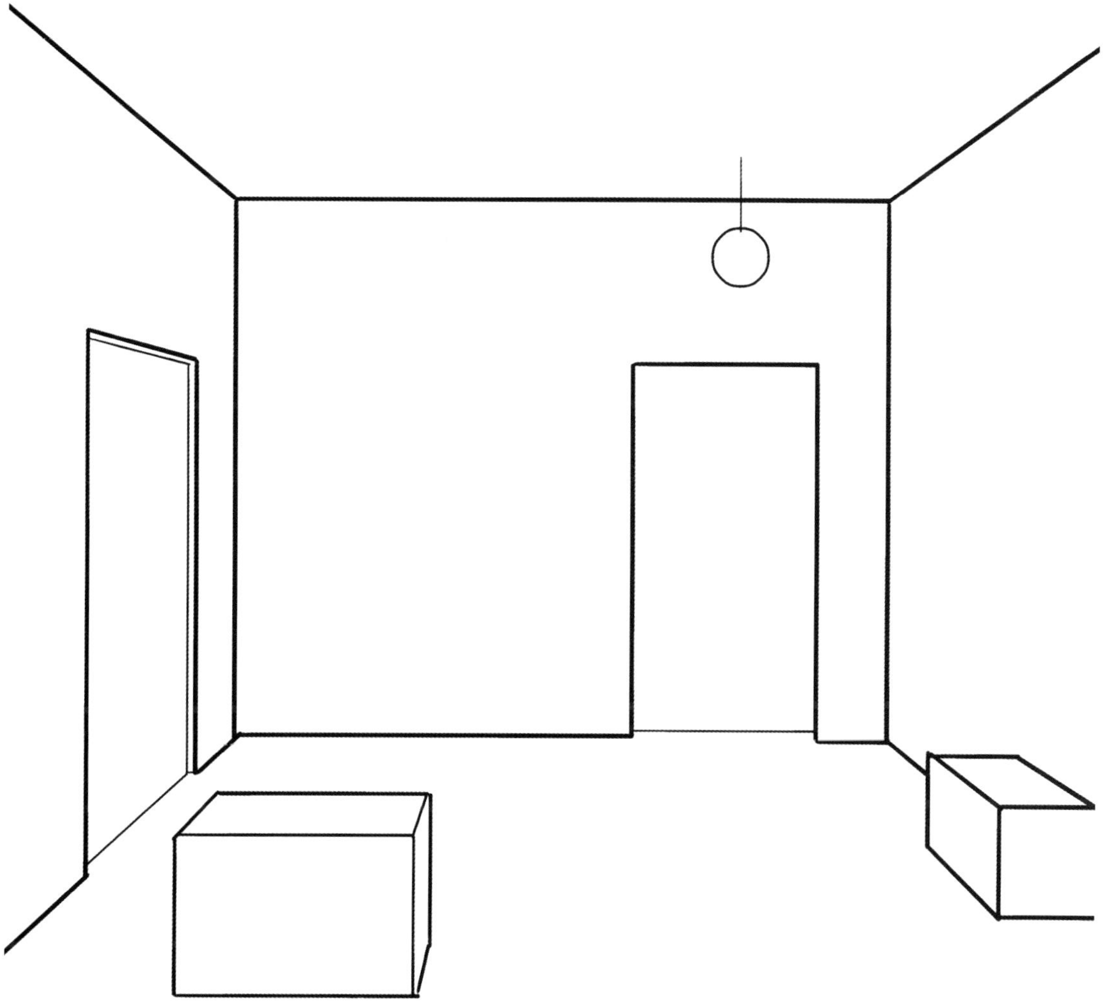

1 2 **3** 4 5 6 7

We add a second box
and the light source.

Puis une deuxième boîte, ainsi
que la source lumineuse.

Fügen Sie einen zweiten Quader
und eine Lichtquelle hinzu.

Voeg een tweede doos
en een lichtbron toe.

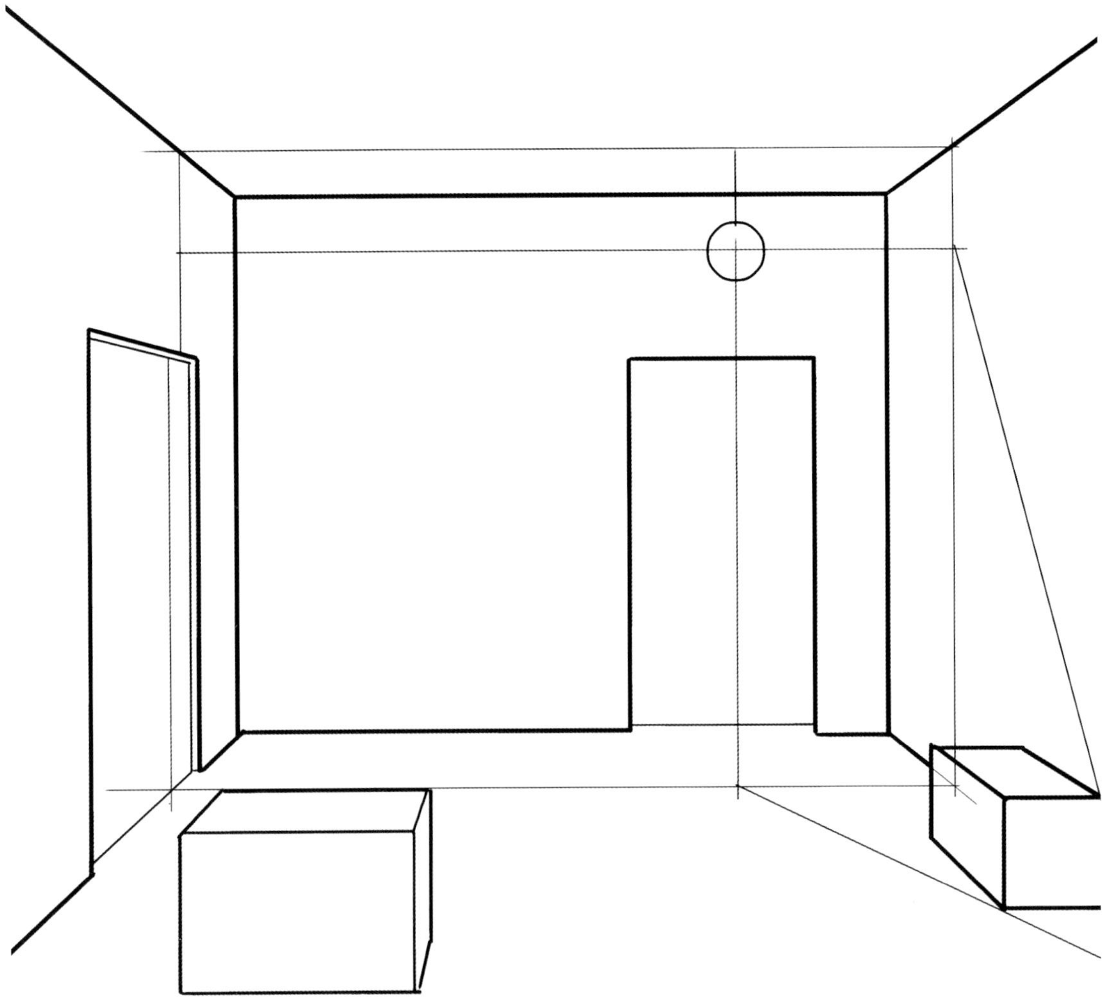

1 2 3 4 5 6 7

From the light source, we trace perpendicular lines to intersect with the appropriate wall.

À partir de cette source, nous traçons des lignes perpendiculaires jusqu'à ce qu'elles recoupent le mur correspondant.

Ziehen Sie von der Lichtquelle aus im rechten Winkel Linien bis zum Schnittpunkt mit der jeweiligen Wand.

Teken vanaf het lichtpunt loodrechte lijnen totdat deze de desbetreffende wand snijden.

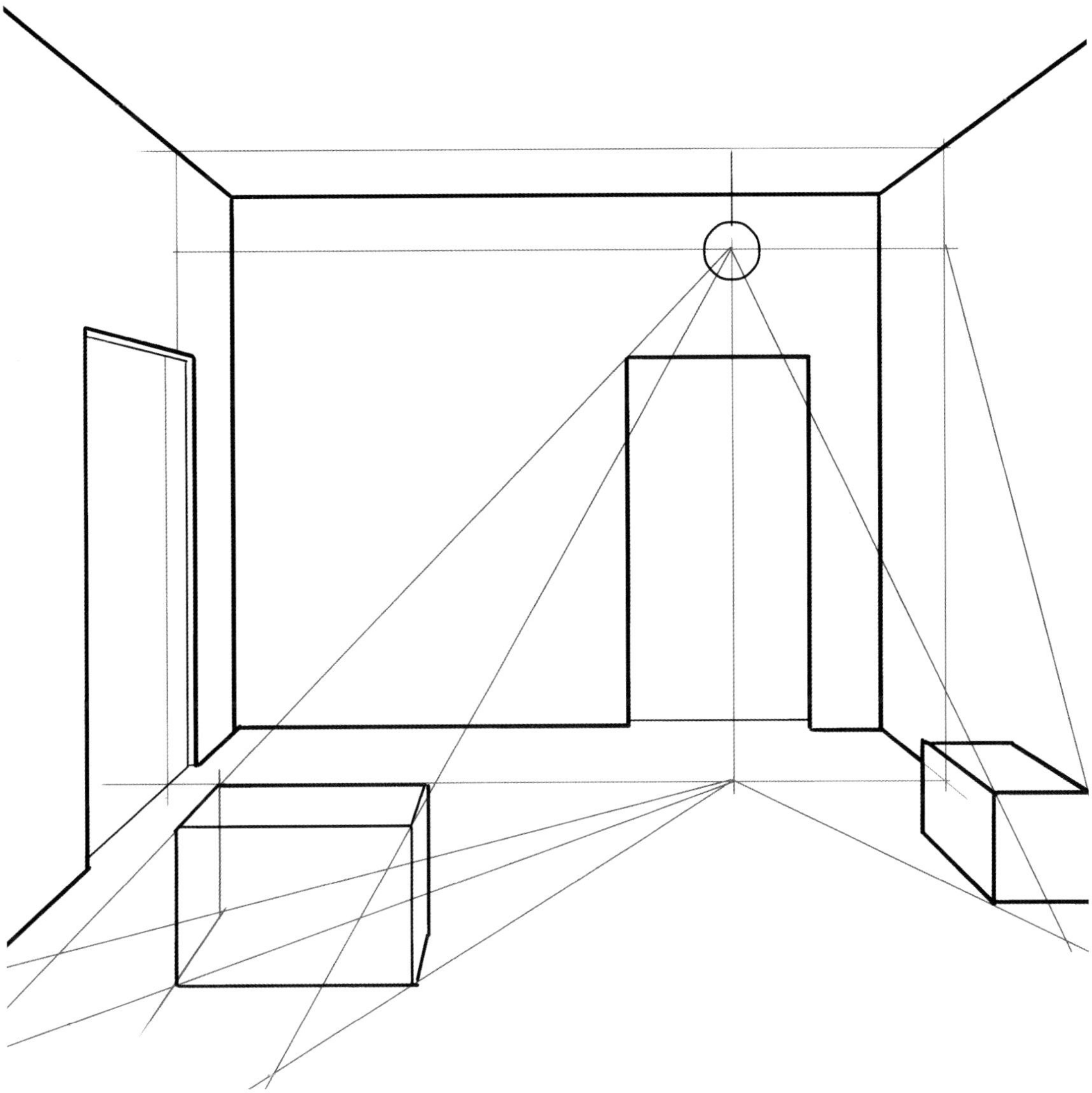

1 2 3 4 **5** 6 7

We project the lines for the shadows from the appropriate point of intersection and from the light source.

Nous projetons les lignes d'ombre à partir du point d'intersection correspondant et de la source lumineuse.

Zeichnen Sie vom entsprechenden Schnittpunkt sowie von der Lichtquelle aus die Projektionslinien für den Schatten ein.

Teken de schaduwlijnen vanaf het desbetreffende snijpunt en vanaf het lichtpunt.

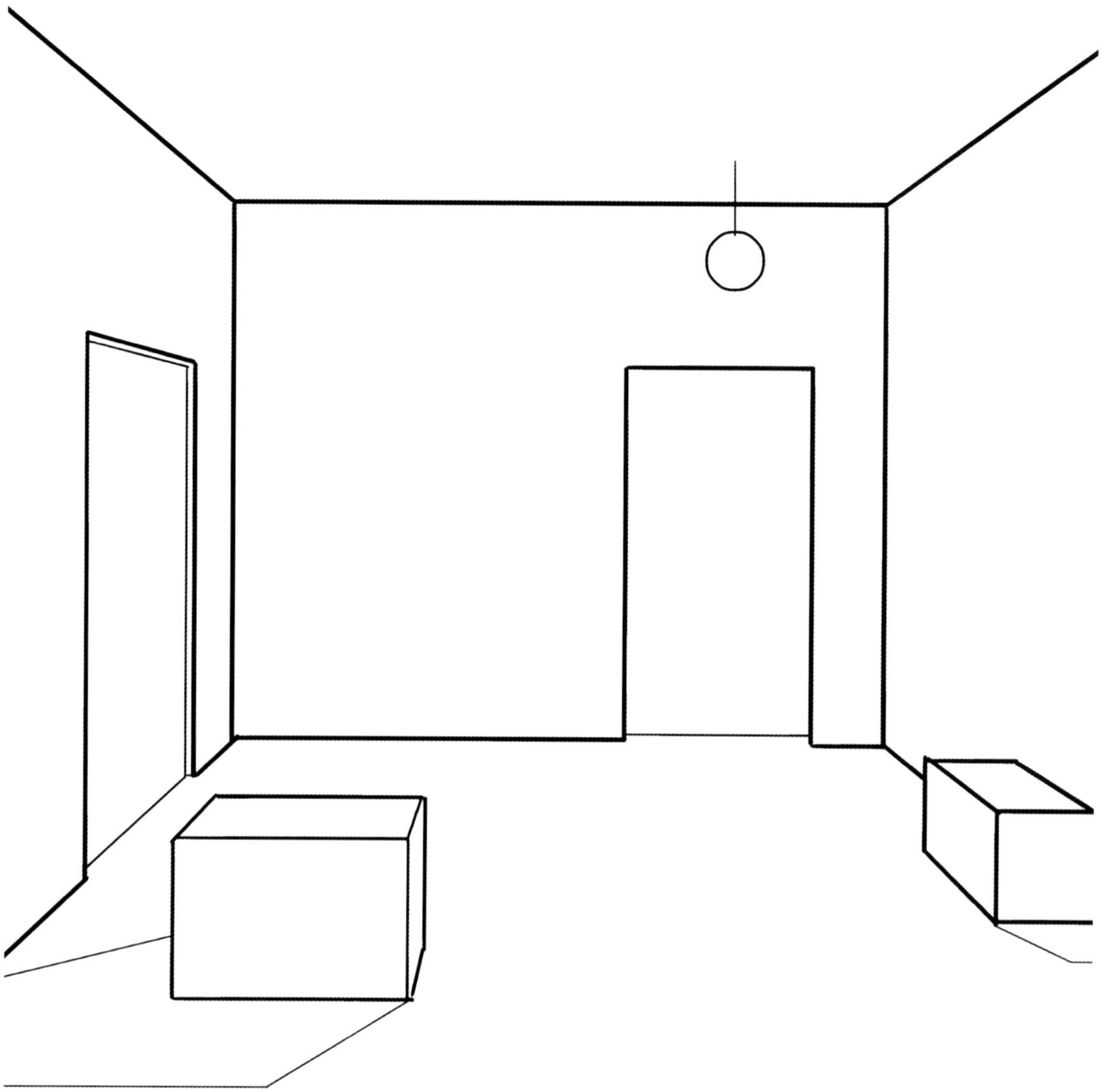

1 2 3 4 5 **6** 7

This will enable us to define the shadowed areas.

Nous délimitons ainsi les zones d'ombre.

Auf diese Weise werden die Schattenbereiche festgelegt.

Op deze manier is het mogelijk om de schaduwzones te bepalen.

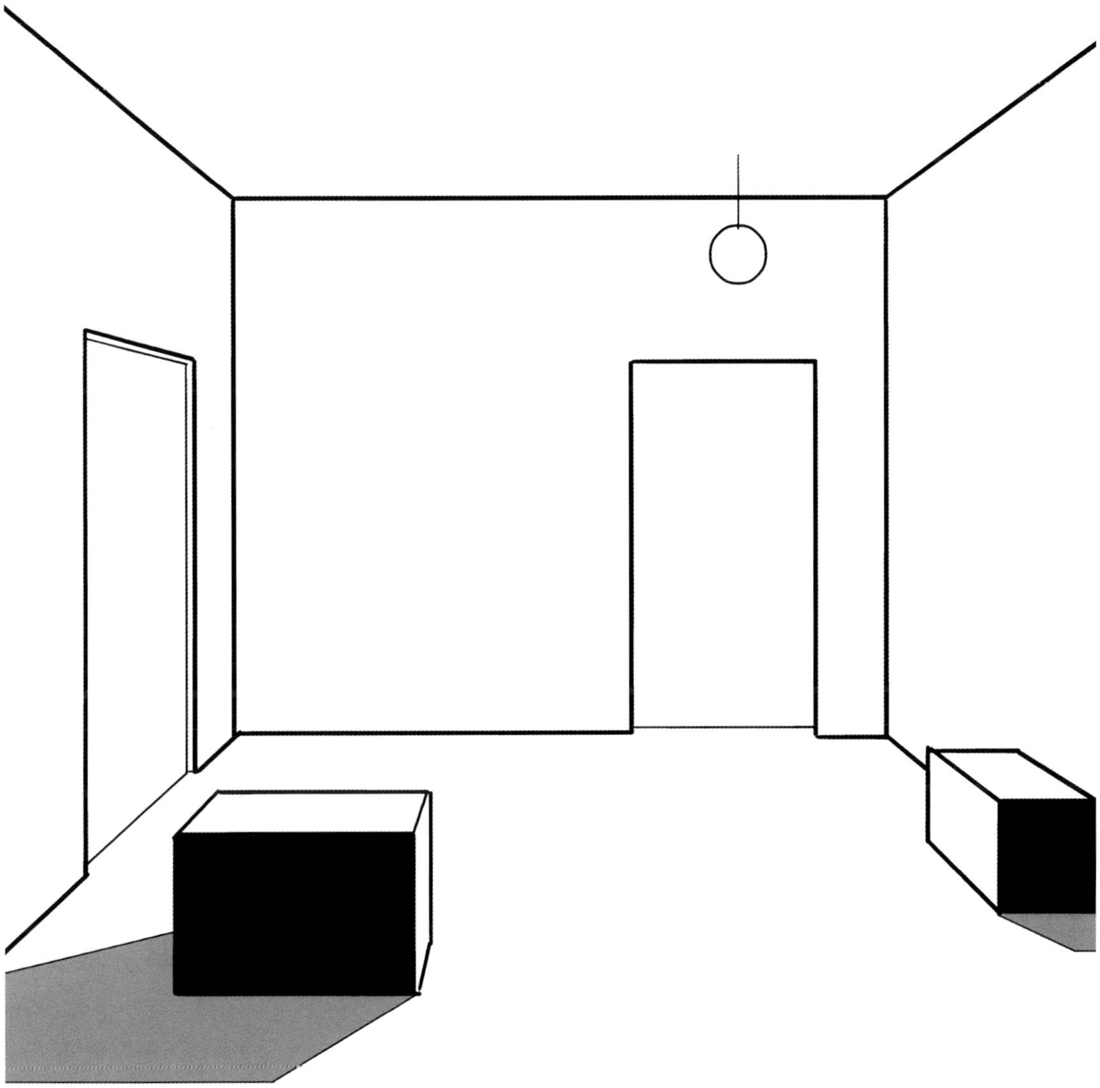

1 2 3 4 5 6 **7**

The planes with shadow cast by the lights are shaded in with grays and blacks.

Avec des tons gris et noirs, nous différencions les plans à l'ombre de ceux éclairés.

Durch den Einsatz von Grautönen und Schwarz werden die im Schatten gelegenen Ebenen von den beleuchteten Bereichen abgehoben.

Met grijs en zwart worden de schaduwvlakken van de verlichte vlakken onderscheiden.

Indoor scene with projected shadows
Décor intérieur avec ombre projetée
Zimmer mit auf die Wand projiziertem Schatten
Binnentafereel met schaduwen

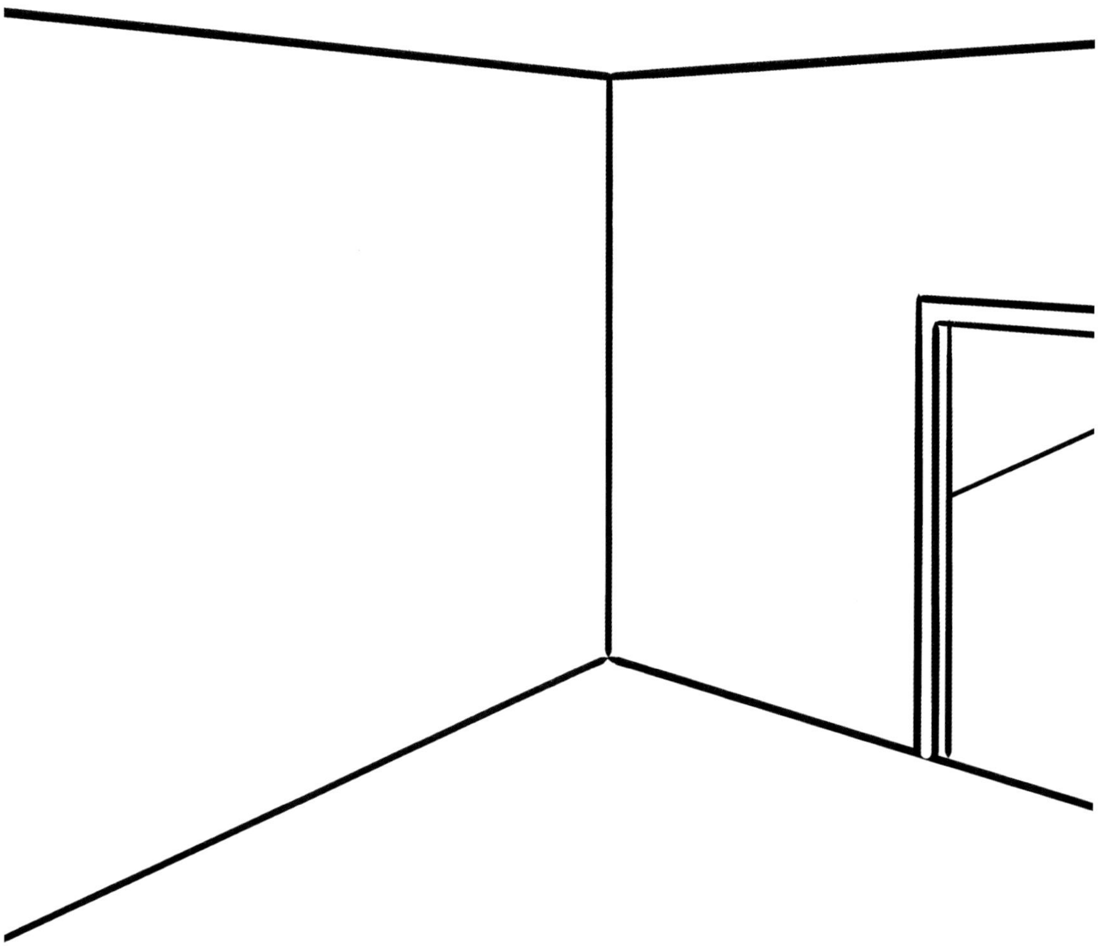

We shall now try with a source of light that is nearer and lower down.

Faisons maintenant un essai avec une source lumineuse plus proche et plus basse.

In der vorliegenden Übung wird der Schattenwurf einer näher gelegenen und weiter unten befindlichen Lichtquelle eingezeichnet.

We gaan het nu proberen met een lichtbron die zich dichterbij en lager bevindt.

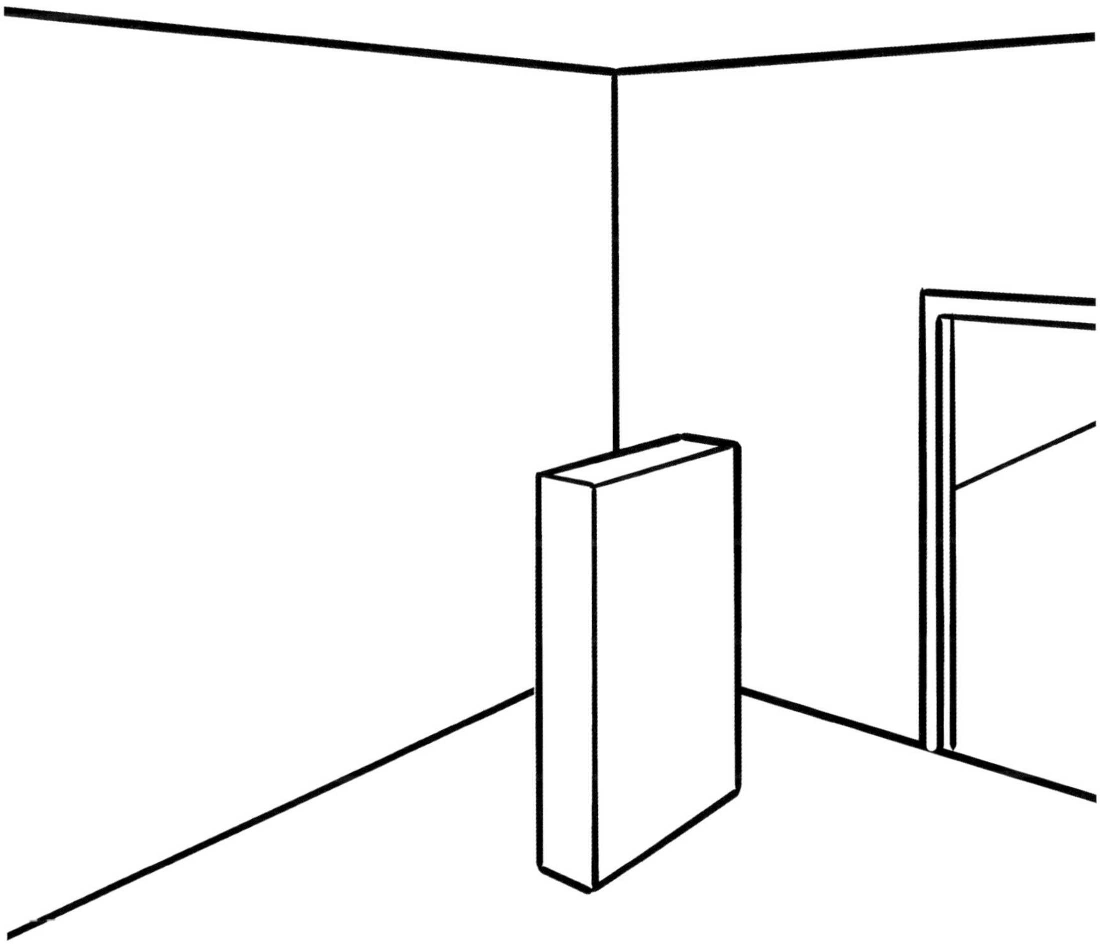

1 2 3 4 5 6 7

We place an object near the wall but still at a certain distance so that the shadow falls on the ground and the wall.

Nous plaçons un objet près du mur mais à une certaine distance tout de même, pour que l'ombre se projette à la fois sur le sol et le mur.

Platzieren Sie ein Objekt in Wandnähe, jedoch mit etwas Abstand zur Wand, damit der Schatten auf Boden und Wand fällt.

Teken een voorwerp dichtbij maar op zekere afstand van de wand, zodat de schaduw op de vloer en op de wand wordt geprojecteerd.

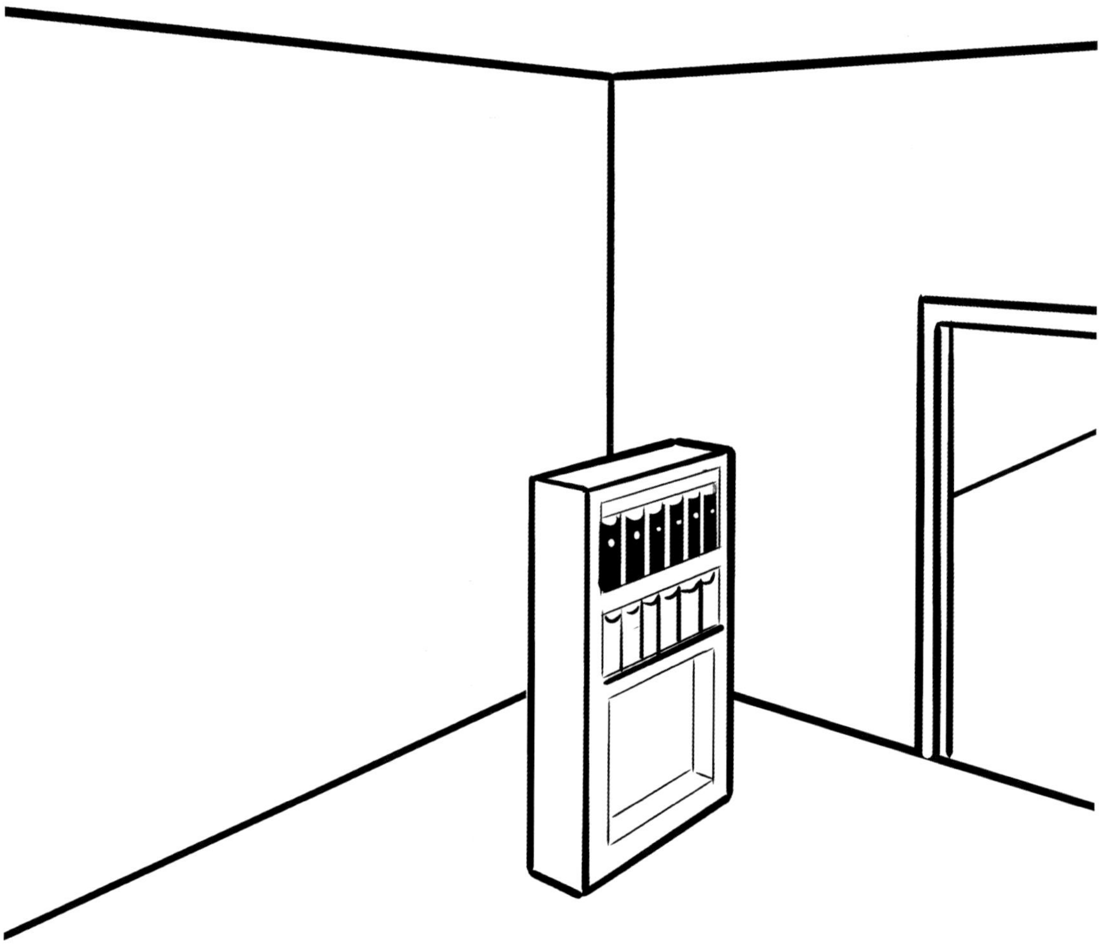

1 2 3 4 5 6 7

We add details to the inside of the unit.

Nous détaillons l'intérieur du meuble.

Gestalten Sie das Innere des Regals.

Detailleer de binnenkant van het meubel.

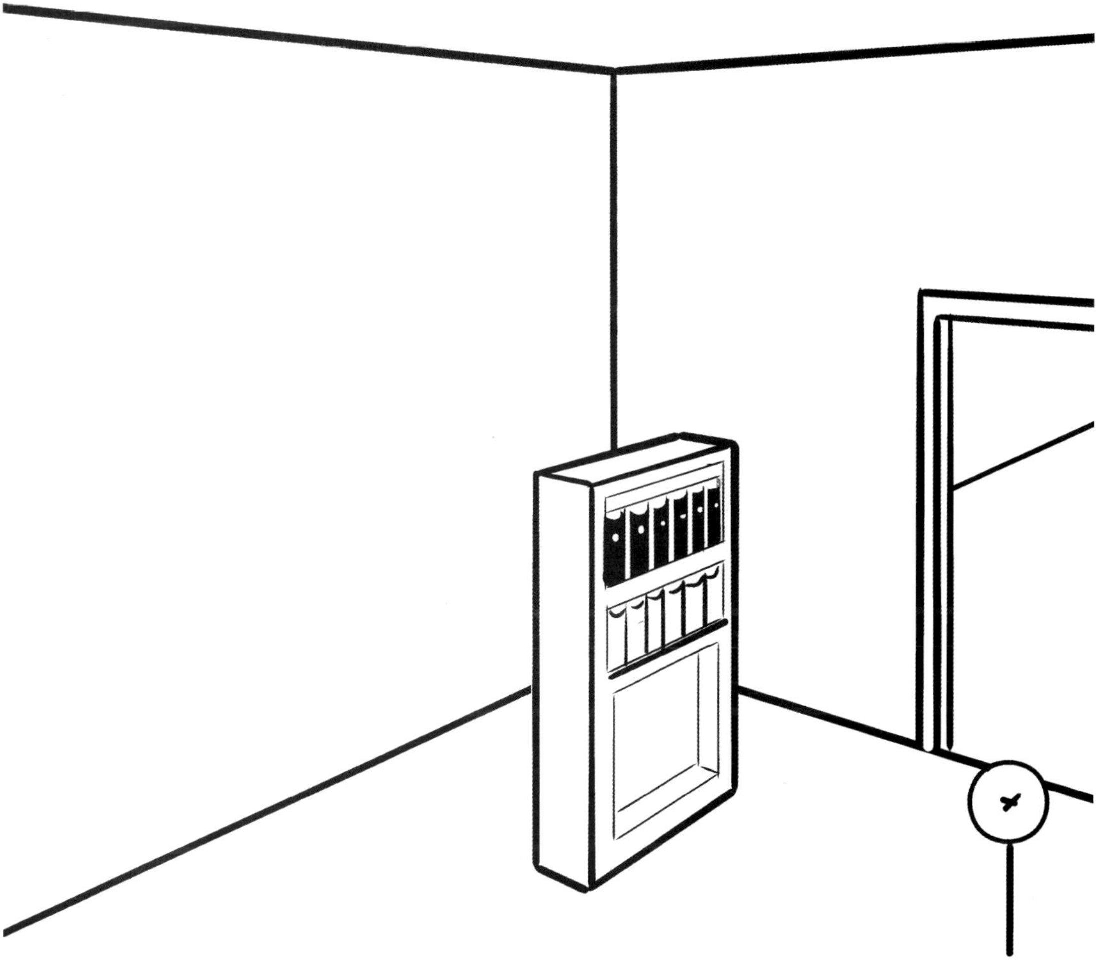

1 2 **3** 4 5 6 7

We position the light source.

Nous situons la source de lumière.

Zeichnen Sie die Lichtquelle ein.

Situeer de lichtbron.

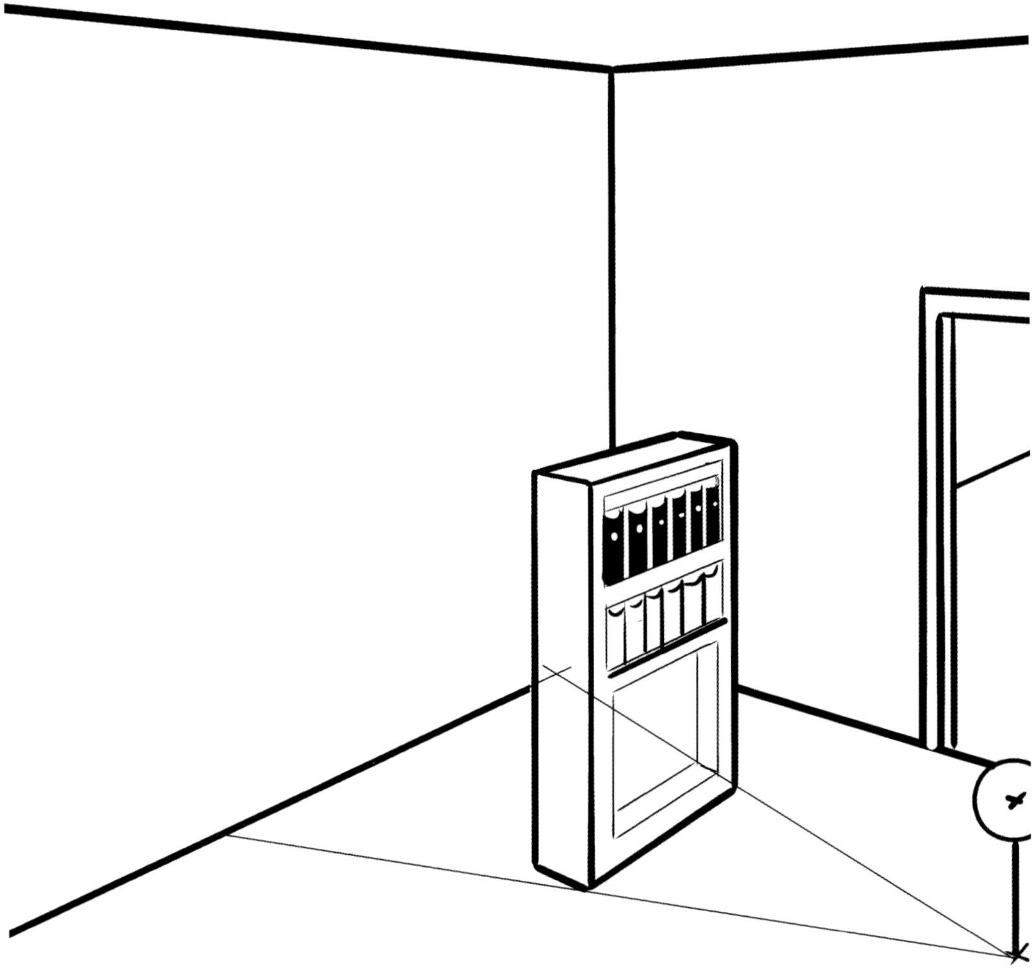

1 2 3 4 5 6 7

From the base of the light source we draw lines to the corners of the unit.

Nous traçons des lignes partant de la base de la source et passant par les angles du meuble.

Zeichnen Sie vom Fuß der Lichtquelle aus Linien durch die vorderen unteren Ecken des Regals ein.

Teken vanaf de onderkant van de lichtbron lijnen tot aan de hoekpunten van het meubel.

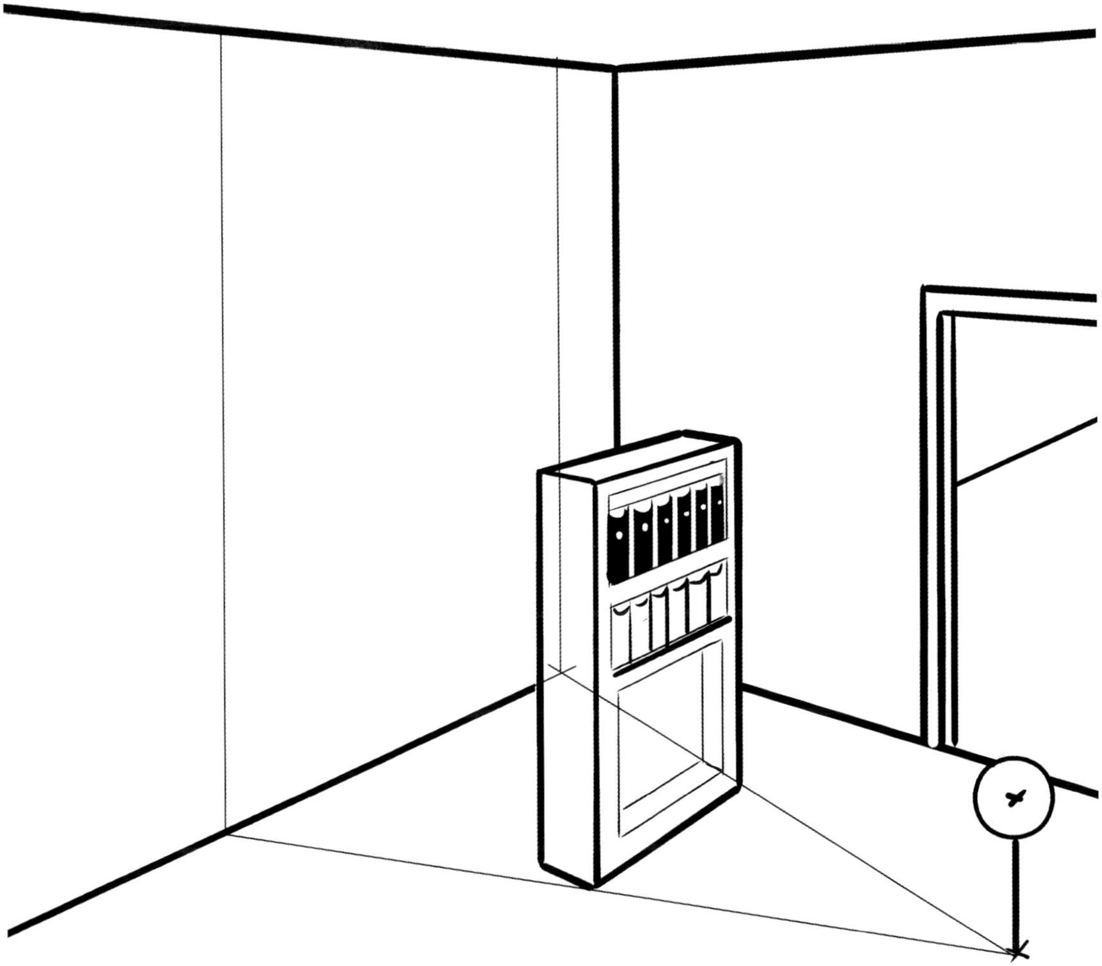

1 2 3 4 **5** 6 7

We draw verticals from the point where these lines touch the wall.

Nous traçons alors des verticales aux points où ces lignes coupent le mur.

Ziehen Sie von den Punkten, an denen diese Linien die Wand schneiden, zwei senkrechte Linien nach oben.

Teken vanaf het punt waarop deze lijnen de wand raken verticale lijnen.

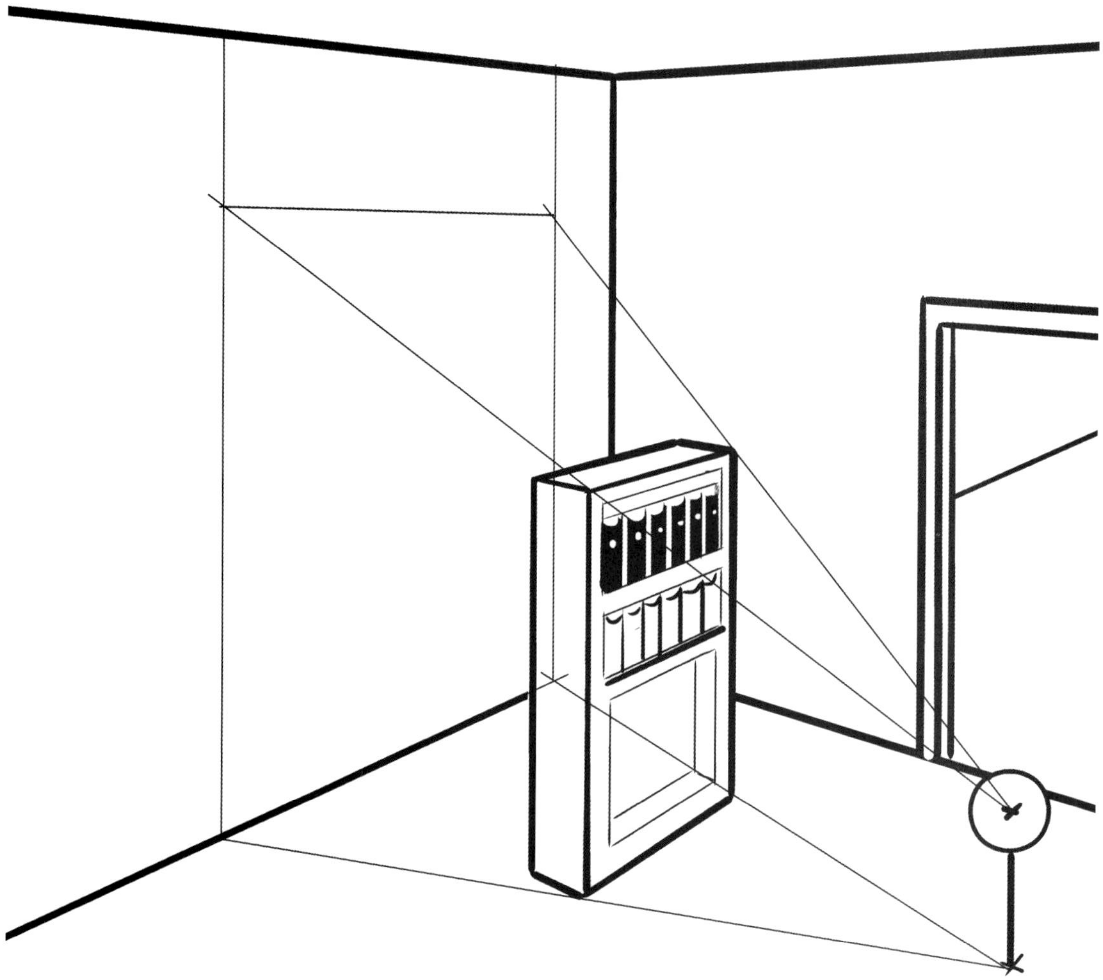

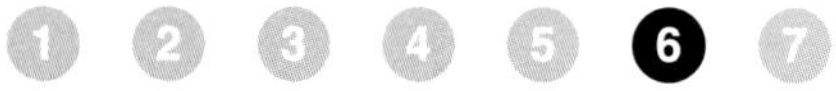

We draw lines to the wall from the light source passing through the vertices at the top of the unit.

Nous ajoutons ensuite des lignes allant de la source jusqu'au mur, en passant par les angles supérieurs du meuble.

Ziehen Sie nun vom Mittelpunkt der Lichtquelle aus zwei Linien durch die vorderen oberen Ecken des Regals bis zur Wand.

Teken vanaf het lichtpunt lijnen tot aan de wand, langs de bovenste hoekpunten van het meubel.

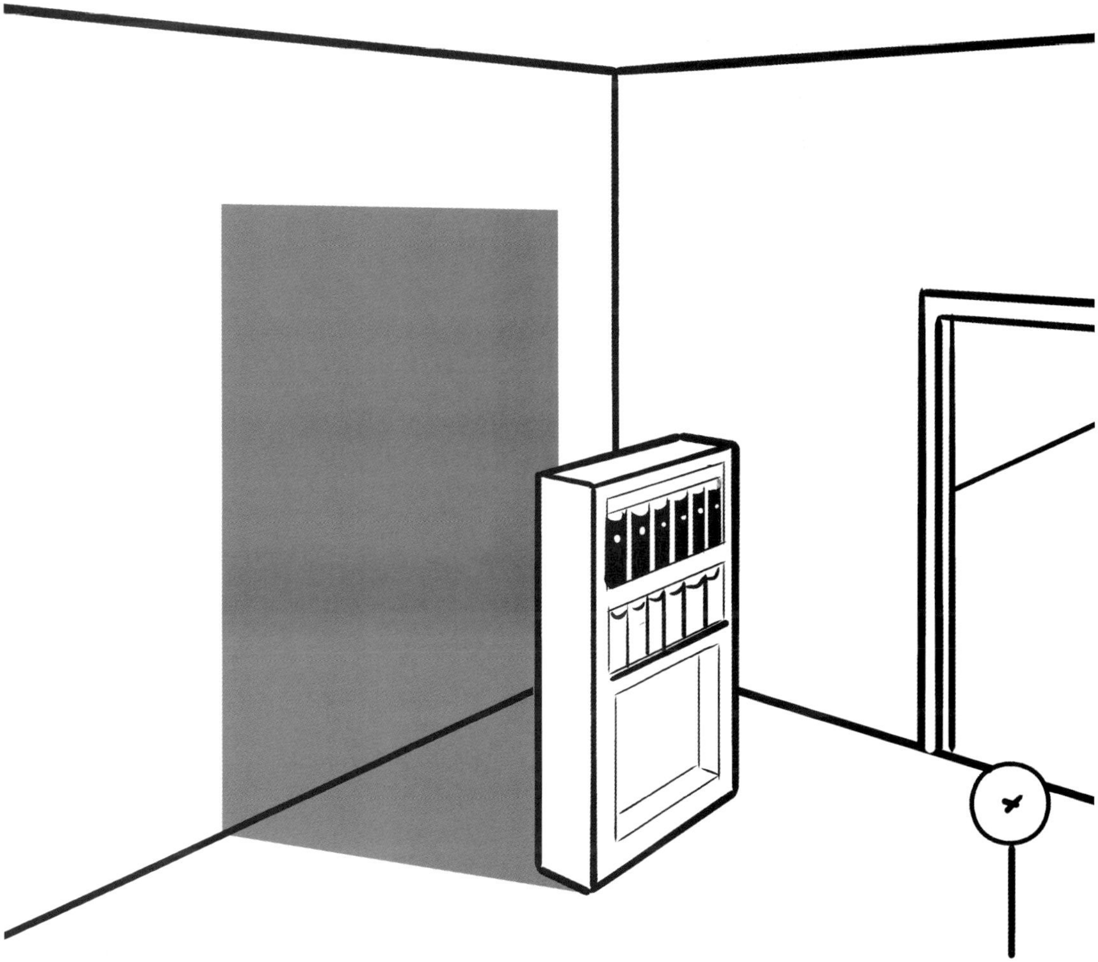

1 2 3 4 5 6 7

The shadow area is defined by the space demarcated by these points of intersection.

La zone d'ombre est ainsi définie par la surface délimitée par ces points d'intersection.

Der gesamte Bereich, der sich zwischen diesen Schnittpunkten befindet, liegt im Schatten.

De schaduwzone wordt bepaald door het vlak tussen deze snijpunten.

Urban scene with reflection
Décor urbain avec reflet
Stadtansicht mit Spiegelung
Stadstafereel met weerspiegeling

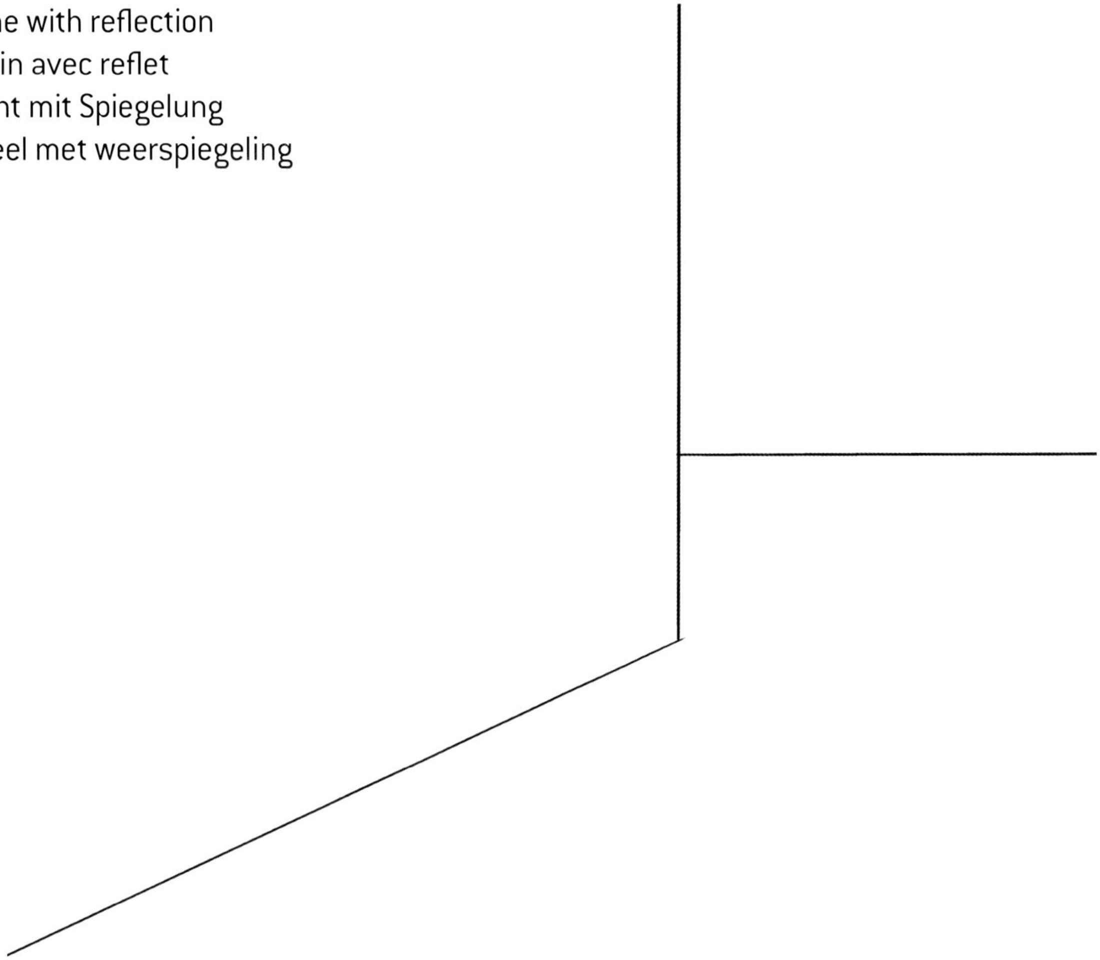

We begin to define a corner of a building.

Nous commençons à ébaucher l'angle d'un bâtiment.

Definieren Sie im ersten Schritt die Ecke eines Gebäudes.

Begin met het tekenen van de hoek van een gebouw.

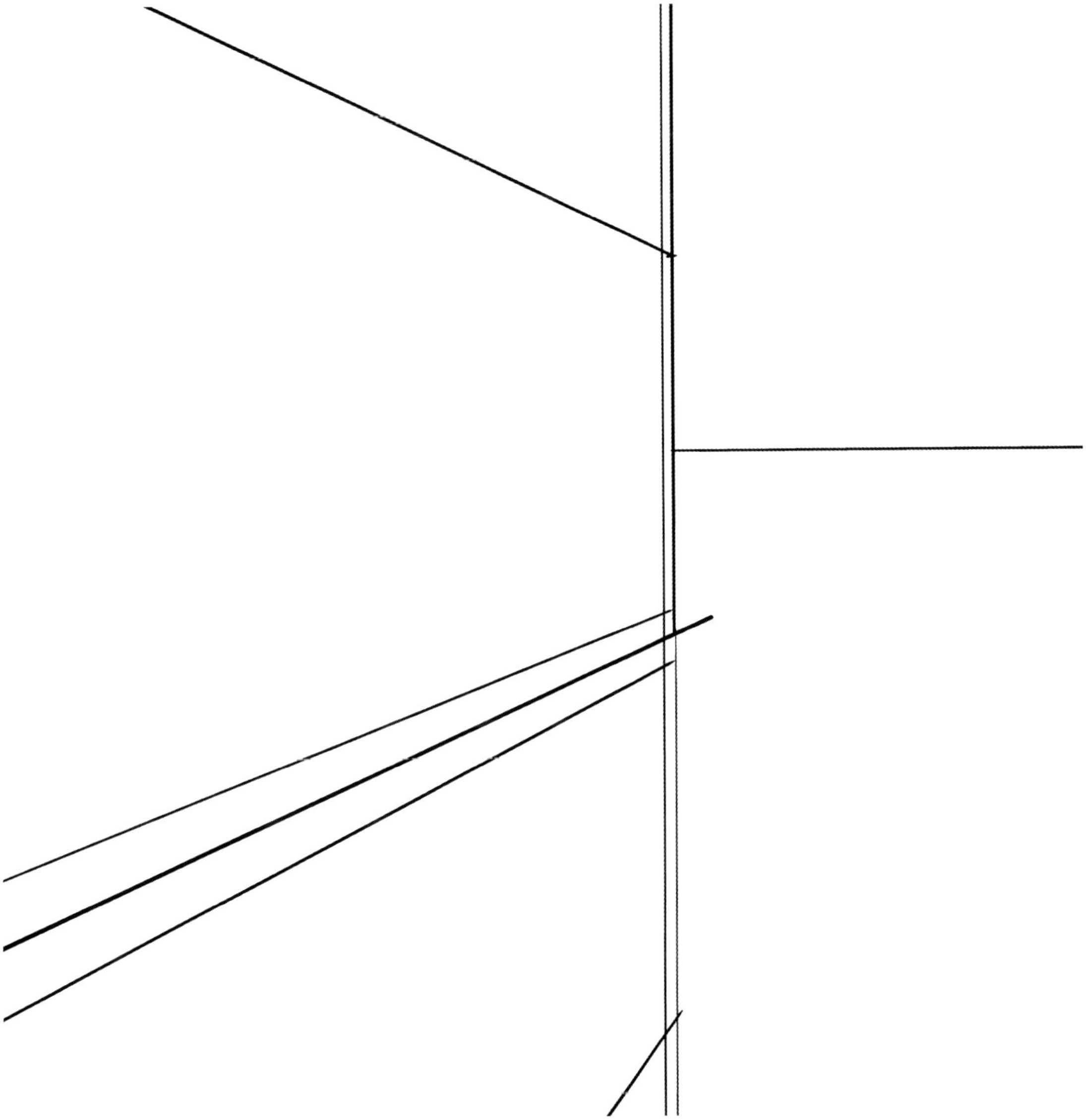

1 2 3 4 5 6 7 8 9 10 11

This building will be reflected in a puddle, and therefore the dimensions of the reflection need to be plotted correctly using the verticals.

Ce bâtiment devra se refléter dans une flaque, nous déterminons donc, en utilisant les verticales, les dimensions correctes du reflet.

Dieses Gebäude soll sich in einer Pfütze spiegeln, weshalb mithilfe der senkrechten Linien die wirklichkeitsgetreuen Dimensionen der Spiegelung festgelegt werden.

Dit gebouw wordt weerspiegeld in een regenplas. Daarom worden met behulp van verticale lijnen de afmetingen van de weerspiegeling op juiste wijze gesitueerd.

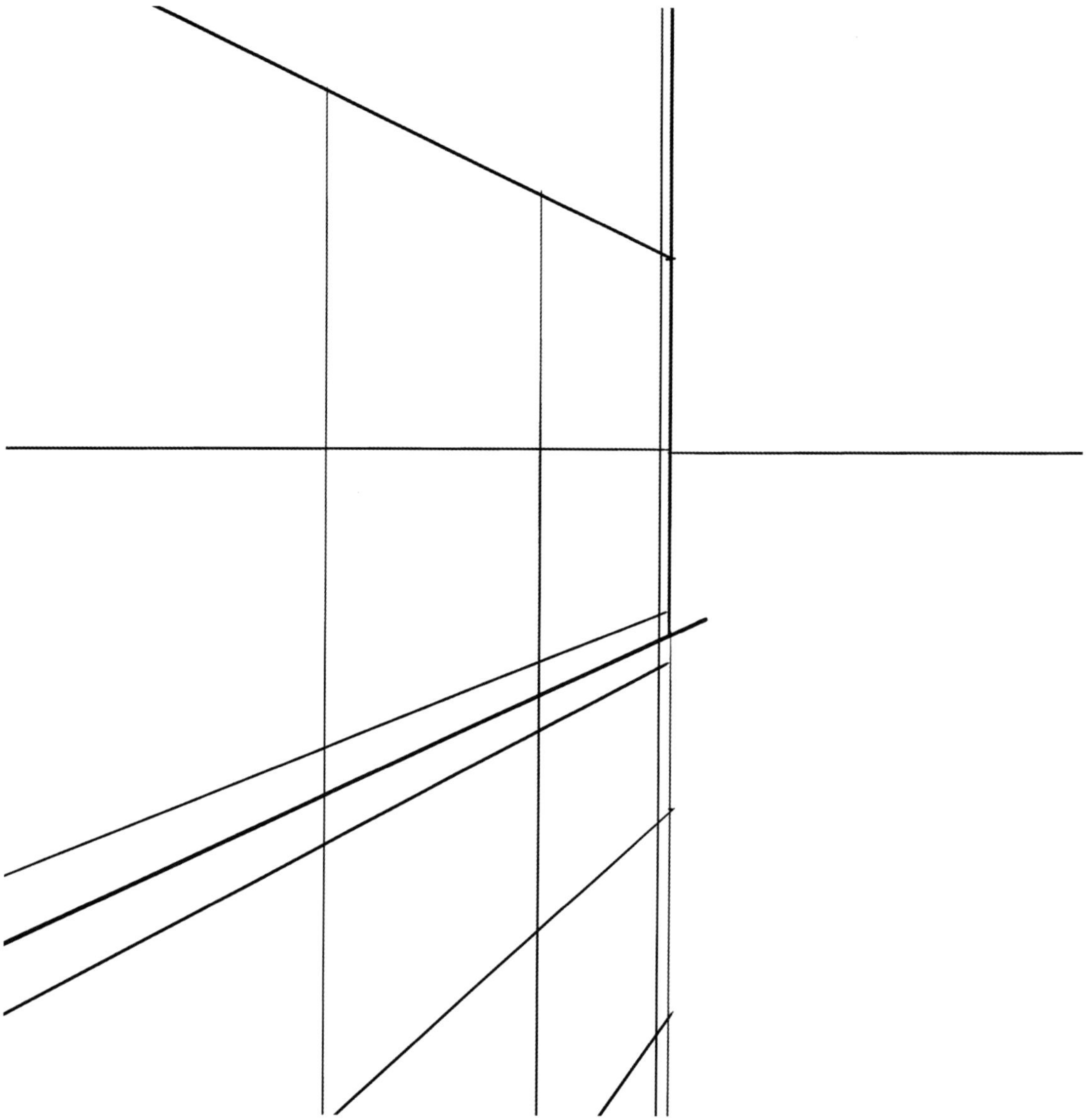

1 **2** 3 4 5 6 7 8 9 10 11

Using new verticals for support, we draw in a window.

En nous aidant de nouvelles verticales, nous plaçons une fenêtre.

Unter Zuhilfenahme weiterer senkrechter Linien wird ein Fenster eingefügt.

Op basis van nieuwe verticalen wordt een raam gesitueerd.

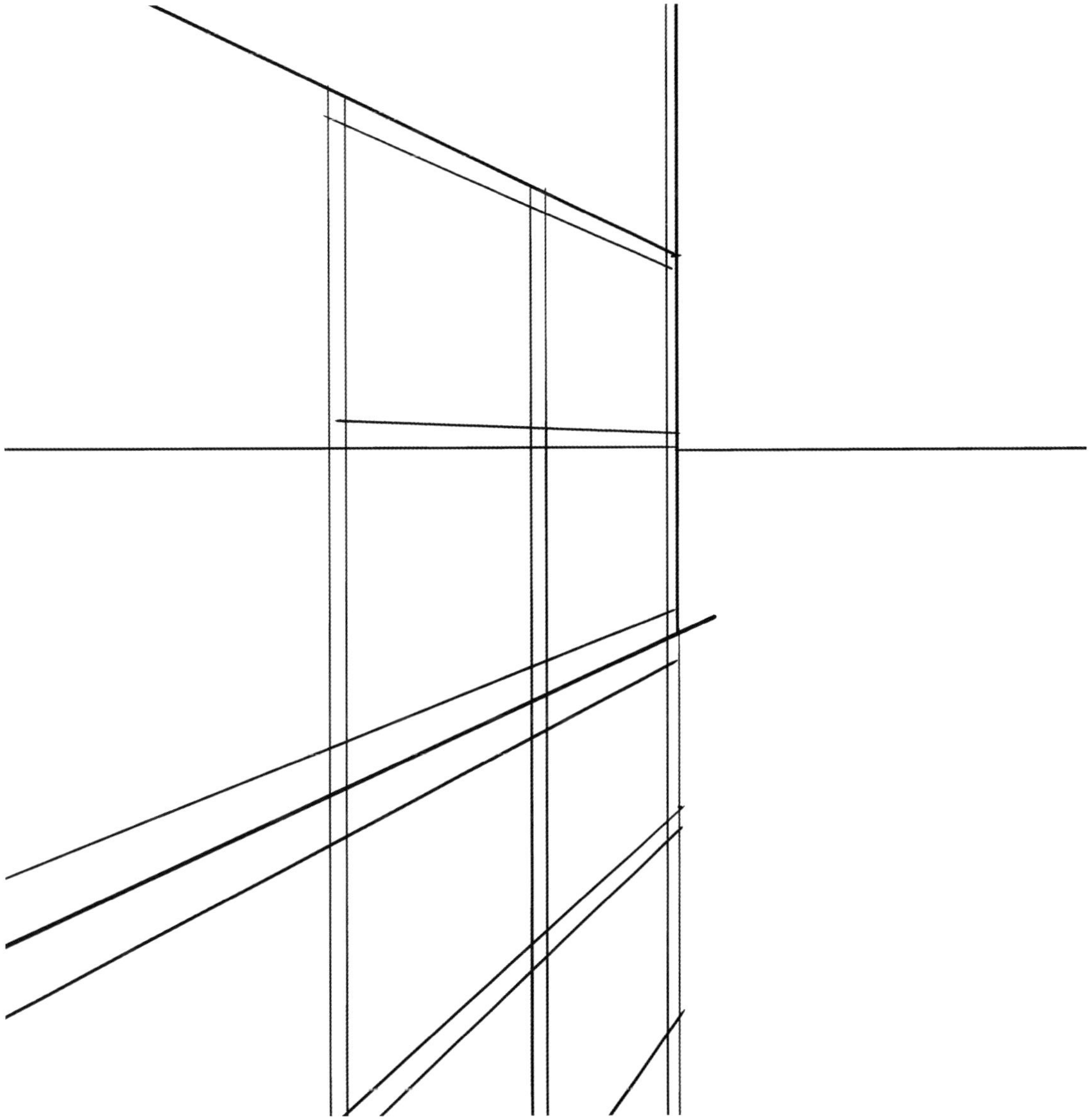

1 2 **3** 4 5 6 7 8 9 10 11

We frame the window, transferring the dimensions accurately to the reflection.

Nous encadrons la fenêtre, en reproduisant correctement ses dimensions dans le reflet.

Umrahmen Sie das Fenster und übertragen Sie die Größe ordnungsgemäß in die Spiegelung.

Het raam wordt omlijst en de afmetingen worden op juiste wijze overgebracht op de weerspiegeling.

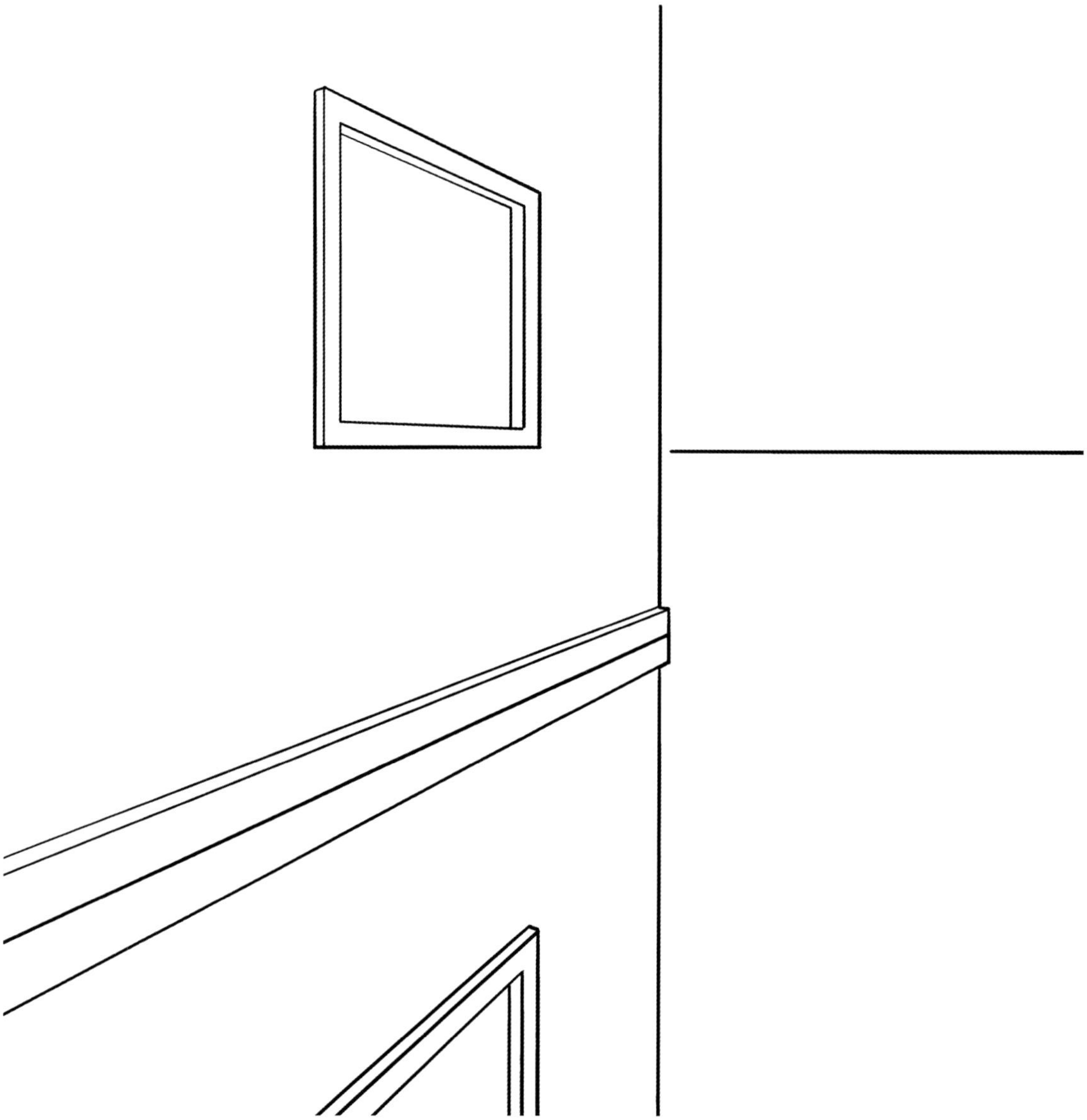

Any excess lines in the image are then erased.

Nous éliminons les lignes en trop du dessin.

Entfernen Sie überzählige Linien aus der Zeichnung.

Wis de onnodige lijnen van de tekening.

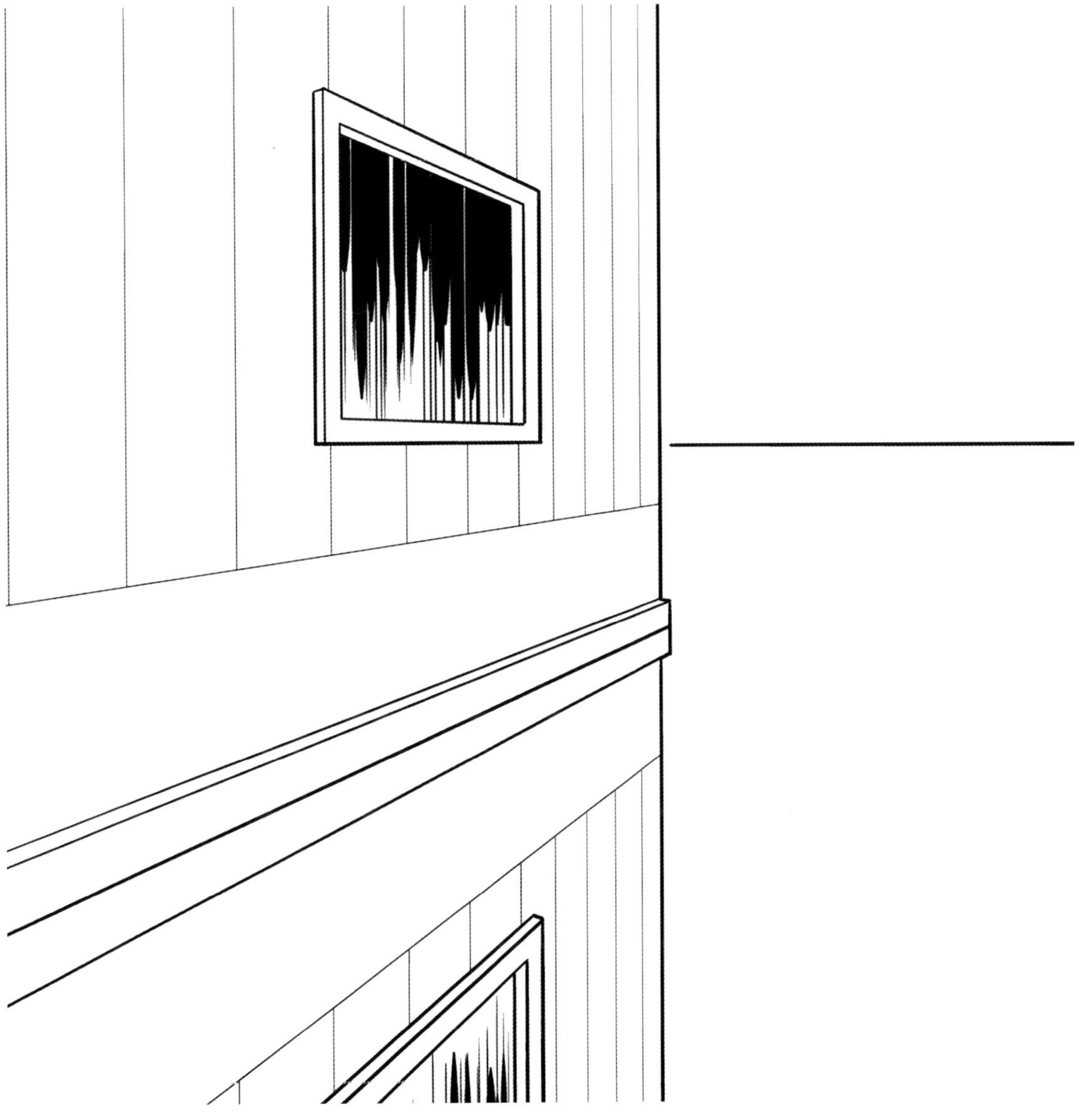

1 2 3 4 **5** 6 7 8 9 10 11

We then develop a further level of detail on the façade of the building and its reflection.

Nous détaillons un peu plus la façade et son reflet.

Führen Sie die Fassade und ihre Spiegelung im Detail aus.

Werk de gevel en de weerspiegeling daarvan verder in detail uit.

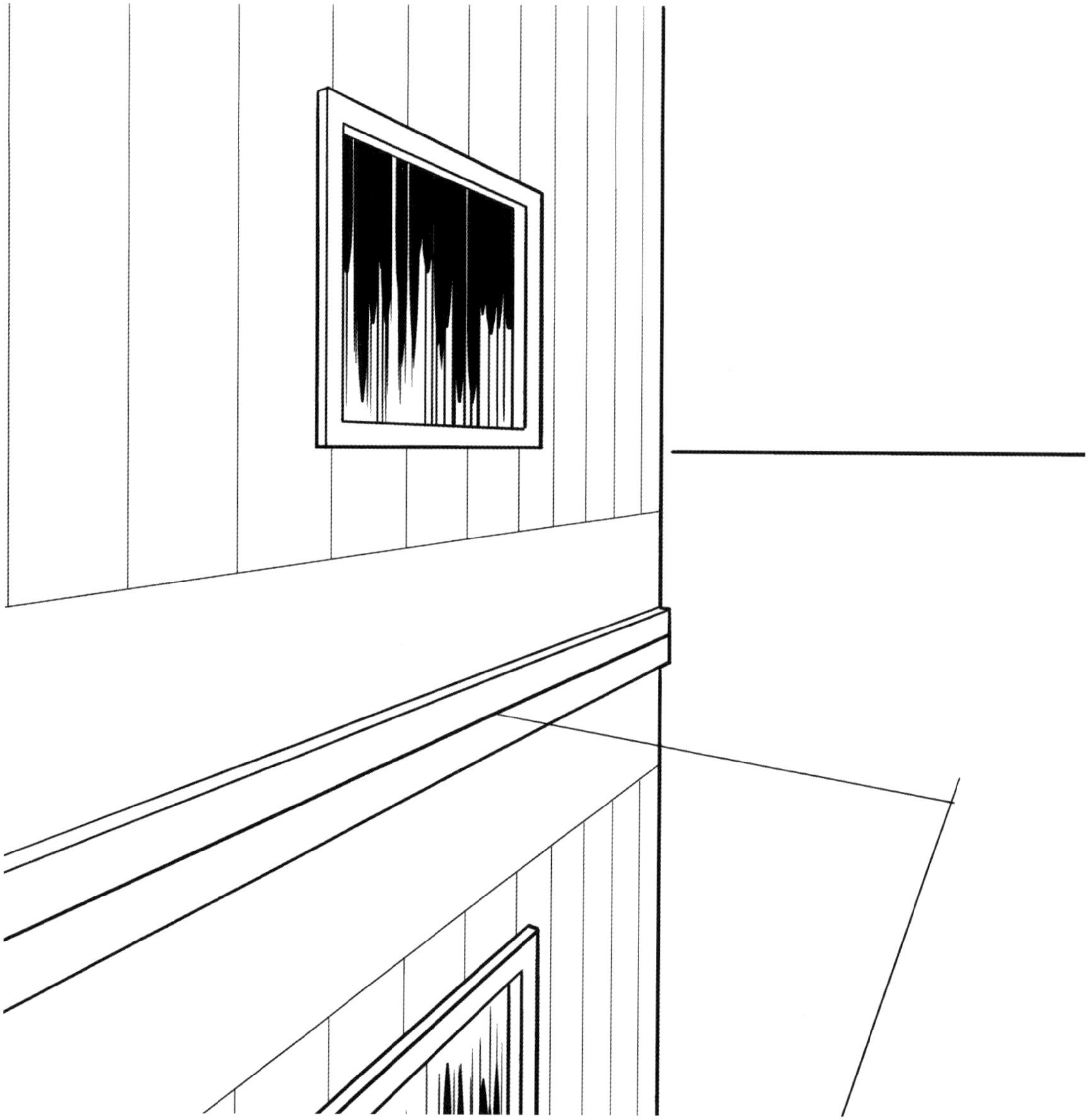

We now define the plane on which we are going to place the puddle.

Nous définissons ensuite le plan dans lequel sera situé la flaque.

Nun wird die Ebene, in der sich die Pfütze befinden soll, festgelegt.

Bepaal nu het vlak waarop de regenplas zich zal bevinden.

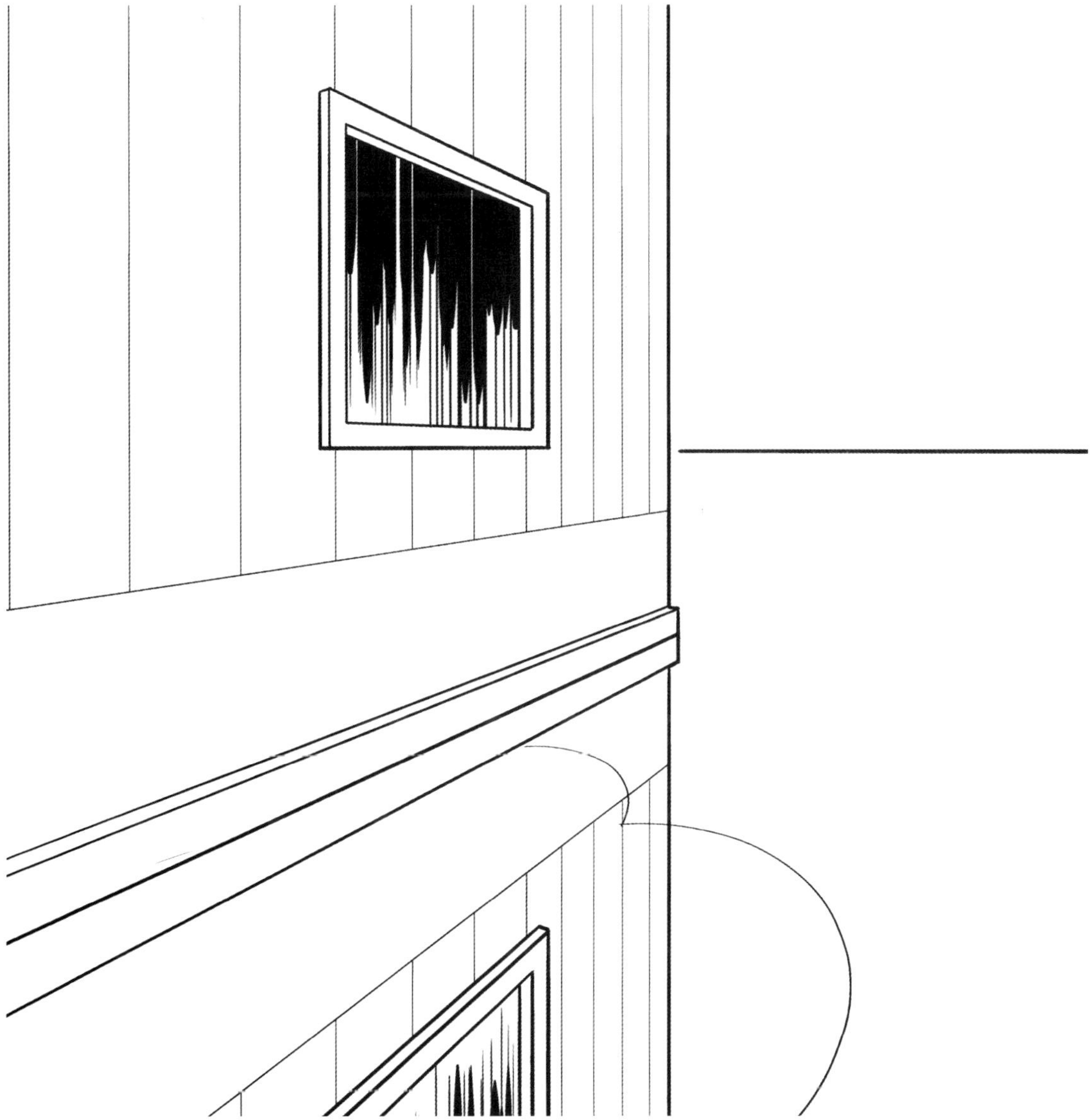

We shape the area of water using curved lines.

Nous donnons une forme arrondie à la flaque.

Einige geschwungene Linien begrenzen die Wasserfläche.

Geef het water met kromme lijnen vorm.

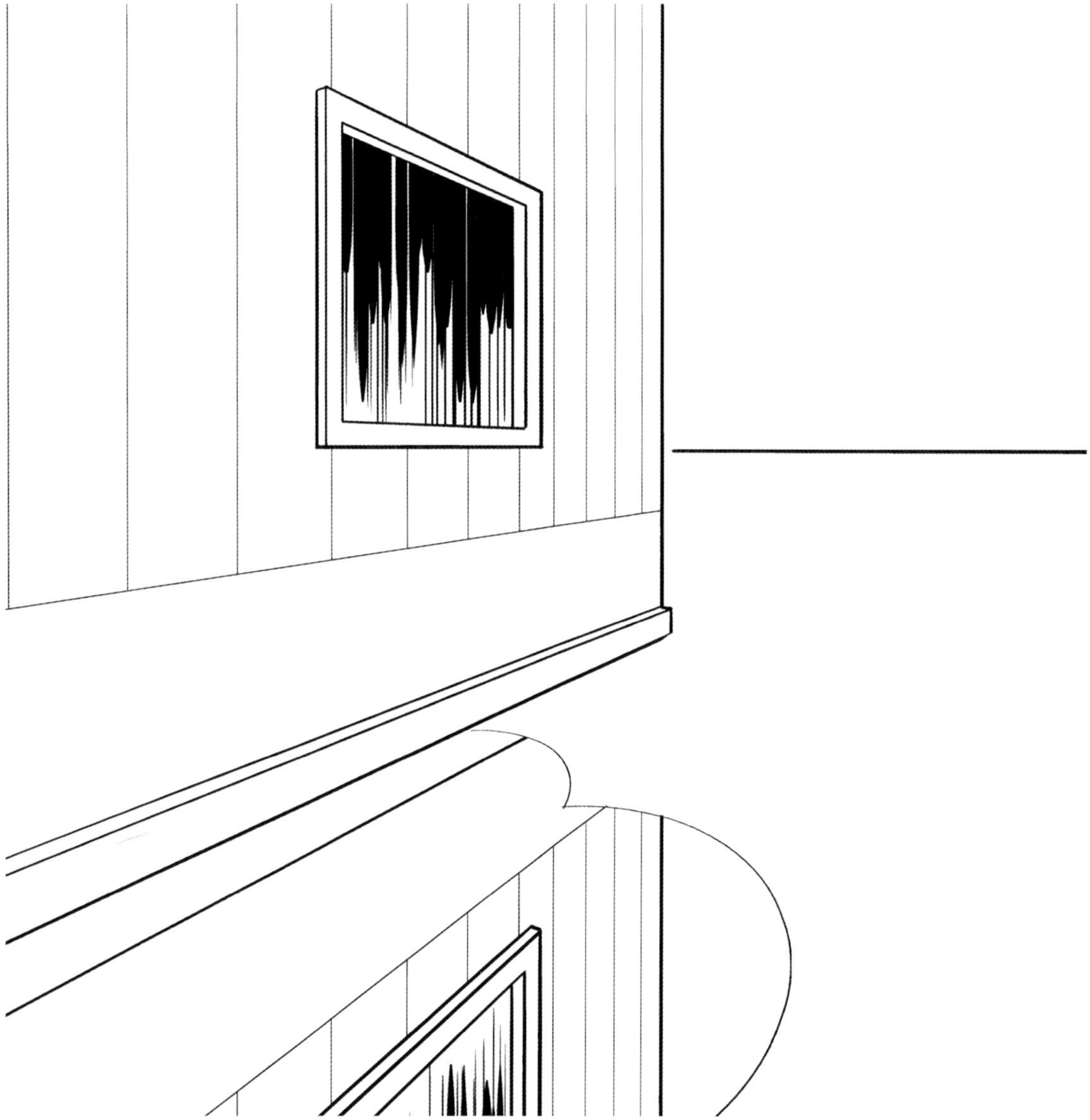

1 2 3 4 5 6 7 **8** 9 10 11

The parts of the reflection that are outside the area of reflection are removed.

Nous éliminons les parties du reflet en dehors des contours de la flaque.

Entfernen Sie die Striche aus der Spiegelung, die sich außerhalb der Pfütze befinden.

Verwijder de delen van de weerspiegeling die niet binnen de weerspiegeling vallen.

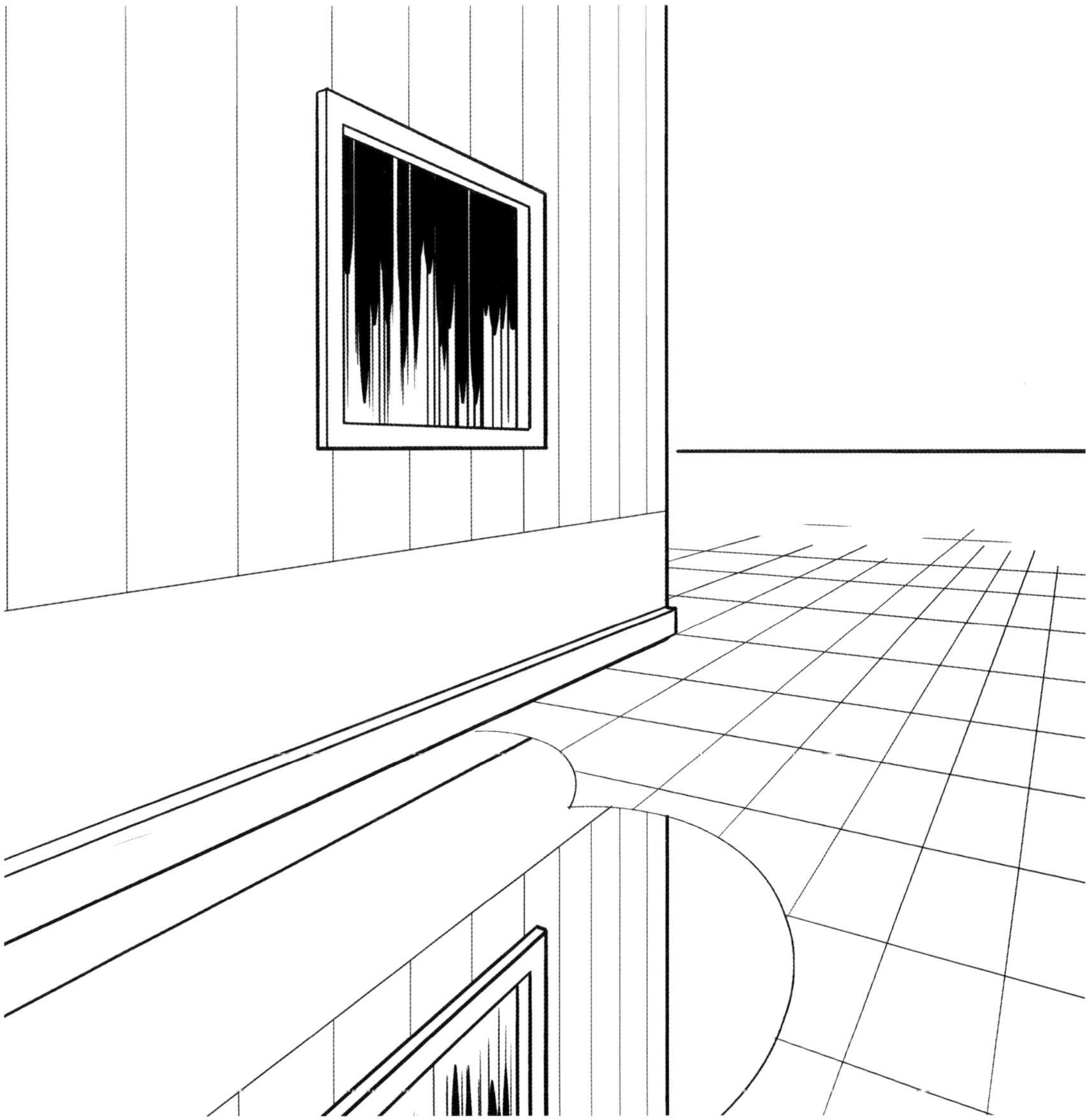

We add a grid to the ground to distinguish the surface of the puddle from the rest of it.

Nous ajoutons un quadrillage au sol pour différencier la surface de la flaque du reste.

Versehen Sie die Bodenebene mit einem Gitternetz, um die Wasserfläche vom übrigen Boden abzugrenzen.

Voeg een ruit op de grond toe om het oppervlak van de regenplas van de rest te onderscheiden.

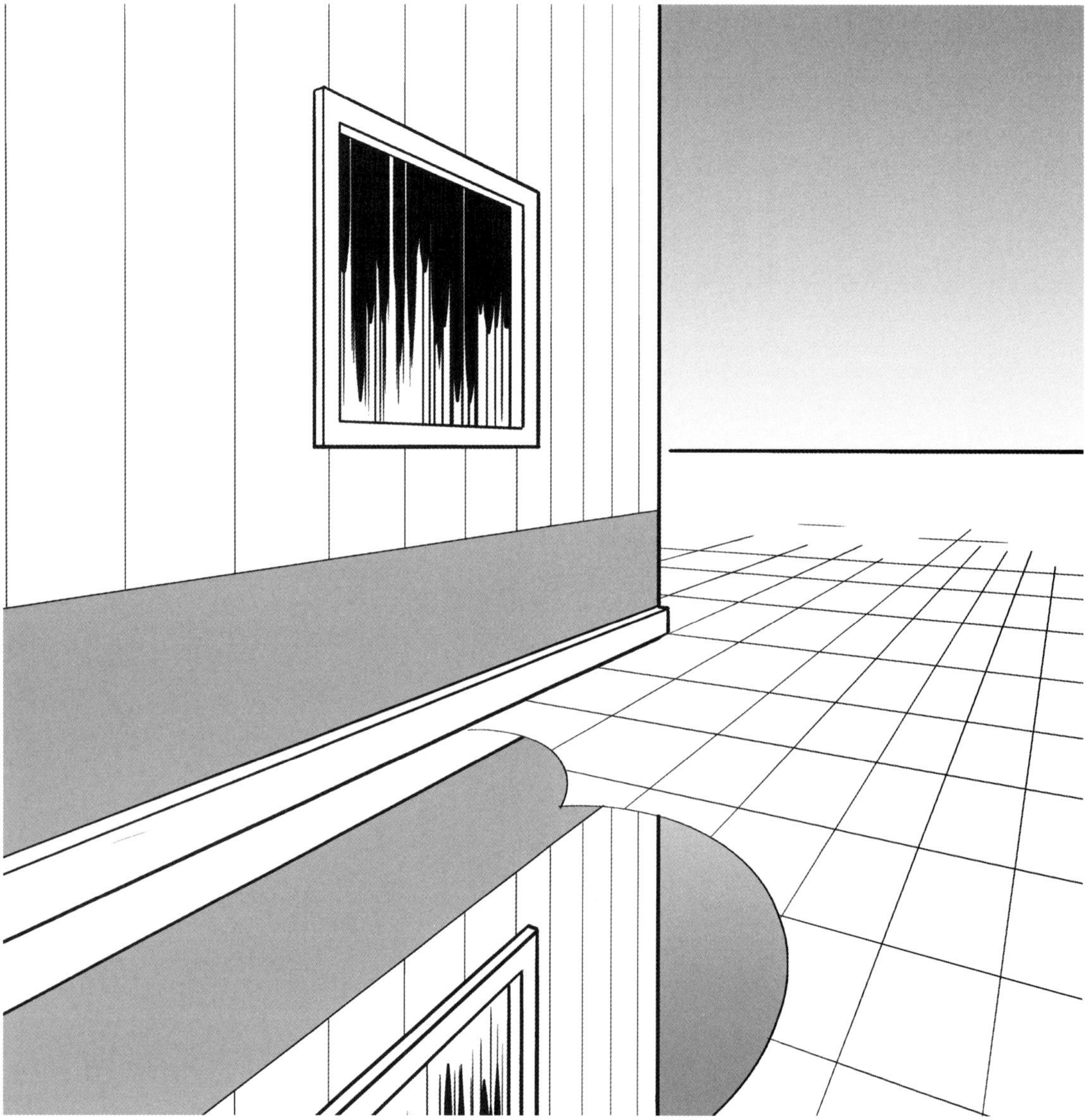

1 2 3 4 5 6 7 8 9 **10** 11

We shade in both the "real" and the reflected areas in the same color.

Nous appliquons la même couleur aux zones « réelles » et à leur reflet.

Die „tatsächlichen" und die gespiegelten Flächen werden mit den gleichen Farben ausgefüllt.

De "werkelijke" en de weerspiegelde delen worden met dezelfde kleur ingekleurd.

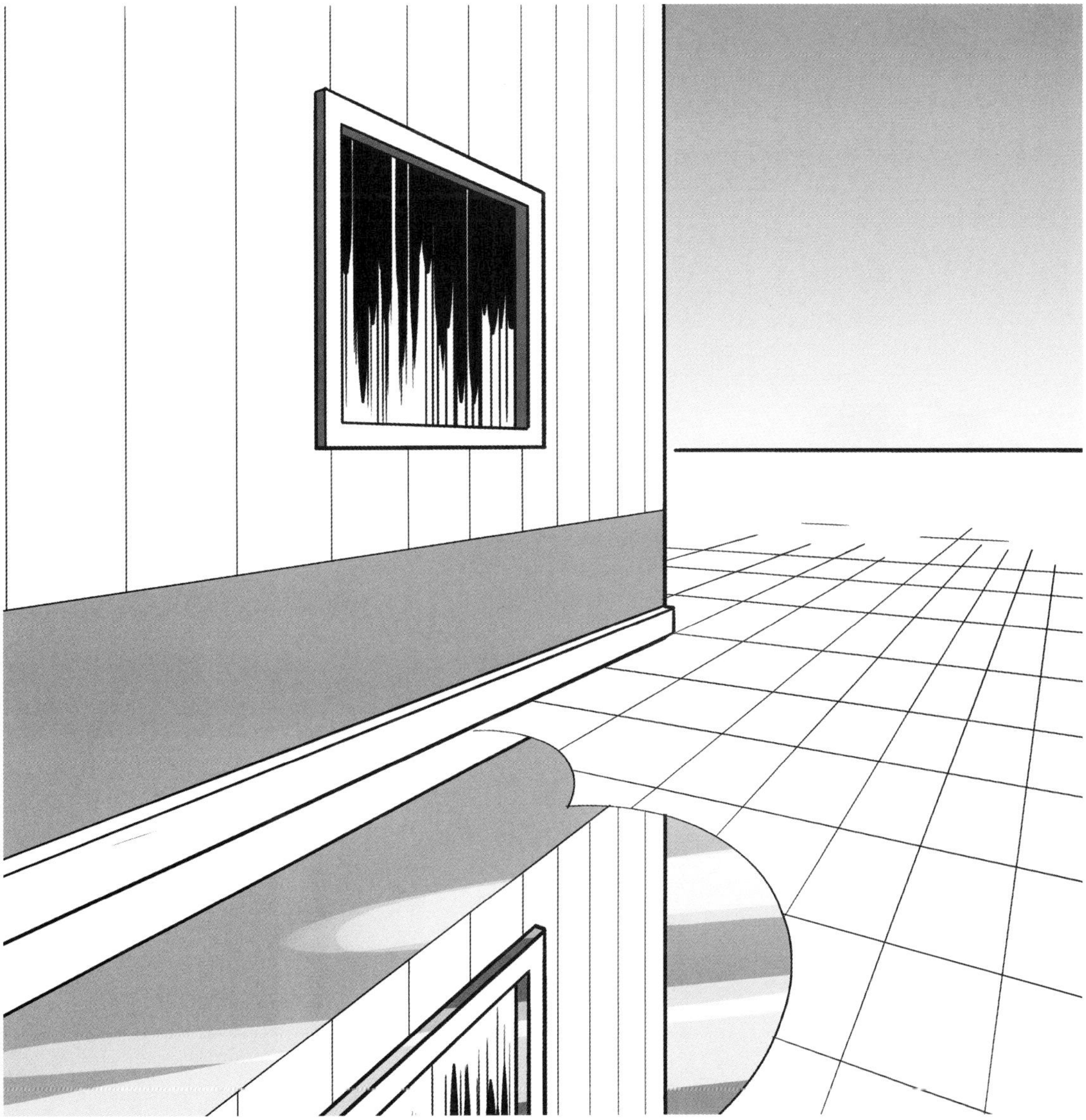

1 2 3 4 5 6 7 8 9 10 **11**

Some clearer lines mark out the glistening surface characteristic of a puddle.

Des lignes plus claires définissent l'aspect brillant d'une flaque d'eau.

Einige hellere Striche geben den Glanz der Pfütze wieder.

Duidelijke lijnen bepalen de schitteringen van een regenplas.

Final exercise
Exercice final
Letzte Übung
Eindoefening

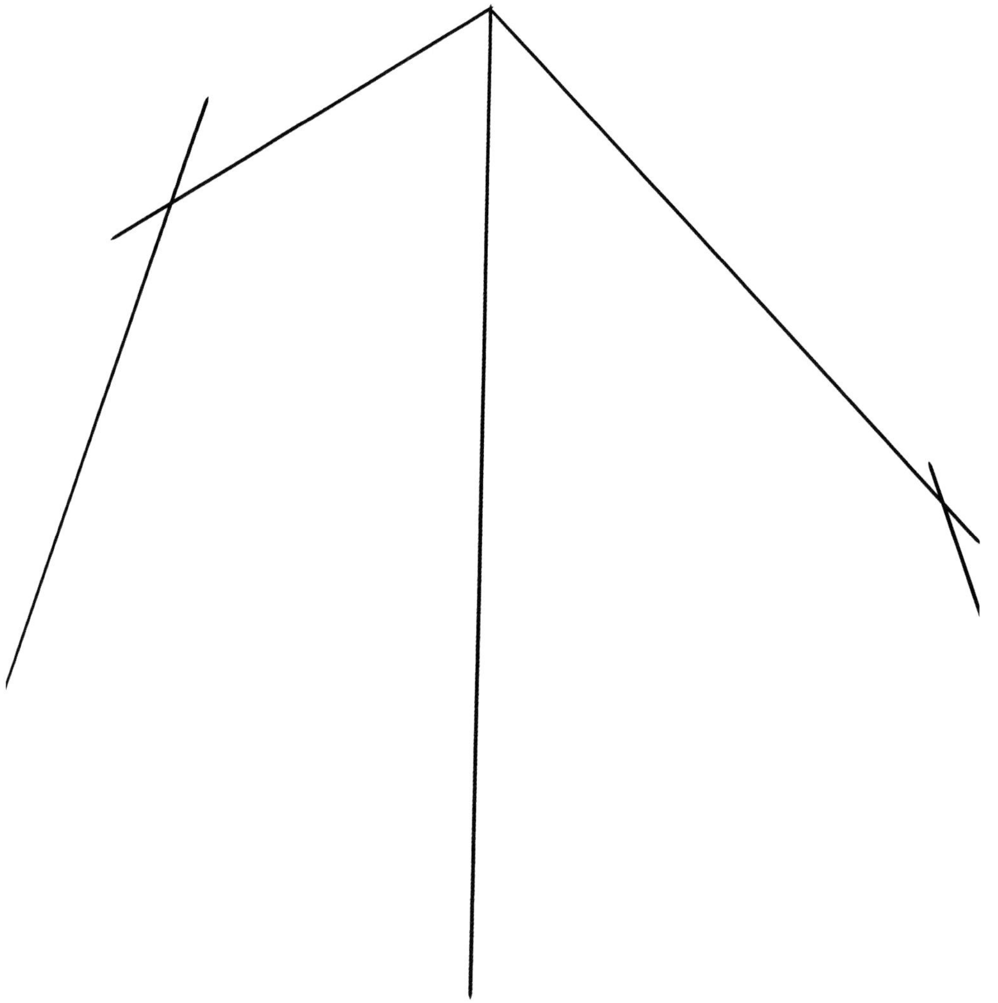

We define the three vanishing points with a basic box.

Nous définissons les trois points de fuite avec une boîte simple.

Legen Sie im ersten Schritt die drei Fluchtpunkte eines einfachen Quaders fest.

Teken drie verdwijnpunten aan de hand van een basisdoos.

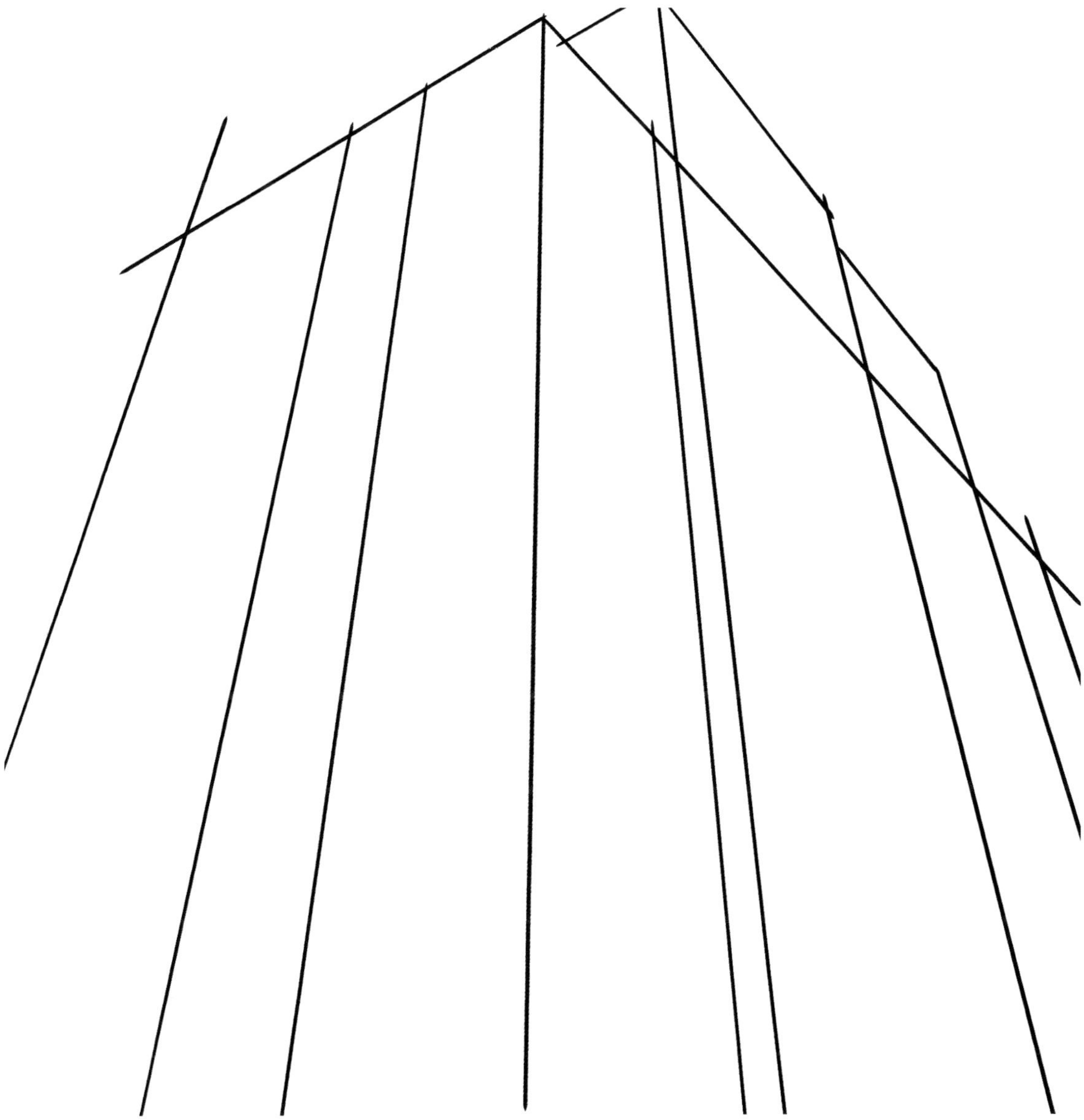

1 2 3 4 5 6 7 8 9

The individual buildings are given their shape.

Nous détaillons les formes des différents bâtiments.

Skizzieren Sie die Formen verschiedener Gebäude.

Bepaal de vormen van de verschillende gebouwen.

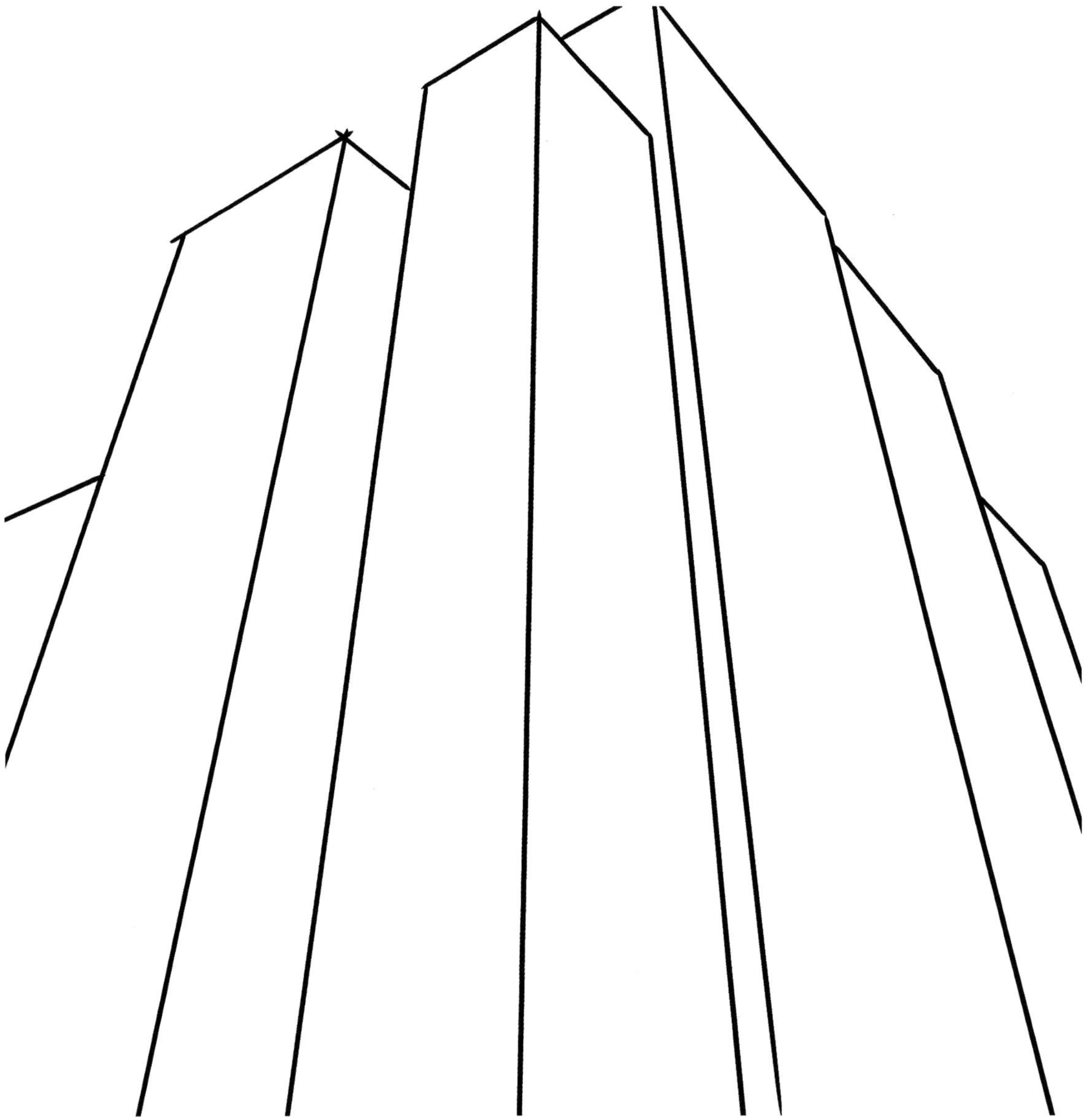

1 **2** 3 4 5 6 7 8 9

Any excess lines in the image are erased.

Nous éliminons les lignes en trop du dessin.

Entfernen Sie überzählige Striche aus der Zeichnung.

Wis de overtollige lijnen van de tekening.

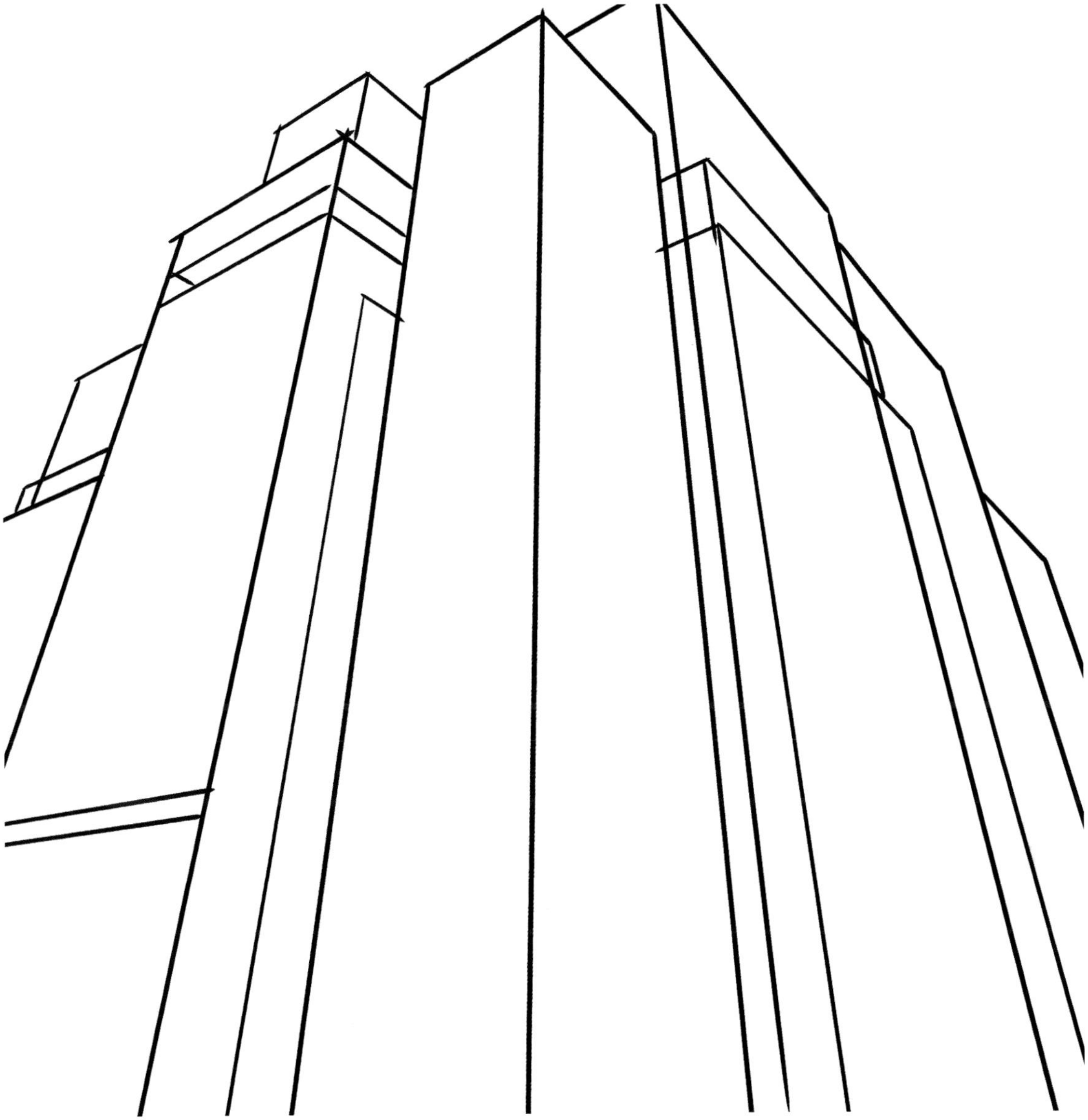

1 2 3 4 5 6 7 8 9

We start to stack more complex forms on top of each other on the façades and roofs of the buildings.

Nous commençons à superposer des formes plus complexes sur les façades et les terrasses

Lagern Sie an Fassaden und Dächern verschiedene komplexere Elemente übereinander.

Begin complexere vormen op de gevels en daken boven elkaar te plaatsen.

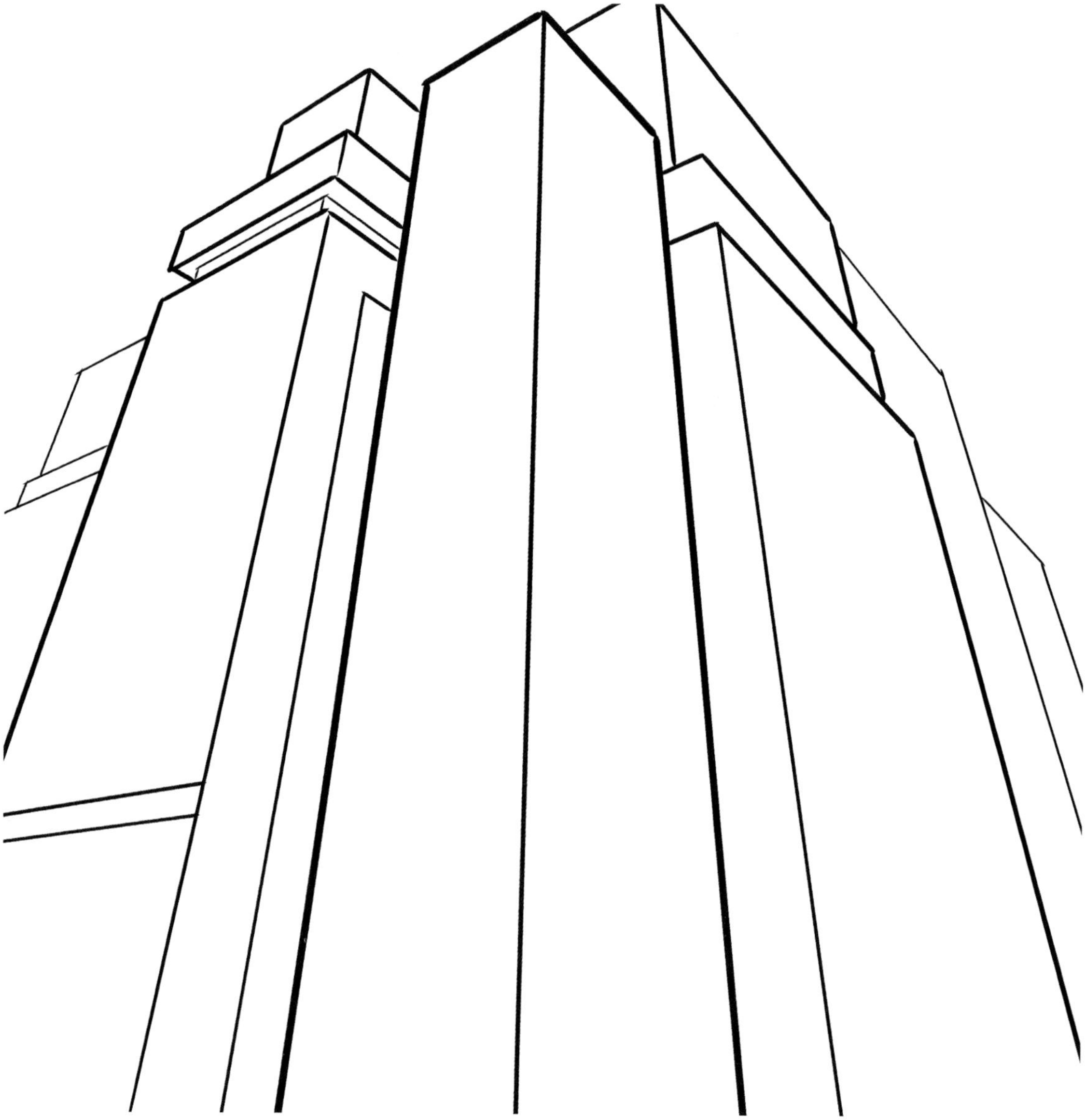

1 2 3 4 5 6 7 8 9

Using lines with different thicknesses, we define the shapes in keeping with their proximity.

Nous détaillons les formes en fonction de leur proximité en utilisant différentes grosseurs de traits.

Mithilfe unterschiedlicher Strichstärken werden die einzelnen Objekte je nach Entfernung umrissen.

Met behulp van verschillende streepdiktes worden de vormen al naargelang hun afstand van de kijker bepaald.

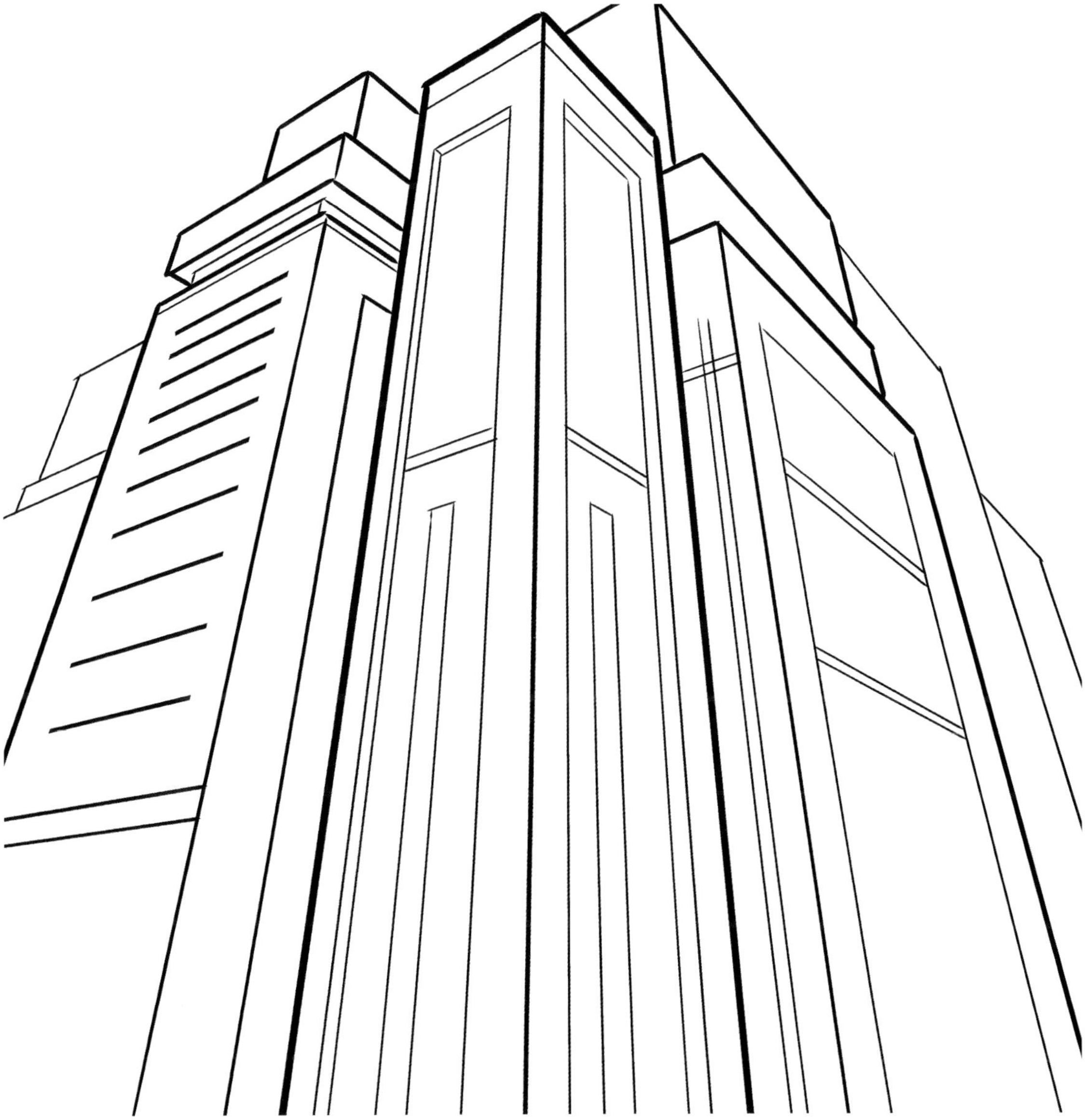

1 2 3 4 5 6 7 8 9

The next step is to define the buildings according to the design of their façades.

L'étape suivante consiste à différencier les bâtiments selon le type d'architecture de leur façade.

Im nächsten Schritt werden die Gebäude durch eine unterschiedliche Fassadengestaltung voneinander abgegrenzt.

De volgende stap is de gebouwen van elkaar te onderscheiden aan de hand van het ontwerp van hun gevels.

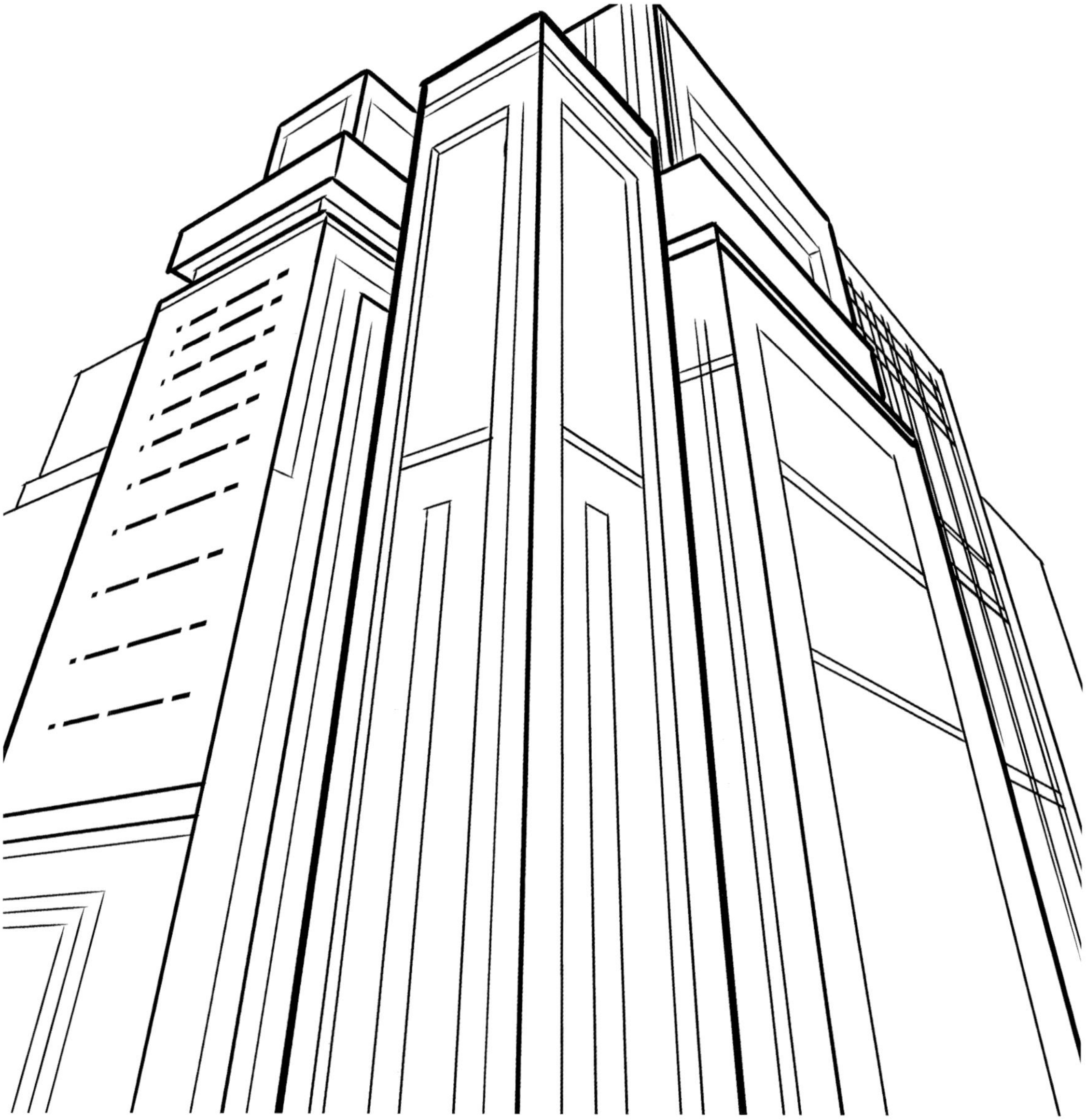

We add a new level of detail.

Nous ajoutons des détails supplémentaires.

Fügen Sie nun weitere Einzelheiten hinzu.

Er wordt een nieuw detailniveau toegevoegd.

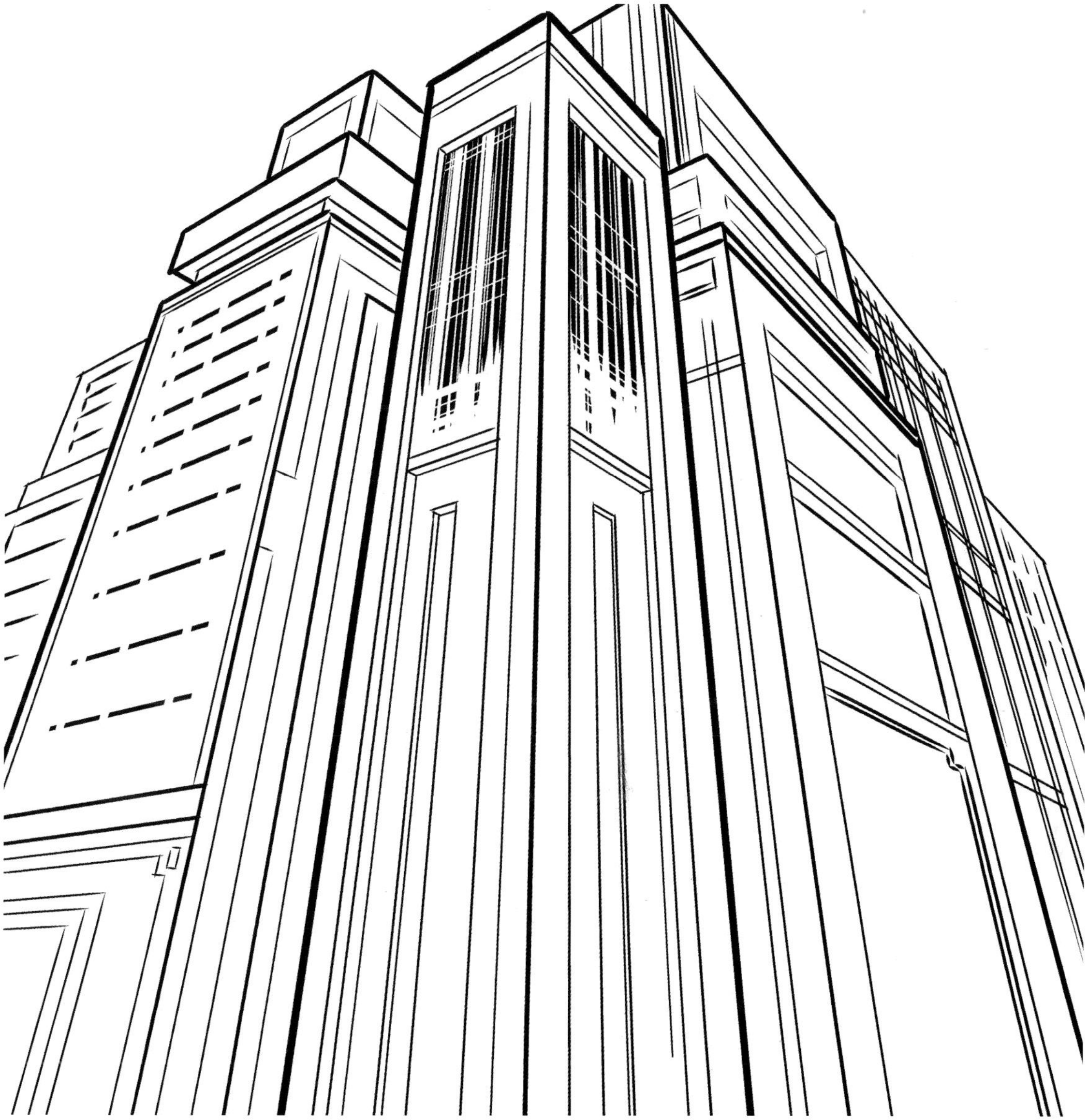

1 2 3 4 5 6 7 8 9

The closest areas need to be richer in detail.

Il est important que les zones les plus proches soient plus détaillées.

Es ist darauf zu achten, dass die in der Nähe des Betrachters befindlichen Elemente einen höheren Detailgrad aufweisen.

Het is belangrijk dat de zones die zich het dichtstbij bevinden rijk aan details zijn.

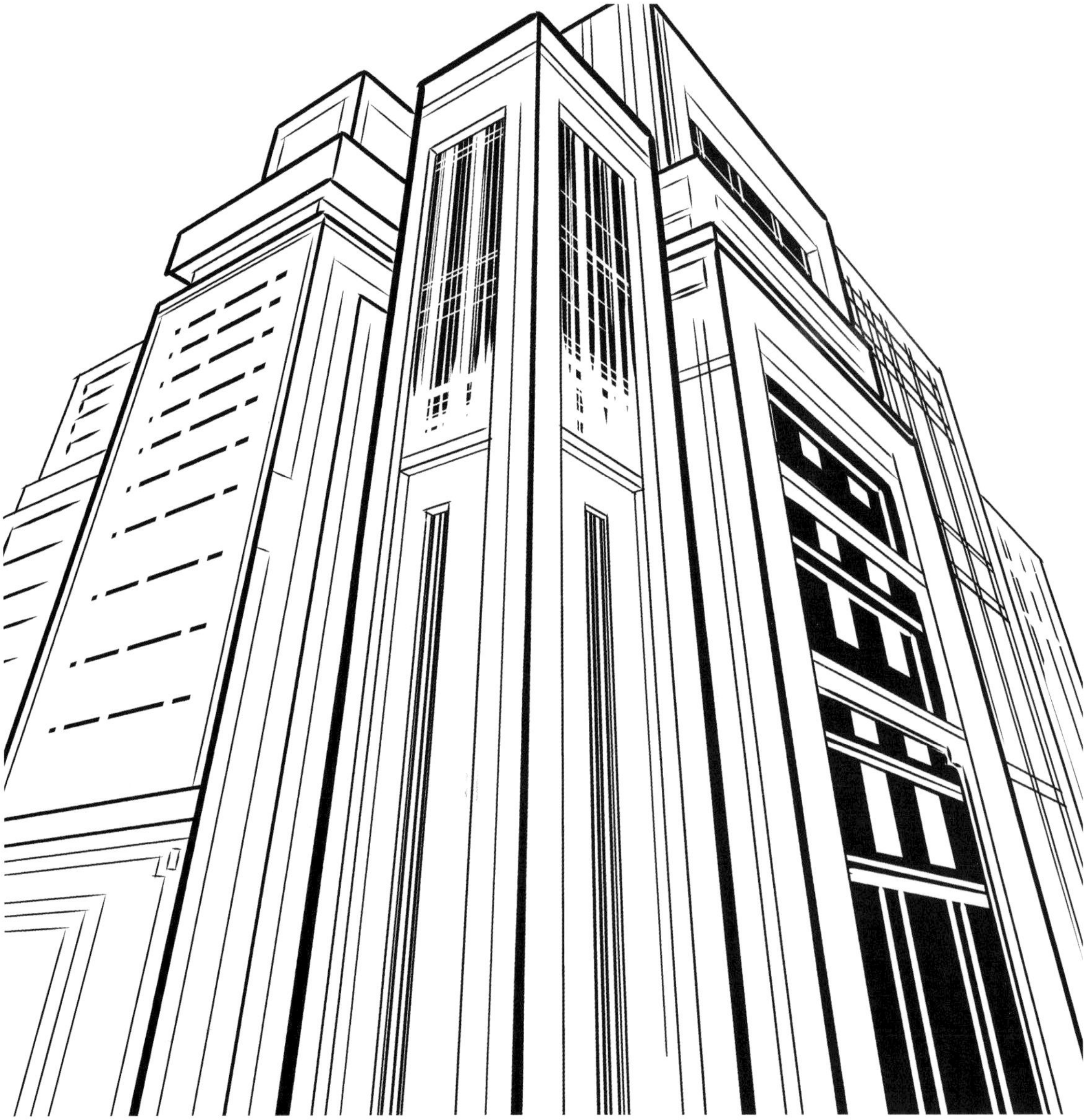

1 2 3 4 5 6 7 **8** 9

We have progressively increased the thickness of the lines at the bottom, to emphasize the sense of depth.

Dans la partie inférieure, nous avons progressivement augmenté l'épaisseur des lignes pour accentuer la sensation de profondeur.

Im unteren Bereich verstärken schrittweise dicker werdende Linien den Eindruck von Tiefe.

Aan de onderkant wordt langzaamaan de dikte van de strepen verhoogd zodat het gevoel van diepte wordt geaccentueerd.

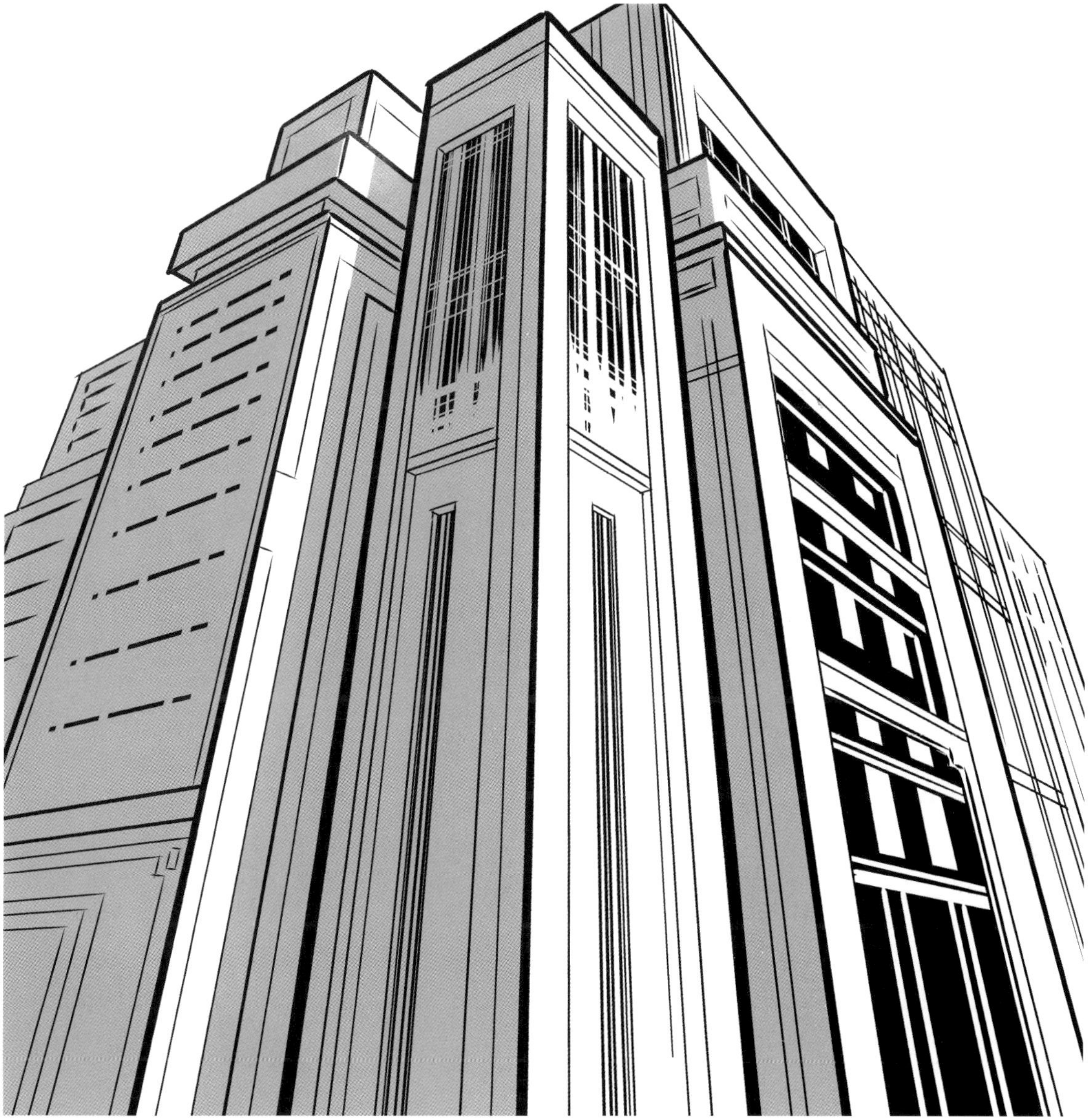

1 2 3 4 5 6 7 8 9

We separate the shapes with the aid of some basic shading.

En ajoutant des ombres simples, nous distinguons mieux les formes.

Einfache Schatten grenzen die verschiedenen Ebenen voneinander ab.

Met behulp van eenvoudige schaduwen worden de vormen van elkaar gescheiden.

- Single object with three-point perspective: chest
- Low angle with table and chair
- Low angle view of urban scene
- High angle view of city
- Revision: creating a medieval scene
- Final exercise

- Objet simple avec trois points de fuite : coffre
- Vue en contre-plongée de table et chaise
- Vue en contre-plongée de décor urbain
- Vue en plongée de ville
- Révision : créer un décor médiéval
- Exercice final

- Einfaches Objekt mit drei Fluchtpunkten: Truhe
- Tisch und Stuhl aus der Froschperspektive
- Stadtansicht aus der Froschperspektive
- Stadtansicht aus der Vogelperspektive
- Anwendung des bisher Erlernten: Zeichnen einer mittelalterlichen Szene
- Letzte Übung

- Simpel voorwerp met drie verdwijnpunten: hutkoffer
- Kikvorsperspectief van tafel en stoel
- Kikvorsperspectief van stadstafereel
- Vogelperspectief van stad
- Controle: een middeleeuws tafereel creëren
- Eindoefening

Exercises with three-point perspective

Exercices avec trois points de fuite

Übungen mit drei Fluchtpunkten

Oefeningen met drie verdwijnpunten

Single object with three-point perspective: chest
Objet simple avec trois points de fuite : coffre
Einfaches Objekt mit drei Fluchtpunkten: Truhe
Simpel voorwerp met drie verdwijnpunten: hutkoffer

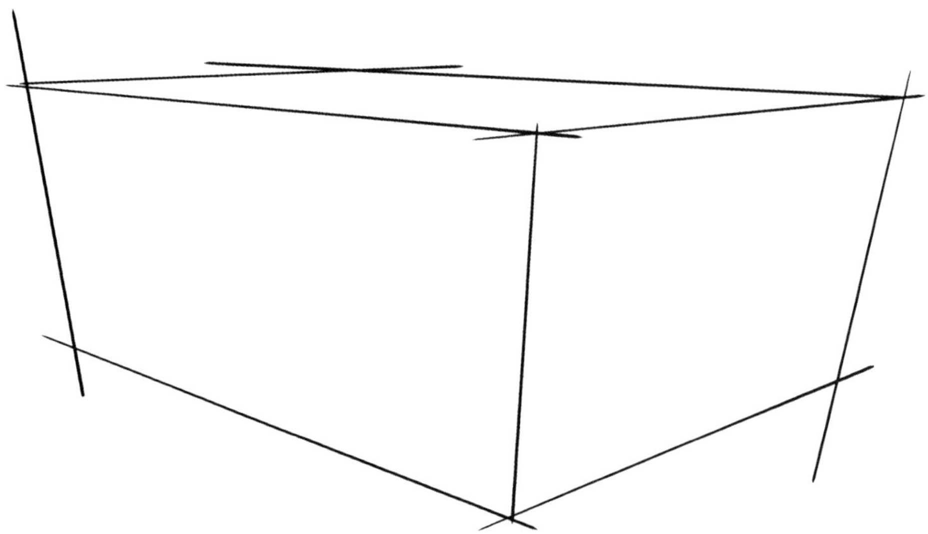

In three-point perspective, the procedure is the same as with one or two vanishing points, with the only difference being that now the vertical lines also vanish.

Avec trois points de fuite, le procédé est le même qu'avec un ou deux points, à la seule différence que maintenant les verticales ont également leur point de fuite.

Die Vorgehensweise bei Ansichten mit drei Fluchtpunkten gleicht dem Verfahren für Perspektiven mit einem bzw. zwei Fluchtpunkten. Der Unterschied besteht darin, dass nun auch die senkrechten Linien zu einem Fluchtpunkt führen.

Met drie verdwijnpunten is de procedure hetzelfde als met twee of met een vluchtpunt. Het verschil zit hem in het feit dat de verticale lijnen nu ook verdwijnen.

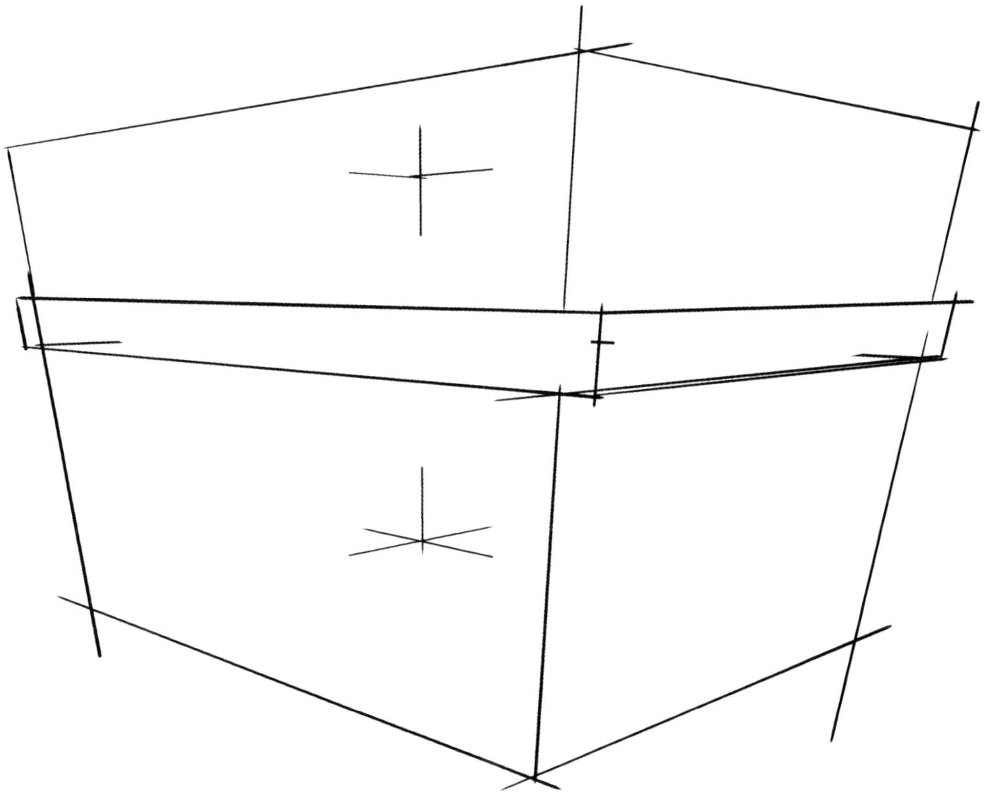

1 2 3 4 5 6 7

We continue to add shapes to obtain a chest.

Nous continuons en superposant des formes pour obtenir un coffre.

Fügen Sie weitere Formen hinzu, um eine Truhe abzubilden.

Ga verder met het toevoegen van vormen om een hutkoffer te krijgen.

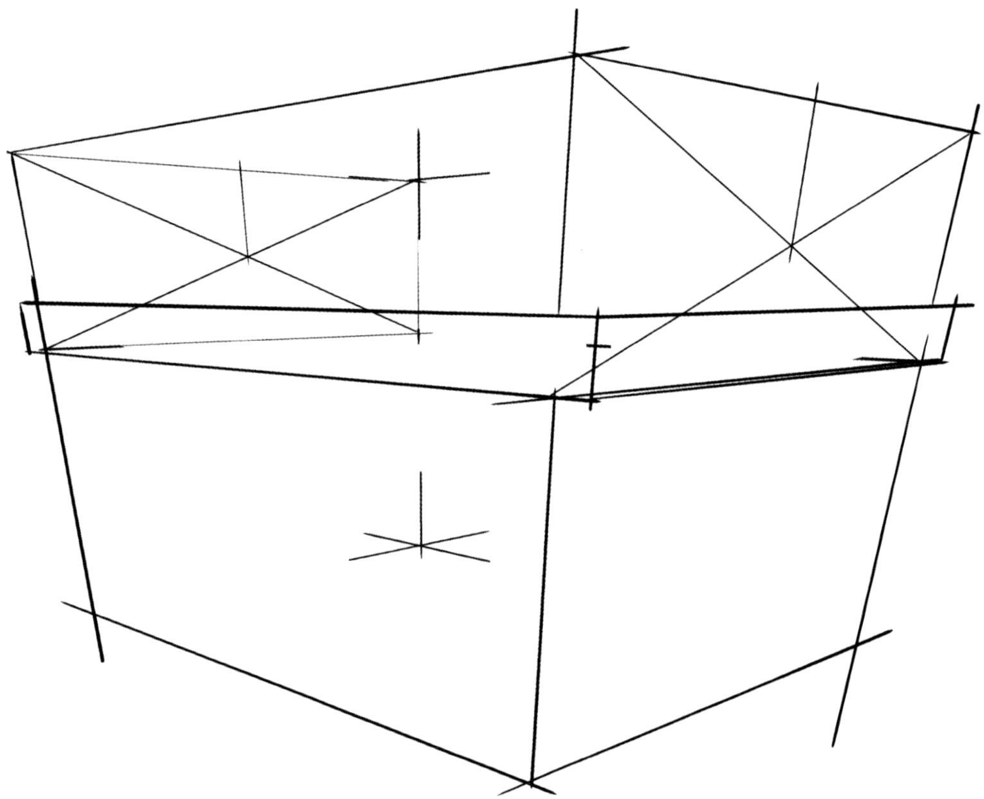

1 **2** 3 4 5 6 7

On the sides of the lid, we mark the diagonals and the center to round off the section at the top.

Sur les côtés du couvercle, nous traçons les diagonales et le centre pour nous aider à arrondir la partie supérieure.

An den Seiten des Deckels werden die Diagonalen und der Mittelpunkt eingezeichnet, um den oberen Teil der Truhe abzurunden.

Geef, aan de zijkanten van het deksel, diagonale lijnen en het midden aan om de bovenkant rond te maken.

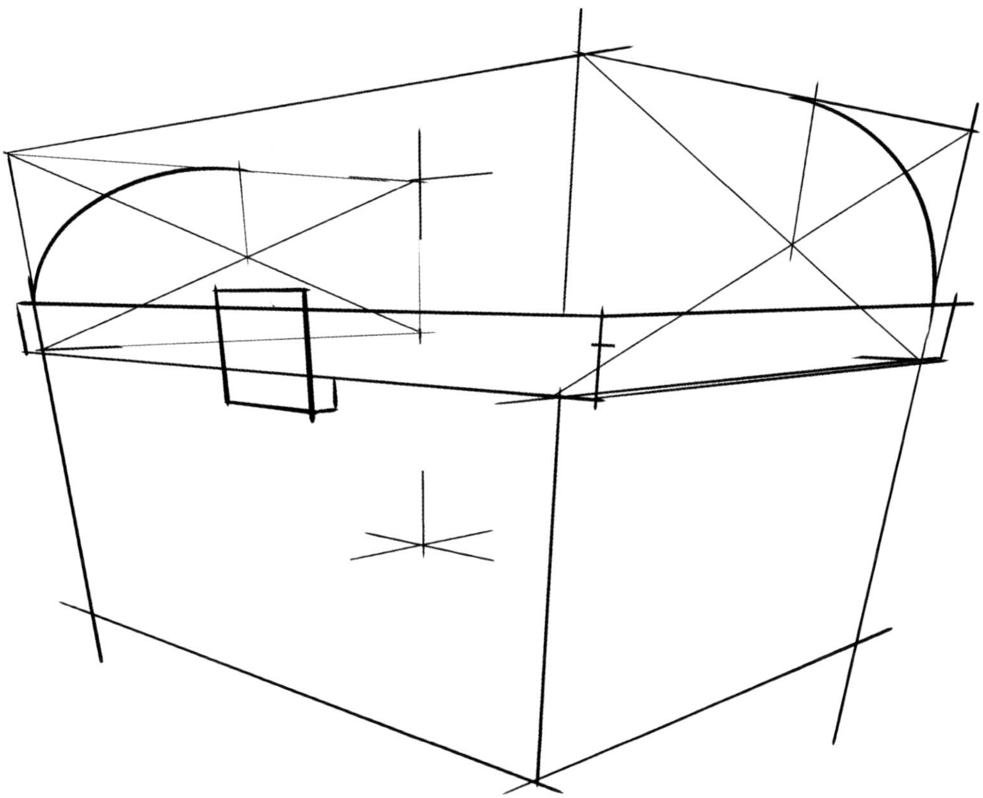

1 2 **3** 4 5 6 7

We add the lock and the curve of the lid.

Nous ajoutons la serrure et la courbe du couvercle.

Nun werden das Schloss und die Rundung des Deckels hinzugefügt.

Teken het slot en de buiging van het deksel.

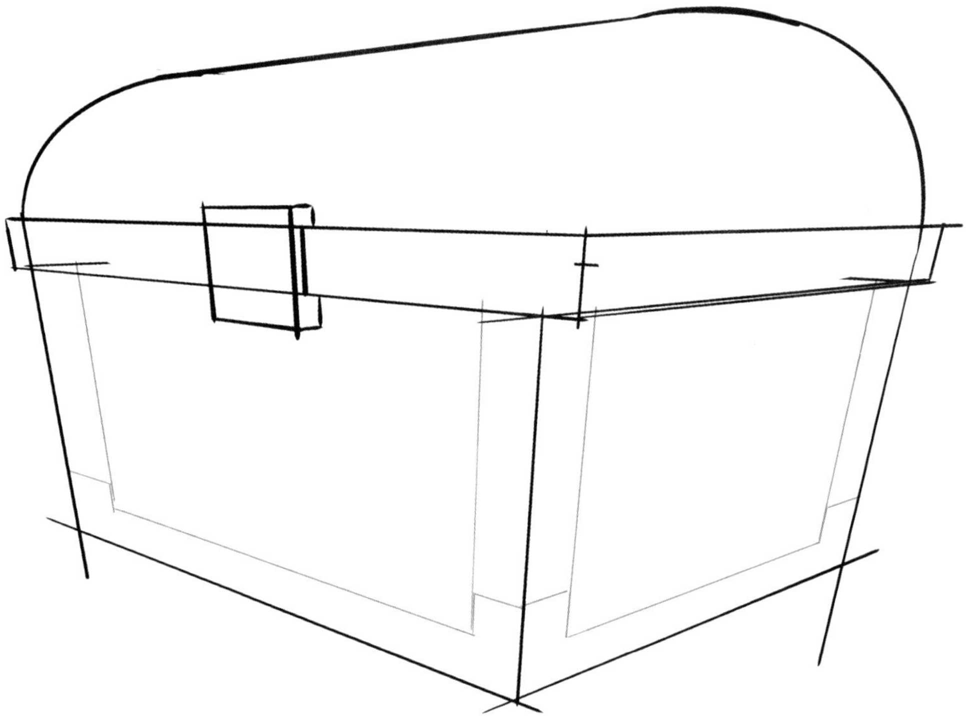

1 2 3 **4** 5 6 7

We add the finishing touches to the lid by joining the two curves with a straight line.

Nous terminons le couvercle en reliant les deux courbes par une ligne droite.

Verbinden Sie die beiden Kurven mit einer Geraden.

Werk het deksel verder uit door de twee buigingen met een rechte lijn te verbinden.

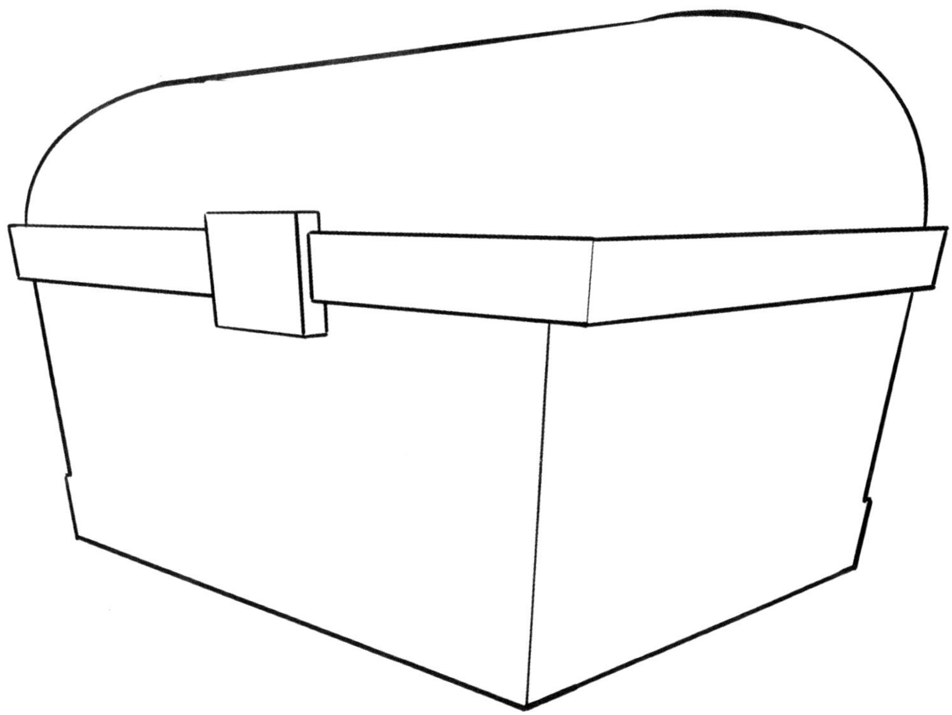

1 2 3 4 5 6 7

Any excess lines in the image are then erased.

Nous éliminons les lignes en trop du dessin.

Entfernen Sie überzählige Striche.

Wis de overbodige lijnen van de tekening.

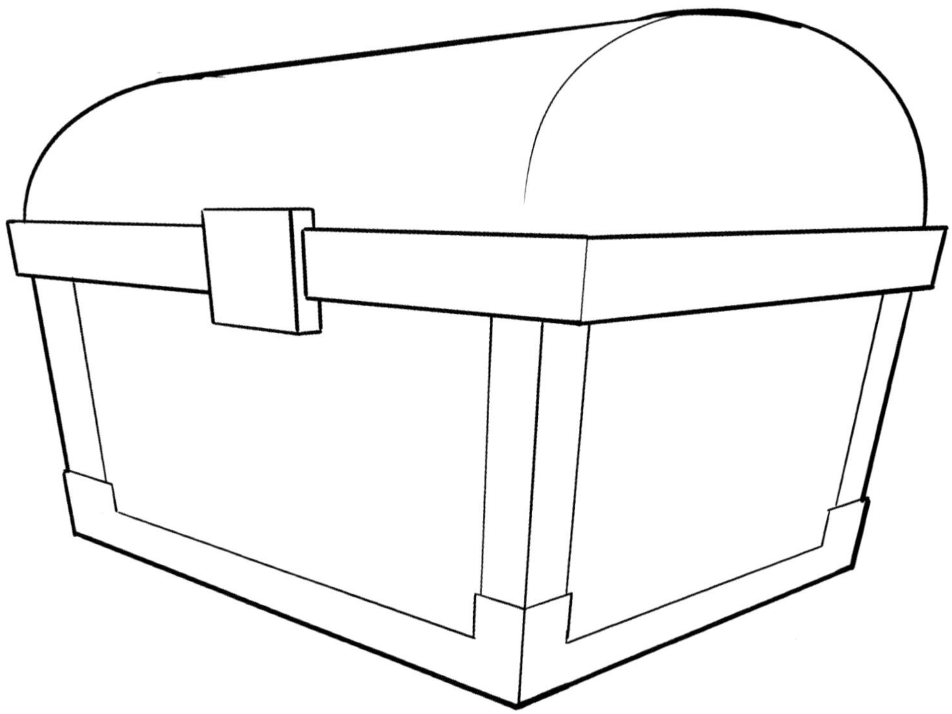

1 2 3 4 5 **6** 7

We add the reinforcements along the edges.

Nous ajoutons les renforts des arêtes.

Zeichnen Sie die Verstärkungen an den Kanten ein.

Voeg de versterkingen van de scherpe kanten toe.

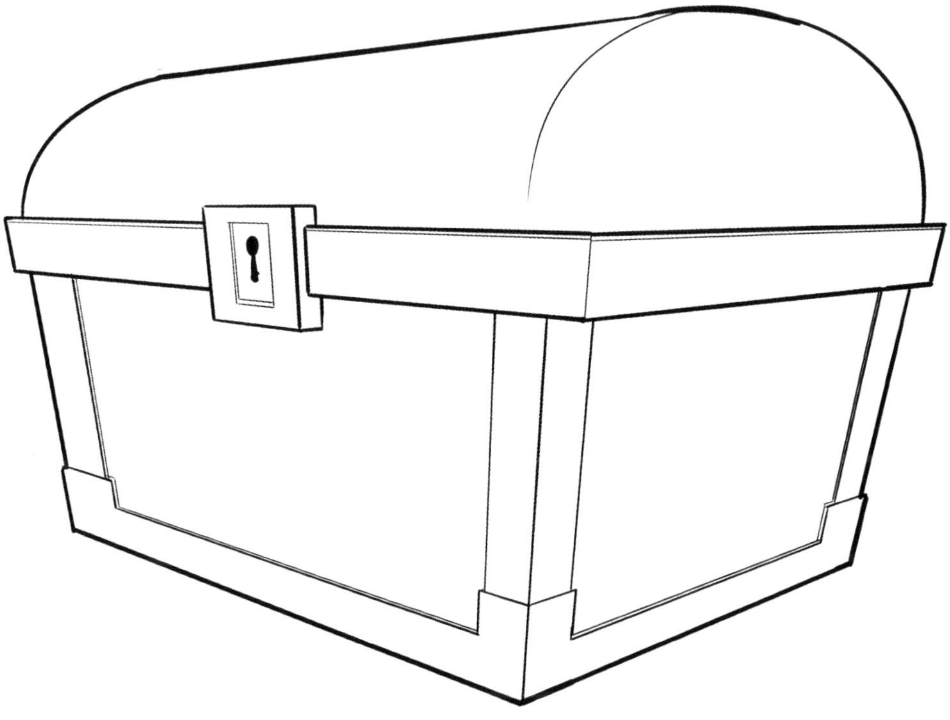

1 2 3 4 5 6 **7**

Finally we add depth to the protective strips and define the lock.

Nous terminons par détailler la serrure en lui donnant de la profondeur.

Verleihen Sie der Zeichnung abschließend Tiefe und definieren Sie das Schloss.

Maak de tekening af door de beschermingen diepte te geven en het slot te detailleren.

Low angle with table and chair
Vue en contre-plongée de table et chaise
Tisch und Stuhl aus der Froschperspektive
Kikvorsperspectief van tafel en stoel

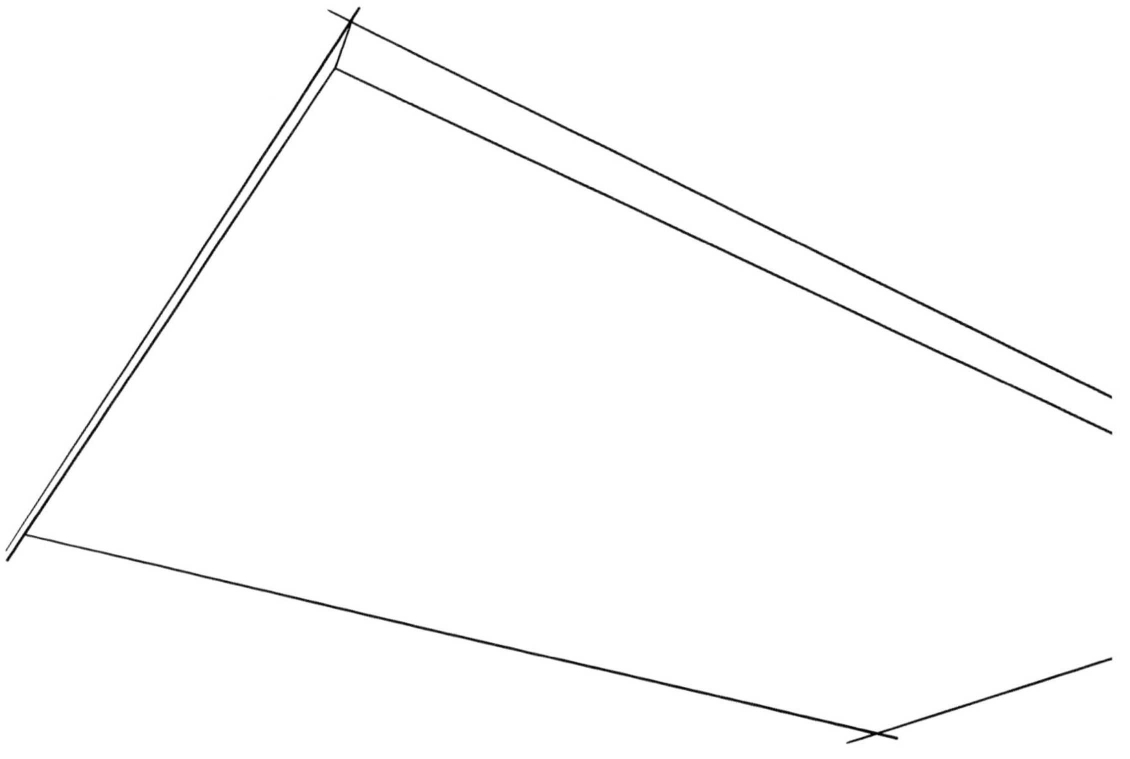

Generally speaking, images with three vanishing points are used to add a sense of drama, or to exaggerate forced perspectives. We are going to draw a table and chair, seen from below.

Les images avec trois points de fuite sont généralement utilisées pour donner davantage de théâtralité ou pour exagérer des points de vue peu habituels. Nous allons dessiner une table et une chaise vues d'en bas.

Im Allgemeinen werden drei Fluchtpunkte verwendet, um einer Abbildung mehr Dramatik zu verleihen oder bestimmte Blickpunkte übertrieben darzustellen. Im folgenden Beispiel werden ein von unten betrachteter Tisch und der dazugehörige Stuhl gezeichnet.

Over het algemeen worden tekeningen met drie verdwijnpunten gebruikt om voor een theatraal karakter te zorgen of om bepaalde gezichtspunten te overdrijven. We gaan een tafel en een stoel van onderaf gezien tekenen.

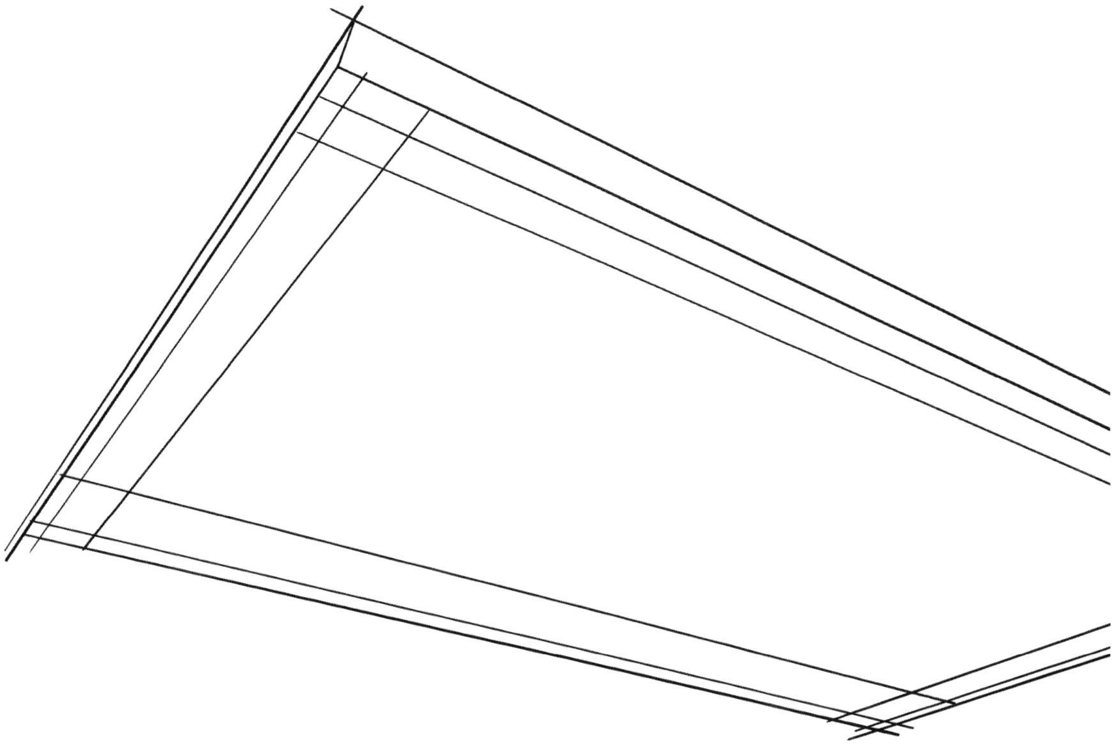

1 2 3 4 5 6 7

We continue marking starting points for the legs of the table.

Nous continuons en situant les points de départ des pieds de la table.

Legen Sie die Stellen fest, von denen die Tischbeine ausgehen sollen.

Ga verder door de beginpunten van de tafelpoten aan te geven.

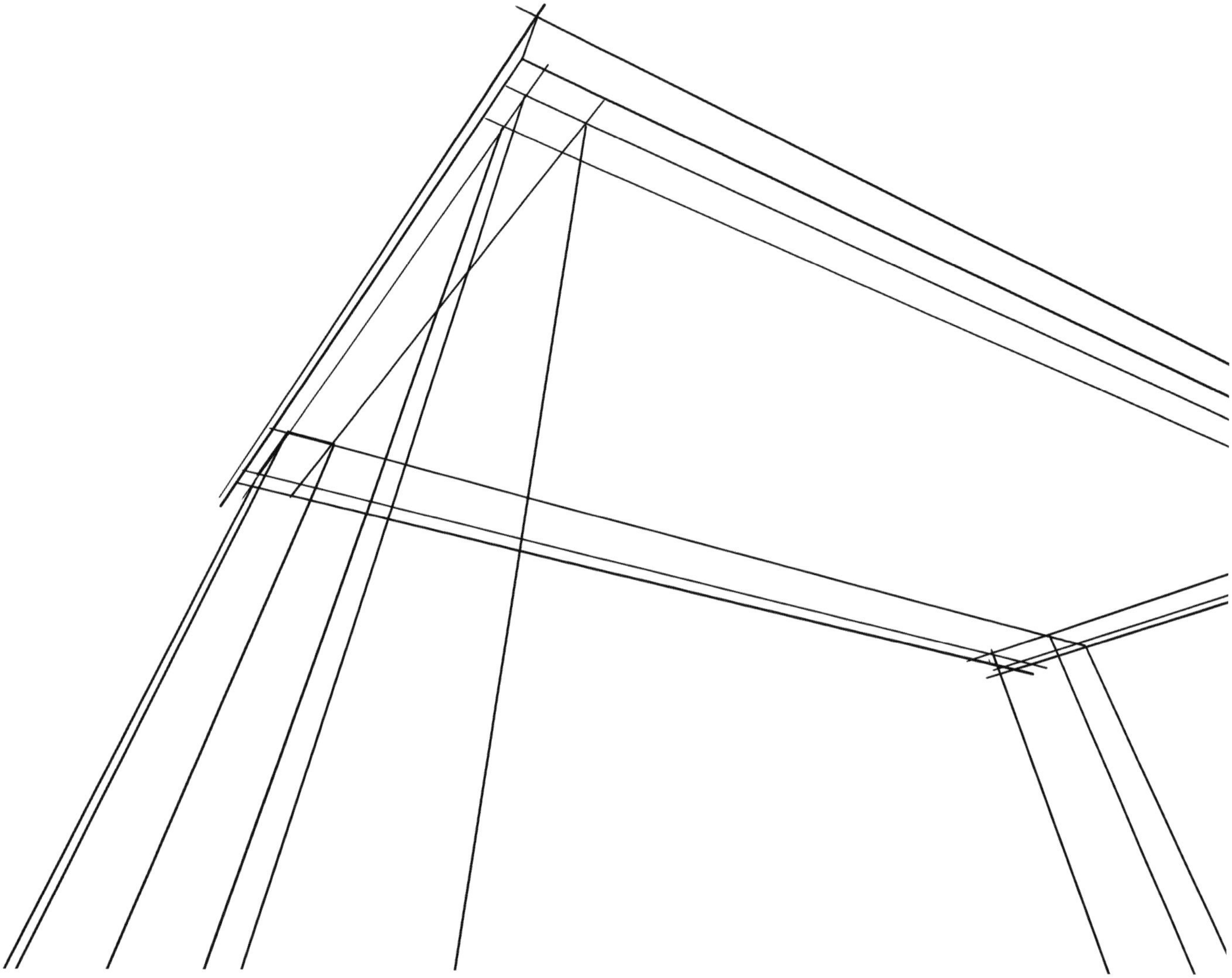

We draw in the legs of the table with thick lines since they are converging on the viewer.

Nous traçons les pieds de la table avec des traits plus épais du fait de leur proximité au spectateur.

Zeichnen Sie die Tischbeine mit dickeren Strichen, da sie sich dem Betrachter „nähern“.

Teken de tafelpoten met dikke strepen opdat ze dichterbij de kijker komen.

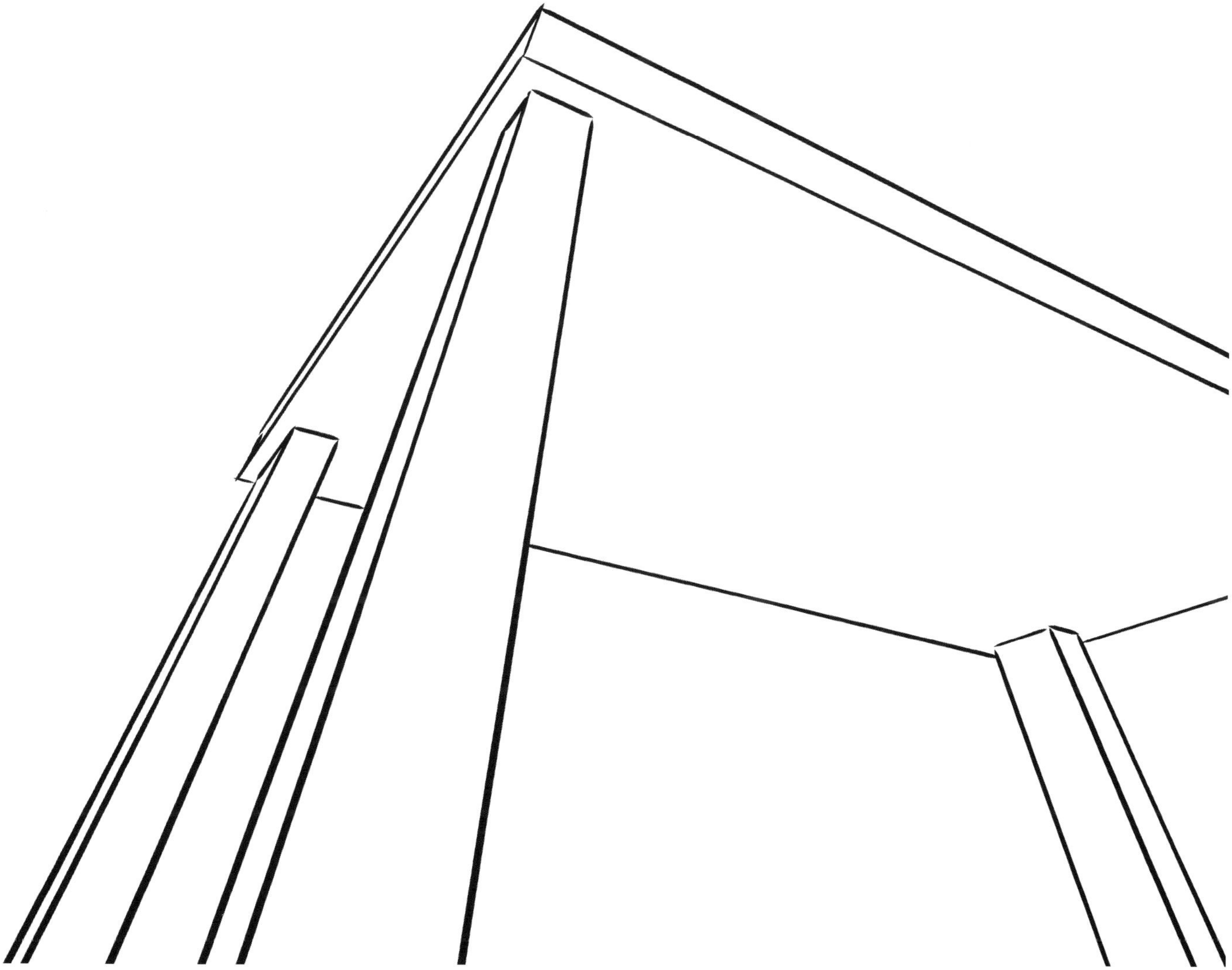

1 2 **3** 4 5 6 7

Any excess lines are erased.

Nous éliminons les lignes en trop.

Entfernen Sie überzählige Striche.

Wis de overbodige lijntjes.

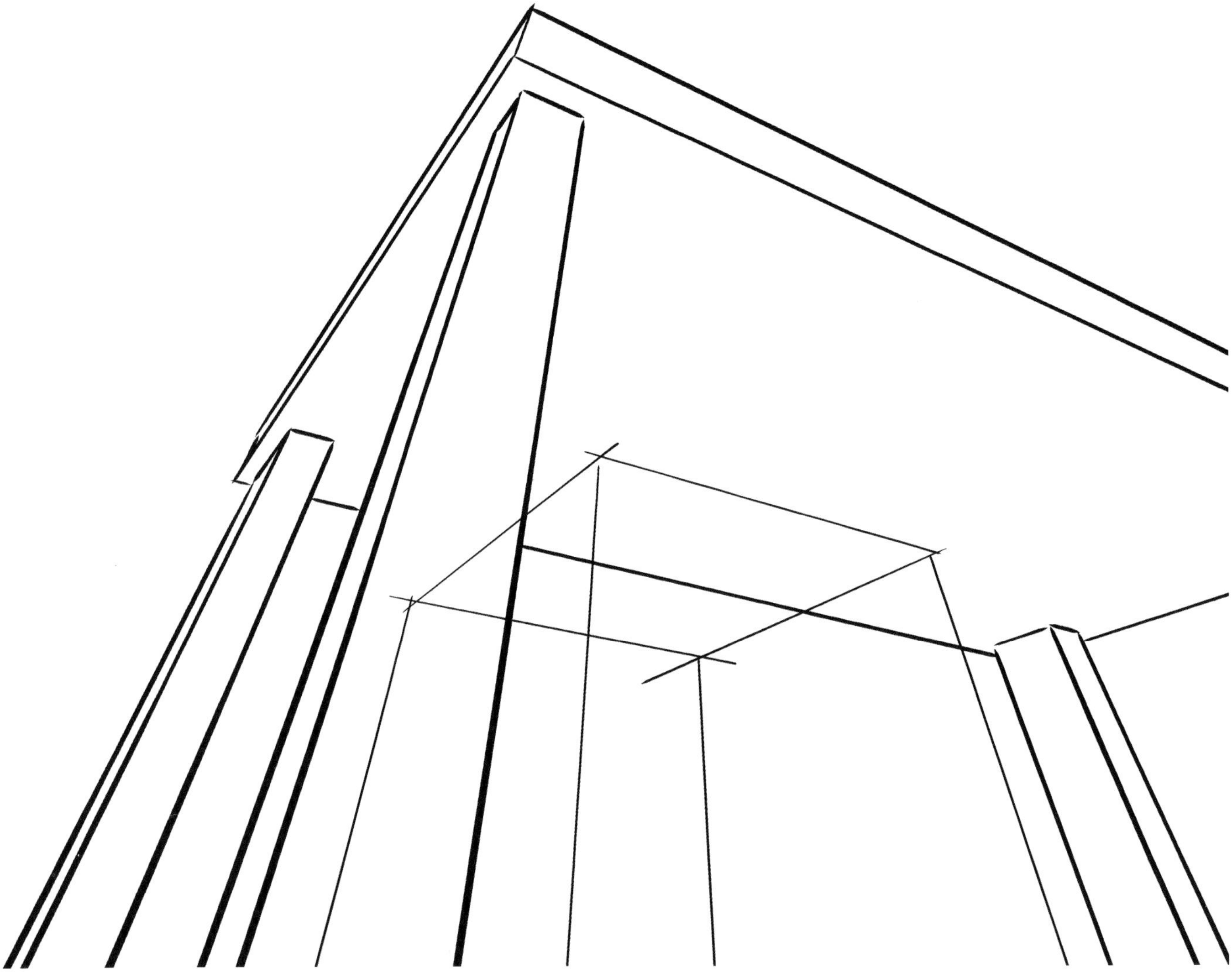

1 2 3 **4** 5 6 7

We draw the box that will be used to define the chair.

Nous dessinons la boîte qui définit la chaise.

Skizzieren Sie den Quader, der die Grundlage für den Stuhl bildet.

Teken de doos die de stoel definieert.

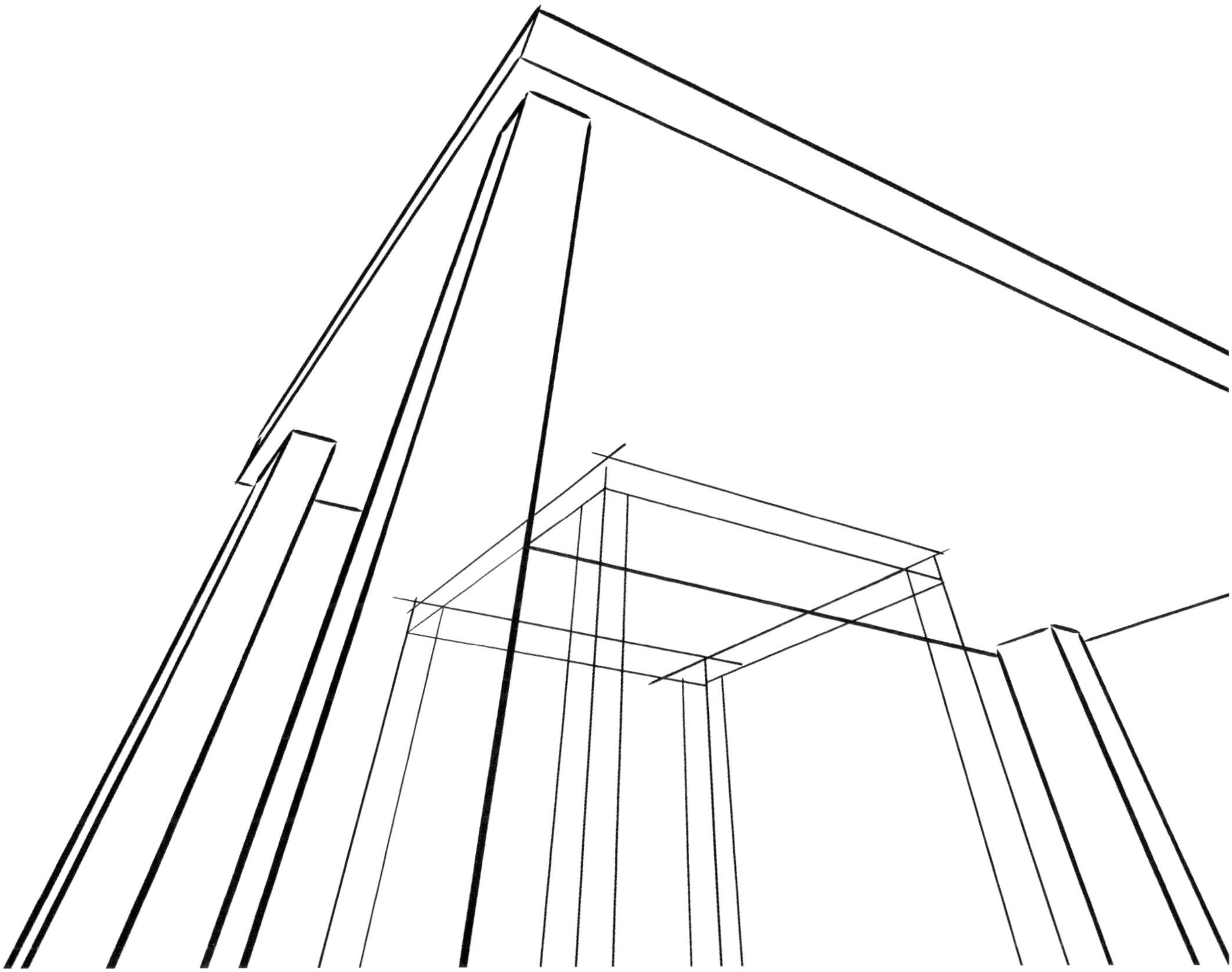

1 2 3 4 **5** 6 7

We mark the position and draw in the legs.

Nous détaillons la position et traçons les pieds.

Zeichnen Sie die Position der Stuhlbeine ein und fügen Sie diese hinzu.

Geef de positie aan en teken de stoelpoten.

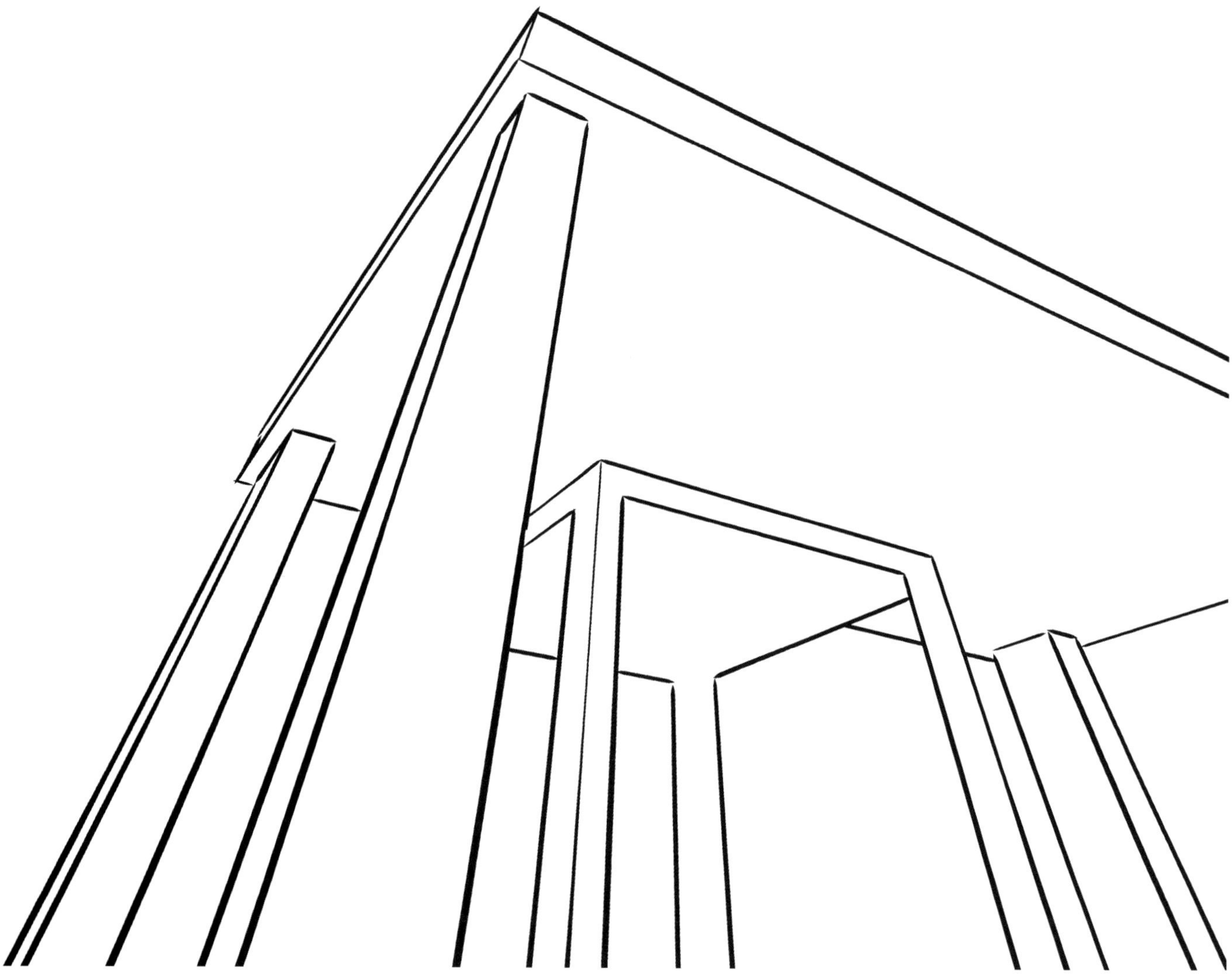

1 2 3 4 5 6 7

We remove the areas that are hidden by the overlap.

Nous éliminons les zones qui restent cachées avec la superposition.

Entfernen Sie überzählige Linien an Überlagerungen.

Verwijder de zones die verborgen blijven door de superpositie.

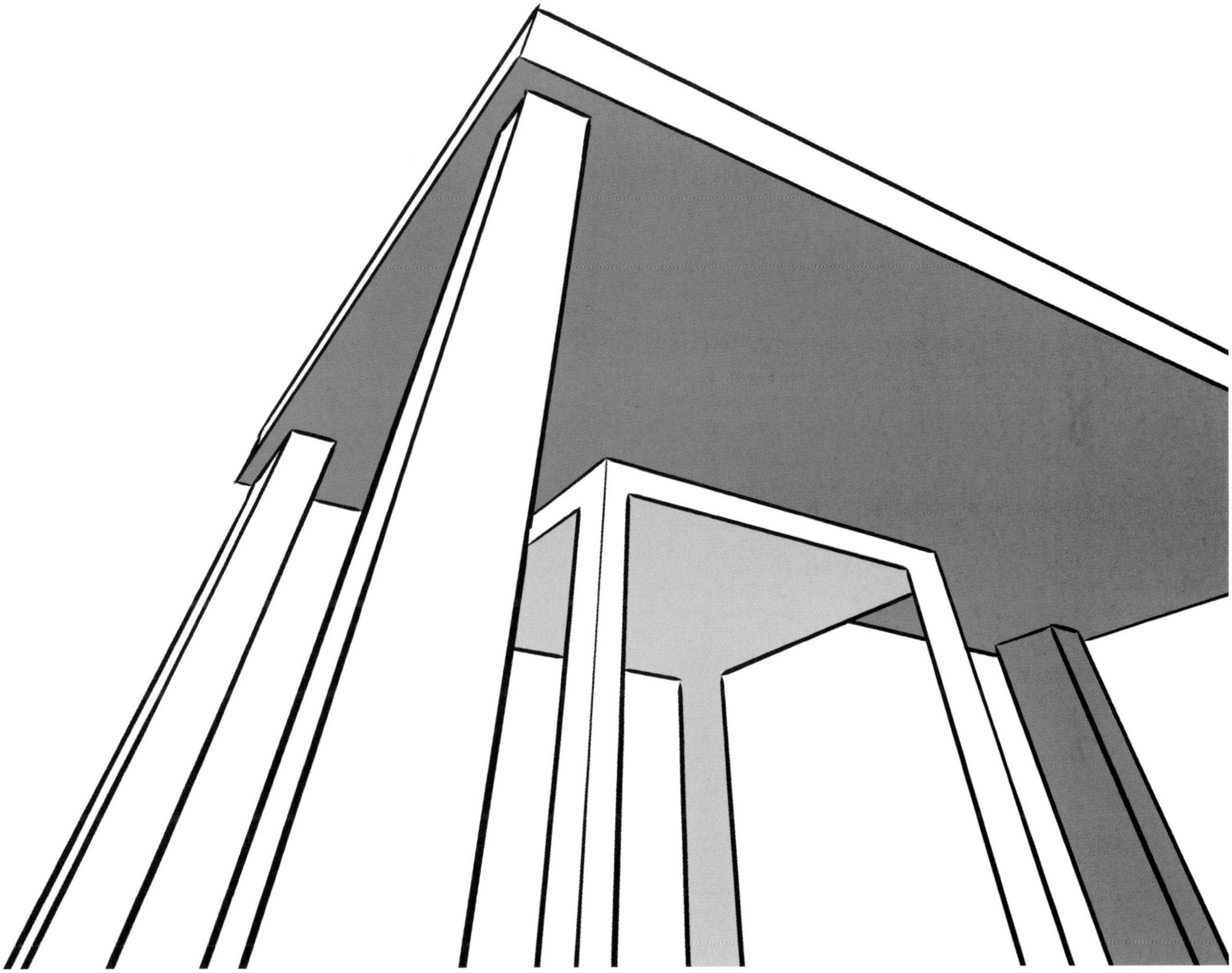

1 2 3 4 5 6 **7**

A shadow underneath the table and chair will help to define the shapes and orientate the viewer.

Une ombre dans la zone intérieure de la table et de la chaise permet de mieux définir les formes et de situer le spectateur.

Ein Schatten auf der Unterseite von Tisch und Stuhl definiert die abgebildeten Formen und verdeutlicht dem Betrachter die Perspektive.

Een schaduw aan de binnenkant van de tafel en stoel helpt om de vormen te definiëren en de kijker te situeren.

Low angle view of urban scene
Vue en contre-plongée de décor urbain
Stadtansicht aus der Froschperspektive
Kikvorsperspectief van stadstafereel

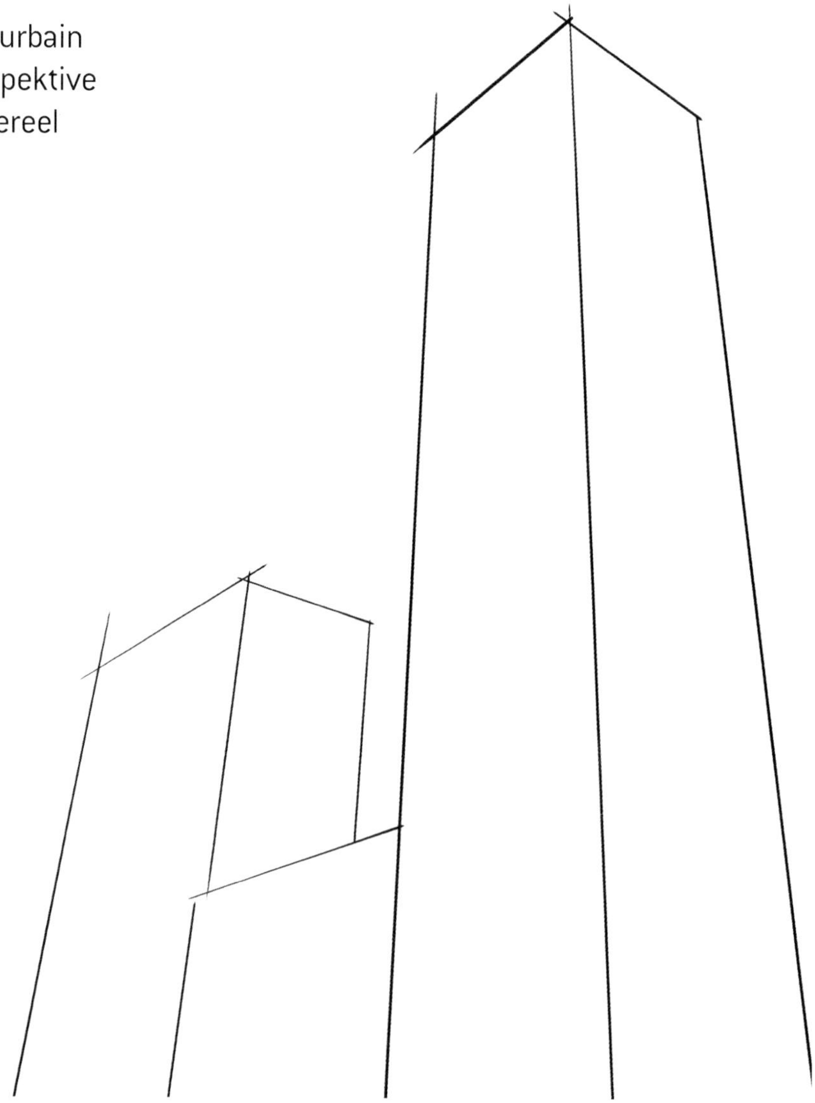

With a third vanishing point very high up, we are going to produce a low angle view of a city.

À l'aide d'un troisième point de fuite situé très haut, nous allons réaliser un dessin en contre-plongée d'une ville.

Mithilfe eines sehr weit oben platzierten Fluchtpunkts soll in der vorliegenden Übung eine Stadtansicht aus der Froschperspektive entstehen.

Met een zeer hoog gesitueerd derde verdwijnpunt gaan we een kikvorsperspectief van een stad tekenen.

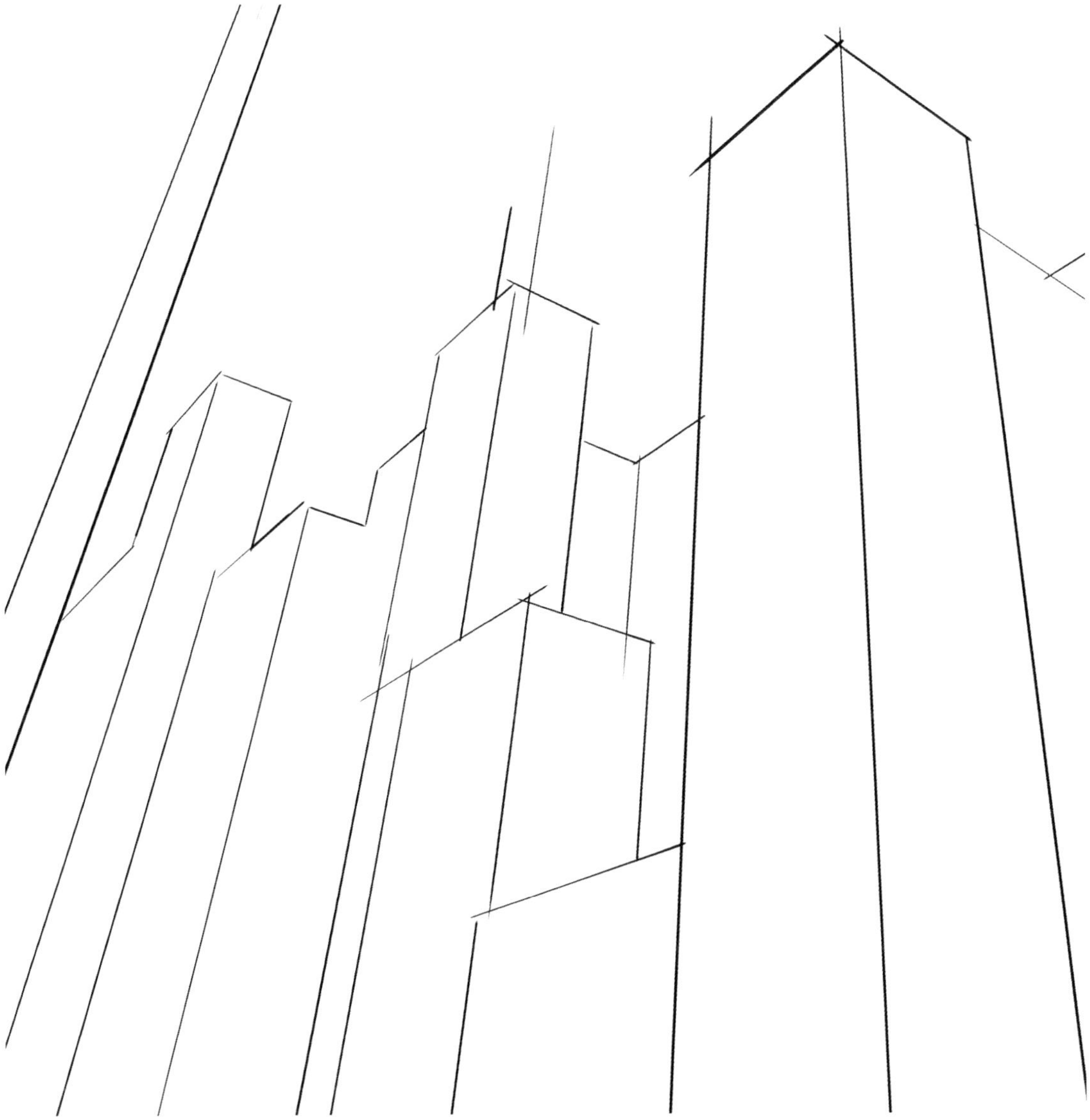

1 2 3 4 5 6 7 8 9

We draw in the basic shapes of the buildings.

Nous ébauchons les principaux traits des bâtiments.

Legen Sie zunächst die Grundformen der Gebäude fest.

Bepaal de voornaamste vormen van de gebouwen.

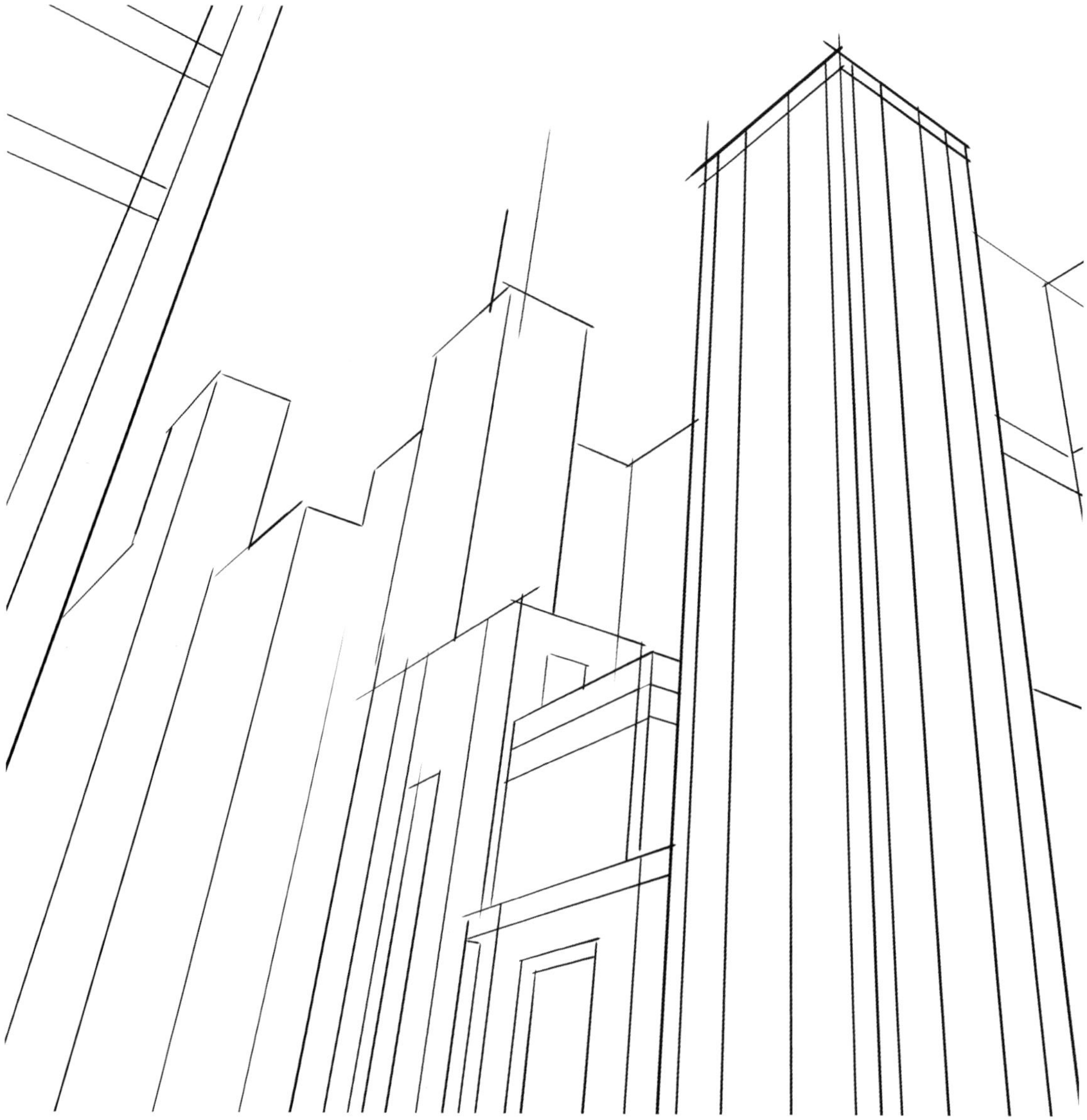

1 2 3 4 5 6 7

We begin to differentiate between the buildings by using different designs.

Nous distinguons les bâtiments avec différentes formes.

Grenzen Sie die einzelnen Gebäude durch eine unterschiedliche Gestaltung voneinander ab.

Begin de gebouwen met verschillende ontwerpen van elkaar te onderscheiden.

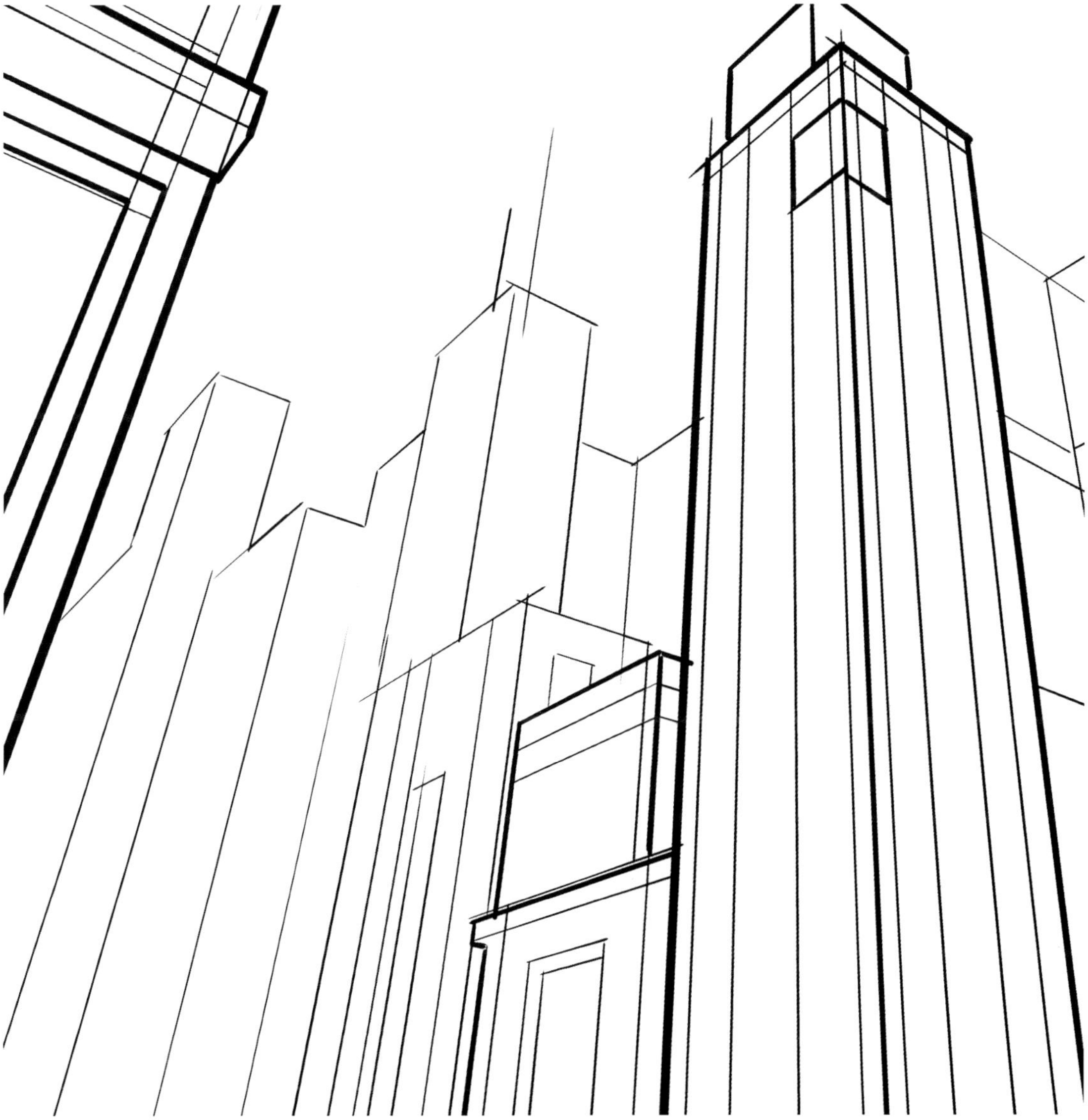

1 2 **3** 4 5 6 7

We then add detail to the shapes and use a thicker line to pick out the elements that are closer to the viewer.

Nous ajoutons des détails en soulignant avec un trait plus épais les éléments les plus proches.

Fügen Sie weitere Details hinzu und heben Sie in der Nähe des Betrachters befindliche Elemente durch dickere Linien hervor.

Werk de tekening verder uit en voeg details toe aan de vormen. Laat de elementen die het dichtst bij zijn met een dikkere streep meer uitkomen.

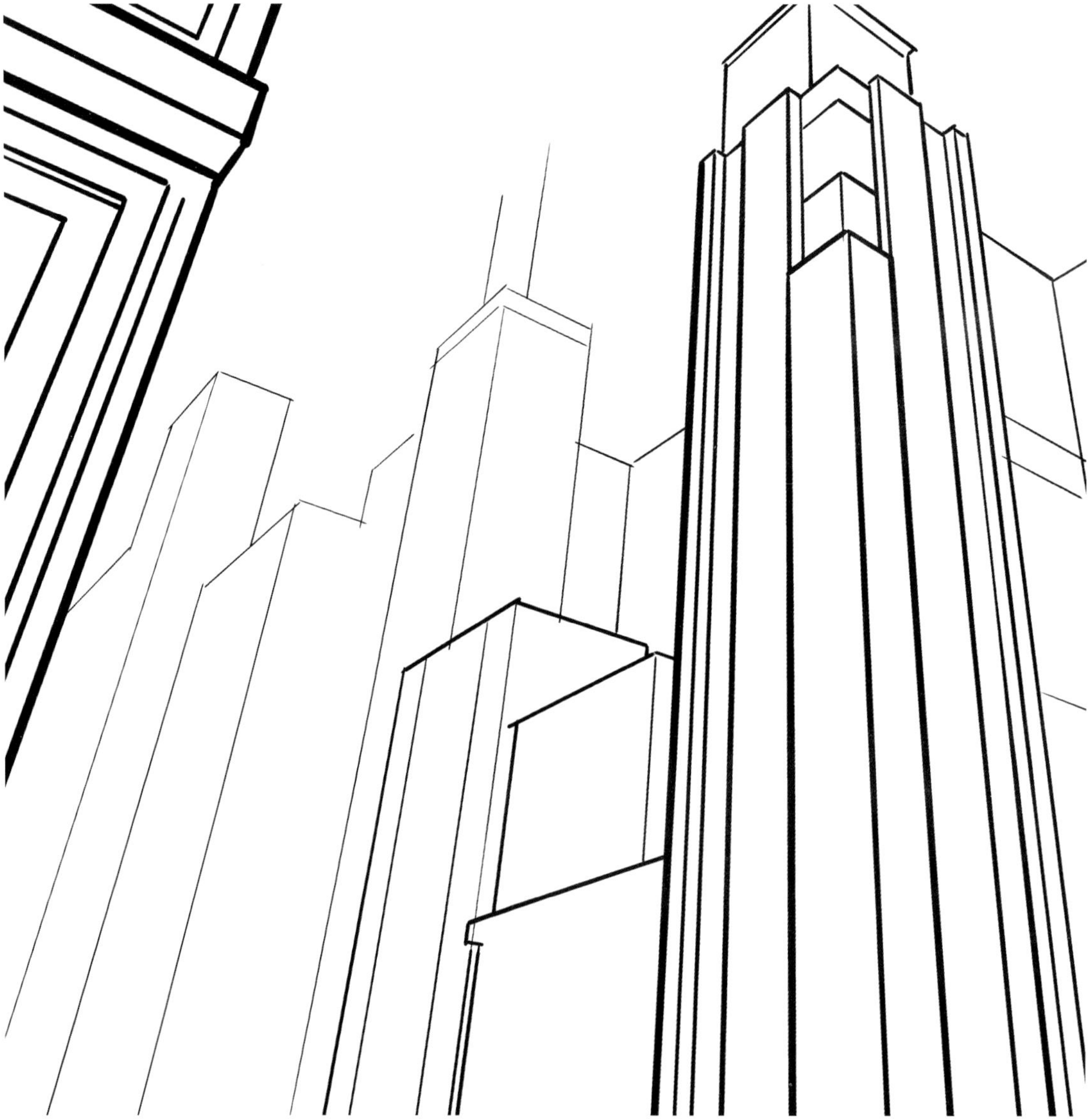

The guides and excess lines are erased.

Nous éliminons les lignes en trop.

Entfernen Sie überzählige Striche und Hilfslinien.

Wis de vlucht- en overbodige lijnen.

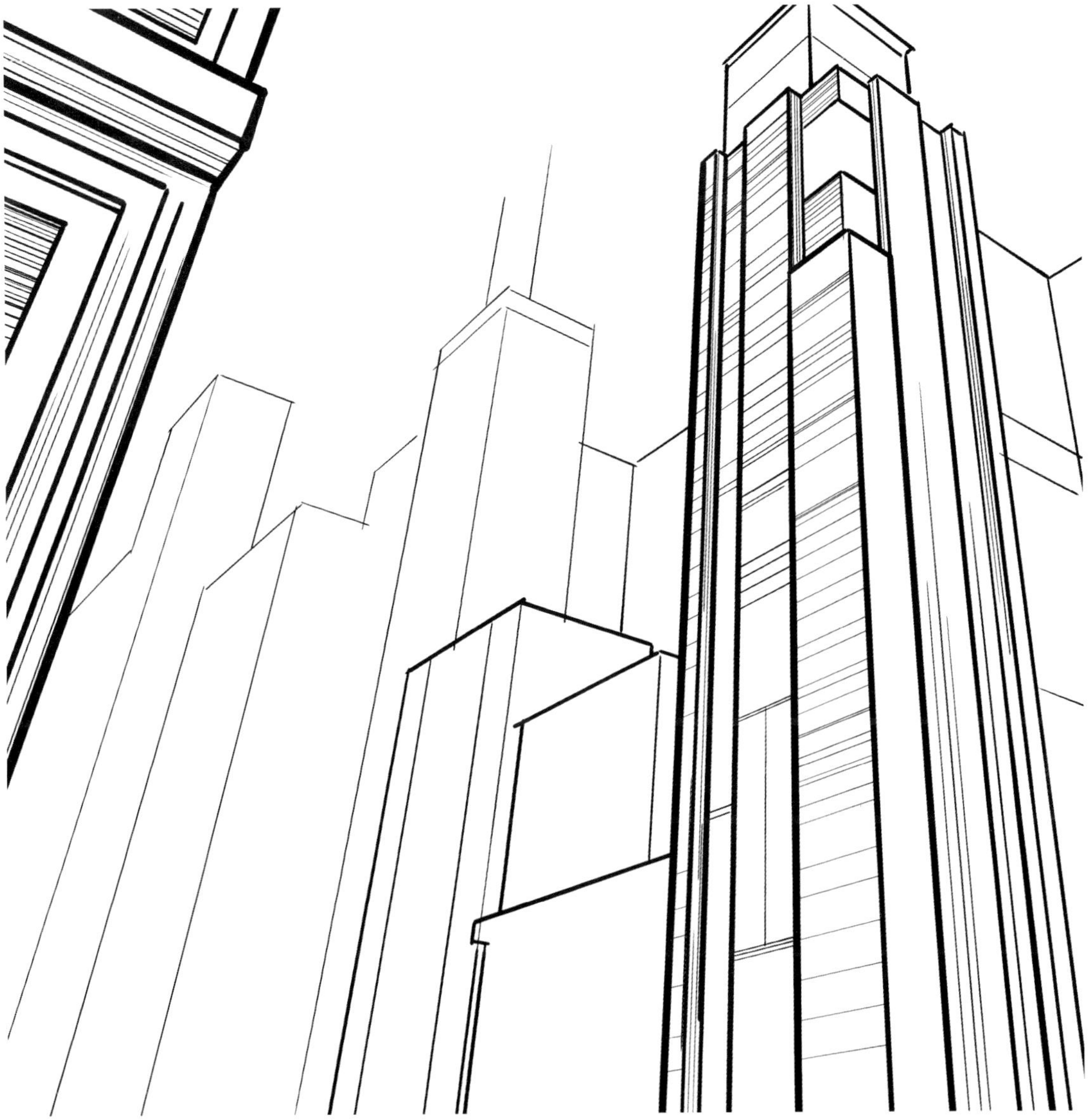

1 2 3 4 **5** 6 7

We continue adding detail, paying greater attention to the elements in the foreground.

Nous continuons à détailler en soignant davantage les éléments les plus proches.

Es werden insbesondere an den Objekten in der Nähe des Betrachters noch mehr Einzelheiten eingezeichnet.

Ga verder met detailleren en besteed speciale aandacht aan de onderdelen die zich dichtbij bevinden.

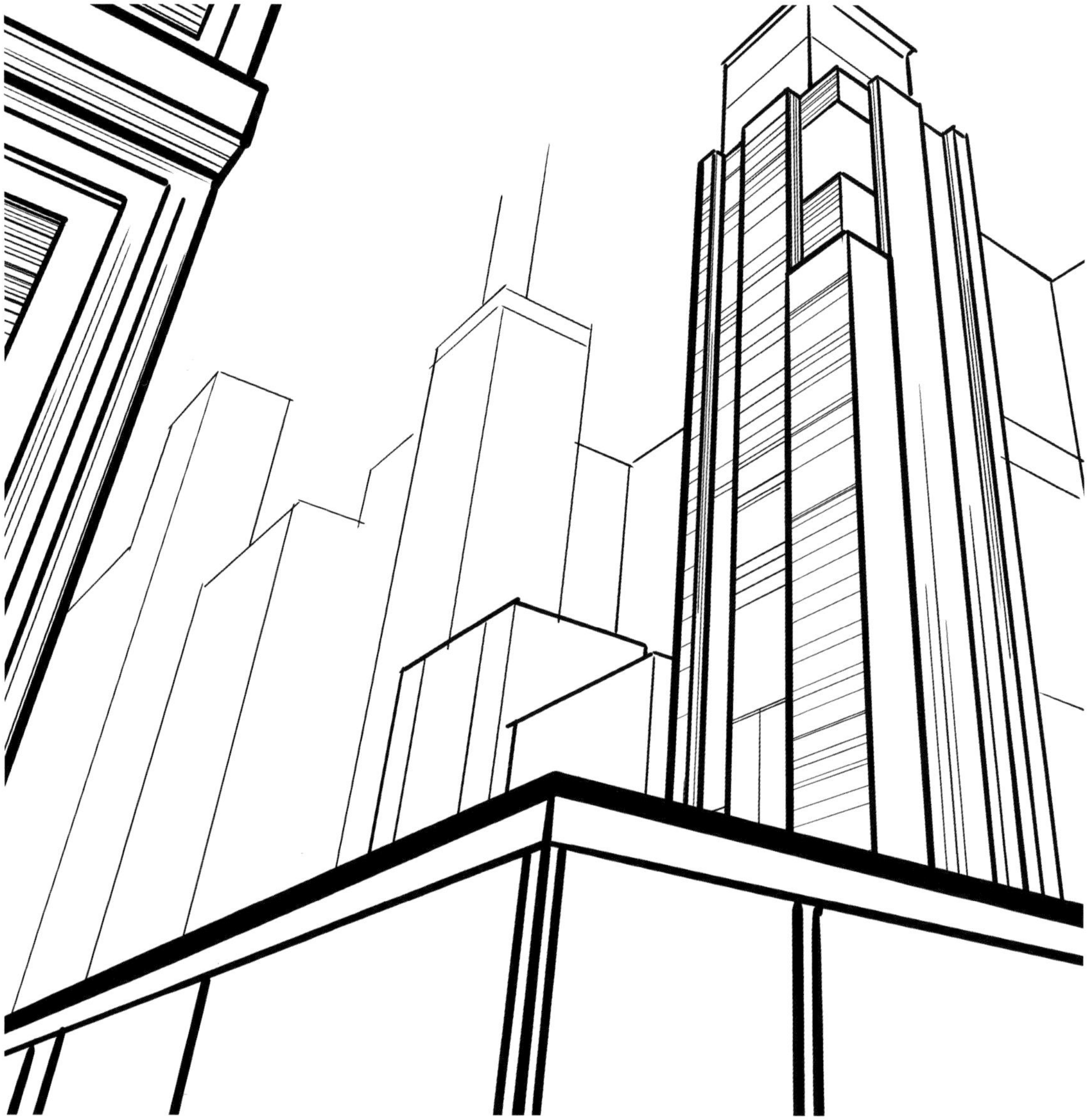

1 2 3 4 5 **6** 7

We add an element to the foreground. This overlay adds depth to the scene.

Nous rajoutons un élément au premier plan afin que celui-ci, par superposition, donne de la profondeur au décor.

Fügen Sie nun ein Element im Vordergrund hinzu, um der Zeichnung durch die Überlagerung mehr Tiefe zu verleihen.

Voeg op de voorgrond een element toe, zodat dit door de superpositie diepte aan het tafereel toevoegt.

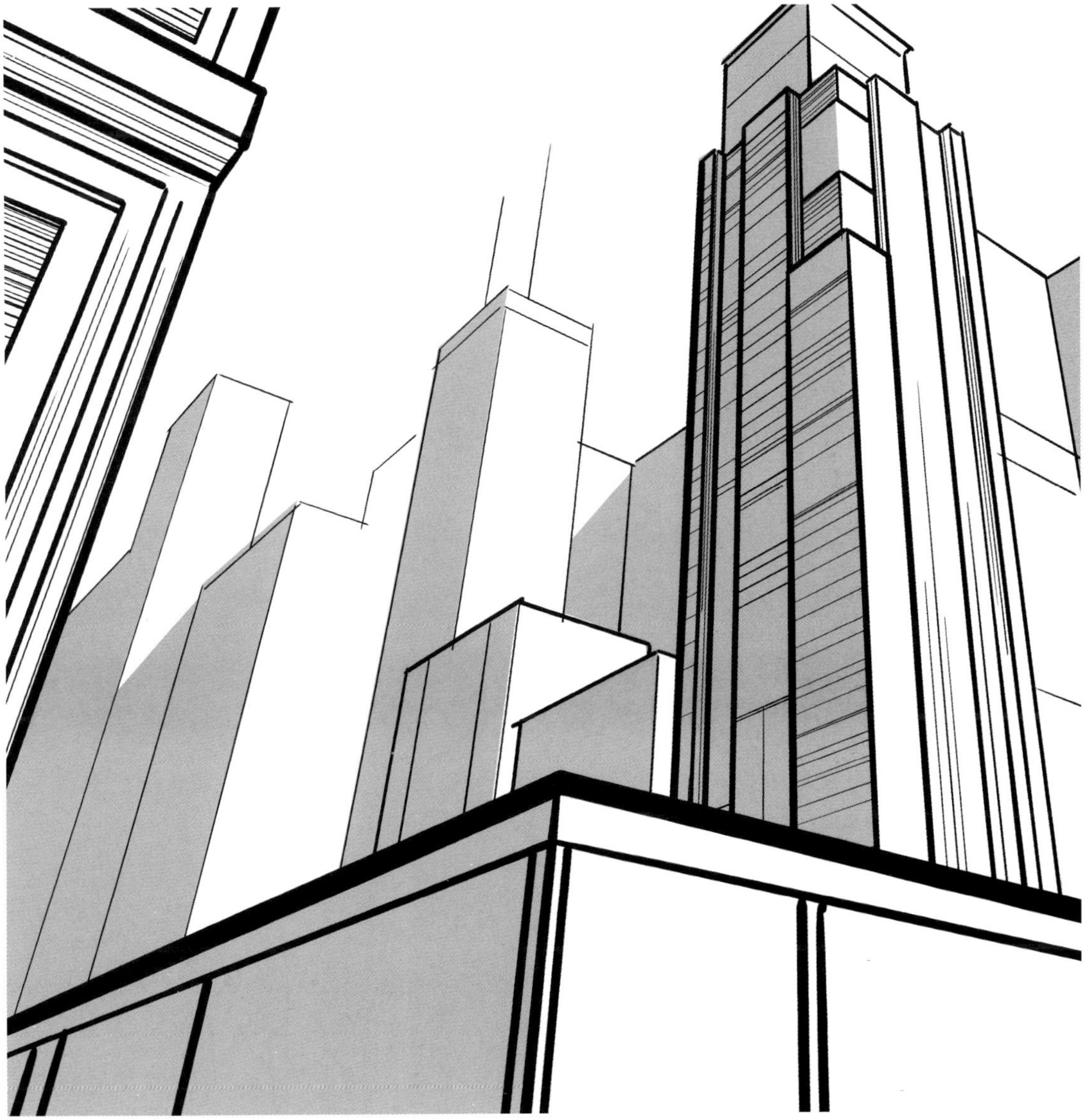

1 2 3 4 5 6 7

Finally, we add a simple touch of shadow to set off the different planes.

Nous finissons avec un jeu d'ombres simple pour différencier les plans.

Im letzten Schritt werden einfache Schatten eingezeichnet, um die einzelnen Ebene voneinander abzugrenzen.

Maak de tekening af met een simpel schaduwschema om de vlakken van elkaar te onderscheiden.

High angle view of city
Vue en plongée de ville
Stadtansicht aus der Vogelperspektive
Vogelperspectief van stad

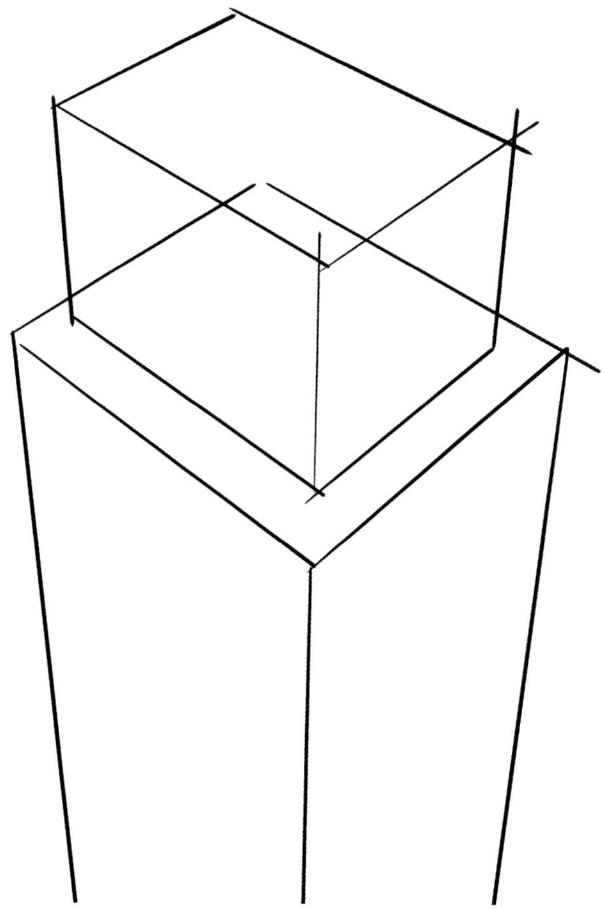

We shall now draw an urban high angle view.

Nous allons maintenant dessiner une vue urbaine en plongée.

In der vorliegenden Übung wird eine Stadtansicht aus der Vogelperspektive gezeichnet.

We gaan nu een stadstekening in vogelperspectief tekenen.

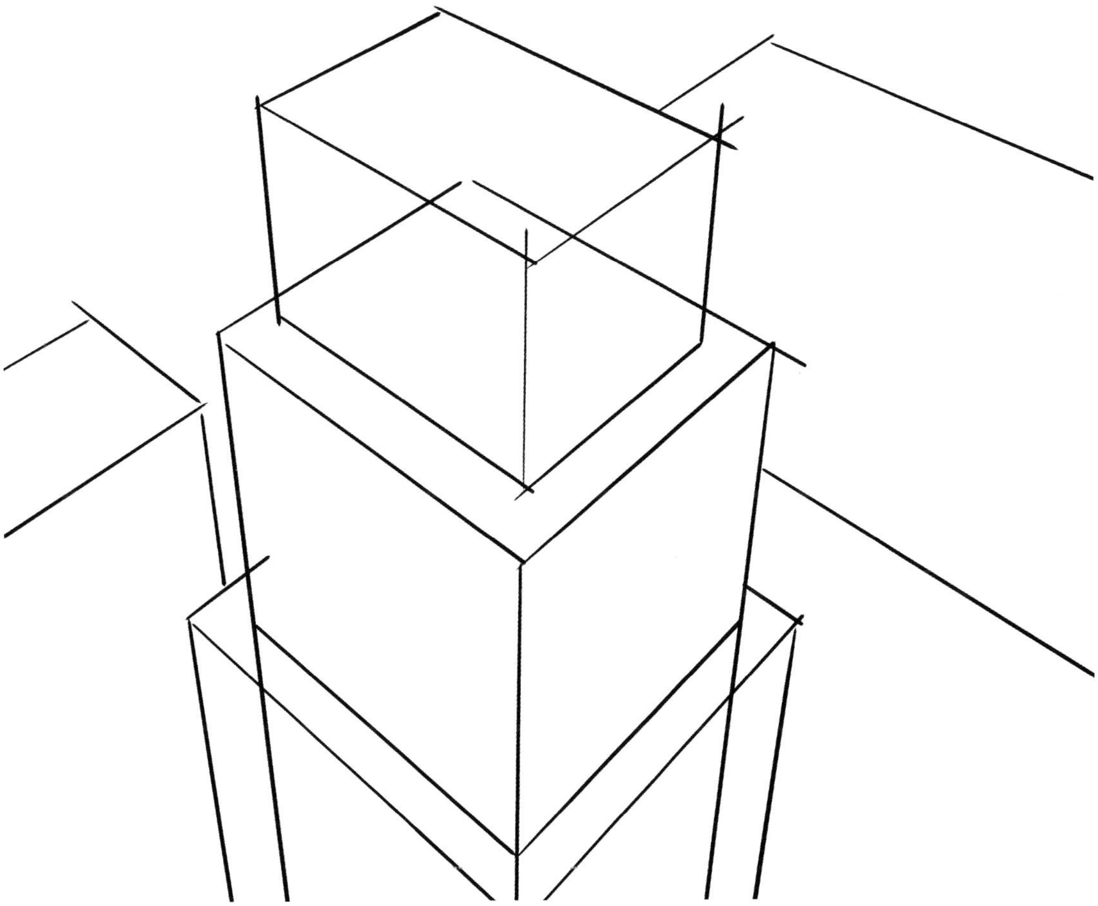

1 2 3 4 5 6 7 8 9

We draw in the basic shapes in the scene.

Nous ébauchons les principaux traits du décor.

Legen Sie zunächst die Grundformen der Gebäude fest.

Schets de voornaamste vormen van het tafereel.

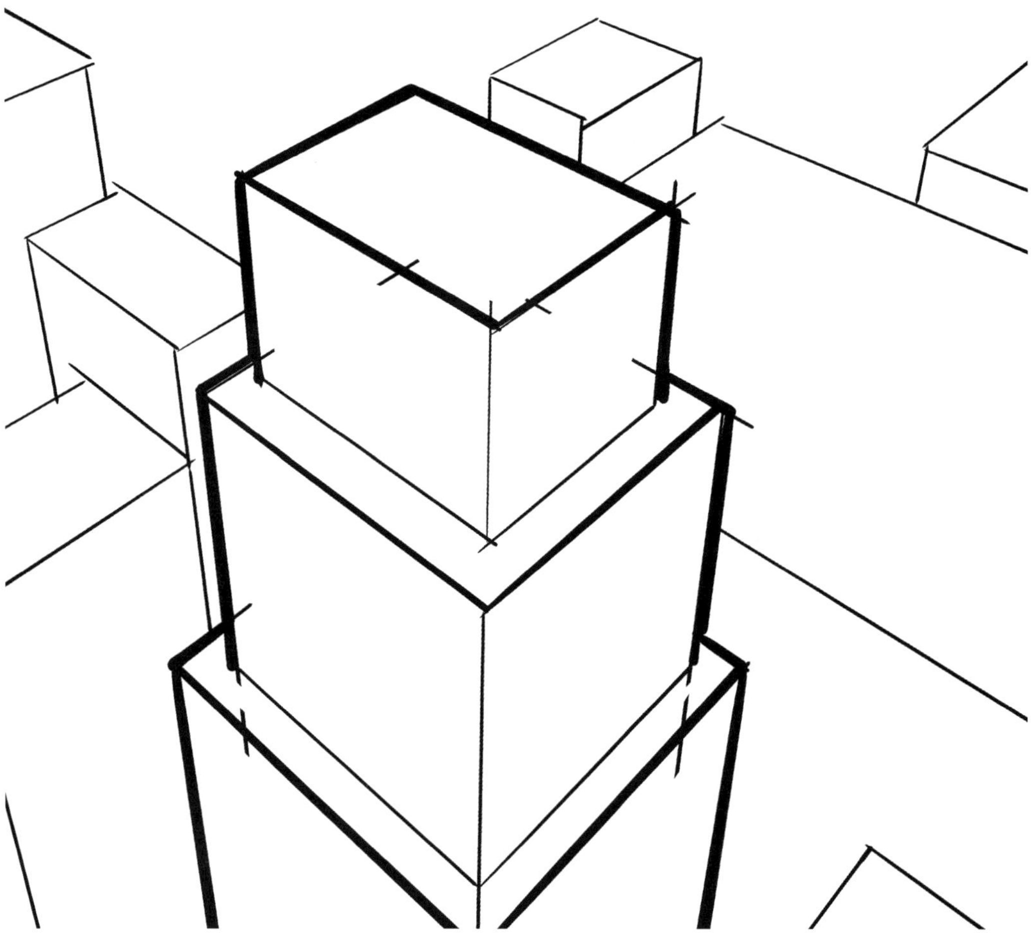

1 **2** 3 4 5 6 7

We pick out the main form with a thicker line and erase the areas that remain hidden.

Nous faisons ressortir la figure principale avec un trait plus épais et nous éliminons les zones qui restent cachées.

Heben Sie das Element in Vordergrund durch dickere Linien hervor und entfernen Sie die Striche aus den Bereichen mit Überlagerungen.

Leg de nadruk op de hoofdvorm met een dikkere streep en verwijder de zones die erachter verborgen blijven.

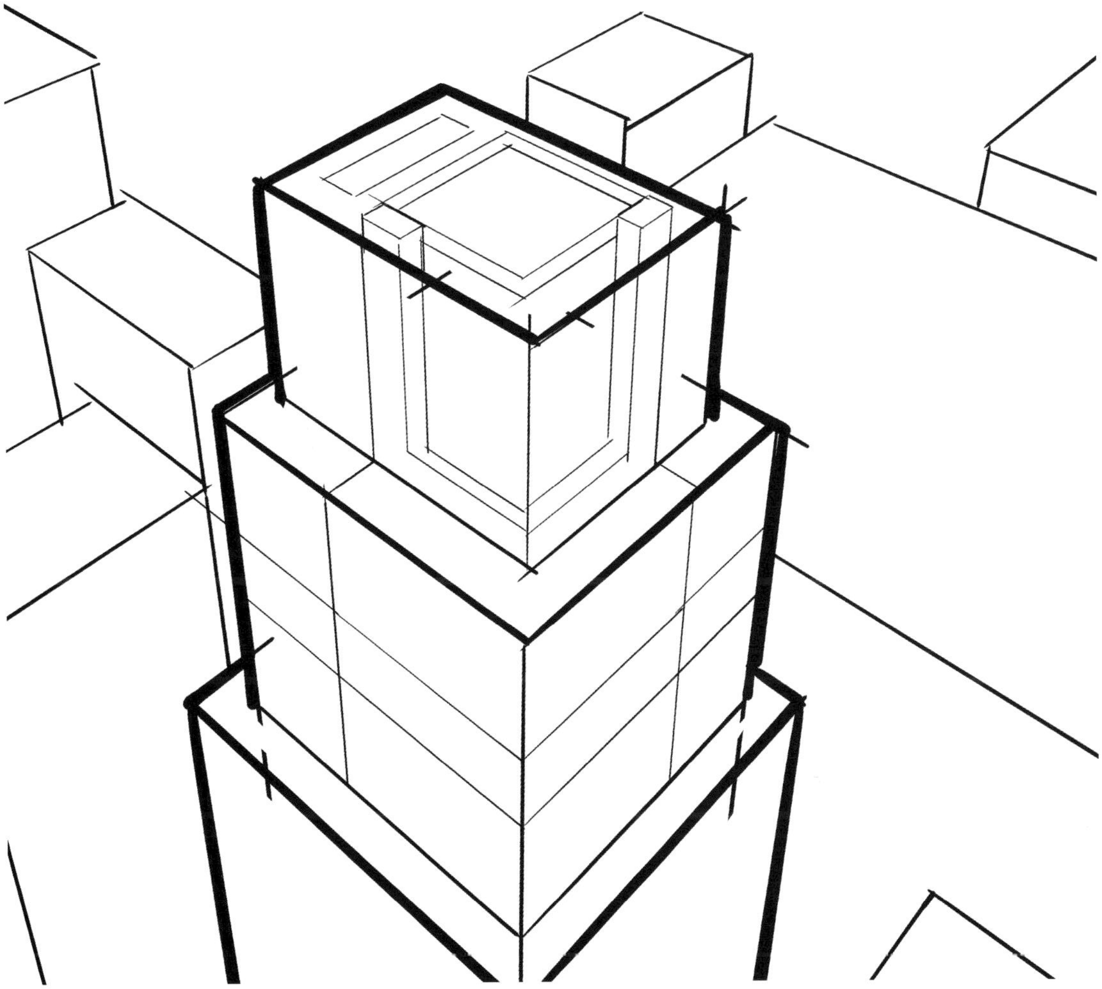

1 2 3 4 5 6 7 8 9

We begin to add detail to the closest building.

Nous commençons à détailler le bâtiment le plus proche.

Arbeiten Sie das in der Nähe des Betrachters gelegene Gebäude aus.

Begin het dichtst bij staande gebouw te detailleren.

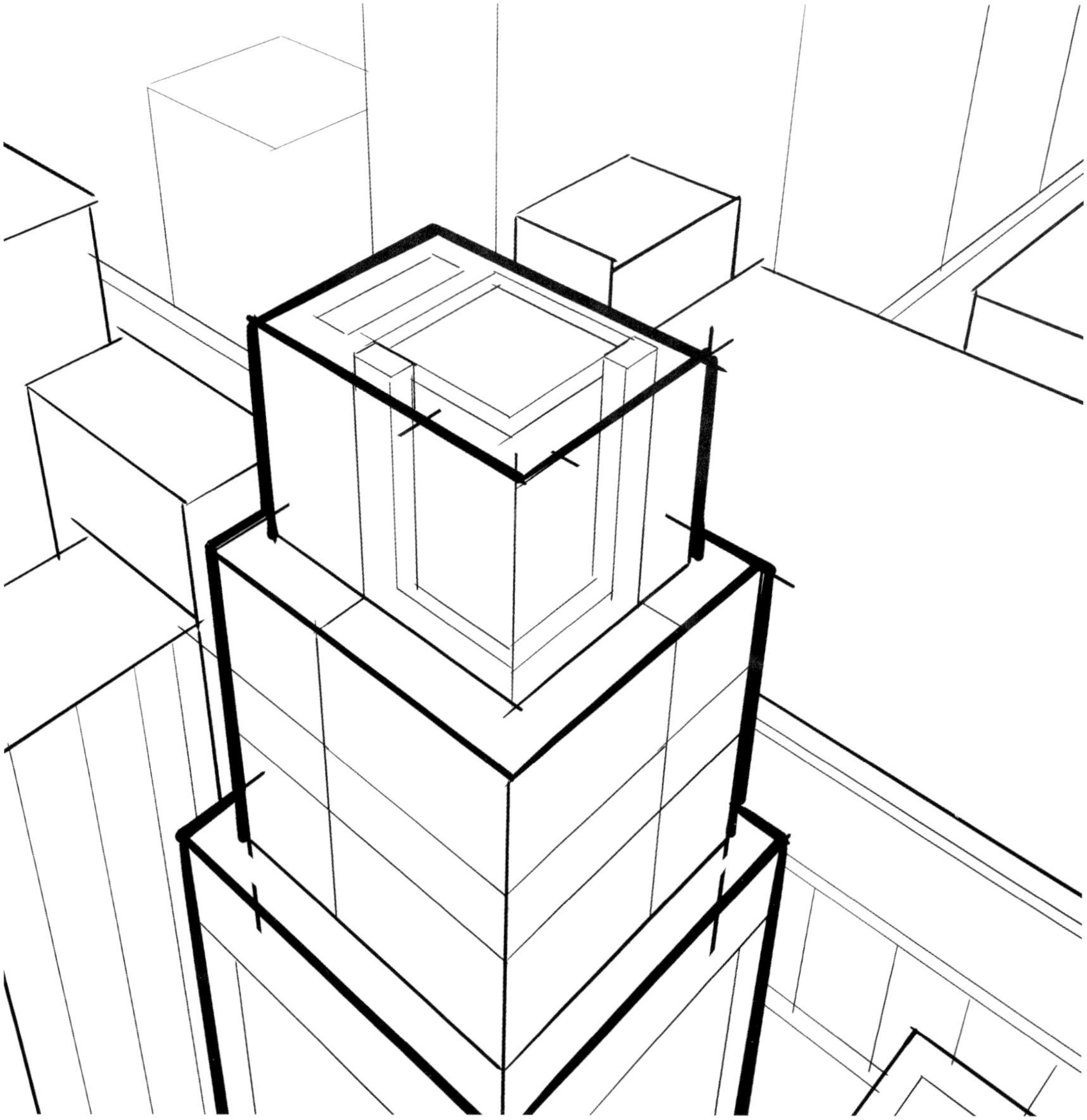

1 2 3 **4** 5 6 7

We add more complex shapes and elements in the background.

Nous ajoutons des formes plus complexes et des éléments dans le fond.

Fügen Sie im Hintergrund weitere komplexe Formen hinzu.

Voeg complexere vormen en elementen op de achtergrond toe.

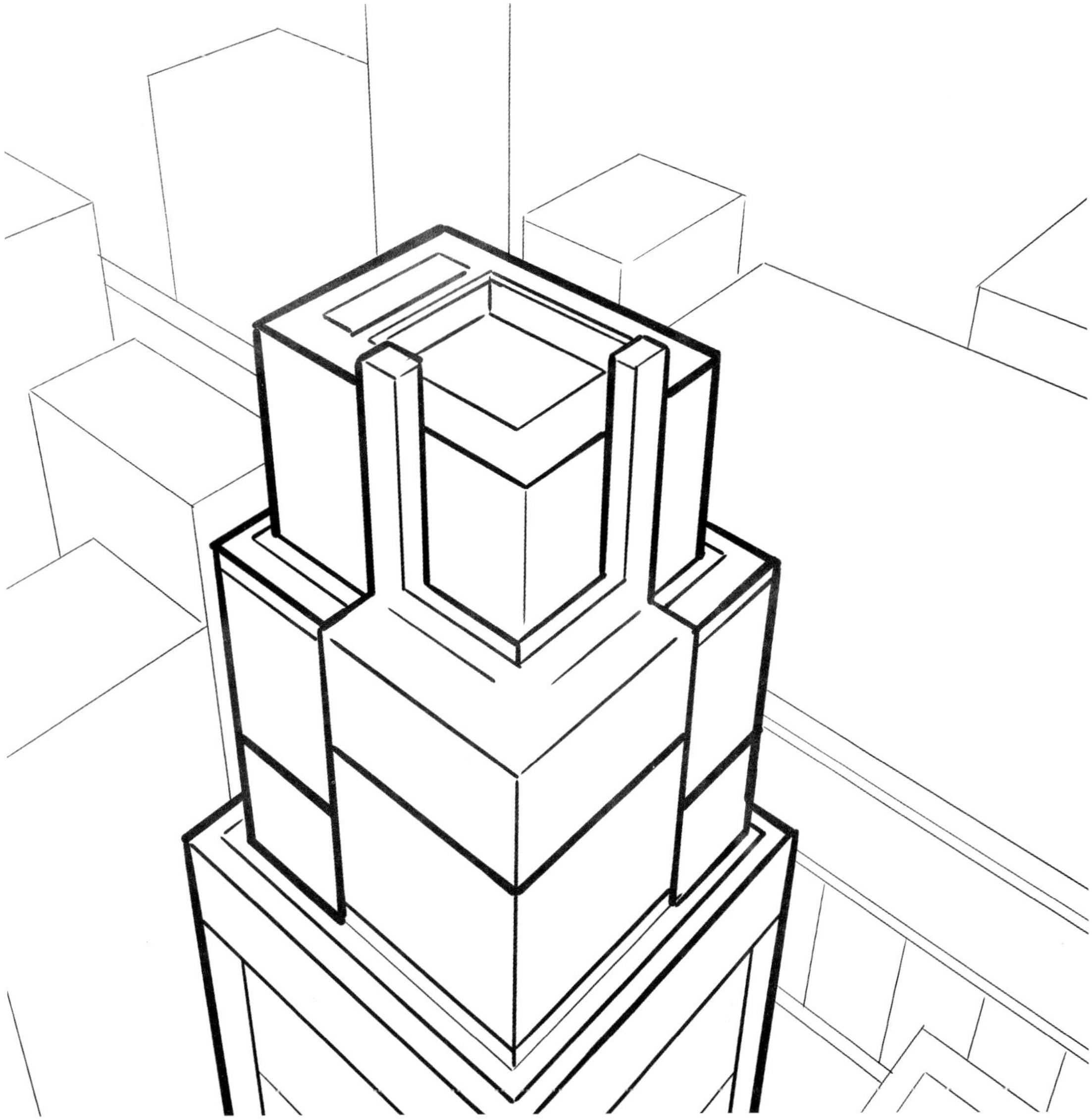

1 2 3 4 **5** 6 7 8 9

We tidy up and define the main building.

Nous épurons et finissons la figure principale.

Entfernen Sie überzählige Striche am Gebäude im Vordergrund.

Wis overbodige lijnen uit en definieer de hoofdvorm.

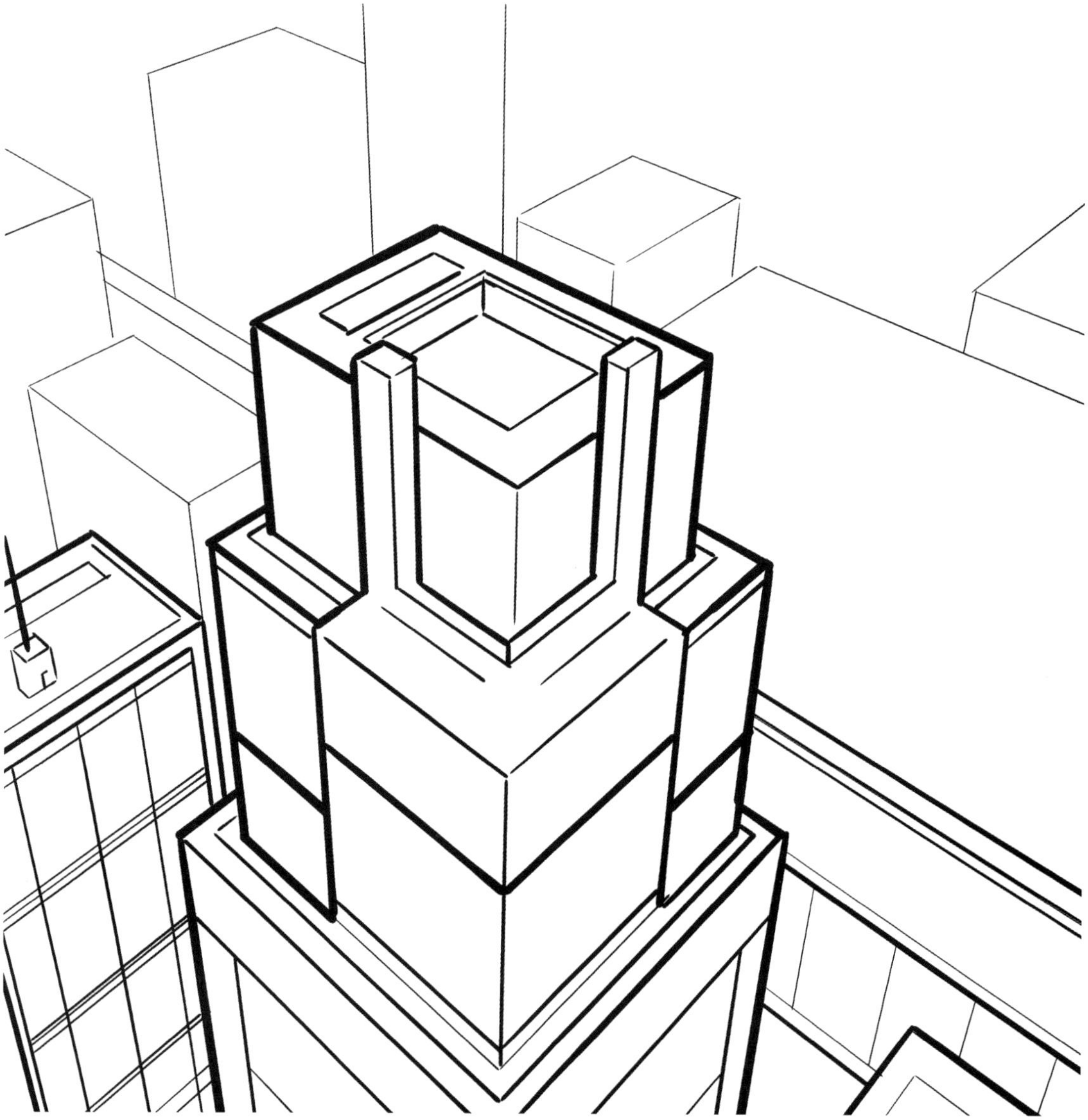

1 2 3 4 5 6 7

We continue to add detail to the background.

Nous détaillons ensuite les plans secondaires.

Versehen Sie auch die Gebäude im Hintergrund mit weiteren Details.

Ga verder met het detailleren naar de secundaire vlakken toe.

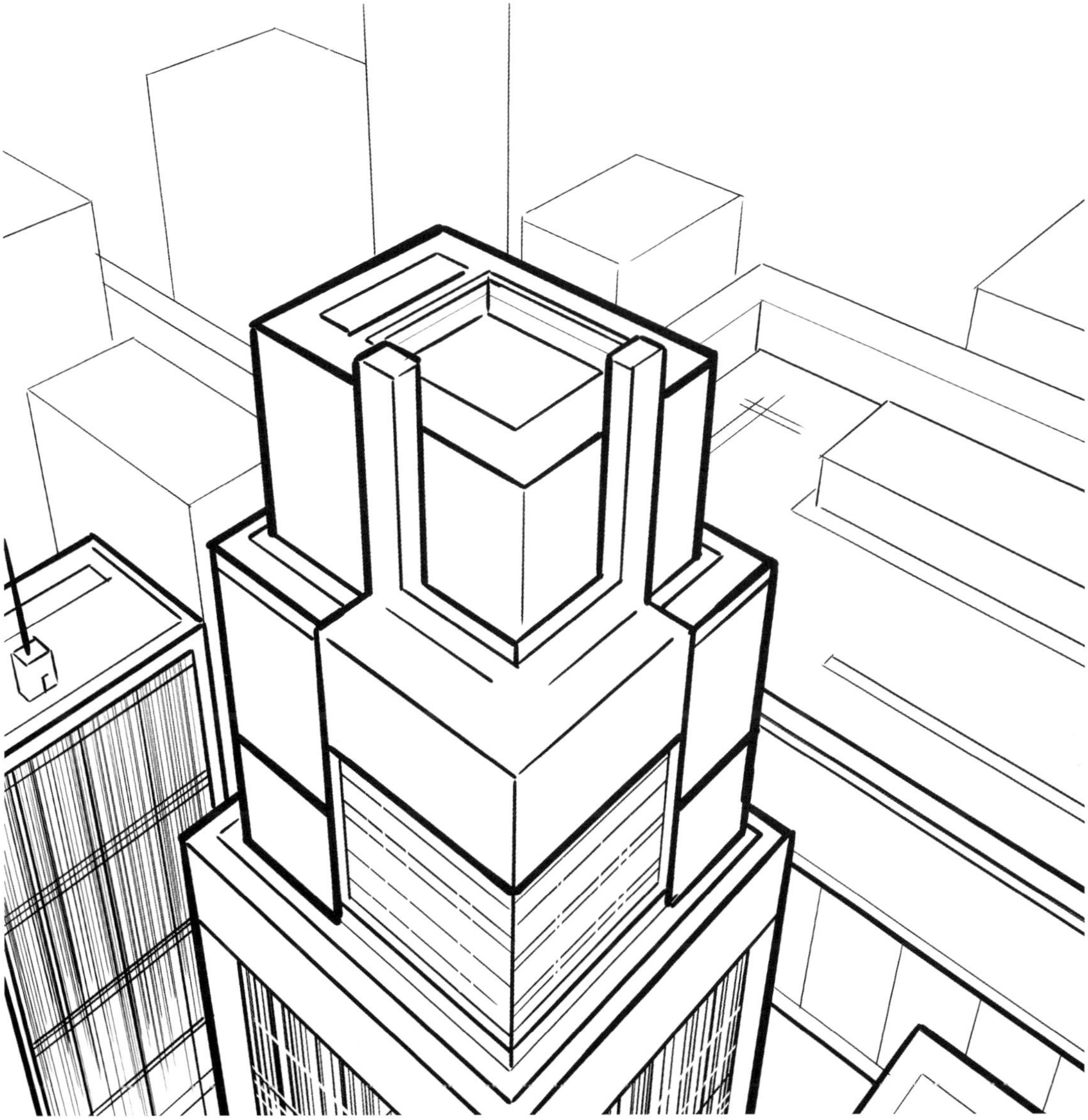

1 2 3 4 5 6 **7** 8 9

By adding sections that converge on the third vanishing point the image is given a greater sense of depth.

En ajoutant des éléments orientés vers le troisième point de fuite, nous donnons davantage de profondeur au dessin.

Durch das Ausfüllen bestimmter Bereiche mit Linien, die zum dritten Fluchtpunkt führen, wird der Abbildung mehr Tiefe verliehen.

Door stukken toe te voegen die naar het derde punt toe verdwijnen, lukt het om meer diepte in de tekening te krijgen.

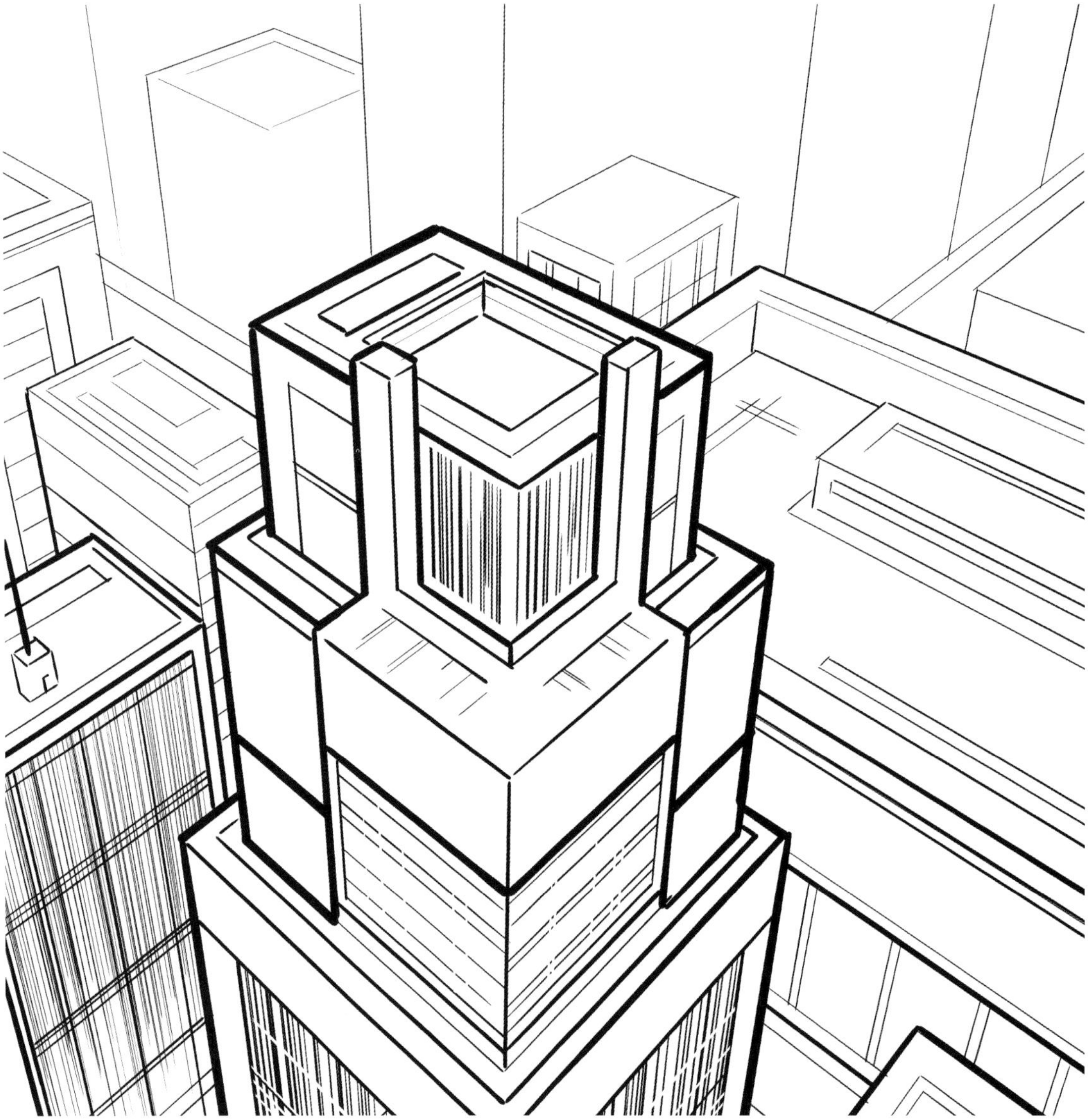

1 2 3 4 5 6 7 **8** 9

The details on the elements in the distance are picked out with finer lines.

Nous ajoutons quelques détails sur les éléments les plus éloignés avec des lignes plus fines.

Zeichnen Sie an den weiter entfernten Gebäuden einige Einzelheiten mit feineren Strichen ein.

Met dunnere strepen worden details op de verst gelegen elementen getekend.

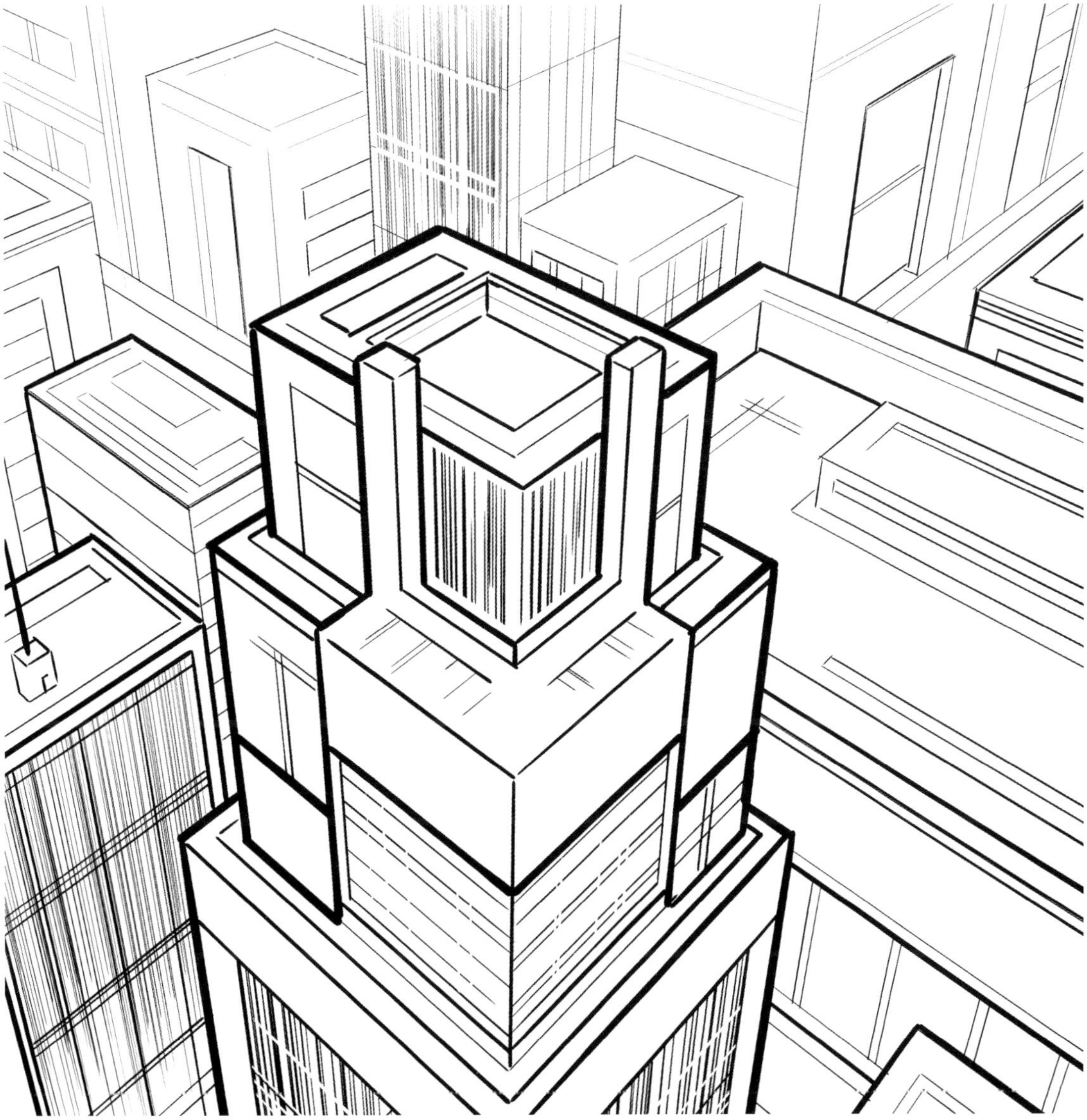

1 2 3 4 5 6 7 8 **9**

Finally, some elements are loosely sketched into the background.

Enfin, nous soulignons légèrement quelques éléments du fond.

Skizzieren Sie einige Elemente im Hintergrund.

Tenslotte worden sommige elementen op de achtergrond ietwat gemarkeerd.

Revision: creating a medieval scene
Révision : créer un décor médiéval
Anwendung des bisher Erlernten: Zeichnen einer mittelalterlichen Szene
Controle: een middeleeuws tafereel creëren

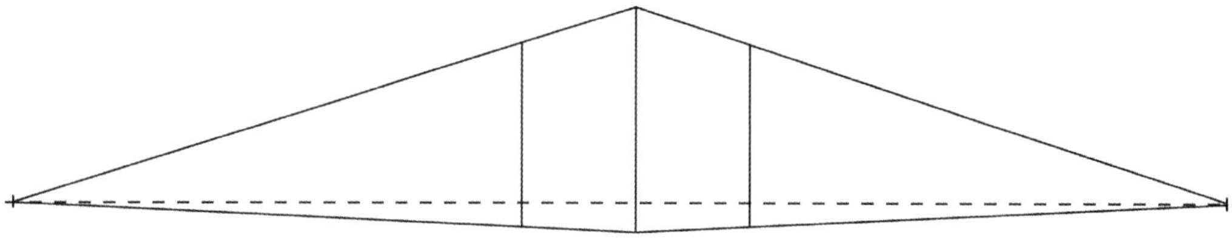

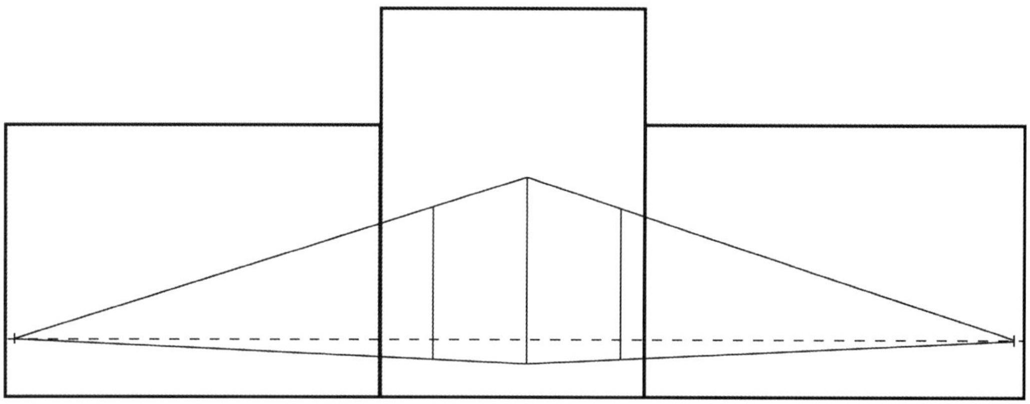

Since the vanishing points should be quite far apart to make sure the image does not appear to be distorted, it is advisable to place them outside the area of the drawing, for example, on two separate pieces of paper, joined to the paper we are working on.

Étant donné que les points de fuite doivent être assez éloignés les uns des autres afin que le dessin ne soit pas trop déformé, il est conseillé de les situer en dehors de la zone du dessin, comme par exemple sur deux feuilles à part collées à la feuille sur laquelle nous travaillons.

Wenn die Fluchtpunkte sehr weit voneinander entfernt sind und außerhalb des Zeichenbereichs liegen, sollte man sie auf zwei zusätzlichen Blatt Papier einzeichnen, die an das Zeichenpapier angefügt werden. Auf diese Weise wird verhindert, dass die Abbildung verzerrt erscheint.

Aangezien de verdwijnpunten nogal van elkaar verwijderd moeten zijn opdat de afbeelding niet vertekend lijkt, wordt aanbevolen om ze buiten de tekening te plaatsen, bijvoorbeeld op twee aparte vellen papier, die aan het papier waarop we werken zijn vastgemaakt.

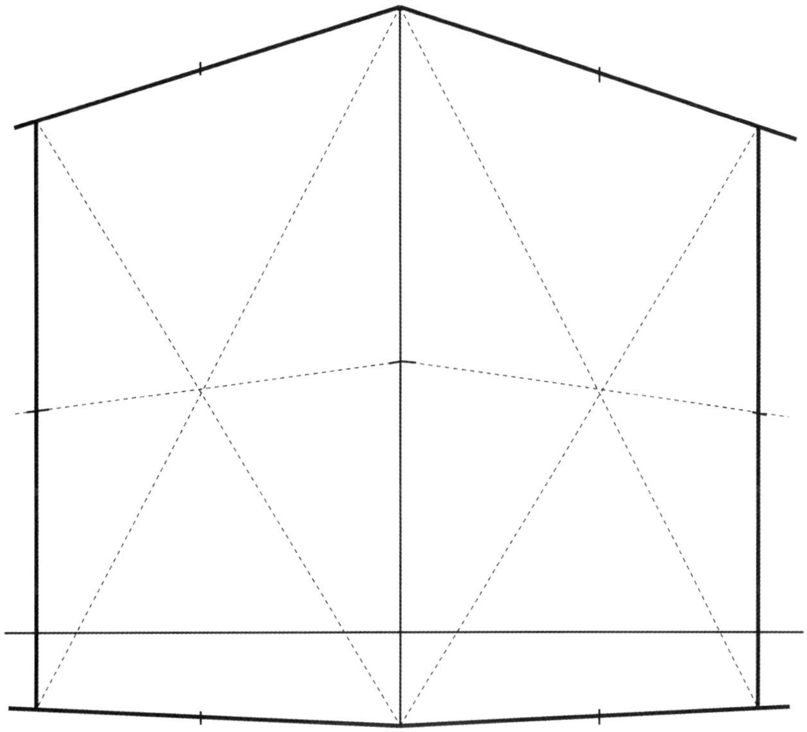

1 2 3 4 5 6 7 8 9 10 11

From a basic box we are going to create a fantasy landscape.

À partir d'une boîte simple, nous allons créer un décor fantastique.

In der vorliegenden Übung soll ausgehend von einem einfachen Quader eine Fantasy-Szene entstehen.

Op basis van een "doos" wordt een fantastisch tafereel gecreëerd.

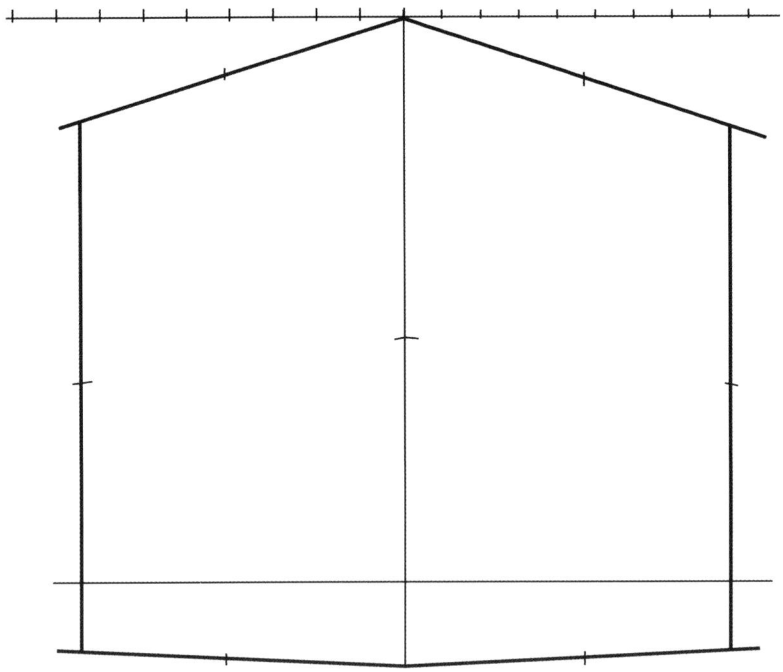

1 **2** 3 4 5 6 7 8 9 10 11

Horizontal guidelines are used to divide the faces of the box into equal parts.

Nous utilisons des lignes horizontales pour diviser les faces de la boîte en parties égales.

Verwenden Sie horizontale Hilfslinien, um die sichtbaren Seiten des Quaders in gleiche Abschnitte zu unterteilen.

Er wordt gebruik gemaakt van horizontale vluchtlijnen om de zijden van de doos in gelijke delen te verdelen.

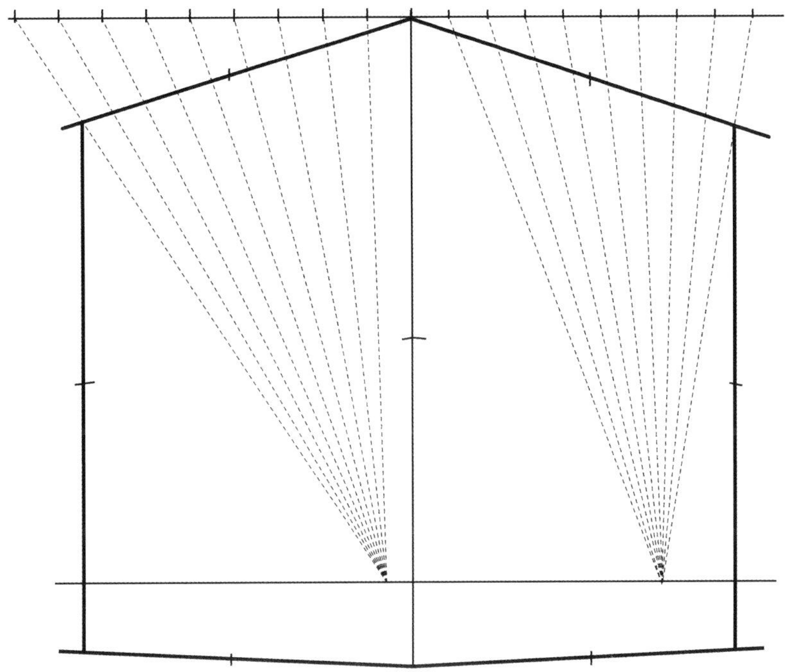

1 2 **3** 4 5 6 7 8 9 10 11

We place the battlements at these points.

C'est en ces points que nous placerons les créneaux.

An diesen Punkten werden die Zinnen platziert.

Op deze punten worden de kantelen gesitueerd.

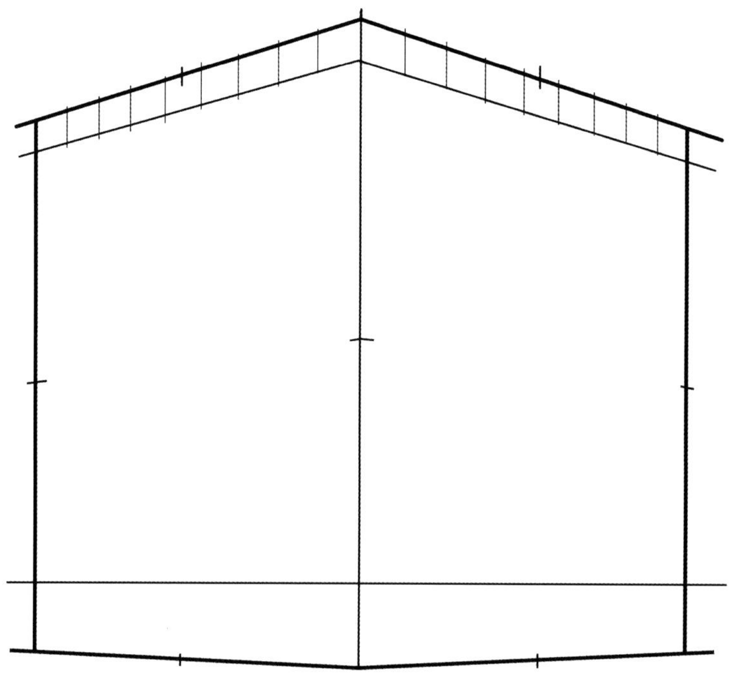

1 2 3 4 5 6 7 8 9 10 11

The guides are removed and the limit of the battlements is marked at the bottom.

Nous éliminons les lignes en trop et délimitons la partie inférieure des créneaux.

Entfernen Sie die Hilfslinien und zeichnen Sie die untere Abgrenzung der Zinnen ein.

De vluchtlijnen worden gewist en de onderste grens van de kantelen wordt aangegeven.

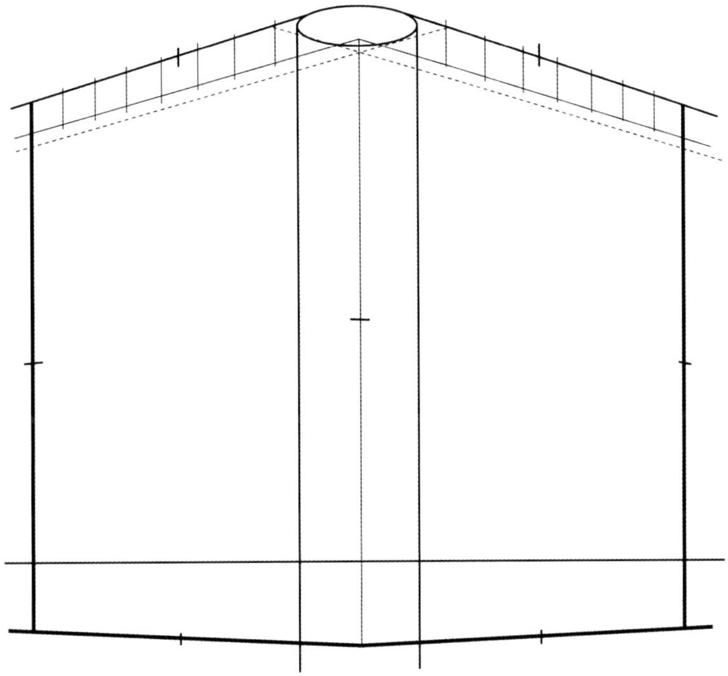

1 2 3 4 **5** 6 7 8 9 10 11

The cylindrical tower is placed on the corner.

Nous situerons la tour cylindrique dans l'angle.

An der vorderen Ecke wird ein zylindrischer Turm eingefügt.

Op de hoek wordt een ronde toren aangebracht.

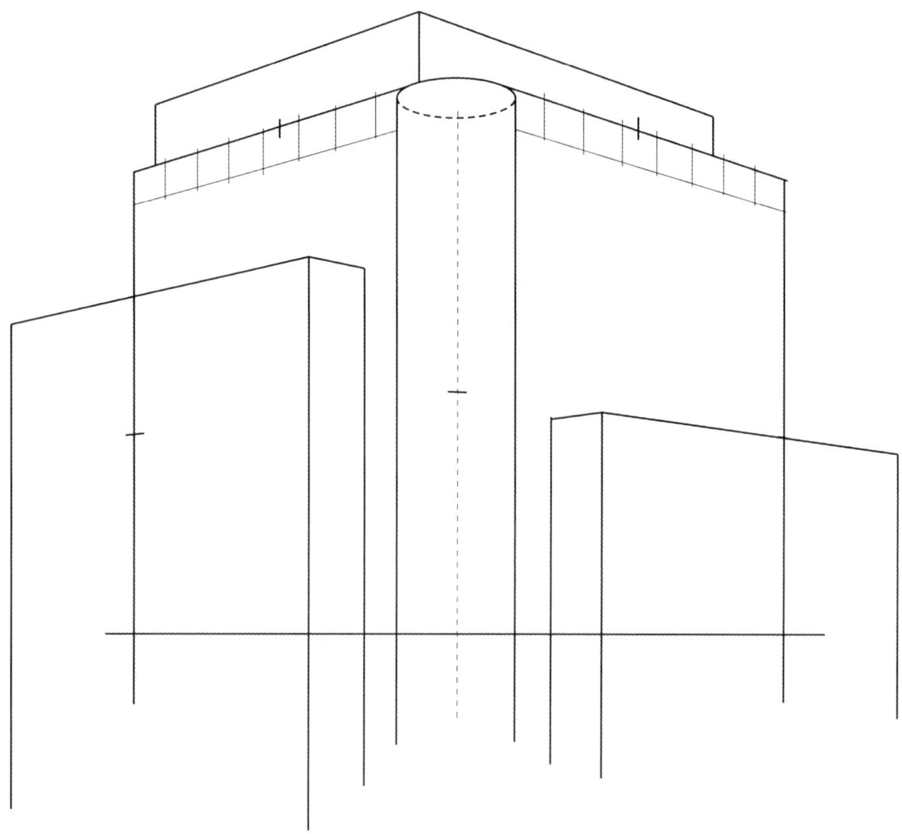

1 2 3 4 5 **6** 7 8 9 10 11

More shapes are added to the main one.

Nous ajoutons d'autres formes à la figure principale.

Der Grundquader wird nun mit zusätzlichen Formen versehen.

Voeg meer vormen aan de hoofdvorm toe.

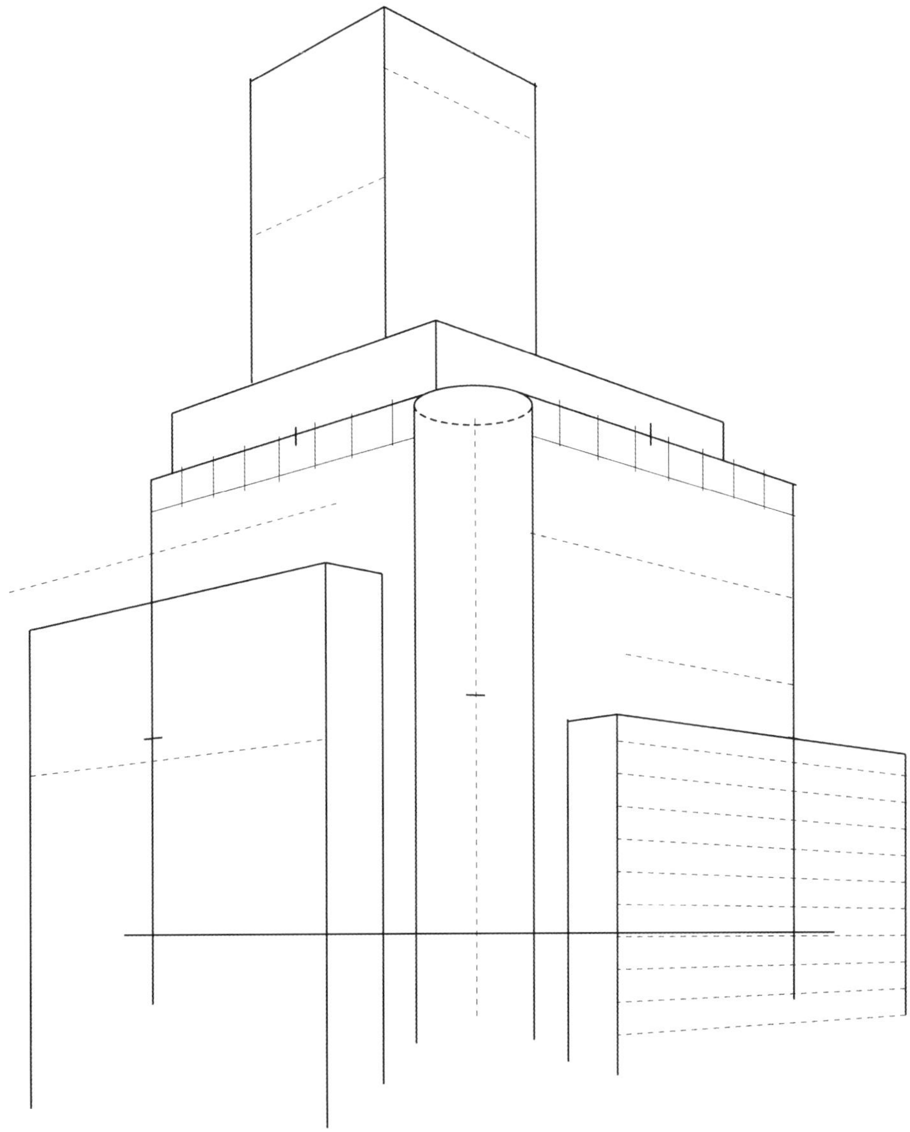

1 2 3 4 5 6 **7** 8 9 10 11

A tower with a square base is drawn on top.

Nous dessinons une tour de base carrée dans la partie supérieure.

Fügen Sie oben auf dem Quader einen Turm mit quadratischer Grundfläche ein.

Teken een vierkante toren aan de bovenkant.

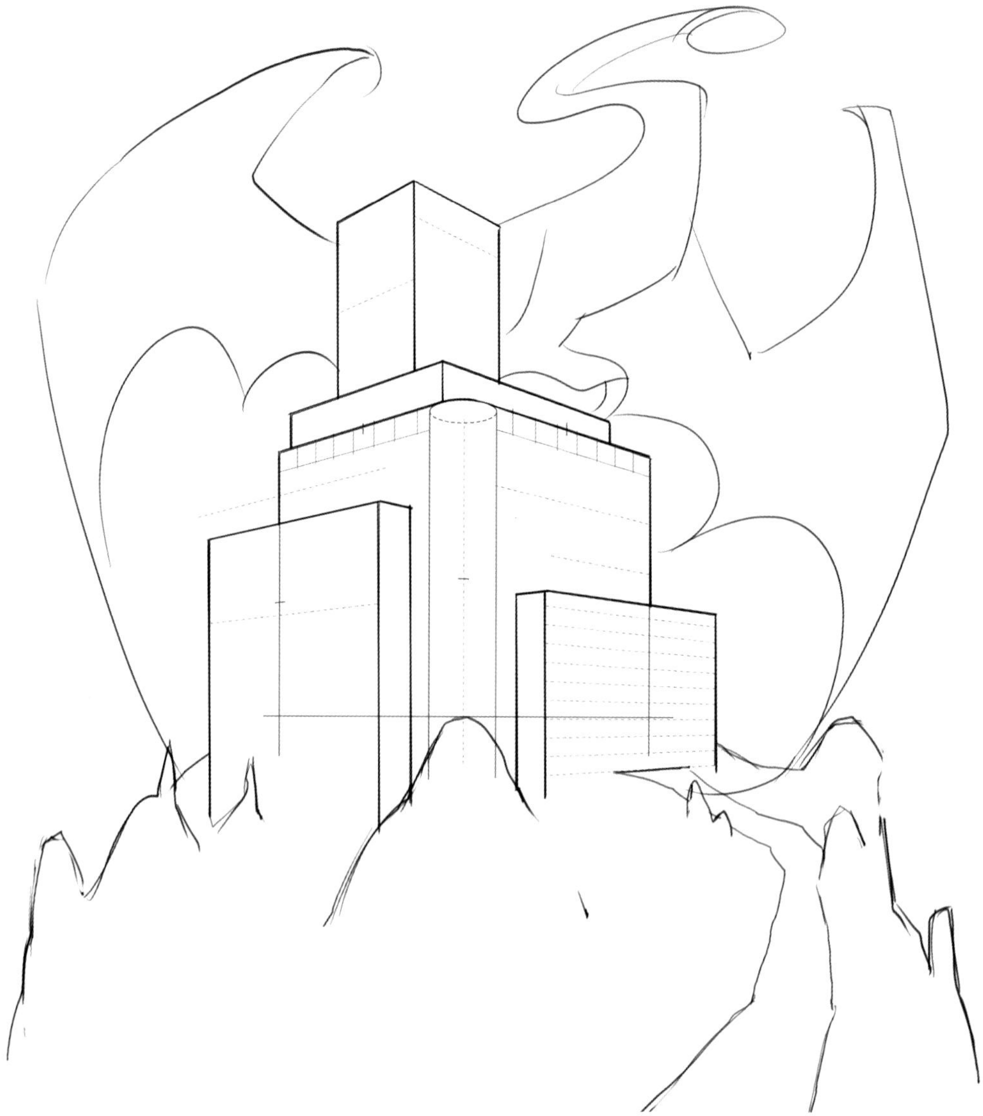

1 2 3 4 5 6 7 **8** 9 10 11

We begin to develop the surroundings and the silhouette of a dragon.

Nous commençons à définir le cadre et la silhouette du dragon.

Gestalten Sie nun die Konturen der Umgebung und die Umrisse eines Drachens.

Begin de omgeving en het silhouet van een draak uit te werken.

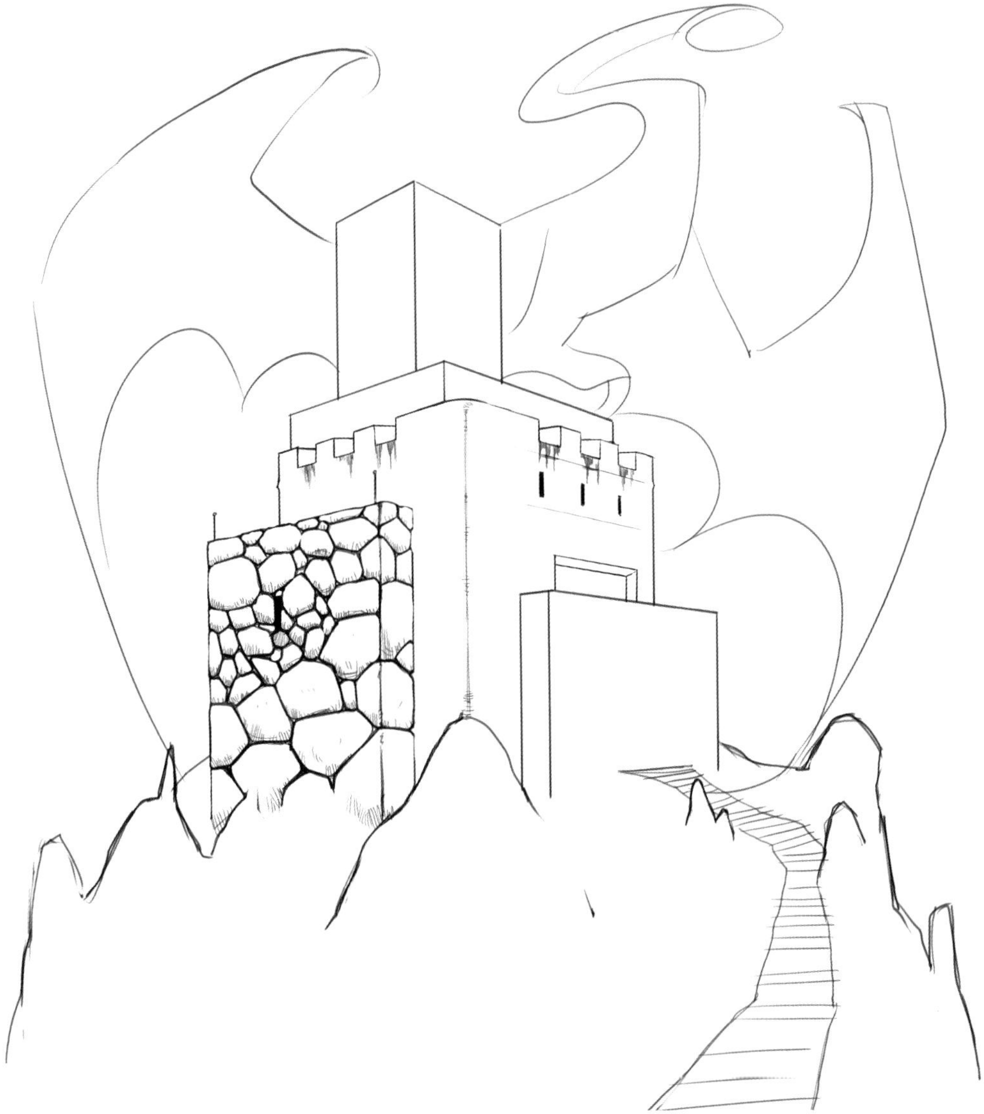

1 2 3 4 5 6 7 8 **9** 10 11

The detail work begins with the walls, once the guidelines have been removed.

Nous commençons à détailler les murs, une fois les lignes en trop éliminées.

Beginnen Sie nach dem Entfernen der Hilfslinien mit dem Hinzufügen der Details an den Burgmauern.

Nadat de vluchtlijnen zijn uitgewist wordt begonnen met het detailleren van de muren.

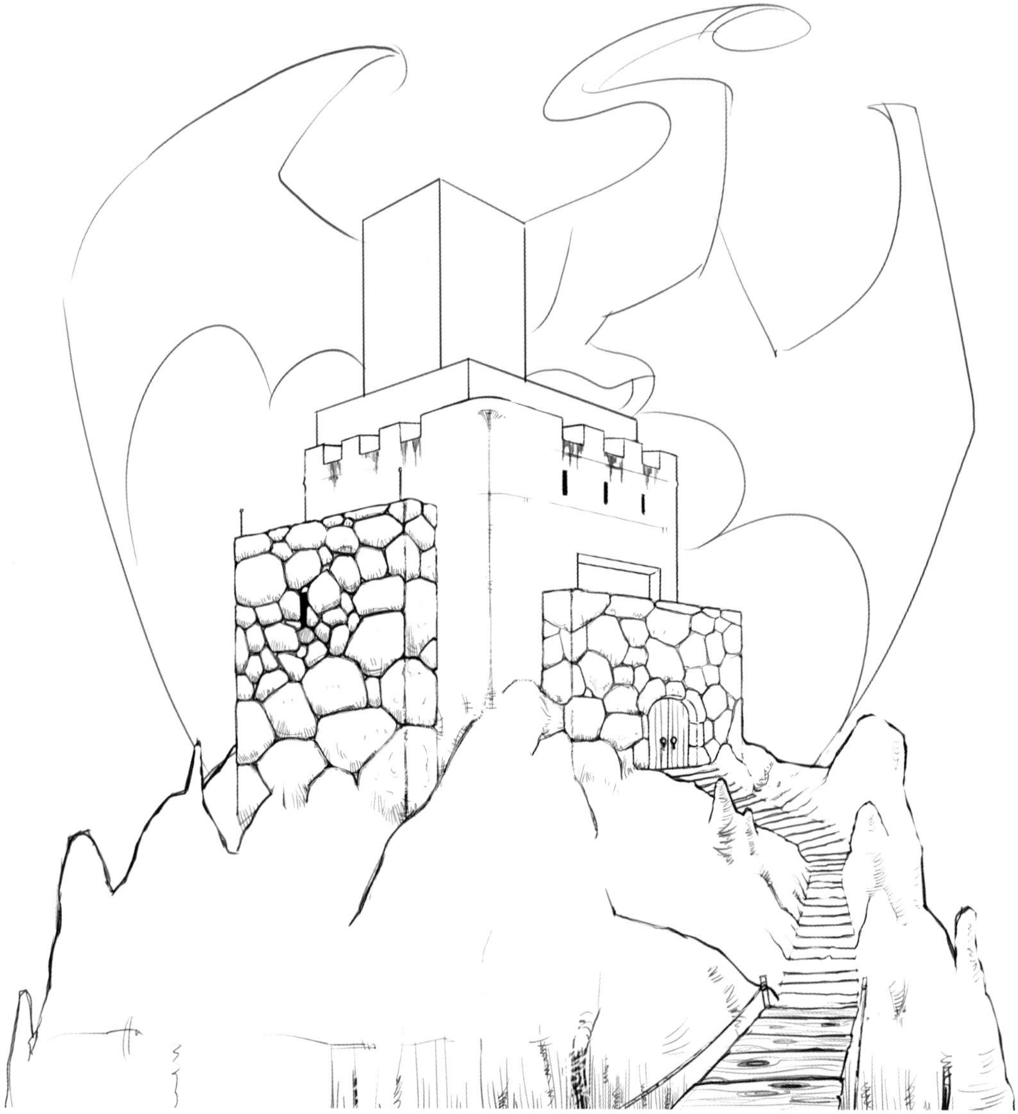

1 2 3 4 5 6 7 8 9 **10** 11

We continue adding detail to the surroundings and castle walls.

Puis le reste du décor et des murs du château.

Arbeiten Sie die Umgebung und die Burgmauern weiter aus.

Ga verder met het detailleren van de omgeving en de kasteelmuren.

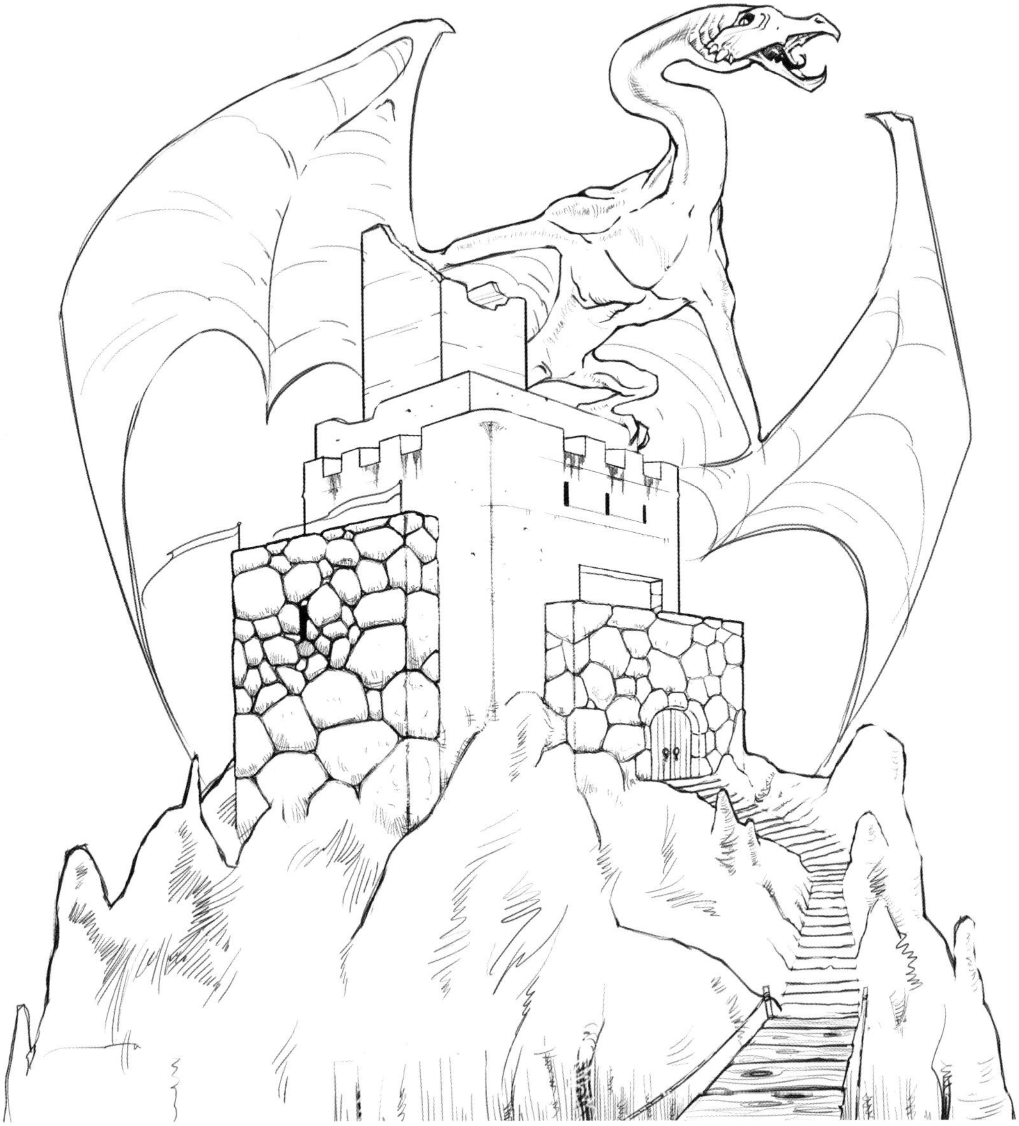

1 2 3 4 5 6 7 8 9 10 **11**

To finish, we add the final details: a castle in ruins and the dragon.

Pour terminer, nous peaufinons les derniers détails avec la tour en ruine et le dragon.

Abschließend werden die letzten Details, der zerstörte Turm und der Drachen gestaltet.

Ter afronding worden de laatste details, een gesloopte toren en de draak, toegevoegd.

Final exercise
Exercice final
Letzte Übung
Eindoefening

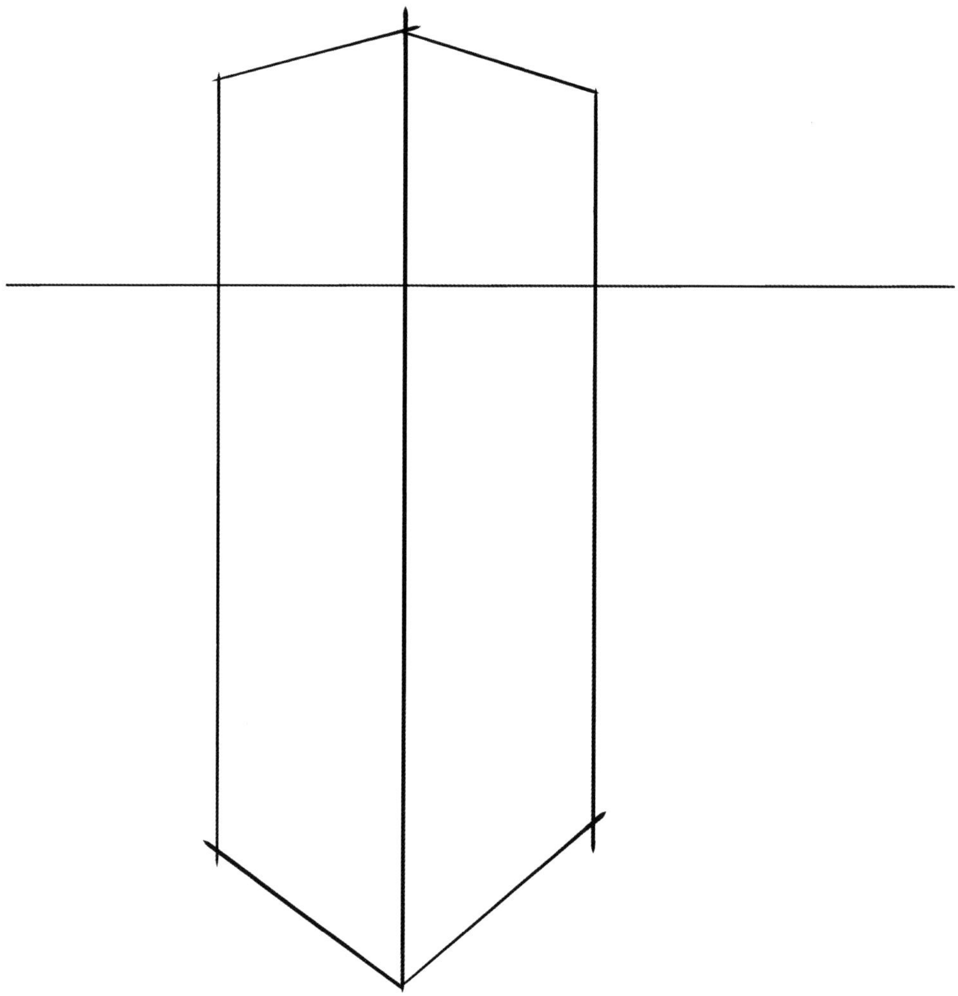

We establish the idea of a basic box, along with the horizon line.

Nous partons d'une boîte simple et de la ligne d'horizon.

Zeichnen Sie einen einfachen Quader und eine Horizontlinie.

Teken een basisdoos en een horizontale lijn.

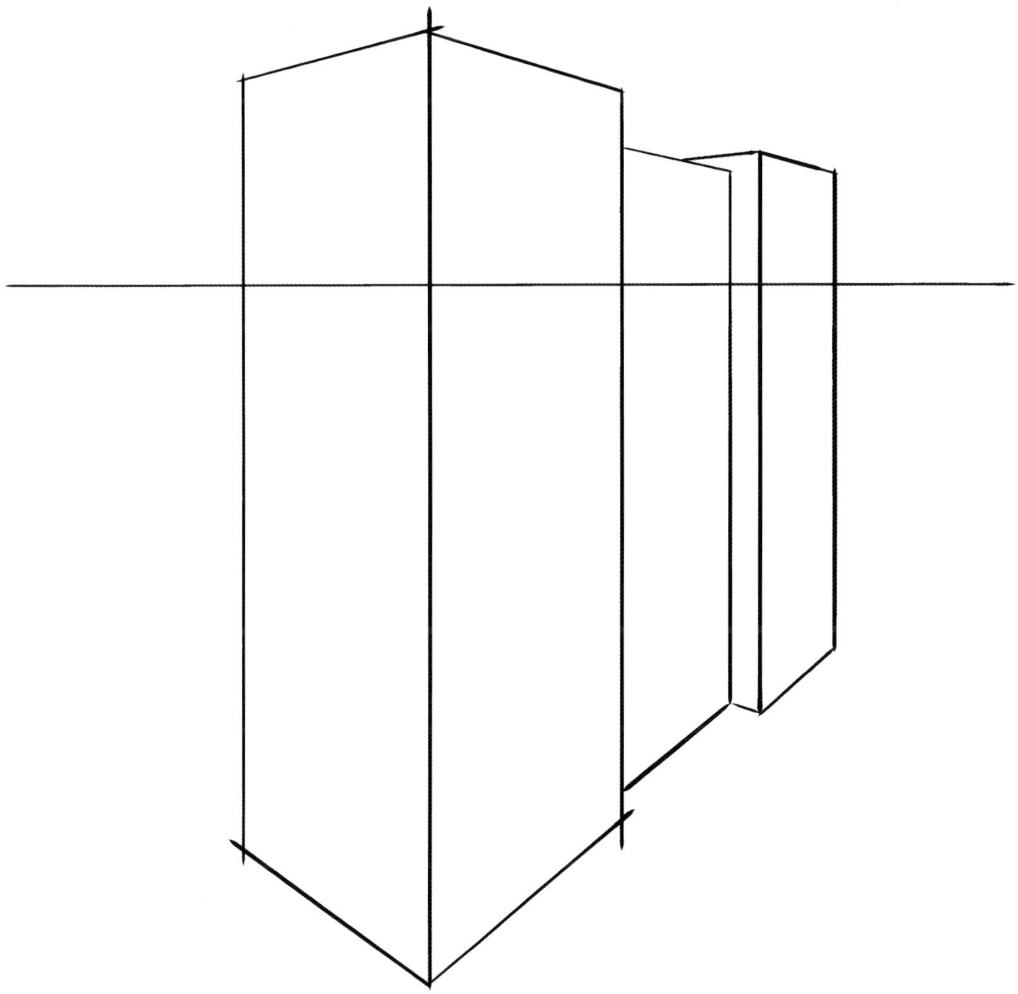

1 2 3 4 5 6 7

We add new boxes approaching one of the vanishing points...

Nous ajoutons de nouvelles boîtes orientées vers l'un des points de fuite...

Fügen Sie in Richtung eines Fluchtpunkts weitere Quader hinzu.

Teken nieuwe dozen naar een van de verdwijnpunten...

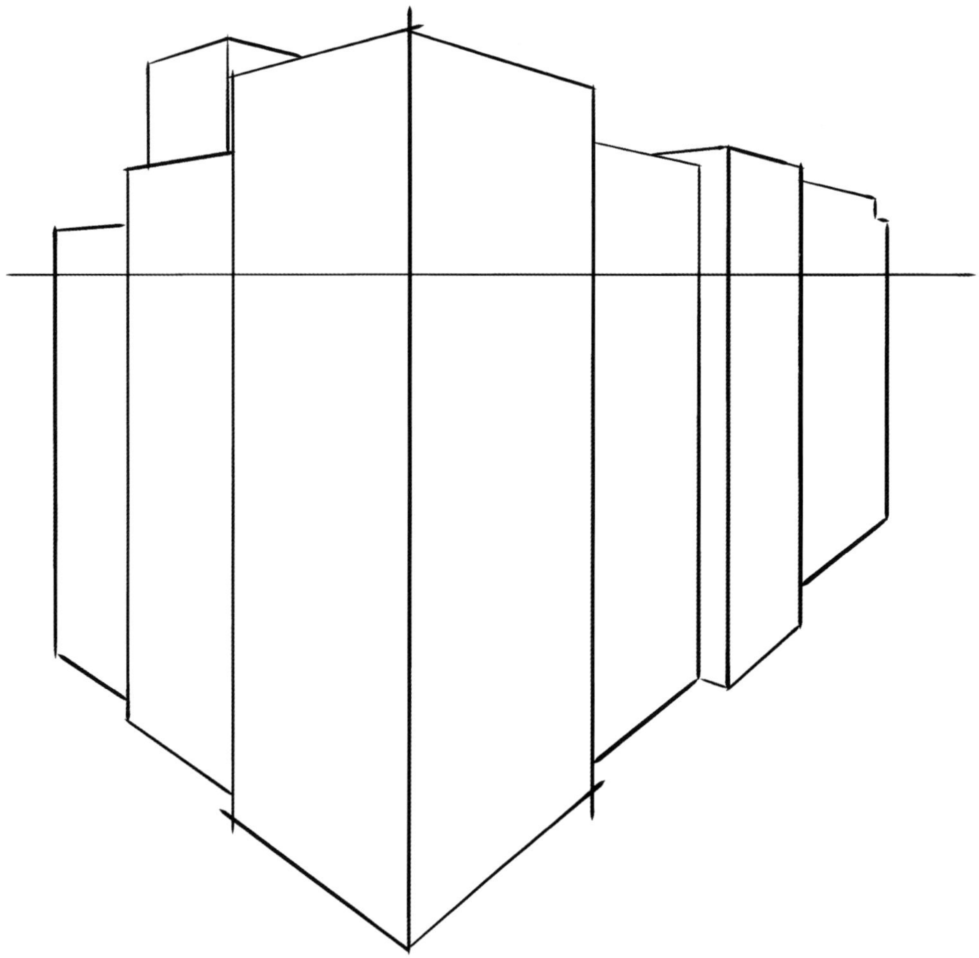

1 **2** 3 4 5 6 7

... and going towards the other one.

...et vers l'autre.

Anschließend werden neue Quader in Richtung des anderen Fluchtpunkts eingezeichnet.

...en naar het andere.

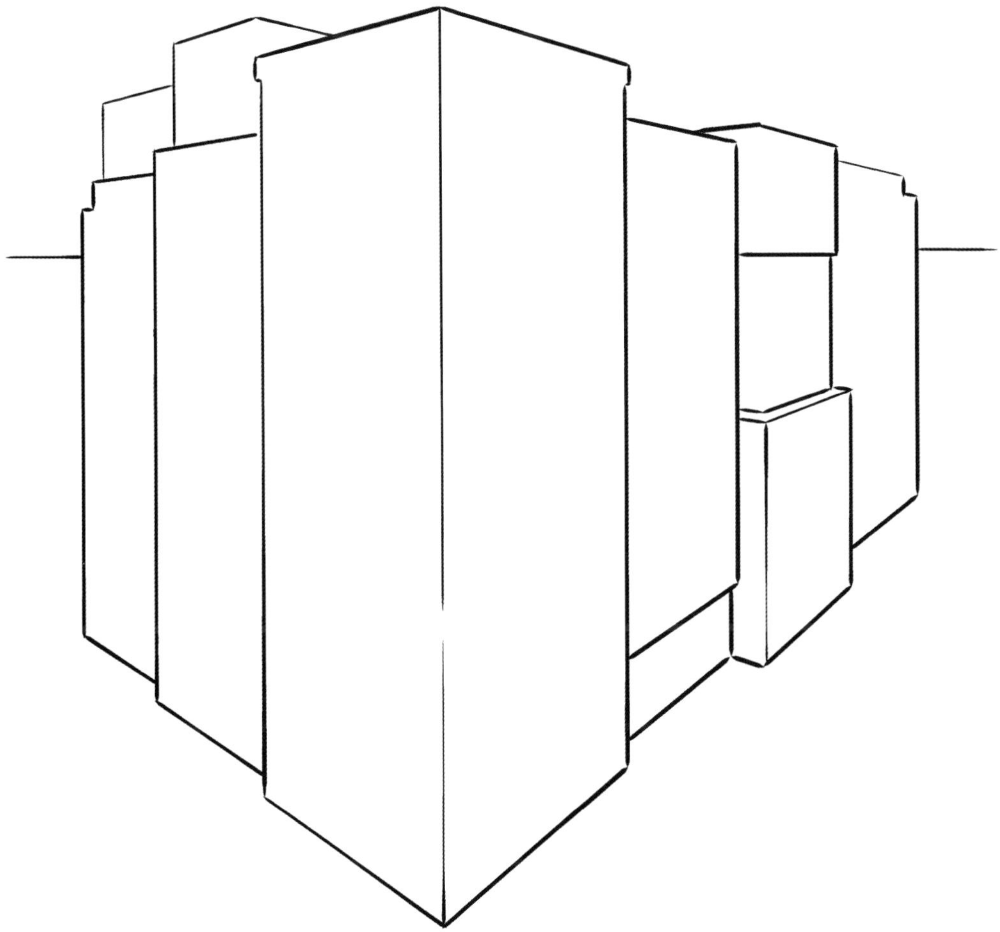

1 2 **3** 4 5 6 7

We add more shapes to the façades, making each building different.

Nous ajoutons des éléments aux façades, en personnalisant chaque bâtiment.

Durch Hinzufügen einiger Details nehmen die einzelnen Gebäude Form an.

Voeg meer vormen aan de gevels toe en onderscheid de gebouwen.

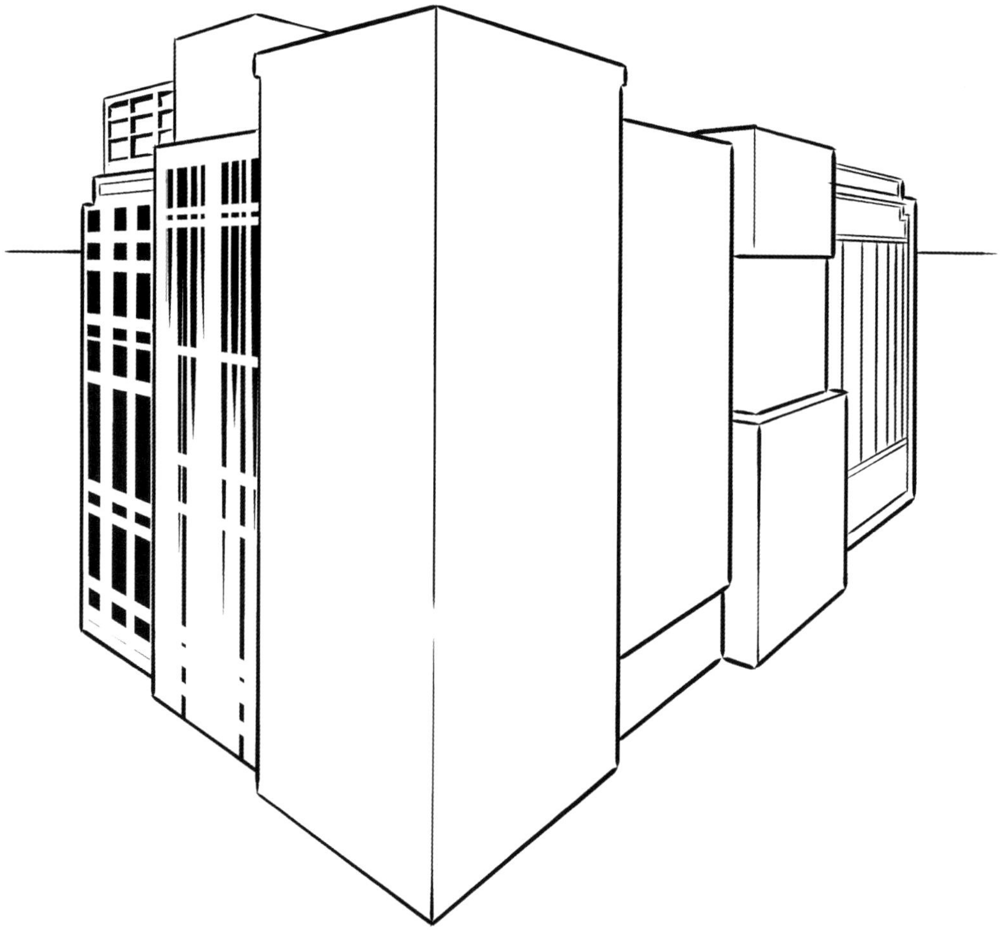

1 2 3 **4** 5 6 7

We begin the detail on the façades, using different designs for each building.

Nous commençons à détailler les façades en utilisant des modèles différents pour chaque bâtiment.

Arbeiten Sie die Fassaden aus und verwenden Sie dabei für die verschiedenen Gebäude unterschiedliche Gestaltungsweisen.

Begin de gevels te detailleren en gebruik daarbij verschillende patronen voor elk gebouw.

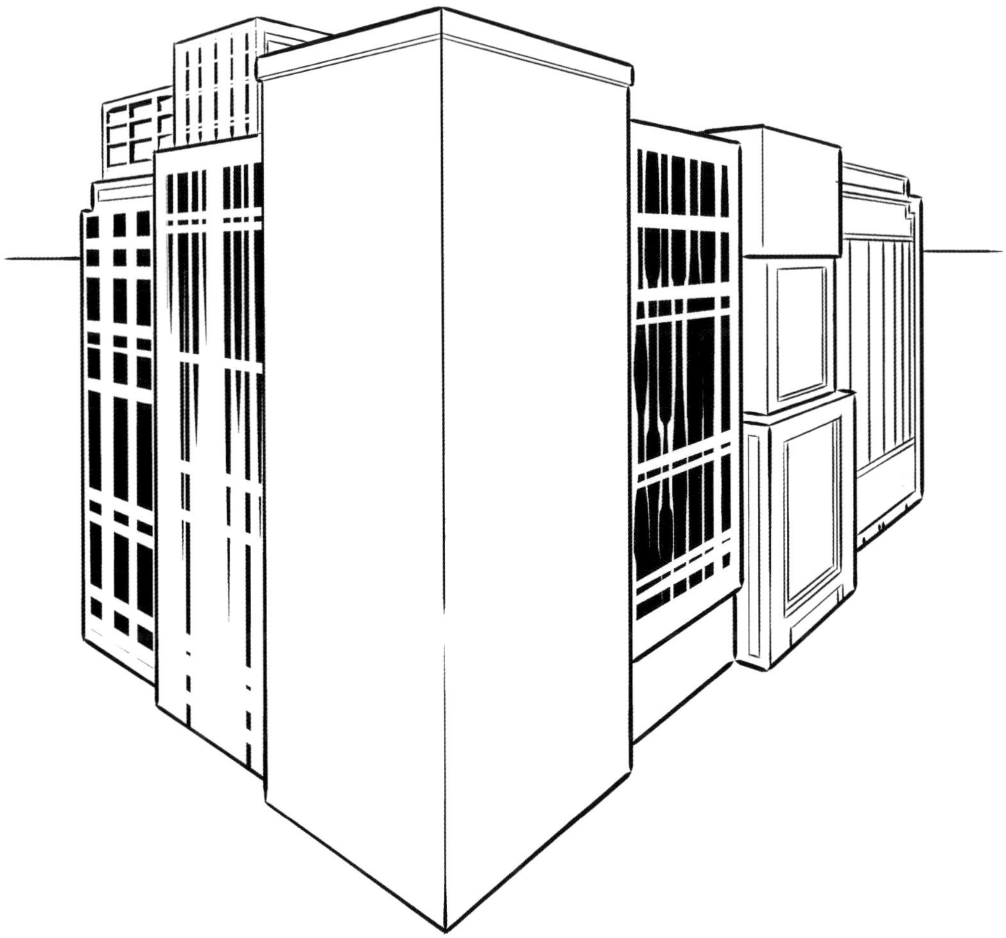

1 2 3 4 **5** 6 7

We continue working on the detail for the other façades.

Nous continuons à détailler les autres façades.

Es folgen weitere Einzelheiten an den Fassaden.

Werk de rest van de gevels verder uit.

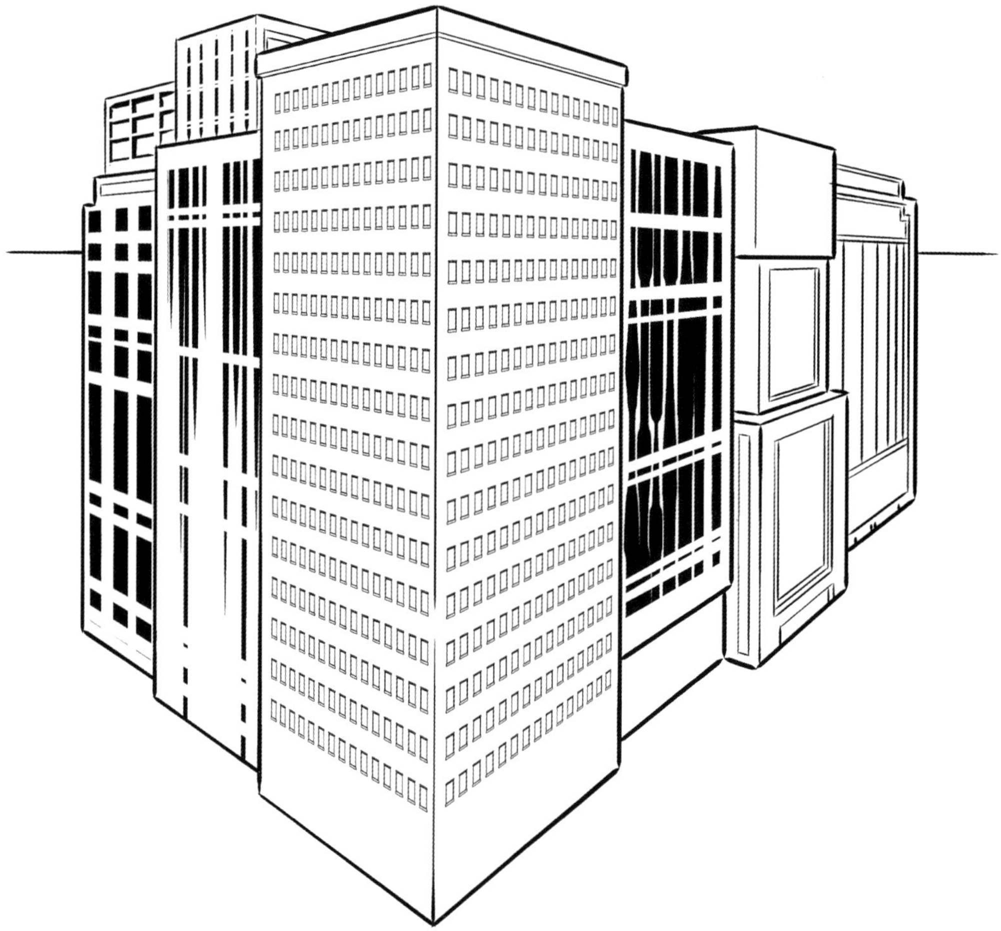

1 2 3 4 5 **6** 7

Finally we add a window design to the façade in the foreground.

Enfin, nous ajoutons toute une série de fenêtres sur la façade au premier plan.

Versehen Sie nun die Fassade des Gebäudes im Vordergrund mit einem Fensterschema.

Voeg tenslotte aan de gevel die zich vooraan bevindt een ramenpatroon toe.

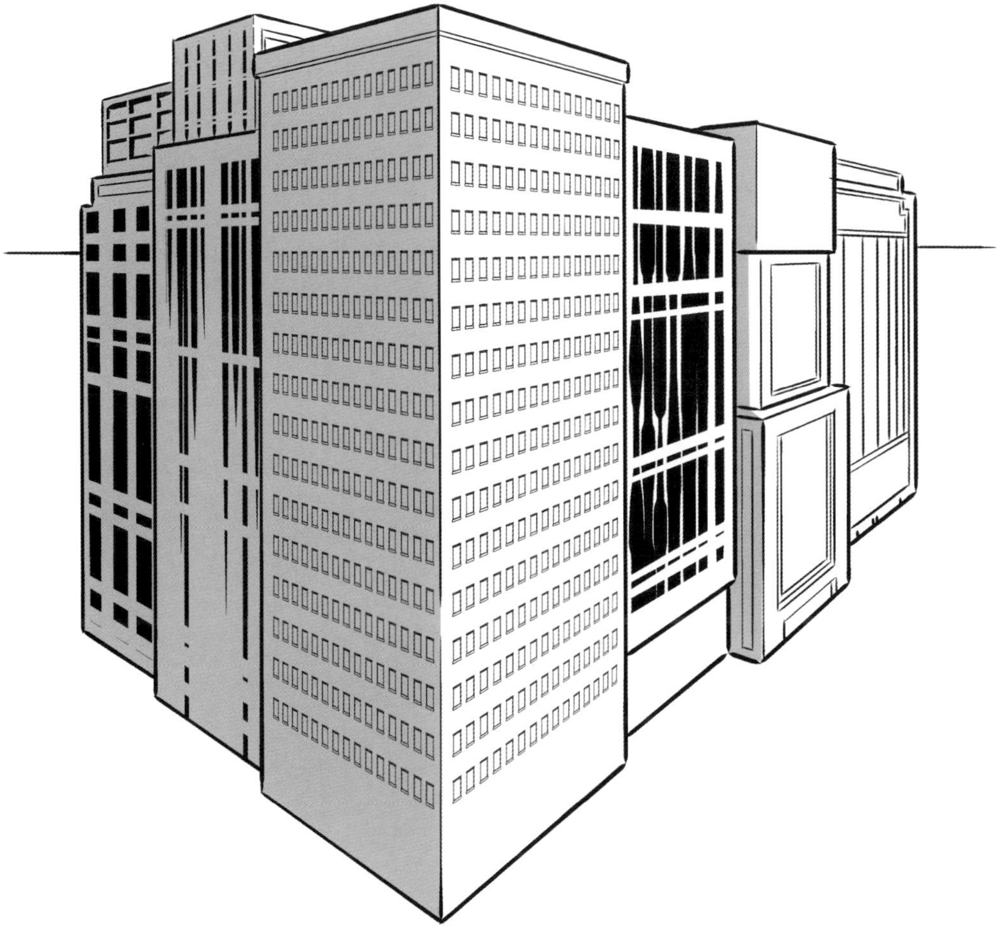

1 2 3 4 5 6 7

We establish the direction of the light and apply some basic shading.

Nous définissons la direction de la lumière et appliquons des ombres simples.

Legen Sie die Richtung des Lichteinfalls fest und fügen Sie einige einfache Schatten ein.

Bepaal de richting van het licht en pas eenvoudige schaduwen toe.